KB259774

아시아 문화연구를 상상하기

아시아 문화연구를 상상하기 — 문화민족주의와 문화자본의 논리를 넘어서

초판 1쇄 인쇄 _ 2006년 12월 5일
초판 1쇄 발행 _ 2006년 12월 15일

지은이 _ 이동연

펴낸이 _ 유재건
주   간 _ 김현경
편집장 _ 이재원
편   집 _ 박순기, 주승일
마케팅 _ 노수준, 김하늘
제   작 _ 유재영
경영지원 _ 인현주
유통지원 _ 고균석

펴낸곳 _ 도서출판 그린비 · 등록번호 제10-425호
주   소 _ 서울시 마포구 신수동 115-10
전   화 _ 702-2717 · 702-4791
팩   스 _ 703-0272
E-mail _ editor@greenbee.co.kr

책값은 뒤표지에 있습니다.
Copyright ⓒ 2006 이동연
저작권자와의 협의에 따라 인지는 생략했습니다.
이 책은 지은이 이동연과 도서출판 그린비의 독점계약에 의해 출간되었으므로
무단전재와 무단복제를 금합니다.
ISBN 89-7682-969-7 03300

아시아 문화연구를 상상하기

이동연 지음

:: 차 례

서 문

이 책은 필자가 2003년 9월부터 성공회대학교 동아시아연구소 연구원으로 참여해 동아시아 문화교류와 문화연구 관련 연구를 부족하나마 시작하면서 갖게 된 문제의식과 관심사들을 담고 있다. 처음에는 동아시아의 정치적·지리적·문화적 정세에 대한 문제의식도 많지 않았고, 서양 문화이론 연구에 경도되어 관련 지식이 전무했던 터라 과연 무엇을 연구해야 할지가 막막했다. 그러다가 동아시아연구소에서 함께 연구했던 분들과 관련 주제에 대해 세미나를 하고, 자료를 모으고, 아시아 주요 도시들을 찾아다니며 조사와 인터뷰를 하는 과정에서 동아시아의 문화에 대해 조금씩 이해하고 방법적인 얼개를 엮는 데 익숙해지기 시작했다.

동아시아 문화에 대한 학술적인 연구가 진행되는 동안에 한류에 대한 담론이 확산되기 시작했고, 더불어 아시아에서 활동하는 문화연구자들과 만날 기회가 많아지면서 한류라는 현상을 어떻게 보아야 할지, 아시아 문화연구는 어떤 정체성을 갖고 있는지에 대한 관심이 별도로 들기 시작했다. 또한 탈냉전 시대 동북아시아의 정치적 갈등이 새로운 권역 내 새로운 내셔널리즘의 형태로 전환되는 현상들과 미국 주도 하에 강행되는 자본의 세계화가 한국의 문화현실을 압박하는 현장을 지켜보면서 동아시아 문화의 복합적인 국면들에 대한 인식의 지평이 넓어지게 되었다. 처음부터 이러한 관심사와 문제의식들을 일관되게 사고한 것은 아니지만, 결과적으로 각각의 토픽들이 서로 연관되어 있는 지점들이 많아 한 권의 책으로 묶을 수 있겠다는 생각을 했다. 그래서 이 책을 통해 지난 3년 동안 동아시아연구소의 연구주제와 관련해 썼던 글들과 평소에 이곳저곳에 기고했던 원고들, 그리고 내용의 완성도를 높이기 위해 새로 쓴 글들을 묶어 '아시아 문화연구'를 조명해보고자 한다.

솔직히 아직도 '아시아 문화연구가 무엇인가'라는 질문에 제대로 답할 수 있을 정도로 이 분야에 대해 아는 바가 많지 않다. 아시아 문화연구를 하나의 개념이나 담론으로 논의할 만큼 충분한 연구도 안 되었을 뿐 아니라 이에 대한 기존의 메타 연구도 충분히 진행되지 않았다. 더욱이 한국의 문화연구조차도 제대로 정리되지 않은 상태에서 아시아 문화연구를 말한다는 것은 너무 앞서 가는 일인지도 모르겠다. 아시아 문화연구라는 이름도 연역적인 사유에서 비롯된 것이 아니고, 그냥 책에 수록된 글들을 쉽게 대변할 수 있겠다는 판단 아래 사용한 것이어서 얼마나 책임질 수 있는 말인지도 잘 모르겠다. 그럼에도 불구하고 아시아 문화연구를 책의 주 제목으로 사용하고 싶었던 것은 나름대로의 어떤 전략적인 이유 때문이다.

아시아 문화연구란 무엇일까? 아시아 문화연구는 과연 실체가 있을까? 현상으로만 놓고 보면 아시아 문화연구는 현재 붐을 이루고 있다. 2000년 이후 아시아에서 문화연구를 하는 전문 연구자들의 수가 급

증하고 있고, 아시아 문화연구자들이 중심이 되어 2000년에 창간한
『인터-아시아 문화연구』(*Inter-Asia Cultural Studies*)라는 저널도 꾸준
히 출간되는 데다 해마다 문화연구 관련 국제 심포지엄, 워크숍, 세미
나 들이 아시아 각국에서 빈번하게 열리고 있는 상황만을 놓고 보면 아
시아 문화연구는 존재할 뿐 아니라 번성하고 있다. 어떻게 보면 세계
문화연구의 지형에서 아시아 문화연구자, 혹은 아시아라는 지역의 문
화연구는 일본 문화연구자들의 모임을 빗대어 말하자면, '문화적 태풍'
이라 할 만하다. 한국뿐 아니라 일본, 중국, 타이완, 홍콩, 싱가포르의
대학들에 문화연구 관련 학과나 협동과정들이 꾸준히 개설되고 있고,
미국이나 영국 대학의 문화연구 관련 학위 과정에는 아시아의 젊은 문
화연구자들이 다수를 차지하고 있다.

그러나 이러한 가시적 성과에도 불구하고, 아시아 문화연구가 어
떤 정체성과 어떤 전략을 가지고 있는지 반문해보면 그 실체가 모호하
다는 느낌을 지울 수 없다. 물론 수많은 심포지엄이나 워크숍, 저널 등
에서 아시아 각국의 문화현실과 문화 담론들이 지속적으로 소개되고,
젠더와 문화산업·식민지 근대성과 같은 토픽들이 아시아 내에서 어떤
특이성을 가지고 있는지에 대해 공동의 토론들이 없는 것은 아니지만,
이러한 일련의 작업들이 아시아 문화연구라는 메타 담론을 말하기에
충분한 사례들인가를 생각해보면 무언가 부족한 점을 발견하게 된다.
이는 아마도 문화연구가 애초에 태동할 때 중요한 자기 정체성으로 생
각했던 비판적이고 진보적이면서 동시에 통합적인 현실인식의 부족에
기인한 것이 아닌가 싶다. 아시아 문화연구가 아시아인들에 의한, 아시
아에 대한 문화연구라는 일반적인 정의를 넘어서 아시아라는 '문제 틀'
안에 숨겨진 문화정치적인 모순들을 비판적으로 사고하고, 이를 극복

하기 위한 실천적인 의제들에 대해 연대하는 문화행동들이 비판적 문화 글쓰기와 연계되지 못하고 있다는 것이 아쉬움으로 남는다. 아시아 문화연구와 아시아 문화연구자들이 신자유주의적인 세계 문화자본의 논리에 대해 얼마나 비판적이었는가, 2003년 동남아시아를 휩쓸고 지나간 '쓰나미 재앙'의 문화지리적 성찰에 얼마나 관심을 기울였는가, 아시아 권역에서 새롭게 일어나고 있는 문화민족주의의 폐해와 소수민족들에 대한 잔혹한 인권유린 사태에 대해 얼마나 공동으로 목소리를 높였는가를 생각해보면, 그동안 아시아 문화연구라는 이름으로 논의되었던 수많은 담론들이 이 문제들을 얼마나 외면해왔는가를 되짚고 넘어가지 않을 수 없다. 아시아 문화연구는 아시아에 대한 문화연구이기 전에 비판적이고 급진적이며 문화정치적인 본래의 태생적 본성을 유지하고, 그 본성의 국지적 실천의 확대라는 기본 문제의식에 충실해야 할 것이다.

이 책의 1부에는 그러한 문제의식들이 담겨 있다. 아시아 문화연구를 하나의 실천 영역이자 메타 담론으로 정의할 때, 이론적으로 어떤 문제들을 검토해야 하는지, 문화의 세계화 과정에서 아시아 문화는 어떤 위협과 도전을 받고 있는지, 아시아에서 비판적 문화연구는 어떤 실천적인 문제들에 관심을 기울여야 하는지를 비판적으로 다루었다. 아시아 문화연구가 국제 담론시장에서 다루지 않았던 WTO 세계 자본의 논리나 FTA의 문화정치적 함의와 효과들, 아시아의 국제 분쟁들과 문화모순들에 대한 문화연구자들의 실천적 연대를 제안하기도 하였다.

2부에서는 최근 아시아 문화연구의 주요 담론 중의 하나인 '한류'의 문제들을 문화민족주의와 문화혼종화의 문제로 다루었다. 한류가 아시아 문화소비자들의 아시아적 소통을 새롭게 열어준 장을 형성한다는 평가와는 다르게 문화자본의 논리가 개입되어 있고, '문화민족주의'의 각축장으로 전개되고 있음을 각각의 사례들을 들어 설명하였다. 특히 한류의 문화적 성격과 문화적 혼종성을 이야기할 때 일본 대중문화를 논의하는 것은 필수적이므로, 이른바 '일류'의 역사적, 동시대적 문제들을 함께 다루었다.

3부는 아시아 문화를 형성하는 세 가지 중요한 구성요소들, 즉 아시아 대중·시장·도시의 문제들을 검토하는 글들로 구성되었다. 한류로 새롭게 형성되고 있는 아시아 팬덤이 문화적으로 어떤 함의들을 갖고 있는지, 아시아 문화산업과 엔터테인먼트 시장이 어떤 문화적 동맹을 하고 있는지, 글로벌한 아시아의 거대도시들에서 사람들은 어떤 모습으로 살아가고 있는지를 다각적으로 검토하였다.

아시아 문화연구는 앞으로 공동의 연구 토픽들과 사회운동을 위한 진보적인 연대의 계기들을 많이 남겨두고 있다. 또한 아시아 대중문화 현상과 일상문화를 가로지르는 문화자본의 논리와 문화적 감성의 공유라는 모순적인 양가성을 복합적으로 읽어내는 작업들이 아시아 문화연구자들의 공통의 관심사로 부각되어야 한다. 따라서 세미나와 워크숍 같은 일시적인 만남과 토론이 아니라 아시아 문화연구자들 간의 장기적인 현장연구와 공동연구를 더 강화하는 것도 앞으로의 숙제로 남아 있다. 이 책은 그러한 문제들이 아시아 문화연구 담론에서 많이 논의되기를 바라는 기대를 담고 있다. 이런 문제의식들이 아시아 문화연구자들 사이에서 논의되기 위해서는 먼저 한국의 문화연구의 궤적에 대해 내실 있는 역사 연구가 선행되어야 할 것이지만, 아쉽게도 이 책에는 담지 못했다. 아마도 이 토픽은 필자의 다음 연구 과제가 되어야 하지 않을까 싶다.

이 책이 나오기까지 많은 분들의 조언과 도움을 받았다. 무엇보다도 2003년부터 2년여 동안 함께 세미나를 해온 백원담, 신현준, 박자영, 백지운, 운영도, 김예림, 권명아 등에게 이 자리를 빌려 진심으로 감사의 말을 전한다. 그리고 부족한 책이 나오기까지 인내를 가지고 원고 검토와 출간 진행을 맡아주었던 도서출판 그린비에 감사의 말을 전한다. 아울러 책에 들어간 그림 자료들을 찾아준 아내에게도 고마움을 전한다. 이 책에 실린 글 중에서 2장 「아시아 문화소통의 조건 : '지배'에서 '횡단'으로」, 5장 「동아시아 전통연희의 변형과 문화번역 : 한일 '가면극'의 교차관계」, 7장 「'아이돌 팝'의 혼종화와 '보아'의 흉내내기」, 9장 「일본 대중문화의 위치와 '문화 아시아화'」는 학술진흥재단의 기초학문 육성과제(연구과제번호 : 2003-072-AS2015)의 지원을 받아 쓴 것임을 밝힌다. 연구 내공과 선택에서 많은 한계를 안고 있지만, 염치 불구하고 한국 문화연구자들이 아시아 문화를 이해하는 데 이 책이 조금이나마 도움이 되길 기대해본다.

I. 아시아 문화연구의 쟁점

1장 _ 글로벌 문화의 도래와 문화자본의 논리

1. '내면적 미국화' 로서의 글로컬 문화

강남구 청담동에 위치한 캘리포니아 피트니스 클럽의 밤은 흡사 미국 캘리포니아 주의 어느 도심을 연상케 할 정도로 이국적이다. 5층 건물 전면이 유리로 장식된 이 클럽의 야경은 클럽 내부를 환하게 밝히는 백열 전등과 야자수 그림 옆에 캘리포니아 피트니스라고 쓰인 영문 네온사인의 붉은 휘광 덕분에 눈이 부실 정도다. 구릿빛 피부를 자랑하는 청춘 남녀들이 러닝머신 위에 올라타 번쩍이는 캘리포니아 피트니스 네온사인 아래 열심히 구슬땀을 흘리는 광경은 '낭만과 여가'를 상상하게 만드는 미국 서해안의 한 레저 타운을 욕망하는 것처럼 보인다.

그러나 역설적이게도 캘리포니아 피트니스 클럽은 캘리포니아에는 존재하지 않는다. 이 클럽은 1996년 홍콩의 란콰이퐁에 처음 만들어진 이래 타이완, 싱가포르, 한국, 태국 등에서 20여 개의 체인점으로 운영되고 있는 아시아 최대 다국적 피트니스 네트워크다. 캘리포니아에 실제 존재하지 않는 캘리포니아 피트니스 클럽이 아시아 주요 도시에

아시아의 다국적 피트니스 체인점인 '캘리포니아 피트니스 클럽'(강남)의 전경

서 동맹적 제휴를 하고 있다는 점은 아시아의 글로벌 라이프스타일이 얼마나 미국적인 기호들을 차용하고 있는지를 단적으로 보여준다. 여기서 '캘리포니아'는 지리적 실체로 존재하는 것이 아니라 가상적인 기표로 부유한다. 그것은 아시아의 메트로폴리탄 도시에 살고 있는 사람들의 일상 속에 미국적 라이프스타일이 얼마나 내면화되어 있는지를 가늠케 하는 허구적인 기표다. 캘리포니아의 지리적 실체와는 상관없이 캘리포니아는 아시아에서 통용되는 상상된 기표로 작동함으로써, 글로벌 시대 아시아는 냉전 시기보다 미국적 취향을 더욱 내면화한다.

흥미롭게도 캘리포니아 피트니스 클럽에서 몸매를 다부지게 만들었던 배용준, 권상우, 이정재 등 한류 스타들이 이 클럽의 아시아 마케팅에 중요한 역할을 담당했다. 한국은 캘리포니아 피트니스 클럽의 아시아 네트워크에서 중요한 흥행 거점으로 작용한다. '캘리포니아'라는 지리적 실체도 없고 할리우드 유명 스타들도 동원되지 않지만, 글로벌 아시아의 라이프스타일은 이를 '자생적인 컨텐츠'로 활용해 미국보다 더 미국적인 이미지를 생산한다.

이른바 세계화된 아시아에 미국보다 더 미국적으로 각인된 미국적 기표들 중 하나를 꼽으라면 '스타벅스'를 들 수 있다. 전세계 40여 개 국에 9천여 개의 매장을 갖고 있는 세계 최대의 커피 체인점인 스타벅 스의 최대 흥행 장소는 아시아다. 스타벅스 아시아 체인점 중에서 초고 속 성장을 하는 곳은 바로 한국이다. 세계에서 가장 큰 스타벅스 커피 전문점 상위 다섯 곳이 모두 한국에 있다. 1999년에 처음 한국에 들어 온 스타벅스는 2004년에 100호점을 내는 등 세계 스타벅스 지점 중에 서 가장 높은 성장세를 보이고 있다. 놀랍게도 국내 스타벅스에서 판매 되는 모든 종류의 커피 가격은 세계에서 가장 높다. 미국보다는 평균 2 배, 일본보다도 30퍼센트 이상 비싼 한국 스타벅스는 체인점 커피 소비 시장에서 가장 비싼 커피 값을 받고 있다는 것이다. 비싼 가격에도 불 구하고 스타벅스를 찾는 한국 소비자들은 그 값을 치르길 주저하지 않 는다. 스타벅스 커피값의 적절성이나 타당성은 의문의 여지가 없이 자 명하다. 그것은 커피가 단지 맛있기 때문만이 아니라 스타벅스가 생산 하는 상징적 기호의 힘 때문이다. 미국 유학생들이 귀국하여 미국식 라 이프스타일의 향수를 달래기 위해 즐겨 찾았던 스타벅스는 이제 한국 의 문화 글로벌화를 가장 잘 보여주는 지표이자 일상화된 미국식 라이 프스타일의 감성 지수를 대표한다.

아시아, 그리고 한국에서 밀레니엄 시대에 동시적으로 일어나고 있는 글로벌 문화 현상들은 '미국화'(americanization)와 불가분의 관

세계에서 가장 큰 규모를 자랑하는 한국 스타벅스 체인점

계에 있다. 사실 우리의 일상문화를 눈여겨보면 글로벌하다고 판단되는 문화의 형태와 소비 지수들은 소위 '미국화 지수'와 거의 일치한다. 미국식 패스트푸드 체인점, 패밀리 레스토랑, 원정출산, 양키스 야구모자와 하버드 대학 로고 티셔츠, 어학원, 그리고 전통적인 브랜드인 나이키와 코카콜라 등 한국의 일상 문화는 미국적 기호와 취향을 삭제하고서는 아무런 말을 할 수 없게 되었다.

물론 한국 사회에서 미국식 라이프스타일이 내면화된 것이 최근의 세계화 추세 때문만은 아니다. 미국식 라이프스타일은 이미 식민지 시대 일본화된 형식으로 변형되어 식민지 조선에 영향을 주었고, 해방 이후 미군정기와 냉전 시기부터 시작되었다. 어떻게 보면 미국에 대한 원초적인 동경심과 미국식 발전 모델에 대한 열망은 냉전 시기에 더 간절했을 것이다. 냉전 초기라 할 수 있는 1950년대 대중음악을 보면 미국의 지리를 원초적으로 욕망하고 미국적인 라이프스타일을 있는 그대로 동일화하려는 세태[1]를 읽을 수 있는데, 이러한 동일시 욕망은 단순히 대중가요의 가사로만 표상된 것은 아니었다. 반공교육, 새마을운동, 청년문화 등 한국 산업 근대화의 중요한 토픽들은 미국화라는 동일시 욕망의 이데올로기적, 문화적 추동력이 되었다.

그러나 미국화에 대한 열망은 1990년대 탈냉전 시기에 자생적인 물적 토대를 가지면서 한층 내면화되었다. 대중음악의 경우 미국 도시들을 미화하거나 정형화하는 가사들은 줄어들고, 미국 노래를 맹목적으로 차용하는 곡들은 거의 사라졌지만 오히려 동시대 대중음악을 구성하는 리듬·비트·스타일은 미국적인 것과 미국적이지 않은 것이 특별히 구별되지 않을 정도로 미국화되었다. 냉전 시기의 미국적 라이프스타일이 지리적·정치적·이데올로기적 영향을 많이 받았다면, 탈냉전 시기의 그것은 개인의 자발적인 취향에 따른 선택에 더 많은 영향을 받았다. 미국화의 욕망은 냉전 시기부터 지속되어 왔지만, 탈냉전 시기에 들어와 오히려 냉전 시기보다 내면화되었다. 단순한 모방과 동경, 번역의 수준에 그쳤던 냉전기 미국화는 1980년대 이후 다국적 서비스 산업의 발전과 위성다매체의 영향으로 지리적으로는 근접하지 않았지만 일상의 라이프스타일에서는 공통의 기호를 더 긴밀하게 소비함으로써 내면화된 것이다. 일례로 한국과 미국의 대중음악을 보자. 한국 대중음악은 자생적인 컨텐츠를 확보하는 것처럼 이른바 '아메리칸 Top 40'와

---

1) 김창남, 「한국대중문화의 정체성과 미국문화 : 대중음악을 중심으로」, 『우리 학문 속의 미국』, 학술단체협의회 편, 한울아카데미, 2003년 참고.

차별화된 대중 선호도를 만들어냈지만, 주류 음악의 스타일은 사실상 미국적인 것과 전통적인 것의 구별을 무화시켜버렸다. 대중문화의 자생성과 독자성은 문화적 차이의 소멸을 의미하며 문화적 차이의 소멸은 더 강한 미국화를 야기한다.

문화세계화가 지역의 문화적 자율성을 확대하고 특성화된 국지적 문화의 출현을 가능케 한 조건으로 간주되지만, 정작 한국의 경우에는 미국적 라이프스타일로의 흡수가 강화되고 있다. 한국의 일상생활 속에 미국화가 훨씬 내면화될 수 있었던 것은 두 가지 이유 때문이다. 첫 번째 이유는 내면적 미국화가 역설적이게도 반미운동과 민주화의 궤적을 통해 강화되었다는 점이다. 한국 사회에서 반미운동과 민주화는 부분합의 관계로서 상호작용을 해왔다. 미국을 몰아내자는 반미운동은 오히려 미국의 필요성을 역설하는 합리적 근거를 마련하였고 미국의 내재화에 구성적 요소로 작용하였다. 나이키 신발을 신고 코카콜라를 마시며 반미 구호를 외치는 학생들의 이미지들은 보수 우익들에게는 오히려 심리적 안정감을 가져다주는 사례로 보도되기도 한다.

1987년 민주화 이후 경제 성장은 한국에 본격 소비 자본주의를 탄생시켰고, 한국적 경제 마피아와 관료들의 비호 아래 성장한 신흥 부르주아지들과 그 자녀들은 미국적 라이프스타일의 재생산에 기여했다. 민주화는 세계화를 가속시키기 위해 각종 규제 정책을 철폐하였고 이른바 글로벌 스탠더드를 지향하는 일상 문화를 다원화시켰다. 또한 부동산 투기와 각종 지역 개발의 차익으로 생겨난 막대한 부의 축적은 명품 지향의 과소비, 부유층 자녀들의 미국 유학, 미국식 고급 사교문화를 통해 배설되면서 미국적 라이프스타일로의 과잉 흡수를 확대시키는 토대를 형성했다.

두번째 이유는 바로 대중문화의 자생적 성장과 축적이다. 만일 한국의 대중문화가 자기 자생성을 갖지 못했다면 미국화는 차이를 분명히 한 채로 복제되거나 모방되었을 것이다. 또한 미국화가 개인의 일상생활 속에 정서적 차이와 반발 없이 자연스럽게 동화되기 위해서는 한국적 라이프스타일로 번역될 수 있는 문화자본의 축적이 필요하다. 말하자면 한국과 같은 국지적인 지역에서 미국화가 강화된다는 것은 그만큼 자생적인 대중문화의 성장을 의미하는 것이다.

1990년대 초반 이래 소비문화의 성장과 대중문화의 급속한 증가는 다양한 소비문화공간과 새로운 대중문화 컨텐츠를 생산했다. '서태지와 아이들'의 등장 이래 새로운 음악 형식으로 수용된 힙합 문화나 레이브 문화 등 대중음악의 새로운 컨텐츠들은 자생적이면서도 미국적 스타일을 내면화하는 것이었다. 미국식 패스트푸드점의 다원화, 레저문화의 확산, 여행 자유화 등 일련의 일상문화 조건들의 변화는 이른바 '미국화 지수'가 확산되는 근간이 되었다. 음악, 영화, 드라마, 게임 등 아시아 전역에서 위력을 발산하고 있는 한류가 한국 대중문화의 자생력과 국제 경쟁력 확인시켜주는 사례이지만, 한류 컨텐츠의 형식과 스타일의 근원에는 미국화의 영향으로부터 자유로운 것이 거의 없다. 글로벌 시대 '문화적 미국화'는 정치적, 이데올로기적 목적을 위해 미국 대중문화가 한국에 주입하는 방식이 아니라 한국의 대중문화 자본과 시장이 미국적 라이프스타일을 적극적으로 원재료로 삼아 재가공하는 과정을 통해 내면화된다.

물론 아시아, 혹은 한국에서 일고 있는 글로벌 문화를 곧 '문화적 미국화'로 동일시할 수 있는 것만은 아니다. 문화적 미국화의 문제는 미국인들과 동일한 문화를 복제한다는 의미가 아니기 때문이다. 미국의 문화적 성격 자체가 종족적, 인종적, 세대별로 다원화된 문화이기 때문에 문화적 미국화는 미국의 어떤 주체들의 문화를 의미하는가 하는 의문도 생겨난다. '문화적 미국화'는 미국이라는 지리적 실체를 상상하고 있기도 하지만, 전세계를 지배하는 문화자본의 논리로서의 의미를 가지고 있기도 하다. 전세계의 국지적인 장소에 개입하면서 동시에 지역의 문화자본과 동맹관계를 형성하는 통제적 문화자본으로서의 글로벌 문화는 문화적 미국화의 문제의 핵심이라 할 수 있다. 글로벌 문화는 그런 점에서 세계의 다양한 민족과 국가들의 문화가 성장하고 교류하는 형세가 아닌 미국적인 문화자본을 중심으로 재편되고 국지적으로 그러한 미국적 문화자본들이 양산되는 형세를 의미한다고 볼 수 있다.

이렇게 보면 적어도 한국에서 글로벌 문화는 미국화의 문제와 긴밀하게 연관되어 있으면서 동시에 미국이 주도하고 있는 신자유주의 정세와 무관하지 않아 보인다. 한국과 아시아에서 발견되는 글로벌 문화 속의 미국화 경향은 미국의 정치적 헤게모니를 앞세워 세계의 문화를 동질화하려는 것으로 일종의 "디즈니랜드의 전세계적 전이" 혹은 "앵글로 아메리카 문명의 헬레니즘 단계"[2]로 명명할 수 있을지도 모르

---

2) 피터 버거, 「서문-세계화의 문화적 원동력」, 『진화하는 세계화』, 피터 버거 외 지음, 김한영 옮김, 아이필드, 2005년, 14쪽 참고. 아시아 지역에서 미국화가 일상 속에 내면화되는 시점들은 대체로 1980년대 중반부터라 할 수 있다. 1984년에 개장한 도쿄 디즈니랜드는 일본인의 일상 속에 내면화된 미국화의 정점을 보여주며, 타이완의 상류층 사교계들이 중심이 되어 1994년에 창립한 타이완의 '클럽 51'은 타이완을 미국의 51번째 주로 편입시키자는 주장을 펼치기 시작했다(요시미 순야, 「냉전체제와 '미국'의 소비 대중문화에서 '전후'의 지정학」, 『문화과학』 42호, 2005년 참고; Chen Kuan-Hsing, "America in Asia : The Club 51 Syndrome", *NLR*, Vol. 4, 2001, 참고).

겠다. 글로벌 문화를 신자유주의와 별개로 논의하거나 아니면 관련은 있되 신자유주의적 문화는 다양한 글로벌 문화들 중 하나에 불과하다는 주장들은 현재 신자유주의 정세가 문화세계화에 개입하고 있는 힘을 과소평가한다. 물론 미국 주도의 신자유주의 문화가 세계 권역과 지역의 모든 문화들을 미국적으로 만들겠다는 것을 의미하는 것은 아니다. 당장 미국의 주류 대중문화와 엔터테인먼트 산업은 라틴 문화와 흑인 문화가 대세를 이루고 있다. 중요한 것은 지역 간 문화의 차이와 다양한 문화들의 공존, 혹은 지역 문화들 간의 혼종화 형세를 관통하고 있는 문화자본의 논리가 신자유주의 세계화 논리와 일치한다는 점이다. 이른바 글로벌 문화의 민주화, 지역화, 다원화라는 긍정적인 담론 속에 감추어진 문화자본의 논리가 무엇인지를 따져보는 것이 중요하다.

2. 글로벌 문화의 이론적 쟁점들

사실 세계화 담론에서 문화의 문제는 복합적인 맥락을 가지고 있다. 이른바 글로벌 문화가 문화제국주의의 종식과 문화의 탈식민화를 의미하는 것인지, 아니면 더 강력한 초국적 문화지배를 의미하는 것인지에 대한 논쟁은 어떤 분명한 결론을 도출해내기 어렵기 때문이다. 문화의 세계화를 '식민지'와 '탈식민지', '냉전'과 '탈냉전', '서양문화'와 '지역문화'의 혼종화로 볼 경우 이것을 지역문화의 글로벌화로 볼 것인지 아니면 주류 서양문화의 전지구적 확산으로 보아야 할지도 애매해진다. 또한 문화의 비본질적인 특성상 어떤 문화가 글로벌한 것인지, 글로벌한 문화의 정체가 무엇인지를 논의하는 것도 간단한 문제가 아니다.

　글로벌 문화를 논의하기에 앞서 먼저 세계화 담론에 대한 개념 정의부터 필요할 듯하다. 어쨌든 글로벌 문화는 세계화 담론에서 비롯된 것이기 때문이고, 세계화 담론에 대한 전체적인 파악 없이는 그 맥락을 제대로 이해할 수 없기 때문이다. 이러한 세계화에 대한 일반적인 주장들을 영역, 혹은 차원별로 구분해 보면 경제 영역에서의 세계화, 정치 영역에서의 세계화, 그리고 문화 영역에서의 세계화로 정리할 수 있다. 경제 영역에서의 세계화는 자본의 세계화로 집약할 수 있다. 프랑수아 셰네는 세계화란 "생산과 교환의 영역에서 이루어지는 자본 운용의 세계화"[3]로 정의하는데, 이를 위해 초국적 금융자본의 팽창, 무역 대신 직접투자의 증대, 포트폴리오 투자와 인수합병이 요구되며 금융자본은 국가 위에 위치한다. 강상구는 무역, 직접 투자 및 통화 금융제도들의 자유화 및 탈규제로 고삐 풀린 자본의 세계화가 취했던 특수한 형태들이 금융 주도 글로벌 축적 체제를 낳았으며, 금융 주도 글로벌 축적 체제가 국제 시스템으로 통합되는 방식이 갖는 강제성과 동일화가 자본의 세계화의 핵심이라고 언급한다.[4]

경쟁과 축적, 최대 이윤 확대를 목적으로 하는 자본의 세계화는 경제적 세계화의 논리를 그대로 대변하는 것이라 할 수 있는데, 이러한 경제적 세계화가 가속화되는 데는 세계 정치 체제의 변화가 큰 역할을 담당했다. 자본의 세계화의 핵심은 자본에 대한 국가의 규제를 최소화하고, 자본이 국가의 경계를 넘어서 자유롭게 이동하고 흡수할 수 있는 장치를 만드는 것이다. 그런 점에서 1970년대 말부터 진행된 신보수주의 정책과 사회주의 붕괴 이후 미국 주도의 세계 정치 체제의 재편은

---

3) 프랑수아 셰네, 『자본의 세계화』, 서익진 옮김, 한울, 2003년, 23쪽.
4) 강상구, 『신자유주의의 역사와 진실』, 문화과학사, 2000년, 301쪽.

자본의 세계화에 결정적인 영향을 미쳤다고 볼 수 있다.

1970년대 중반에 노동당의 정책 실패를 틈타 집권에 성공한 영국의 보수당은 대처를 내세워 국가의 역할을 축소하고 노동조합에 대한 강력한 제제를 골격으로 하는 새로운 케인스주의 정책을 관철시켰다. 대처의 신보수주의 정책은 네 가지 주요한 의제를 담고 있었다. 정부의 경쟁력 강화를 위해 공공 부문의 예산을 대폭 삭감하고, 공공 부문을 과감하게 민영화하며, 기업의 투자를 늘리고 소비를 진작시키기 위해 세금을 줄이고, 노조에 대한 강력한 공격을 감행하는 것이 그것이었다.[5] 대처의 신보수주의 정책은 1980년대 집권한 미국 레이건 정부의 경제 정책에 직접적인 영향을 주었으며, 이른바 '레이거노믹스'로 불리는 신보수주의 정책은 각종 규제의 완화, 감세, 노동시장의 유연화 정책을 통해 신자유주의적 정치의 전지구적 확산을 몰고 왔다. 금융자본주의의 세계화를 주도한 인물 중의 하나인 조지 소로스의 언급대로 국제 자본 운동이 가속되기 시작한 것은 레이건과 대처 정권 하에 있었던 1980년대 초반이다. 그는 1980년대 초반의 국제 자본주의의 가속화가 소비에트 정권 붕괴 이후 금융시장이 글로벌화하는 데 기본 토대를 마련했다고 본다.[6] 그가 말하는 '시장 본질주의'(market fundamentalism)는 자원의 배분과 할당을 시장 메커니즘에 일임하는 것을 의미

---

5) 1984년 탄광노조 파업에 대한 정권의 강력한 대처는 노동자 계급의 급격한 약화를 가져왔다. 그들은 노동조합을 정책 결정 과정에서 배제해 단체행동권 등 노조의 활동을 크게 제약하는 노동시장의 유연화를 통한 우회적 공격을 통해 노동자를 탄압했다. 또한 경쟁력 강화, 실업문제 해결이라는 명목 하에 대처 정부는 고용을 보호하던 일련의 조치를 없애고, 임금위원회를 폐지하였다. 이로써 노동자의 임금 사정이 불안정해졌으며, 주부나 청년들의 비정규직 노동이 증가하였고, 그 결과 노조의 힘이 약화되었다.

6) George Soros, *On Globalization*, Public Affairs, 2002, p. 2.

하며, 정부의 탈규제 정책 과정들은 이러한 시장 원리를 최대한 지지하는 방향으로 가는 것이 바람직하다. 대처와 레이건 정부의 신보수주의 정책은 바로 시장의 자유경쟁을 강화하는 기본 틀을 제시해주었다.

두번째는 미국의 패권적 힘이 강화되어 정치적 헤게모니를 장악하는 시점으로 이는 현실 사회주의 국가의 붕괴 시점과 일치한다. 대처리즘과 레이거노믹스의 정치 이데올로기가 국가 단위에서 강화된 신자유주의 정책이라면, 1980년대 말 사회주의 체제의 붕괴 이후 전세계에서 강력한 패권을 행사하기 시작한 미국의 등장은 정치적 세계화의 초국가적 지위를 형성하게 만들었다. 미국은 제국주의 위의 제국, G7 위의 '일두체제'로 군림하면서 금융자본 및 경제자본의 세계화에 필요한 모든 조건들을 만드는 데 주도적인 역할을 담당한다. 미국이 지배하는 정치적 세계화는 막강한 군사적 위력을 기반으로 '갈등적 문명론'[7]을 조장하여 국지적 장소에 무력으로 개입하거나 이데올로기적 위협을 가해 경제적 실익을 얻어내는 것으로 요약할 수 있다. 미국의 군사적 패권주의는 결국 자본의 논리와 배치되지 않는데, 초국적 자본가들에게 유리하도록 국지적인 정치 분쟁들을 군사적으로, 그리고 이데올로기적으로 해결하려는 것이 바로 미국 패권주의가 주도하는 정치적 세계화의 목적이다. 자본의 세계화가 국민국가의 존재나 국가 간 지배 및 종속의 관계까지 없애버리는 것은 아니며, 선진 자본주의 국가들 내 지배계급들 간의 정치적인 관계에 있어 수정을 초래한다는 지적[8]은 자본의 세계

---

7) 이에 대해서는 아르투로 폰테인 탈라베라의 글(「칠레의 세계화 동향」, 『진화하는 세계화』, 피터 버거 외 지음, 아이필드, 2005년)을 참고하기 바란다. 아르투로 폰테인 탈라베라는 프로테스탄트계 미국 글로벌 자본이 남미에 진출할 때, 가톨릭 민중들로부터 강한 저항을 받았음을 지적하면서 자본의 세계화와 충돌을 일으키는 종교적, 문명론적 갈등을 지적한다.

화와 정치의 세계화가 어떻게 연관되어 있는지를 짐작케 한다. 미국은 세계 자본주의 질서를 구성하는 데 있어 새로운 게임 규칙을 개발하고 강제하는 패권적인 지위를 가지고 있다. 가령 IMF 세계은행에서 자신의 지위를 이용하여 다른 국가들의 구조조정 정책이나 탈규제 정책에 압력을 행사하는 일이나, 1994년에 미국 주도로 출범한 WTO 체제가 다자간 무역협상을 근간으로 한 자유무역협정을 현실화하기 위해 만들어졌지만, 이 체제는 곧 미국에게 유리한 양자 간 협상(BIT), 즉 개별 국가 간 FTA 체제 위주로 변화하였다. 이러한 미국 주도의 세계 경제체제의 변화는 자본의 세계화가 정치적 세계화의 비호를 받고 있음을 단적으로 보여준다.

자본의 세계화와 정치의 세계화와는 다르게 문화의 영역에서 세계화는 복잡한 양상을 띠고 있다. 문화제국주의적인 시각으로 보면 문화는 제국주의의 정치적, 경제적 이데올로기를 확대 재생산하는 촉매제 역할로 이해되지만, 세계화 단계에서 문화는 단순히 지배와 피지배라는 이분법적인 관계로 설명할 수 없는 복합적인 성격을 가진다. 문화의 글로벌화가 근대 제국주의 시대의 문화 지배와 다른 점은 두 가지로 요약할 수 있다. 첫째, 글로벌 문화는 중심과 주변, 지배와 피지배의 관계가 명확하지 않고, 생산과 수용의 구분이 명확하게 형성되지 않으며 오히려 주변에서의 적극적인 요청으로 국지적 문화가 적극적으로 옹호되고 변형된다는 점이다. 글로벌 문화의 형성은 제국주의 문화지배의 확장이라기보다는 국지적 문화의 탈국가화와 지역 문화의 전지구적인 대

---

8) 프랑수아 셰네, 앞의 책.

두와 연관이 있다. 말하자면 글로벌 문화는 미국, 혹은 유럽 중심의 문화로 전지구가 통합되는 것이 아니라 세계의 권역 문화들이 국지적 특성을 가지고 자생적인 토대 위에서 다원화되는 것을 의미한다고도 볼 수 있다. 라틴 지역의 라이프스타일이 전세계적으로 인기를 끌고, 팝 음악 시장에서 월드뮤직이 각광을 받고 있으며, 세계의 음식과 여가들이 서로 잡종 교배하는 일련의 사례들을 글로벌 문화의 현상으로 간주할 수 있다면 문화의 세계화는 다원화된 문화들의 공존으로 정의할 수 있을 것이다. 문화적 생산물이 생산, 재현, 학습에서 장소의 구속을 받지 않고 디지털 기술의 혁신으로 짧은 시간 동안에 전세계에 재현될 수 있는 것이 문화의 세계화이며, 전지구적 문화 시장에서 각 개인들의 취향이 가속화되는 '안과 밖'의 순환의 연속으로 환원된다는 지적[9]은 글로벌 문화가 문화제국주의가 아닌 지역 문화의 세계화를 의미하는 '글로컬 문화'(glocal culture)의 성격을 가진다는 점을 강조한다. 글로벌 문화의 다원성, 혼종성, 국지성에 대한 성격을 이론화하는 과정에서 아르준 아파두라이의 '탈구'(displacement)와 존 톰린슨의 '탈영역화'(deterritorialization)와 같은 개념들은 우리에게 중요한 시사점을 던져준다.

아파두라이의 탈구 개념은 문화적 맥락을 많이 시사하고 있으며, 역설적이게도 자본의 세계화나 정치의 세계화에서 강조했던 '미국화'의 약화라는 인식에서 출발한다. 아파두라이는 미국이 더는 이미지들의 세계 체제라는 인형을 조종하는 자가 아니라 단지 상상적 풍경을 구

---

9) 리하르트 뮌히, 「긍정과 전복 사이에서 : 세계화 시스템 속에서의 대중문화」, 『세계화 시대의 문화논리』, 김창민 외 옮김, 한울, 2005년 참고.

성하는 하나의 고리, 복합적이고 국제적인 한 고리에 지나지 않는다고
말한다.[10] 그는 진지구적 상호작용에서 문화의 동질화와 이질화 사이에
긴장 관계가 형성되고 있음을 지적하면서 동질화의 논의가 주로 미국
화나 상품화의 논의로 귀결되지만, 그보다는 그러한 힘을 현지화하는
다양한 방식들이 존재한다고 말한다.

> 새로운 글로벌 문화경제는 이제 더 이상 현존하는 중심-주변 모델들의
> 용어로는 이해할 수 없는 복합적이고 중층적이며 탈구적인 질서로 간
> 주되어야 한다. 현존하는 전지구적 경제의 복합성은 이제 우리가 단지
> 이론화하기 시작한 경제, 문화, 정치 사이의 어떤 근본적인 탈구들과
> 관계가 있음이 틀림없다.[11]

아파두라이는 이러한 탈구 현상들이 만들어낸 글로벌 문화의 다섯 가
지 흐름들을 '에스노스케이프', '미디어스케이프', '테크노스케이프',
'파이낸스스케이프', '이데오스케이프'로 정의한다. 글로벌 문화의 다
섯 가지 전경들은 개별 국민-국가들의 변화된 사회 환경들을 지칭하는
것으로 대단히 유동적이고 불확실한 상태로 있다. 국제 자본주의의 이
해관계 속에 포획된 국지적 이주민들, 기술의 전지구적 배치, 어지러울
만큼 빠른 속도로 유통되는 거대자본, 디지털 기술에 따른 정보의 실시
간 확산과 그 미디어들이 만들어내는 이미지들, 국민-국가 이데올로기

---

10) 아르준 아파두라이, 「전지구적 문화경제에서의 탈구와 차이」, 『고삐 풀린 현대성』, 차원
   현 외 옮김, 현실문화연구, 2004년, 57쪽.
11) 같은 책, 60~61쪽.

에 대항하는 새로운 민주주의의 구성 등 일련의 변화된 사회 환경들은 국민-국가의 근대적 구획들을 유동적으로 만든다. 전지구적 사회·문화 환경의 변화는 개별 국민-국가의 자명한 결합관계를 해체시키며 각각을 묶어주는 하이픈은 "이제 결합의 상징이라기보다는 탈구의 지표"[12]가 된다.

결과적으로 아파두라이는 글로벌 문화는 '국민-국가'의 동질성과 개인들의 '이질성' 간의 긴장 국면에서 생겨나고, 전지구적 문화의 동일성과 국지적 문화의 차이의 상호 노력의 정치학으로 보고 있다. 그의 논리에 따르면 각각의 지역에서 벌어지고 있는 문화적 탈구 현상들은 전지구적 자본의 강력한 압박을 받으면서도 개인이 국민-국가 간섭과 포획으로부터 벗어날 수 있는 공간을 열어준다는 점에서 긍정적으로 작용할 수 있다. 그러나 그가 말하는 문화적 탈구 현상들이 국민-국가 중심의 완고한 문화정체성이나 원초주의에 입각한 민족문화의 허구성을 해체할 수 있다는 긍정성에도 불구하고, 그 탈구 현상들이 전지구적 문화자본의 공세에 대응해 얼마나 자생력을 가질지에 대해서는 지나치게 낙관적인 태도를 가지고 있다. 실제로 그가 언급한 글로벌 문화의 국지적 변용에서 미국화의 현상들이 약화되었다고 판단하지만, 문화자본의 침투와 문화상품의 국제협정, 그리고 제3세계 개인들의 일상생활에 미치는 미국 대중문화의 상징적인 힘은 여전히 강력한 효과를 발휘하고 있다. 제임슨이 언급한 미국 중심의 전례 없는 글로벌 문화자본의 출현이 갖는 정치적, 문화적 위력에 대한 재고가 필요하다.[13]

---

12) 같은 책, 73쪽.

　　문화의 세계화를 '탈영토화'의 관점에서 언급하는 존 톰린슨의 주장도 글로벌 문화자본에 대한 비판적 문제의식을 결여하고 있다. 그가 말하는 탈영토화는 문화제국주의의 지리적, 기술적 지배로부터 벗어난 국지적 장소들이 새로운 영토로 의미 부여를 받는 것으로 이해할 수 있다. 그는 "세계화에 대한 문화의 논리적 귀결성에 대해 생각할 수 있는 하나의 방식은 문화적으로 채워진 '지역' 행위가 어떻게 세계적 결과를 야기하는가"를 이해하는 것이라는 점을 강조한다.[14] 이러한 문화의 탈영토화가 갖는 지리적 환경은 복합적으로 연계되어 있다. 그가 말하는 '복합적 연계성'(complex connectivity)이란 "근대의 사회적 삶을 특징짓는 상호연계 및 상호의존 망이 급속히 발전하면서 전개되고, 그 밀도는 전례 없이 더욱 높아지고 있음을 의미"[15]한다. 그에게 있어 세계화 이론의 중요한 임무는 복합연계성이라는 조건의 기원을 이해하고 사회적 존재의 다양한 영역에서 드러나는 복합연계성의 함의를 해석하는 것이다.

　　글로벌 자본주의의 도구적 관점에서 보면 이러한 복합연계성은 텔레커뮤니케이션과 같은 기술적 장치나 일상생활의 편리함을 강조하는 이데올로기적 장치들을 이용해서 지리적 근접성을 증가시키는 역할을 담당한다. 말하자면 복합연계성은 초고속 정보망, 위성 채널, 퓨전 음식, 해외여행 등을 통해 물리적 거리를 소멸시키는 행위들을 통해 장소

---

13) Fredric Jameson, "Notes on Globalization as a Philosophical Issues", *The Cultures of Globalization*, eds. by Fredric Jameson and Masao Miyoshi, Duke University Press, 1998 참고.
14) 존 톰린슨, 『세계화와 문화』, 김승현·정영희 공역, 나남, 2004년 참고.
15) 같은 책, 12쪽.

가 '탈구' 되는 효과를 만들어낸다. 국지적 장소에 위치한 사람들을 자신이 살고 있는 지역성으로부터 분리하고, 지역성의 성격 그 자체를 변화시키는 것[16]이 장소의 탈구를 의미한다.

이러한 장소의 탈구를 톰린슨은 탈영토화로 정의한다. 탈영토화는 글로벌 시대 국지적 장소들 간의 적극적인 문화 교류와 급속하게 변화하는 문화환경 속에서 대중들이 경험한 직관적인 문화현상들에 의미를 부여하는 것을 말한다. 이 과정에서 탈영토화의 문화현상들이 일반화되는 위험성이 있지만, 대체로는 국지적 문화들의 급격한 혼종화가 야기된다. 세계를 복합적으로 연계할 수 있는 문화환경의 변화로 지역 간 문화교류가 활발하게 증가하면서 문화와 장소가 자명하게 연계되던 근대적 삶의 방식들이 해체되고, 대신 복합적 혼종형태의 문화가 생산된다. 톰린슨은 이러한 문화 혼종화 과정에서 새로운 헤게모니 싸움이 벌어지는 국면에 주목한다. 글로벌 문화의 헤게모니가 혼종화의 과정 속에서 단순하게 재생산되는 것인지 아니면 재조정되는 것인지에 대한 고찰이 필요한데, 톰린슨은 오히려 혼종화 과정을 통해서 서양의 자기확신적인 문화정체성이 주변부 국가의 문화에 의해 역침입을 당해 위협을 받을 수 있음을 강조한다.[17] 문화의 혼종화 경향은 국지적 문화의 탈영토화와 재영토화를 동시에 수행한다는 것이 글로벌 문화를 바라보는 그의 기본적인 입장으로서 문화제국주의의 지구적 확산과 국지적 전파 과정을 미디어 수용과 세계자본주의, 그리고 국가 개입 차원에서 비판적으로 분석한 기존의 담론[18]과는 다른 문제의식을 가진다.

---

16) 같은 책, 20쪽.
17) 같은 책, 212쪽.

여기서 중요한 것은 아파두라이나 톰린슨의 이론 그 자체가 아니라 이들 이론가들이 주장하는 글로벌 문화 환경에 직면한 국지적 실천의 전망들이 어떤 문제의식을 결여하고 있는가 하는 점이다. 이는 특히 북미 지역에서 활동하고 있는 탈식민주의자들의 글로벌 문화에 대한 입장과 연관되어 있는데, 이들은 글로벌 자본주의의 문화 확산과 지배, 그리고 제3세계의 일상문화를 파고드는 미국화의 상징적 힘에 대한 고려 없이 국지적 문화혼종화의 현상들이 초국적 문화지배에 위협과 도전을 감행할 수 있다는 점을 지나치게 낙관하고 있다. 이는 또한 신자유주의 시대에 문화가 서비스와 통신 영역으로 확산됨에 따라 초국적 자본의 확산에 중요한 협상 대상이 되고 있음을 간과한 것으로 글로벌 문화에 대한 정치경제학적 분석이 결여되어 있다.

국지적 영토에서 일어나는 문화의 탈구 현상이 글로벌 문화자본의 유연한 침투와 축적을 가능케 할 수 있다는 점은 비판적 탈식민주의자인 아리프 딜릭이 언급한 대로 국지적 장소들이 안고 있는 곤경이기도 하다. 딜릭은 글로벌 자본주의의 부상과 함께 저항과 해방의 영역으로서 비판적 로컬리즘이 부상하는 점에 주목하고 있는데, 그럼에도 비판적 로컬리즘에 대한 전망보다 글로벌 자본주의 이데올로기의 분절로서 기능하는 로컬리즘에 대한 곤경이 훨씬 본질적임을 언급한다.

글로벌 자본주의의 전망의 관점에서 보면 로컬은 해방의 장소가 아니라 조작의 장소이다. 다른 식으로 말하자면 그것은 그 안에 살고 있는

---

18) 존 톰린슨, 『문화제국주의』, 강대인 옮김, 나남, 1994년, 1장, 2장 참고.

사람들이 스스로 자신들의 정체성을 벗어던지고 글로벌 자본에 동질화 되어야만 해방될 수 있는 장소인 것이다. 역설적이게도 글로벌 자본주의가 로컬한 곳의 문화들을 소비하면서 그곳에 사는 사람들을 글로벌하게 동질화시키려 할 때조차도, 그 자본주의는 로컬이 자본에 저항하는 장소라는 점을 강조하면서 로컬에 대한 인식을 고양시킨다. 그러나 그럼에도 이는 로컬의 곤경을 의미한다. 글로벌한 것을 자신의 비전 외부에 두려는 로컬에 대한 선입관은 글로벌 총체성의 보편적 비전들을 더욱더 강제하려는 글로벌 자본주의의 손에 조작당하기가 쉽다. 로컬한 장소에 대한 이해관계와 힘의 차이들은 비전통적이고 민주적인 노선에 따라 로컬을 재구성하는 것이 본질적인데, 자본이 이 차이들을 이용해서 로컬을 손쉽게 조작하도록 만드는 것이다.[19]

로컬에 대한 곤경은 국지적 문화의 이질성, 혹은 혼종성이 글로벌 자본의 동질적 포섭으로부터 자유로울 수 없다는 데 있다. 특히 글로벌한 문화 환경의 도래로 국지적 문화 형태들이 혼종화하고 다원화했지만, 다른 한편으로는 초국적인 문화자본의 논리에 강력한 위협을 받고 있다는 점을 간과할 수가 없다. 이 점이 고전적인 의미에서 문화제국주의와 글로벌 문화의 두번째 다른 점이다. 문화제국주의 시대의 문화 생산물의 주된 임무가 제국주의의 이데올로기를 전파하는 상징적 힘을 발휘하는 것이라면, 글로벌 시대 문화는 상품 교역의 중요한 대상으로 변

---

19) Arif Dirlik, "The Global in the Local", *Global Local: Cultural Production and the Transnational Imaginary*, eds. by Rob Wilson and Wimal Dissanayake, Duke University Press, 1996, p. 35.

화한다. 1994년에 출범한 WTO의 목적이 서비스 산업의 무역 장벽을 철폐하고, 개별 국가의 규제를 무력화하는 지적 재산권 및 특허권의 배타적 보호에 있다는 점은 글로벌 자본주의의 축적 기반이 금융과 문화 서비스 산업에 있음을 알려 준다.

가령 서비스 부문의 해외 직접 투자는 1980년대 자유화와 탈규제의 우산 아래서 급증하였는데, 1970년대는 32퍼센트, 1980년대 37.7퍼센트, 1990년대 50.1퍼센트의 성장세를 보였다.[20] 멀티미디어나 텔레커뮤니케이션, 방송영상산업과 정보통신산업 등은 국지적인 영역에서 가장 많은 법률적 분쟁이 발생하는 영역으로 미국계 초국적 기업들은 이러한 국지적인 규제를 철폐하기 위해 개별 국민-국가에 강한 압력을 행사한다. 특히 멀티미디어와 정보통신 산업 분야에서 미국은 각국의 방송통신 규제 정책을 철폐하기 위해 압력과 로비를 행사해왔다. 초국적 멀티미디어 그룹들은 정보산업, 전자산업, 반도체산업을 하나로 연합시키는 복잡한 제휴망을 형성하여 새로운 개인 통신제품의 개발로 세계적인 독과점을 차지하려는 목표를 가진다.

이러한 제휴들에서 미국 그룹들이 점하는 우월한 지위는 여가상품을 생산하는 그룹들이 갈수록 커지고 있고, 지속적으로 쇄신되는 시장을 찾아야 할 필요를 가진다는 사실과 이에 못지않게 소프트웨어와 정보 관련 서비스의 생산의 핵심활동 등에서 미국 기업들이 지배적 우위를 누리고 있다는 사실들로 설명될 것이다. 이러한 제휴들은 미국의 금융

---

20) 프랑수아 셰네, 「서비스 자본의 세계화와 뉴프런티어」, 『자본의 세계화』, 서익진 옮김, 한울, 2003년, 209쪽 참고.

자본과 무엇보다 기관 투자자들로부터의 지원이 없었다면 성사될 수 없었을 것이다. 이들에게 멀티미디어는 가장 확실한 투자처들 중의 하나임과 동시에 전세계를 대상으로 하는 그들의 이데올로기적 지배를 위한 도구이기도 하다.[21]

세계화는 자본의 세계화로 환원될 수 없는 문화적 함의들을 복합적으로 갖고 있다는 다문화주의자들의 주장과는 다르게 글로벌 자본 축적은 문화의 영역에서 가장 신속하게 이루어지고 있다. 영화와 광고 패션과 같은 엔터테인먼트 문화산업, 방송통신 융합 시장, 다국적 레저와 요식 산업, 프로스포츠 산업들과 같은 글로벌 문화자본들은 금융자본과 군사적 패권주의의 비호 아래 제3세계와의 자유무역 협정을 서두르고 있다. 글로벌 문화자본은 문화 관련 하드웨어 제조업과 상품을 마케팅하는 문화 컨텐츠 산업, 그리고 이러한 소프트웨어를 전세계에 중계하는 미디어 자본의 삼각체제를 통해 막대한 물질적·상징적 자산을 보유한다.

이러한 삼각 체제의 가장 대표적인 사례가 바로 나이키와 마이클 조던, 그리고 NBA를 중계하는 위성 채널이다. 나이키는 마이클 조던을 광고 모델로 캐스팅하여 경쟁사들을 따돌리고 신발산업계에서 독보적인 지위를 확보하였고, 마이클 조던이 활약하는 NBA는 루퍼트 머독과 같은 다국적 방송 사업가에게 가장 매력적인 방송 컨텐츠였다. "1980년대에서 1990년대 위성과 케이블을 이용하여 조던과 나이키는 각각

---

21) 같은 책, 239쪽.

다국적 회사인 나이키의 신발을 만드는 제3세계 노동자들의 열악한 환경을 비판하는 카툰.

NBA와 나이키 신발을 전세계인들에게 팔았고, 이 위성 케이블 네트워크를 만들어낸 루퍼트 머독과 같은 사람들은 스포츠팀을 인수해 그들의 '슈퍼스테이션'에 펼쳐 놓고 전국의 케이블 고객을 끌어 모았다"[22]는 지적 속에서 글로벌 문화자본의 순환 체계를 읽을 수 있다. 더욱이 나이키의 글로벌 문화자본은 제3세계 저임금 여성 노동자들의 착취를 통해서 얻어진 것으로, 그 노동 착취로 절감한 예산을 거액의 광고료로 지불하는 전형적인 상징자본의 형태를 띠고 있다.

3. '문화다양성' 담론과 글로컬 문화자본으로서 한류 비판

글로벌 문화가 글로벌 문화자본에 의해 상당한 영향을 받는 것이 사실이지만, 이 둘이 동일한 것은 아니다. 즉 글로벌 문화의 형성에 자본의 논리가 관철되는 부분도 있지만, 국지적 문화 자원의 고유한 가치들도

---

22) 월터 레이피버, 『마이클 조던, 나이키, 지구자본주의』, 이정엽 옮김, 문학과지성사, 2001년, 2장 참고.

중요하게 기여한다. 특히 글로벌 문화를 국지적 문화들의 총체로 정의할 경우, 그것은 정반대로 서양 중심의 문화제국주의에 대항하는 탈식민지적 문화실천들의 복합적 자원으로 간주할 수도 있다. 경제적, 정치적, 기술적 세계화와는 다르게 문화세계화는 다양한 형식의 미디어와 예술작품들이 국가의 경계를 넘어서 서로 교통하고 분산되는 것을 의미할 수 있다. 즉 문화세계화는 "마셜 매클루언이 '지구촌'과 대응할 수 있는 동질화된 문화세계화의 관점으로 더는 개념화하는 것이 아니라 서로 상이한 국가들과 권역들에서 생겨나고 그것들이 글로벌 문화를 구성하는 복합적이고 다양한 현상으로 인지된다"[23] 문화세계화의 모델들에 대한 아래의 도식들은 글로벌 문화가 긴장과 경쟁과 갈등이 가득한 다차원적인 과정임을 짐작케 한다.

옆의 도표들은 문화세계화의 다양한 층위들을 설명한 것이라 할 수 있는데, 이중에서 두번째와 세번째의 모델들이 글로벌 문화를 일반적으로 정의하는 가장 지배적인 인식틀이라 할 수 있다. 문화적 흐름 혹은 네트워크의 집합체로서 세계화는 문화제국주의에 비해 분산되고 이질적인 과정을 갖고 있으며, 문화적 흐름의 효과는 동질화보다는 혼종화를 지향한다. 또한 수용자 이론의 관점으로 보았을 때 글로벌 문화는 관객들이나 시청자들이 미디어에 매개된 채로 수동적으로 반응하지 않고 적극적으로 반응하며, 서로 다른 민족과 종족 그룹들마다 동일한 문화 재료들이나 문화 현상들을 다르게 해석한다는 점에 주목한다. 이 두 모델이 갖는 공통점은 문화를 다양성의 요소, 상호 소통가능성의 요

---

23) Diana Crane, "Culture and Globalization", *Global Culture: Media, Arts, Policy, and Globalization*, Routledge, 2002, p. 1 참고.

문화세계화의 모델들[24]

모 델	문화 이행의 과정	주요 활동가들과 장소들	가능한 결과들
문화제국주의 미디어 제국주의	중심-주변	글로벌 미디어의 복합기업	문화의 동질화
문화적 흐름들/ 네트워크들	쌍방향 흐름들	권역별, 국가별 복합기업과 회사들	문화의 혼종화
수용이론	중심-주변 :다방향적	관객, 공중, 문화기업들과 모니터들	협상과 저항
문화적 전략들 (저항, 다시 틀짜기, 글로컬화)	민족문화의 틀짜기	글로벌 도시들, 박물관, 유산지, 문화기억, 미디어, 문화부, 무역부	경쟁과 협상

소들로 일반화한다는 점이다. 즉 글로벌 문화의 기초는 문화다양성에 기반한다는 견해를 공통적으로 가지고 있다.

글로벌 문화에 대한 이러한 견해들은 문화제국주의 이데올로기의 단순 논리를 거부한다는 점에서 새로운 해석이자 새로운 물적인 토대를 갖고 있다고 볼 수 있지만, 이른바 문화다원주의나 문화다양성의 현상에 대해 지나치게 갈등이 없는 차이의 논리로 인식하는 경향이 있다. 문화다원주의나 문화다양성 담론들은 차이만을 생산하지는 않는다. 프랑수아 드 베르나르는 문화다양성의 개념을 재정립할 필요성을 제기하면서 다양성이란 개념은 각각의 요소들이 서로 무관한 것이 아닌 대립되고, 불일치하고 모순되는 의미를 갖고 있음을 강조한다.[25] 그는 문화

---

24) 같은 책, 2쪽.

25) 프랑수아 드 베르나르, 「'문화다양성' 개념의 재정립을 위하여」, 『세계화 시대의 문화논리』, 김창민 외 옮김, 한울, 2005년, 17쪽.

다양성은 자명하거나 자연적인 것이 아니라 투쟁 속에서만 존재하는 것이며, 안정적이기보다는 역동적이며, 늘 갈등을 내포하고 있고, 질문이 아닌 실천적 응답으로, 관념이 아닌 구체적인 기획으로 전환되어야 한다는 점을 역설한다. 베르나르는 자명하고 그 자체로 완결된 의미를 가지고 있는 문화다양성의 개념을 해체하기 위해서는 문화다양성의 개념을 비판적으로 재정립하는 이론적 기획과 문화다양성의 목표를 법적으로 관철시킬 수 있는 법적 기획, 메이저 사기업의 무제한적인 지배전략에 맞서 전체 이익과 공공 이익을 위한 대응전략을 기획하는 것을 대안으로 내세운다.[26]

문화다양성의 담론과 관련하여 새로운 검토가 필요한 것 중의 하나가 바로 유네스코의 '문화다양성 협약'이다. 유네스코의 문화다양성 협약은 WTO 체제의 출범으로 문화가 협상의 주 대상이 되고 문화를 상품 교육의 대상에서 제외할 것을 주장하는 담론이 확산되면서 구체적으로 논의되기 시작했다. 문화다양성의 최근 관심사는 BIT나 FTA와 같은 무역 협상에서 자국의 문화적 자산들이 상품 거래의 수단으로 전락하지 않고 문화주권을 지킬 수 있도록 국제 사회가 지지하는 것에 집중되어 있다. 이는 유네스코가 오랫동안 주장해왔던 세계 각국의 문화권리를 지키는 것과 연관되어 있으며, 1990년대 말부터 논의되기 시작한 문화다양성 담론은 2005년 10월 문화다양성 협약을 계기로 전지구의 보편적 가치로 인정받게 되었다.

글로벌 문화자본의 독점적이고 일방적인 공세에 대응하는 문화 논

---

26) 같은 책, 26쪽.

리로 문화다양성이란 이념을 내세우는 것은 유네스코의 일반적 원칙에 부합한다. 문화다양성의 이념은 1948년 '유엔인권선언' 이래 유네스코 가 지속적인 담론 작업을 통해서 주장했던 원칙이다. 문화다양성의 원 칙은 개별 민족과 국가의 문화자원들과 표현양식들이 보호되고 보존되 어야 한다는 데 있다. "인류 공동의 유산인 문화다양성은 지속 가능한 발전의 원천이고, 생태계에서 종의 다양성만큼 인류 사회에서 중요하 다는 것을 깨달으면서", "문화다양성은 각 문화 간의 지속적인 교류에 의하여 증진되며 말이나 이미지로 표현되는 아이디어의 자유로운 흐름 에 따른 결과물임을 인식하며", "어떤 사회집단이나 사회, 특히 소수자 나 토착민 들이 자신들의 전통적인 문화표현을 포함한 문화 상품이나 서비스를 창조하고 유통하고 배분할 수 있는 권리, 또 그러한 것을 접 할 수 있는 권리, 나아가 그를 통하여 자신들의 발전을 도모할 수 있는 권리를 이러한 기본권으로 인정"한다는 2005년 유네스코 파리 총회의 문화다양성 협약의 전문은 이러한 문화다양성의 기본 원칙을 잘 보여 준다.

유네스코가 정의하는 문화다양성은 그런 점에서 각국의 문화적 자 원이 다양하게 보존될 수 있는 기회를 최대한 보장해주는 데 있는데, 이는 국가 대 국가, 민족 대 민족 간의 다양성이라는 의미가 더 크다. 말 하자면, 유네스코 문화다양성은 글로벌 문화자본의 위협에 직면한 민 족문화 보호의 필요성을 원칙적으로 천명한 것인데, 이러한 협약이 개 발 국가에서 비준을 얻는다 해도, 협약에 참여하지 않은 국가들을 강제 할 장치가 없고, FTA와 같은 무역 협상에서 문화 부문의 강력한 개방 요구를 차단할 수 있는 법적 장치를 마련할 수 없다는 실질적인 문제를 안고 있다. 더욱이 문화다양성 협약은 개인들의 다양한 문화 권리를 중

심으로 기술했다기보다는 국가와 민족 간의 문화를 보존하고 지키는
것이 중심이어서 개인의 문화 활동과 문화적 실천의 과정에서 이 협약
이 구체적인 현실성을 얻기에는 무리가 뒤따른다. 유네스코의 문화다
양성은 주변부 민족·종족문화를 보존한다는 점에서 문화다양성에 대
한 소극적인 실천에 그치는 한계를 가지고 있다. 이에 대해 베르나르는
다음과 같이 언급한다.

> 보존된 장소는 결코 '문화다양성의 장소'라고 부를 수 없을 것이다. 차
> 라리 문화의 '온실'이나 '묘지'라고 칭해야 할 것이다. 왜냐하면 왕성
> 하고 자발적이며 항구적인, 요컨대 다양화된(diversifé) 생산활동에서
> 만 탄생할 수 있는 '디베르수스'[다양성]가 결여되어 있기 때문이다.
> … 2001년 11월 유네스코의 '세계선언'[세계문화 다양성 선언] 채택
> 이후 유명해진 "문화다양성을 보존하고 장려한다"라는 생각조차, 비록
> 그것이 과정과 운동을 분명하게 가리키고 있지만 여전히 매우 정적으
> 로 이해된다.[27]

국민-국가, 혹은 민족, 종족문화의 보존을 원칙으로 하는 문화다양성의
논리 하에 한류는 미국 중심의 글로벌 문화에 대항하는 대표적인 대안
사례로 꼽힐 수 있다. 아시아 전역에서 불고 있는 한류 현상이나 한국
영화산업의 비약적인 성장은 미국의 대량 팝 문화나 할리우드 영화산
업에 맞서는 제3세계 지역에서의 문화적 반항을 불러일으키기 때문이

---

27) 같은 책, 20쪽.

다. 특히 스크린쿼터 제도는 제3세계의 문화주권을 지키는 법적인 장치로서 문화상품 영역에서 개별 국가의 문화다양성을 관철시키는 효과적인 기능을 담당하고 있다. 한류의 문화적, 산업적 파급효과가 미국 중심의 팝 문화를 아시아 권역 내에서 거세시키는 결과를 낳았다는 진단도 가능한데, 가령 타이완의 문화연구자인 쳔꽝싱(陳光興)은 한류가 할리우드 문화의 지배 블록에 대항하는 새로운 문화 헤게모니로서 아시아 대중문화 지형에 등장한 것은 긍정적인 측면으로 평가할 수 있다[28]고 말한다.

국민-국가의 문화다양성으로서 한류가 국지화된 글로벌 문화의 다원화, 혼종화 현상을 이해하는 데 중요한 연구 사례가 되는 것은 분명하다. 한류를 문화세계화의 관점에서 볼 경우 다음과 같은 세 가지 논쟁점이 제기될 수 있다. 첫째, 한류가 어떤 점에서 글로벌 문화의 국지적 실천 사례에 부합하는가 하는 점이다. 이는 한류 문화 컨텐츠의 내용뿐 아니라 생산과 소비, 유통 과정이 글로벌한 단계에 부합하는가를 물어보는 것이기도 하다. 한류가 만들어내는 드라마와 영화서사, 게임 시나리오, 음악적 스타일 등은 고유한 내러티브를 갖고 있지만, 그것을 표현하는 방식에 있어서는 글로벌한 감성에 호소하는 경우가 많다. 멜로 드라마나 가족 드라마의 인습들은 적당히 국지적인 특성을 갖고 있으면서도 세련된 제작 기법을 통해 국제적인 시각을 보유하고 있다. 게임 컨텐츠의 서사와 시각성의 경우도 국제적인 감각을 갖고 있고, 대중음악의 멜로디와 비트 역시 주류 팝 음악의 요소들을 직·간접

---

28) 쳔꽝싱, 「한류 문화의 현황과 반성」, 『문화연대』, 2001년 11월호 인터뷰.

적으로 차용한다. 한류 컨텐츠의 소비와 유통 역시 국내보다는 아시아 권역에서 이루어지고 있다. 한류는 적당히 국지적이면서 적당히 글로벌한 문화 컨텐츠의 제작환경을 갖추었고, '문화적 네트워크의 흐름'으로서 문화세계화에 부합하는 특성을 갖고 있다.

둘째, 한류가 동아시아라는 권역 내에서 문화적 감수성과 문화소통을 얼마나 공유하고 있는가 하는 점이다. 이는 한류의 문화 컨텐츠와 한류 스타들에 대한 동아시아 소비자들의 반응들을 통해서 알 수 있는데, 가령 중국 본토와 타이완에서 한국의 가족 드라마가 인기를 얻는 것은 유교문화 전통이라는 공통의 경험이 있기 때문이다. 유교문화라는 '문화적 근접성'의 감정과 드라마 구성상의 재미가 결합하면서 수용자 반응이 배가되는 효과를 낳게 된다. 한편으로 일본에서 배용준 신드롬이 일어나는 것은 동시대의 공유된 경험이라기보다는 일본 시청자들의 과거 향수에 대한 공통된 감정의 경험 때문이다. 배용준은 일본 사회에서는 1970년대의 낭만사회의 향수를 연상케 하는 감정적인 연대가 있다. 이와 다르게 동남아시아에서 반응하는 한류 드라마들에 대한 공유된 감정은 드라마 속에 재현된 배우들과 라이프스타일의 세련됨 때문인데, 이때 공유되고 있는 문화적 감정들은 할리우드 스타들에 대한 주변부 아시아인들의 반응들과 크게 다르지 않다. 어쨌든 한류가 생산하는 문화의 감정들은 할리우드가 생산하는 감정들과는 상이하게 나타나고, 아시아 소비자들의 선호도와 취향은 각기 다른 맥락을 갖고 있지만, 한국의 문화 컨텐츠에 대해 친밀감을 표시하고 있는 바, 과거 'J-pop'이나 '칸토팝'(Canto-pop) 혹은 '홍콩 누아르'의 아시아적 파급력이 교체됨으로써 자연스럽게 아시아의 권력 내에 문화적 순환구조를 새롭게 구축할 수 있게 된다.

마지막으로 한류가 문화세계화의 국제적 실천으로서 적절한 문화적 자생성을 갖고 있는가 하는 점이다. 이에 대한 문제들은 사실 단순하게 설명할 수 없는 부분이다. 가령 한국의 트렌디 드라마나 대중음악의 스타일, 영화산업 제작 배급 체계가 얼마나 자생적인가를 질문해보면, 하드웨어와 소프트웨어, 그리고 컨텐츠웨어의 환경에 따라 다르게 대답할 수밖에 없다. 한류의 문화 컨텐츠는 사실 우리의 고유한 문화정체성을 가공한 것이라기보다는 미국적 스타일과 일본의 스타일을 참고해 변형한 측면이 강하게 나타난다. 한류의 컨텐츠는 그 자체로 독자성을 인정받기보다는 글로벌 문화 형식들을 흉내내고 변용하여 주변화한 것이라 할 수 있다. 주류 영화의 제작방식 역시 할리우드 제작 시스템의 관용들을 따라가는 경우가 대부분이고, 영화적 소재의 독특함과 연출이 할리우드 식 제작방식의 인습들을 메우는 방식을 취한다. 한류의 드라마 배급이나 음악산업에서 스타들의 아시아 매니지먼트 방식도 자생적인 배급망을 갖기보다는 현지의 배급사와 연계를 맺는 방식을 취한다.

한류의 글로벌 문화 특성을 논할 때 제기되는 이러한 세 가지 쟁점들을 정리하면, 한류가 아시아 권역의 글로벌 문화지수를 대변하는 데 있어 완전히 독자적인 지위를 확보하기는 어려운 형세라는 점을 확인할 수 있다. 한류를 글로벌 시대의 국지적 문화다양성의 사례로 온전하게 평가하기에는 미국적 동질화로부터 완전히 자유로울 수 없고, 한류의 컨텐츠 자체도 그렇게 다양하게 아시아에 소개되었다고 볼 수 없다. 한류의 글로벌 특성에는 모방과 응용, 흉내내기와 자기변용으로 간주할 것들이 많아 창작, 제작, 배급, 소비의 과정에서 독자적인 국지성을 가진다는 것은 사실상 불가능하다. 다만 한류 역시 미국의 라이프스타일이나 일본의 문화유행을 토착화하는 방식을 통한 권역으로의 재진출이기 때문에 문화적 복제라기보다는 '문화적 혼종화' 라는 말이 어울릴 듯하다. 그러나 한류의 문화적 혼종화가 재생산되는 메커니즘을 살펴보면, 결국 한류를 문화다양성의 관점으로만 한정해서 볼 수 없다는 점을 알게 된다.

한류는 국지적인 영역에서 새롭게 부상하는 글로벌 문화이며, 아시아의 문화다양성의 차원에서 가치가 있는 문화자원이라는 긍정적인 관점과는 다르게 글로벌 문화자본에 편입되거나 하위 문화자본으로 재형성되는 국지적인 성격을 가지고 있다. 한류가 동남아시아나 중화권에 전파되는 과정에서도 그것은 다양한 문화자원으로서 기능하기보다는 명백하게 문화자본의 형태로 기능한다. 문화자본으로서의 한류는 미국의 할리우드 영화산업이나 팝 음악산업처럼 주변의 국가들에 문화상품을 팔기 위하여 제작하고 유통한다. 다만 한류 문화자본은 '미국화' 와 '일본화' 가 적절하게 혼합된 국지적으로 변용된 글로벌 자본을 지향한다.

4. 맺는말 : 신자유주의 문화세계화를 넘어서

문화의 세계화가 한국의 문화 환경에 미친 영향은 양면적이다. 세계화로 한국의 문화가 아시아 지역을 비롯해서 세계 각 지역의 문화들과 다양하게 소통할 수 있는 기회가 제공되었고, 문화 관련 정보의 신속한 취득과 반응을 용이하게 했으며, 한류 문화 컨텐츠가 아시아 지역에 수용될 수 있는 환경을 만들어주었다는 점에서 긍정적으로 볼 수 있는 면이 존재한다. 그러나 다른 한편으로는 문화세계화가 국제적인 삶을 영위하기 위해 개인들에게 과도한 비용을 지불하게 만들고, 이른바 상류층 뉴요커를 흉내내는 글로벌 여피들이나 글로벌 보보스가 한국 사회에서 등장하면서 일상의 문화 수용에 있어 양극화가 발생하게 만들기도 한다. 문화의 세계화가 문화자본의 자유로운 경쟁과 교역을 기초로 하는 만큼, '한미 FTA' 협상 과정에서 스크린쿼터 제도와 같은 자국 영화 보호 장치들을 전면 철폐하자는 내용이 강하게 주장된다. 한국 영화시장의 개방의 논리는 문화 부분에서 완전한 자유 경쟁을 의미하는데, 이는 문화는 상품교육의 대상이 될 수 없다는 순진한 반대 논리로는 대응하기 어려운 강력한 강제력을 갖고 있다. 문제는 문화가 교역의 대상이 될 수 있다 해도 공정한 경쟁이 객관적으로 보장될 수 있는가 하는 점인데, 한국 영화산업이 아무리 잘 나간다 해도 미국 영화산업과의 상대적 비교 수치[29]를 주목하면 결국 자유 경쟁을 위한 스크린쿼터의 폐지 주장은 사실상 미국이 세계의 영화시장을 모두 장악하겠다는 약육강식의 논리를 관철시키는 것에 다름 아니다.

현상적으로 보면 글로벌 문화는 권역별로 다른 양식들을 가지고 있고 상이한 맥락 속에서 생산되고 있으며, 동일한 텍스트라 해도 다르게 번역되는 상징체계를 갖고 있다. 미국에서 음식을 빠르게 먹기 위해 만들어진 맥도널드와 같은 패스트푸드 체인이 아시아 지역에서는 앉아서 대화하는 공간으로 변모하는가 하면, 인도 벵갈의 소프트웨어 회사

---

29) 통계적으로 보면 미국 영화의 한국 수출은 2004년을 기준으로 5,360만 달러인 반면 한국 영화의 대미 수출은 230만 달러에 그친다. 2004년 미국 5대 메이저 배급사에 송금되는 로열티도 400억 원이 넘는다. 한국 영화시장의 점유율이 60퍼센트에 육박했다고 하지만, 미국의 자국 영화시장 점유율은 94퍼센트다. 미국의 세계 영화시장 점유율이 85퍼센트인데 반해, 한국은 1.5퍼센트에 불과하다(이해영, 『낯선 식민지, 한미 FTA』, 메이데이, 2006년, 119~127쪽 참고).

에서는 인도의 종교의식대로 컴퓨터에 화관을 씌우기도 한다.[30] 국지적
인 환경에서 글로벌한 문화양식들이 생존하는 방식은 대개 국지적 조
건에 맞게 현지화하거나 변형된다. 그래서 글로컬한 문화양식들의 라
이프스타일은 동일한 지배를 받기보다는 서로 영향을 주며 혼종화되어
있다고 말한다.

　　그러나 국지적인 문화를 변용시키는 문화세계화는 서로 층위가 다
른 국지적 양식들이 참여하고 각축을 벌이는 것처럼 보이지만, 그 심층
을 파악해보면 세 가지 공통된 문제들을 야기한다. 이를 요약하자면
‘문화의 미국화’와 ‘문화자본의 개입’, 그리고 ‘기층 계급들의 배제’이
다. 문화세계화는 문화의 상품교환과 자유 경쟁, 문화소비의 기호적 가
치와 같은 미국적 가치를 충실히 따른다. 1990년대 중반 이후 글로벌
문화 환경에서 라틴아메리카와 아프리카의 문화들이 미국 주류문화의
중요한 문화재료로 활용되지만, 전세계적인 전파를 목적으로 한 문화
상품들은 미국적 가치와 자본을 담고 있다. 캉클리니의 지적대로 라틴
아메리카의 인구가 전체 9퍼센트를 차지함에도 문화 상품의 수출은 0.8
퍼센트에 불과한 반면, 미국과 유럽연합의 인구가 전체 인구의 10퍼센
트가 되지 않음에도 불구하고 문화상품의 수출은 전세계의 70퍼센트
이상을 장악한다.[31] 문화를 상품으로 간주하는 미국적 가치로 문화세계
화는 문화자본의 논리를 그 이면에 깔고 있다. 영화를 볼 때, 다국적 레
스토랑에서 음식을 먹을 때, 패스트푸드점이나 커피 전문점에 갈 때나

---

30) 피터 버거, 앞의 책, 25~26쪽 참고.
31) 네스토르 가르시아 캉클리니, 「세계화와 정체성 논의에 대한 또 다른 시각」, 『세계화 시
　　대의 문화논리』, 김창민 외 옮김, 한울, 2005년, 122쪽.

컴퓨터 소프트웨어를 이용하고 게임을 즐길 때나 글로벌한 일상 생활
에서 문화자본의 논리가 일관되게 관철된다. 결국 이러한 문화자본의
논리는 문화의 세계화에서 수혜 대상자를 한정시키고, 그렇지 않은 사
람들은 배제하는 문화적 배타성을 내재화한다. 제3세계에서 해외여행
을 자유롭게 즐기며, 이국적인 라이프스타일을 선호하고, 다국적 문화
공간에서 글로벌한 삶의 여유를 누릴 수 있는 인구들이 과연 얼마나 되
겠는가?

문화세계화가 신자유주의 사회 체제를 피해갈 수 없는 것은 바로
이러한 세 가지 억압적인 사실 때문이다. 군사적 패권주의를 강화시키
는 미국이 국지적인 장소에 문화적 현지화를 통해 연착륙하는 과정에
는 자본의 확장된 논리, 즉 일상 서비스와 지적재산권과 여가의 활성화
라는 문화자본의 논리가 개입하고 있고, 이러한 탓에 상징 자산의 획득
과 배제로 인한 사회적 계급들의 양극화가 문화의 세계화 국면에서 심
화되고 있어 보인다. 캉클리니의 아래의 언급은 문화세계화에 대한 비
판적 인식의 필요성을 역설한다.

> 다양한 문화과정 속에서 우리는 지역적, 국가적 지평의 확장 속에서 사
> 실적인 것은 무엇이고, 허구적인 것은 얼마나 되는지를 구별해야 한다.
> 시장의 확대로 이득을 보는 사람들은 누구인지, 주변부 문화와 경제에
> 서 그 확장된 시장에 발을 들여놓을 수 있는 사람들은 누구인지, 얼마
> 나 많은 사람들이 세계화의 틀에서 소외되는지 구별해야 한다.[32]

---

32) 같은 책, 134쪽.

결국 문화세계화에 대한 대응 전략은 문화적 미국화에 대한 대응과 문화자본의 확장에 대한 저항, 그리고 사회계급의 배제로부터 새로운 자율적, 자생적 참여로 전환하는 문화실천의 강화에 있다. 이는 글로벌 문화의 탈식민적 특이성을 긍정적으로 보는 주체들에게조차도 글로벌 문화를 새롭게 재고하는 문제틀을 요구한다. 문화세계화가 문화적 삶을 충족시켜 준다는 신화, 문화가 평등하고 조화롭게 재구성될 수 있다는 신화로부터 벗어나 자생적인 라이프스타일의 설계와 독립적인 문화공간의 창출을 위한 실천적 연대가 필요한 시점이다.

2장 _ 동아시아 문화소통의 조건 :
'지배'에서 '횡단'으로

1. 동아시아를 상상하기

동아시아 문화교류[1] 또는 문화연구[2]가 최근 한국의 인문학자나 문화연
구자에게 많은 관심을 불러일으키고 있지만, 개념을 제대로 정립하고
그에 따른 실천적인 연구과제들을 도출하는 데는 상당한 난관에 봉착
해 있다. 이는 동아시아를 개념 규정하는 것도 쉽지 않을 뿐더러 실천
적인 영역에서 문화교류나 문화연구를 동아시아라는 특정한 지역에 접
합시키려는 기획들도 서로 충돌하고 있기 때문이다. '동아시아'라는 용

---

1) 문화교류의 내용에는 순수문화예술, 대중문화, 문화사상 등이 들어갈 수 있지만, 여기서
는 주로 대중문화교류를 중심으로 다루고자 함을 먼저 밝혀둔다.
2) 동아시아 문화연구의 실체에 대해서 회의적인 시각이 있는 것이 사실이지만, 1990년 중반
이후 동아시아 인문학자들 간의 지식 교류와 관련된 원고들을 검토해보면 문화연구로 간
주할 만한 내용들이 상당히 많이 있음을 발견하게 된다. 아시아 학자들이 중심이 되어 만
든 『포지션스』(*Positions*), 다언어 국제 저널로 알려진 『흔적』(*Traces*), 그리고 아시아 문화
연구자들의 공동 학술지인 『인터-아시아 문화연구』(*Inter-Asia Cultural Studies*) 들도 넓
은 의미에서 보면 문화연구적인 시각이 포함되어 있으며, 기고된 원고들 중에서도 동아시
아 문화와 역사에 관련된 글들이 다수 포함되어 있다.

어는 그것을 사용하는 맥락에 따라 각기 다른 의미를 내포하고 있다. "동아시아란 고정된 경계나 구조를 가진 실체가 아니라 이 지역을 구성하는 주체의 행위에 따라 유동하는 역사적 공간"[3]이라는 지적이나 "동아시아는 선험적으로 규정될 수 없다"[4]는 견해는 '동아시아'를 지역적으로나 문화적으로나 어떤 동질성에 근거해서 정의하지 않고, 그 말을 사용하는 사람들의 특정한 입장에 따라 전략적으로 사용하고자 하는 것이다. '방법으로서의 동아시아', '기능으로서의 동아시아', '지적 실험으로서의 동아시아'라는 인식들[5]은 각기 서로 다른 시각을 가지고 있긴 하지만, '동아시아'라는 용어를 본질적인 것이 아닌 가변적인 것으로 보려 한다. 동아시아는 특정한 국면에 의해서 만들어진 일종의 '문화구성체'(cultural formation)라 할 수 있는데, 이는 동아시아가 어떤 정치적·경제적·문화적 국면에서 사용되고 있는지에 따라 각기 다르게 해석될 수 있다는 점을 강조한다. 타이완의 문화연구자인 천꽝싱은 이러한 동아시아 문화구성체에 대한 상상을 미국 중심의 글로벌 문화자본주의 체제에 대항하는 연대의식으로, 말하자면 동아시아의 탈식민, 탈냉전, 탈제국이라는 공통 과제를 해결하기 위한 인식의 공유 지점으로 간주한다. 동아시아를 단순히 지리적 개념이 아니라 '지리정치적'

---

3) '동아시아의 비판적 지성' 기획위원, 「비판적 지성이 만드는 동아시아」, 『여럿이며 하나인 아시아』, 야마무로 신이치 지음, 임성모 옮김, 창비, 2003년, 6쪽.
4) 야마무로 신이치, 『여럿이며 하나인 아시아』, 202~203쪽 참고.
5) 방법으로서의 동아시아라는 개념은 "동아시아를 국가 간의 관계로서 실체화하지 않고, 생활자의 상호교류를 가능케 하는 관계틀로서의 지역 개념"(고야스 노부쿠니)으로 보고, 기능으로서의 동아시아는 탈냉전 시기에 미국에 대항할 연대의 필요성을 제기하며(쑨꺼), 지적 실험으로서의 동아시아는 동아시아 내 주변과 중심의 끝없는 자기성찰을 위한 지적 연대를 주장한다(백영서). 백영서 외 엮음, 「주변에서 동아시아를 본다는 것」, 『주변에서 본 동아시아』, 문학과지성사, 2004년, 14~15쪽 참고.

(geo-political) 개념이자 '지리문화적'(geocultural) 개념으로 이해하려는 것도 그런 맥락에서다.[6]

동아시아를 '지정학적' '지문화적' 개념으로 이해한다는 것은 동아시아라는 권역(region)을 글로벌 자본주의라는 현실에서 초월한 초역사적 공간이거나, 역으로 글로벌 자본주의의 파생물로 단정하는 것을 거부한다. 대신 거기에는 동아시아의 동시대 국면과 현안을 이해하고, 그것의 특수한 지리적 효과를 재고한다는 뜻이 담겨 있다. 예컨대 권역으로서 동아시아가 지문화적 역동성에 의해 재편되어 새로운 공간에 대한 인식을 가능케 할 것이라는 마루가와의 판단은 '식민지-냉전-글로벌화'로 변화하는 당대 동아시아 지역 내에서 일본의 새로운 자각과 위치를 촉구하는 것으로 읽을 수 있다. 그의 이러한 반성적 성찰이 지정학적이고 지문화적인 지역 개념을 구상하는 과정에서 던지는 중요한 시사점은 아마도 동아시아를 역사적 시공간의 관계망으로, 자기굴욕에의 반성을 기초로 한 타자에 대한 확고한 이해의 토대로, 통치(regime)로서의 경계가 아닌 상생으로서의 경계로 인식한다는 데 있을 것이다.[7]

---

6) 동아시아를 '지정학적'이거나 '지문화적'인 관점으로 보는 견해의 하나로 천꽝싱의 "식민-지리-역사 유물론"을 들 수 있다. 그는 최근 국제화되는 추세 속에서 문화연구의 이론적 토대인 역사유물론이 지리적 속성에 대해 재인식할 필요가 있다고 말한다. "'지리공간' 개념은 역사유물론을 탈중심화"하며, "지역사의 특수성이 시민 지배세력과 변증법적으로 작용하면서 안으로는 자기 내부의 구조를 변화시키고 또 밖으로는 전지구적 자본주의 속으로 어떻게 결합되는지" 인식할 수 있게 해준다고 본다(천꽝싱, 「탈식민과 문화연구」, 『제국의 눈』, 백지운 외 옮김, 창비, 2003년, 112쪽 참고).
7) 丸川哲史, 『リジアナリスム』, 岩波書店, 2003. 마루가와는 일본인의 현재성을 구성하는 것은 아시아에 대한 침략, 식민지 획득 경험, 그 성과 위에 세워진 문화구조를 자기 자신의 손으로 폐절시키거나 혹은 주체적으로 바꾸지 않았다는 것으로, 일본인 내부에 잠재해 있는 역사적으로 결정된 지역 감각을 비판적으로 해석하는 것에 책임을 가져야 한다고 역설한다.

서구열강에 의한 동아시아 지역의 재편, 내재적 식민화와 오리엔탈리즘, 전후 냉전의 지속, 그리고 민족-국가 내의 치열한 자본주의 경쟁의 과정에서 정치·군사적으로 구획된 동아시아를 넘어서기 위해 어떤 상상이 필요할까? 동아시아를 방법으로 인식하든, 기능으로 인식하든, 지적 실험으로 인식하든 중요한 것은 동아시아를 지정학적이고 지문화적으로 이해해야 한다는 점이다. 말하자면 동아시아를 '문화지리학'(cultural geography)의 관점에서 새롭게 독해하는 연구가 적극 모색되어야 한다.[8]

동아시아의 경계에 대한 논의 역시 문화지리학적인 관점으로 재인식될 필요가 있다. 동아시아라는 경계는 크게 보아 지리적 경계, 정치적 경계, 그리고 문화적 경계로 구분할 수 있다. 먼저 근대 이래 아시아에 대한 지리적 경계설정의 시작은 오리엔탈리즘(Orientalism)[9]에서 비롯된다. 아시아라는 개념은 근대적인 개념이며, 그것도 그 내부에서

---

8) 최근 글로벌 문화연구에서 문화지리학은 중요한 방법론으로 사용되고 있다. 문화지리학은 특정한 문화환경이나 현상이 지역적으로 어떤 특성을 가지고 있는지를 연구하는 문화연구다. 기존의 지역연구는 분과학문적인 성격이 강했고, 문화 원형을 연구하는 문화인류학이 중심이었지만, 최근에는 학제 간 연계를 강조하고 지역 간 특이성을 상호 비교연구하는 문화지리학이 중심이 되고 있다. 가령 주거공간으로서 아파트에 대한 유럽과 아프리카의 유효성을 상호 비교한다든지, 한류가 아시아 각국에 미치는 문화적 영향이 어떻게 다른지를 연구하는 것 등을 문화지리학의 예로 들 수 있다. 앞서 언급한 '지리정치적', '지리문화적'이란 용어도 문화지리학의 하위 개념으로 볼 수 있다.
9) 이 글에서 언급하고 있는 오리엔탈리즘은 탈식민주의 연구가인 에드워드 사이드(Edward Said)의 '오리엔탈리즘'을 참고한 것이다. 사이드가 말하는 오리엔탈리즘은 "동양을 취급하기 위한, 즉 동양에 관하여 무엇을 서술하거나 동양에 관한 견해에 권위를 부여하거나 동양을 묘사하거나, 그것에 식민지를 세우거나 통치하기 위한 동업적 조합 제도"라 할 수 있고, 간단히 말해 "동양을 지배하고 재구성하며 억압하기 위한 서양의 스타일이다." 오리엔탈리즘은 서양의 문헌과 담론 체계 안에 규정된 동양에 대한 이야기로서, 서양인의 시각에서 동양을 재단하는 하나의 허구적 이데올로기라 할 수 있다(에드워드 사이드, 『오리엔탈리즘』, 박홍규 옮김, 교보문고, 2005년 증보판, 18쪽 참고).

스스로 정의한 경계라기보다는 외부에서 규정한 경계다. 그것은 서양과 대비되는 개념으로 서양의 아시아 침략 과정에서 정당성을 확보하기 위해 허구적으로 구성된 개념으로 볼 필요가 있다. 이 과정에서 아시아는 상호 세력관계를 형성하는 민족-국가의 경계로 설정된다. 정치적, 군사적 이해관계에 의해서 허구적으로 만들어진 아시아라는 경계는 마치 그것이 처음부터 그랬던 것처럼 오인하게 만드는 이데올로기를 만들어낸다.

아시아는 이로써 하나의 지리적 실체로 규정되면서 그 내부의 다양한 인종적, 종교적, 생태적 차이들은 소멸된다. 근대의 허구적인 공간으로서 아시아는 외적으로는 서구가 일방적으로 규정하는 아시아, 이른바 제국주의 오리엔탈리즘과 내적으로는 일본 군국주의가 상상하는 아시아일체론, 이른바 대동아공영권에 의해서 강화된다. 아시아라는 지리적 경계는 서양이라는 이데올로기적 경계에 의해 규정당하는 결과를 낳았고, 이에 대응하는 이데올로기적 경계로서 잠시 동안 활용되었던 대동아공영권 역시 지리적 실체에 의한 것이라기보다는 식민지 권력관계에 의해 구획된 것인 바, 아시아라는 지리적 경계는 사실상 지리적 실체와는 처음부터 무관했다고 볼 수 있다. 도대체 아시아의 지리적 경계를 어디까지 구획해야 하는가 하는 문제는 처음부터 답이 정해진 것이 아니다. 소련연방 해체 후 분리독립한 국가들이 아시아로 편입되었다거나 호주가 아시아 지리 경계 안으로 진입하려는 사례[10]에서 알

---

10) 호주의 문화연구자들은 호주 정체성의 미래를 연구하는 과정에서 호주가 장기적으로는 아시아 안에 편입되어야 한다는 의견을 개진했다. 호주는 오래전부터 동남아시아 경제공동체 모임인 "아세안" 그룹에 가입하길 희망하고 있고, 특히 호주축구협회는 2006년부터 아시아축구연맹에 가입하여 2007년 아시안컵 대회 예선전을 치르기도 했다.

수 있듯이 아시아의 지리적 경계는 언제나 이미 유동적이다.

아시아의 지리적 경계가 유동적이듯이 동아시아의 지리적 경계 역시 유동적이다. 다만 동아시아는 대체로 '한·중·일'과 같은 민족—국가 단위로 구획하는 것이 일반적이다. 물론 동아시아 안에는 타이완, 홍콩, 몽골, 북한과 같은 국가들이 존재하고 있고, 포괄적으로 보면 동남아시아 국가까지 포괄해야 한다는 의견이 있지만 대체로 동아시아를 구획하는 경계는 한·중·일과 같은 민족—국가 경계에 의해 구분된다. 그렇게 보면 동아시아라는 지리적 경계 역시 냉전의 산물에서 완전히 자유롭지 못하며, 탈냉전 시기의 아시아 패권주의와 무관하지 않아 보인다.

사실 동아시아의 지리적 경계는 특히 냉전 시기에 미국이 아시아 헤게모니를 강화하기 위한 전략 속에서 구체화됐다. 1950~60년대 미국의 아시아 연구는 '아시아 연구 협회'(Association for Asian Studies)가 주도하였는데 이 학회의 전신은 1948년에 만들어진 '극동협회'(the Far Eastern Association)이다. 냉전 시기 지역의 문제를 다루는 학회들은 미국 정부와 긴밀하게 연관되어 있었다. 미국 내 아시아 관련 학회들은 1950년대에 들어서면서 지리적으로 구분되어 전문화된 연구체계를 갖추게 됐는데, 이 과정에서 아시아는 미국의 정치적·군사적 개입의 필요에 의해 '동아시아'(East Asia), '동남아시아'(South-East Asia), 서남아시아(South-West Asia)로 재경계지워진다.[11] 동아시아라는 지리

---

11) Mark T. Berger, "Decolonialisation, Modernization, and Nation-Building: Political Development Theory and the Appeal of Communism in Southeast Asia, 1945~1975", *Journal of Southeast Asia*, Vol. 34, No. 3, 2003, pp. 421~448.

적 경계는 기후나 생태 환경에 의한 실질적인 경계라기보다는 냉전 시기에 자의적으로 구획된 허구적인 경계인 셈이다.

아시아에서 민족-국가 중심의 지리적 경계는 냉전의 산물이다. 냉전적 질서로서 민족-국가의 경계를 어떻게 넘어설 수 있을까? 이에 대한 대안으로는 백영서의 주장을 참고할 만하다. 그는 동아시아를 '중심의 관점'이 아닌 '주변의 관점'으로 보길, '지리적 결정론'이 아닌 '지리적 시각'으로 보길 촉구한다. 동아시아의 지리적 경계를 "주변-중심이 단순한 지리적 위치를 의미하지 않고 상태적인 시각에 따라 변한다는 관점에서 한걸음 더 나아가, 그것을 가치론적인 차원에서 중심-주변으로 파악하고 중앙과 주변은 무한한 연쇄관계 또는 무한 억압이양(抑壓移讓)의 관계를 갖는 것으로"[12] 이해한다면 민족-국가 단위로 규정된 동아시아의 지리적 실체는 새로운 위상을 갖게 된다. 예컨대 중국과 같은 "지리적인 실체성이 이끄는 대국심리"에 바탕을 둔 상태에서 지리적 교감이란 서로에게 정서상 불균등한 것일 수가 있는데, 이를 제거하는 대안으로 "주변의 무시된 주체를 평등하게 대접하는 시각을 수립할 방법을 마련하는 것"[13]이 재고될 수 있다.

'정치적 경계'로서의 동아시아는 정치체제의 상이한 성격, 냉전 분쟁의 미해결, 북핵 문제 등 간단히 몇 마디로 설명이 불가능할 정도로 복잡한 관계들을 그 내부에 가지고 있는 것이 사실이다. 정치적 경계로서의 동아시아야말로 가장 민족-국가적인 경계가 강하게 작동하

---

12) 백영서 외 엮음, 앞의 책, 17~18쪽.
13) 쑨거, 「아시아 담론과 '우리들'의 딜레마」, 『주변에서 본 동아시아』, 백영서 외 엮음, 문학과지성사, 2004년, 281~282쪽 참고.

며 가장 갈등의 요인을 많이 안고 있다. 최근 일본의 역사교과서 왜곡 문제와 일본 고이즈미 총리와 아베 외상의 야스쿠니 신사참배 문제, 그리고 일본의 독도영유권 문제 등은 외교적인 문제이면서 아시아 내 각국이 처한 정치적인 문제이기도 하다. 동아시아는 현실 정치적으로는 끊임없이 긴장할 수밖에 없으면서, 동시에 긴장관계를 재생산하며 적절한 타협점을 찾아야 할 봉합의 공간이기도 하다. 긴장과 봉합의 관계가 아닌, 혹은 대국적 심리를 작동시켜 적절한 세력균형을 지속하는 일종의 후식민지적 '조공관계'가 아닌 새로운 정치적 관계를 형성하기 위해서는 앞서 설명한 새로운 지리적 경계의 인식을 포개는 기획들이 만들어져야 한다.

새로운 지리적 경계와 정치적 경계를 교차시키는 한 가지 대안으로 문화정치적 경계에 대한 심도 깊은 연구가 모색되어야 할 것이다. '문화지리적 경계'로서의 동아시아는 국토지리적, 외교정치적 난제들이 봉합되거나 산화하는 공간이 아니다. 그것은 '민족-국가'의 지리적 경계와 '긴장과 갈등'의 정치적 경계라는 근대적 패러다임을 바꾸는 공간이다. 물론 문화지리적 경계에 대한 인식 전환은 대단히 모호할 수 있다. 동아시아의 상상을 문화지리적 패러다임이 전환하는 과정에서 적어도 두 가지 난제가 도사리고 있는데, 그 하나는 유교문화권이라는 역사적 전통 개념으로의 귀환이고 다른 하나는 문화적 경계의 도구화이다.

전통적인 관점에서 보았을 때 동아시아는 유교문화권이라서 문화적 경계를 역사적으로 경험하고 있다. 이런 관점으로 동아시아를 구획하다 보면 단순한 지리적 경계를 넘어서 유교문화권에 오랜 영향을 받은 베트남 같은 국가들도 포함될 수 있다. 그러나 유교문화권 역시 공유된 유사한 경험들이 역사적으로 존재하지만, 그것을 하나의 동질적인 문화공동체로 규정하는 것은 허구에 불과하다. 그것은 동아시아의 우호증진과 상호발전이라는 경쟁주의 기획의 근거로 제시될 뿐인데, 가령 '유교적 가치'가 동아시아 연대의 정신적 토대임을 역설하는 주장에는 역오리엔탈리즘의 혐의가 있어 보인다. 또 1990년대 들어 난데없이 등장한 동아시아와 관련된 각종 스포츠 이벤트[14]나 수교기념 합작문화공연들은 문화적 경계가 지리적, 정치적 경계에 외삽된 사례라고 할 수 있다. 또한 주류 상업자본이 주도하고 있는 한류에 대한 정부의 문화정책은 기본적으로는 아시아 문화산업 시장을 선점하는 계기로 활용하려는 것이지만, 때때로 중화권 외교정치의 수단으로 활용하는 경우도 발견된다.

문화지리적 경계는 국토지리적 경계와 외교정치적 경계와 분리될 수 없고, 그렇기 때문에 문화정치적, 지리정치적 함의를 갖고 있다. 그러나 동아시아의 문화지리적 경계에 대한 상상은 결과적으로 동아시아의 정치적, 지리적 경계를 탈경계화하는 전략을 가지고 있다. 동아시아의 새로운 연대를 모색하는 중요한 소통 전략으로 다양한 문화적 교류

---

14) 가령 1993년부터 개최되기 시작한 '동아시아 경기대회'는 동아시아 지역 국가의 교류확대와 우호증진이라는 기치 아래 치러지고 있다. '제1회 동아시아 경기대회'는 지난 1993년 5월, 중국 상하이에서 처음 개최되었는데, 이후에 북한의 보이코트로 2년마다 열릴 예정이었던 대회가 4년에 한 번 열리게 되었고, 2회 대회는 1997년 부산에서, 3회 대회는 2001년 오사카에서 개최되었는데, 참가국은 한국, 북한, 중국, 일본, 타이완, 홍콩, 몽골, 마카오, 괌, 카자흐스탄 등 총 10개국이다. 흥미로운 것은 동아시아 경기대회가 중동 지역 중심의 대회인 '걸프게임'과 동남아시아 국가 등의 대회인 'SEA(South East Asian) 게임'에 맞서서 신설되었다는 점이다. 2003년에는 '동아시아연맹컵 축구선수권대회'가 홍콩에서 개최되었는데, 이 역시 한·중·일만 출전하는 것이 아니라 타이완, 홍콩, 몽골, 카자흐스탄 등이 참가하는 대회였다.

와 감정들의 교환, 차이와 이질성의 상호이해와 교차실험을 기획하는 것이 필요하다. 이 글은 동아시아를 상상하는 문화지리적 경계를 어떤 관점에서 바라보는 것이 타당한지를 이론적으로 모색하려는 취지를 가지고 있다. 동아시아의 문화지리적 경계의 상상을 위해 먼저 동아시아 문화연구의 조건에 대해서 검토해보고자 한다.

2. 동아시아 문화연구의 현재적 조건

문화연구가 아시아에 관심을 기울이기 시작한 것은 비교적 최근의 일이라 할 수 있다. 아시아의 문학, 역사학, 경제학, 지역학, 정치학 등에 대한 연구는 그동안 주로 지역학에서 다루어졌고, 문화적 관점보다는 정치적, 경제적 관점이 주를 이루었던 것이 사실이다. 그러나 1990년대 후반부터 아시아의 문화연구자들은 서양의 문화이론 연구에서 벗어나 아시아 문화 현실에 더 많은 관심을 보이기 시작했다. 동아시아를 상상하는 토픽들이 다양하고 당대의 실천과제들에 접합하려는 노력을 가지고 있듯이 동아시아 문화연구 역시 다양한 영역을 넘나들면서 당대의 비판적 지식 구성과 문화현실에 개입하려는 노력을 보이고 있다. 동아시아 문화연구라는 것이 특별히 동일한 정체성을 표방하는 그 어떤 것으로 정의할 수 없지만, 막연하게나마 연구의 대상이나 방법, 실천들을 공유하고 있어 보인다. 동아시아와 관련된 공동학술 저널들에 수록된 논문들 중에서 개별 지역의 문화적 이슈들을 다룬 것들이 많이 발견되고, 특히 아시아 문화연구자들이 주도해서 만들고 있는 『인터-아시아 문화연구』는 아시아 문화산업, 섹슈얼리티, 미디어, 전쟁과 문화, 세대, 스포츠 등의 문제들을 포괄적으로 다루고 있다.[15] 그러나 그렇다 해도 동아시아 문화연구라는 용어를 사용하는 것이 조심스러운 것이 사실이다. 무엇보다도 통합학문적 방법론에 기반한 지적 실천으로서 '문화연구'(cultural studies)는 서구에서 비롯된 것이기 때문이다.

그러나 문화연구를 서양 수입이론으로만 볼 수 없는 것은 그것이 갖고 있는 독특한 국지적 실천 맥락 때문이다. '문화연구'가 1960년대 영국에서 등장한 서구의 비판이론이지만, 1980년대 후반에 접어들면 '지역연구'(regional studies)로 발전하게 되는데, 이 과정에서 캐나다, 호주와 같은 제2세계 국가들[16]이나, 인도·타이완·남미 국가들과 같은 제3세계 국가 지식인들에게 많은 영향을 주었다. 분과학문 간의 연계와 이론과 실천의 결합을 강조하는 문화연구가 이론적 논의에 그치지 않고 현실에 개입해 들어가려는 제도적, 의미론적 실천들을 기획한다는 점에서 지역을 연구하는 현장성이 강하다고 볼 수 있다. 미국의 페미니즘 문화연구자인 도나 해러웨이가 강조한 대로 문화연구는 탈근대 시대에 국지적인 정치학(local politics)을 위한 글로벌한 원칙들을 제안하

---

15) 가령 2003년에 『인터-아시아 문화연구』에서 기획한 특집 원고들을 보면 "영화, 문화산업, 정치사회들", "문화번역", "전후 오키나와 지역을 통해서 본 아메리카니즘", "10대들의 섹슈얼리티와 매춘산업" 등을 다루고 있다.

16) 캐나다와 호주에 문화연구가 활성화되는 계기는 미국과 영국이라는 지리적, 선험적 경계로부터 이 두 나라가 어떤 위치에 있어야 하는지를 연구하는 과정에서 생겨났다. 가령 캐나다의 경우는 미국의 문화제국주의의 위력에 눌려서 북미 지역 공동체의 일원으로 자기 역할을 제대로 수행하지 못하는 것을 극복하기 위해 문화연구자들이 국가의 문화정책에 많이 참가했으며(그 결과 미국 주도의 문화지배에 대항하기 위해 '세계문화기구연대회의'[INCP]를 주도적으로 조직하기도 했다), 호주의 경우 자신들의 문화정체성을 앵글로색슨 족이라는 종족 기원에 둘 것인가, 아니면 호주 원주민들과의 조화를 통한 새로운 정체성을 추구할 것인가(가령 아시아적 정체성을 향한 호주라는 프로젝트) 하는 정책수립에 역시 문화연구자들이 많이 참여했다. 이에 대해서는 Meaghan Morris and John Frow, *Australian Cultural Studies: A Reader*, University of Illinois Press, 1993; Tony Bennett et al, *Accounting for Tastes: Australian Everyday Cultures*, Cambridge University Press, 1999 참고.

는 것으로서 재현의 전통적인 정치학을 버리고 집합적인 접합의 전략을 위한 국지적 투쟁을 채택한다.[17] 지역적, 국지적 실천[18]으로서 문화연구는 그런 점에서 어떤 고정된 연구대상이 있는 것이 아니다. 문화연구는 그것이 뿌리내리고 있는 현장의 문제들, 예컨대 특정한 지역의 문화현상과 문화 텍스트의 의미화 과정(signification)을 분석하고 문화산업, 문화정책, 문화제도 등에 비판적으로 개입하는 '의미화 실천'(signifying practice)을 다룬다.

문화연구가 태생적으로는 서구적인 이론이지만, 그럼에도 불구하고 지역연구로 확산될 수 있었던 것도 그것이 현실 개입이라는 독특한 실천을 가지고 있기 때문이다. 호주의 문화연구자인 미건 모리스는 문화연구는 국지적이고 지역적이며, 국가적이고 국제적인 행위와 경험의 틀 사이의 관계의 사유를 가능하게 하는 학문이며, 호주라는 지역에서 벌어지고 있는 문화연구의 기획들은 거대한 이론적 논쟁들보다는 공공 미디어에서 논쟁이 되고 있는 종족적이고 정책적인 이슈에 관심이 많으며, 과거보다도 호주의 정치경제와 지리정치학에 대해 더 많은 관심을 가지게 했다고 말한다.[19] 서구에서 시작된 문화연구를 동아시아 내의 문화현상, 미디어, 정책, 제도를 연구하는 방법론으로 곧바로 적용할 수는 없고, 일각에서는 아시아 지역 문화연구자들이 수행하는 자국에 대한 문화연구 자료가 서구 문화연구자들에게는 적절한 사료 역할

---

17) Donna Haraway, "The Promises of Monster: A Regenerative Politics for Inappropriate", *Cultural Studies*, eds. by Lawrence Grossberg, Cary Nelson, Paula A. Treichler, Routlege, 1992.
18) 여기서 사용되는 '지역적' 이라는 것은 동아시아나 유럽공동체 등과 같이 권역을 의미하며, '국지적' 이라는 것은 권역 내의 한 영역을 의미한다.
19) Meaghan Morris, "On the Beach", *Cultural Studies*, Routlege, 1992, p. 470.

로 기능한다는 비판적인 지적이 있기는 하지만, 1990년대 이후 '지역 연구로의 전환'이라는 문화연구의 궤적이 분명히 당대 동아시아의 문화연구에 있어 창조적 변용을 가능케 하는 조건이 된 것은 부인할 수 없다.

그러나 당대 동아시아 문화연구를 연구하는 데 있어 두 가지 딜레마가 있다. 첫번째 딜레마는 동아시아 문화연구의 방법론의 부재가 아닐까 싶다. 동아시아의 문화연구가 다루어야 할 주요한 토픽은 무엇일까? 이에 대한 메타 이론적인 연구들이 많이 되어 있지는 않지만, 동아시아 내 문화환경, 문화정책, 문화사건 등에 대한 구체적인 현실 분석과 개입에 관한 담론이어야 하지 않을까 싶다. 동아시아 문화연구는 동아시아의 실체나 본질을 탐구하기보다는 그것의 유동적인 지리경계를 넘나드는 현실적인 과제들에 개입하는 전략이다. 그러나 최근까지 동아시아 문화연구는 대부분 사상사연구, 근대성연구, 지역연구가 주를 이루었고, 동아시아에서 벌어지고 있는 다양한 문화현상과 문화지형에 대한 공통의 관심사를 끌어내는 작업들은 부족한 실정이다.

최근 '한류'가 중국어권과 다른 동아시아 국가 사이에서 새로운 문화현상으로 주목되면서, 동아시아 국가 간에 대중문화교류에 대한 현장연구가 공동으로 진행된 사례들이 있지만, 일시적이고 피상적인 접근에 그치고 있다. 오랫동안 유지되어 온 냉전 질서와 체제의 이질성, 그리고 자본주의 성장 과정의 차이와 식민지 지배의 역사적 갈등, 언어적 장벽으로 동아시아 내 대중문화는 다른 지역의 경우와는 다르게 교류의 경험이 상당 기간 단절되어 있으며, 당연히 각국의 문화교류를 상호비교하는 연구도 미약한 수준이다. 아시아 문화에 불고 있는 한류의 확산과 그것의 문화교류의 거점 역할에 대한 기대는 사실 과장된 측면[20]이 강하고, 1997년 이래 네 차례에 걸쳐 단계적으로 진행된 일본 대중문화 개방[21]으로 인한 한일 간의 문화교류도 그동안 소수의 마니아들 사이에서 비공식적으로 진행되었던 문화교류의 경험들을 인정한다 해도 여전히 출발선상에 있는 상황이다.

두번째 딜레마는 바로 동아시아를 연구하는 문화연구자들의 불안정한 위치다. 동아시아 문화교류를 중점적으로 연구하는 학자들은 대부분 중국문학이나 일본문학 전공자들이지만, 국내에서 문화연구는 대부분 서구 학문을 연구하는 학자들이나 문학연구자가 아닌 문화비평가들이나 매스커뮤니케이션, 또는 문화사회학 전공자들이 주도해왔다.

---

20) "내 생각에 한류는 약간 과장되어 있는 것 같습니다. 한류가 대단하다고 느끼는 건 특히 한국적인 맥락에서나 예기할 수 있는 것이 아닌가 싶어요. 저는 두 가지 이야기를 하고 싶습니다. 먼저, 사실 많은 사람들이 나에게 왜 한국의 대중문화가 타이완에서 인기를 얻고 있냐고 물어봅니다. 나는 그 안에 어떤 무의식적인 감정들이 있다고 보는데, 말하자면 한류열풍이 일면서 마침내 한국이 변방이긴 하지만, 세계화 효과를 낳고 있구나, 그 안으로 편입되는구나 하는 것에 대해 자부심을 가지게 되고, 그것을 뭔가 영광스러운 것으로 느끼게 된다는 거죠"(천꽝싱, 「한류 문화의 현황과 반성」, 월간 『문화연대』, 2001년 11월호 인터뷰 자료 참고).
21) 일본 대중문화 개방의 단계를 정리하면 다음과 같다.

개방 단계	개방 일시	개방 내용
1차 개방	1998. 10. 20	영화 및 비디오 공동제작, 한국 영화에 일본 배우 진출 4대 국제영화제 수상작 상영, 한일 영화 주간 상영작 일본어 판 만화와 만화잡지
2차 개방	1999. 9. 10	영화 및 비디오 공인 국제영화제 수상작 전체 관람가 영화(애니메이션은 제외)
3차 개방	2000. 6. 27	영화 및 비디오 12/15세 관람가 영화 극장용 애니메이션 - 국제영화제 수상작 대중가요 공연 전면 개방 음반 - 일본어 가창 제외 나머지 음반 게임 - 게임기용 비디오 게임물 제외 나머지 게임물
4차 개방	2003. 9	영화, 음반, 게임 분야 완전 개방 극장용 애니메이션, 방송 프로그램 제외

말하자면 동아시아 전공학자들과 서구이론에 바탕을 둔 문화연구자 사이의 간극이 동아시아 문화교류를 내실 있게 하는 데 있어 예상 외의 난제로 등장하고 있다는 점이다. 편견일지는 모르겠지만 국내에서 중국학이나 일본학 연구자들의 경우는 연구방법론이나 이론적 기초에 대한 연구에 있어 서구 문화연구자들과는 전혀 다른 방식으로 해온 것 같고, 서구 문화연구자 역시 전자의 연구에 대해 정보 공유가 부족하다. 더욱이 동아시아 문화연구에 대한 관심을 갖기 시작한 문화인류학자나 문화연구자들에게는 언어의 장애가 뒤따르기도 한다.

이 문제는 비단 국내 학자만의 문제가 아니라 동아시아 문화교류에 관심이 많은 문화연구자들의 상이한 위치[22]도 연구의 어려움으로 작용하고 있다. 현 시점에서 "동아시아 문화들이 어떻게 교류할 것인가"에 대해 동아시아 내 연구자들 사이에서 공통의 관심사를 도출하려면 많은 토론이 필요하다. 예컨대 한국의 문화연구자들은 중국과 일본의 지정학적, 역사적 관계와 이후의 판도 속에서 '한류 문화'를 어떻게 평가해야 할지를 쉽게 결정하지 못하고 있다.

---

22) 가령 동아시아 대중문화교류에 대한 중국 인문학자들이나 문화연구자들의 관심이나 연구 태도는 한국의 경우와는 분명 다르게 나타난다고 볼 수 있다. 다이진화의 언급에 따르면 중국의 문화연구자들의 실천은 주로 제도권 내에서 이루어졌는데, 이는 1990년대 '신좌파'와 '자유주의 논쟁'에서 강단 문화연구자의 역할이 요구되었기 때문이다. 즉 중국에서 대중문화연구는 문화적 생산물에 대한 비평적 실천보다는 중국의 현실 속에서 제기되는 사상투쟁처럼 보인다(다이진화 인터뷰, 「90년대 이후 중국의 문화현실」, 『문화과학』 37호, 2004년 참고). 일본의 경우도 일본의 문화수출이라는 사명은 아시아 문화외교라는 사명과 동일시된다. 문화수출은 일본이 아시아와 문화적으로 가깝다고 강조하는 것과는 다른 맥락에 놓여 있는데, 일본의 문화수출은 "일본인 관찰자로 하여금 전후 일본이 아직도 진지하게 직면하지 않고 있는 일본의 제국주의, 식민주의 지배와 경제 착취의 역사, 그 과정에서 새겨진 지울 수 없는 '아시아'와의 불균형 관계와 맞닥뜨릴 필요성을 깨닫게 한다"(이와부치 고이치, 『아시아를 잇는 대중문화』, 히라타 유키에·전오경 옮김, 또하나의문화, 2001년, 119쪽).

더욱이 왜 동아시아 대중문화교류를 연구해야 하는가 하는 한국 학술연구자들의 위치와 태도는 교류경험의 부족만큼이나 모호하고 불안정하다. 흔히 '동북아시대' 니, '동아시아의 우호협력 증진' 이니 하는 경제중심적이고 가치중립적인 외교적 담론이나 정부 주도형 프로젝트에 대해 동아시아의 문화교류를 연구하는 연구자의 입장은 대체로 비판적이면서도 이를 극복할 수 있는 대안을 찾는다는 게 마땅치가 않다. 또한 문화교류를 연구하는 연구자들의 물적 토대나 연구 영역은 정부의 문화산업 정책에 흡수될 수 있는 여지를 언제나 남겨두고 있다. 대중문화교류의 세속적·지배적 속성과, '교류' 라는 이름으로 기도되고 있는 대중문화산업 진영의 '시장지배' ('교류' 보다는 '진출' 이라는 말이 더 어울릴 법하다) 논리, 그리고 이를 장려하고 있는 정부의 문화산업 정책이 어떤 점에서는 학술연구자들을 '동아시아 문화교류' 라는 연구의 장 안으로 흡인한 바가 많은 만큼, 이 토픽의 방향성을 바로잡고 나갈 수 있는 연구자의 위치와 입장은 혼돈스러울 수밖에 없다.

흔히 한류현상을 주도하는 연예기획사 대표들이 "더 좋은, 더 생산적인 문화교류" 라고 말하는 구호 안에는 상업적 이해관계와 함께 국가적 충성심이 함축적으로 들어가 있는데, 이러한 상업적 진출이나 애국주의를 전제로 하는 교류가 아닌, 이른바 '문화적 공존' 의 논리를 대중문화 영역에서 찾아낸다는 것은 한류 문화에 대한 정부의 정책[23]과 주

---

23) 참여정부는 2003년 '문화행정혁신위원회' 산하에 '한류 문화 TF팀' 을 구성하여 한국 대중문화의 아시아 시장 진출을 위한 국가적 지원정책을 강화하고 있다. 그 결과 5대 문화산업 강국으로 진입하는 교두보로 한류 문화 확산을 추진하고자 하며, 황해 문화거점 도시를 목표로 하고 있는 광주 문화도시 프로젝트와 민간재단이지만 정부가 지원하는 '아시아 문화산업 교류재단' 과 연계하고자 한다.

류 문화산업 시장의 지배논리로부터 비판적 자율성을 유지해야 할 문화연구자들에게는 난감한 일이 아닐 수 없다. 물론 동아시아의 문화교류를 연구하는 대부분의 관심이 탈식민주의적인 실천의 과정으로 자발적인 지원에 근거한 면이 있고, 정부 주도와 주류 문화산업 중심의 문화교류가 안고 있는 문제들을 비판하는 데서 출발하고 있는 것은 사실이지만, 일각에서는 한류 문화를 연구하고 아시아 문화교류의 현상을 연구하는 과정에는 이러한 비판적 입장이 부재한 채로 진행되는 감이 없지 않다.

동아시아 대중문화교류의 다양한 사례들이 역사적으로 충분히 축적되지 못했고, 대중문화교류에 대한 각국의 상황도 다르고, 문화교류의 경제논리와 '문화적 공존'을 상상하는 비판적 연구자들의 논리가 심한 간극을 보이고 있으며, 문화연구자들의 조건도 상이하다는 이런 상황들은 오히려 동아시아 대중문화교류 연구의 현재적 필요성을 역설하는 것이기도 하다. 앞으로 진행될 대중문화 영역에서의 교류에 대한 일정한 비판적 개입 지점을 열어 놓는다는 것, 교류 이전에 서로 다른 대중문화의 역사들을 먼저 확인한 뒤 서로 교차분석을 할 수 있다는 것, 문화산업가와 문화연구자 사이의 간극을 확인하고 대안적인 방법론을 제안하는 것, 그리고 문화연구자들의 지적 작업의 태도와 위치를 전화하는 것이 고스란히 실천적인 과제로 남아 있기도 한 것이다.

3. 문화교류에 대한 세 가지 이론적 관점—지배, 교환, 횡단

국가 간에 '문화교류'라는 말은 흔히 사용하는 말이지만, 역사적으로 보면 이 말이 중립적으로 사용된 경우는 거의 없었다. 유네스코 헌장에 나오는 문화교류의 목적[24]은 '상호호혜성'을 바탕으로 하고 있지만, 근대적 '민족-국가'(nation-state)의 형성 이래 문화교류의 역사는 국가 간의 불균형과 종속의 역사들을 대변한다. 현재 정부에서 공식적으로 사용하고 있는 '문화교류'(cultural exchange)라는 개념도 문화 우호증진이나 평등한 관계를 지향하고 있지만, 사실상 그 안에는 이익과 지배가 전제되어 있다. 최근 문화관광부에서 제출한 '문화산업 5대 강국 실현' 보고서에는 한류를 단초로 동북아 시대에 한국이 문화산업의 허브로 도약하기 위해 중화권에 거점별 한류기지를 구축하고, '아시아 문화산업 교류재단'을 만들어 민간교류를 활성화하겠다는 계획이 들어가 있다. "Asia Major, Global Minor"라는 슬로건이 시사하듯이 국민의 정부 시절부터 문화 컨텐츠 산업 정책에는 아시아 문화시장을 적극적으로 잠식하려는 전략이 들어 있다. 정부가 내세우는 '문화교류'는 그런 점에서 아시아 문화시장진출을 위한 편의적 용어로 이해된다. 그동안 국내에서 추진된 아시아 문화교류의 사례들은 대부분 외교적 편의를 위한 문화 이벤트나 문화시장 진출을 위한 한류 스타들의 쇼케이스가 지배적이었다.

　전통적인 관점에서 국제 문화교류는 각국의 정치적, 경제적 우호증진을 위한 문화적 역할을 강조한 것이 주류를 이루었다. 가령 "한중 수교 10주년 기념음악회"니, "한국 이민 100년 기념음악회", "일본 문화 4차 개방 기념공연"과 같은 이벤트가 대표적이다. 가령 전통문화나 고급예술 분야에서의 동아시아 내 문화교류는 일정한 합의와 합리적인

---

24) '법의 지배 및 인권과 기본적 자유에 대한 보편적인 존중을 조장하기 위하여 교육, 과학 및 문화를 통하여 제 국민 간의 협력을 촉진함으로써 평화와 안전에 공헌하는 것이다.'

계약관계가 전제된다. 즉 공연은 일방적으로 이루어지지 않고 대체로 방문과 초청의 형식을 띠게 되는 것이 일정한 관습이다. 가령 한국의 '국립극단'이나 '국립창극단'이 중국이나 몽골에서 공연할 때는 적어도 상업적 경쟁은 존재하지 않으며 묵시적으로 이들 국가 내의 전통문화 단체들의 한국 방문을 약속하는 경우가 많다. 일종의 상호호혜적인 계약관계들이 형성되는 것이다. 이는 비단 전통문화 예술공연만이 아니라 적어도 동아시아 내에서는 교향악단이나 오페라단, 발레단과 같은 예술단체들의 교류공연은 '방문과 초청'이라는 안정된 계약관계가 전통이 되다시피 한다. 물론 서구의 최고 수준의 레퍼토리를 갖춘 예술단체나 일부 세계적인 명성을 얻고 있는 아시아 내 아티스트나 예술단체들의 경우 '공연은 곧 자본'으로 통하는 경우가 없지는 않지만, 대중문화산업의 경우에는 교류가 한쪽에서 다른 한쪽으로 지배적으로 흐를 소지가 더 많다. 교류라기보다는 지배적인 영향과 모방이라는 말이 더 적절하겠다.

그러나 문화교류가 역사적인 개념이고 '지문화적'인 개념이며, 동시에 어떤 지역적 공동체 의식과 전망을 전제로 한 것이라면, 이 개념을 문자 그대로 볼 것이 아니라 역사적 함의들을 확장해서 검토해보는 것이 좋을 듯하다. 문화교류는 문화의 차이와 모순을 내장하고 있다. 더욱이 전통문화 분야나 고급예술 분야가 아닌 대중문화의 경우 교류의 일방향성과 종속의 위험성은 더 크다고 할 수 있다.

동아시아 문화교류의 현상과 전망을 논의하기 전에 문화교류라는 것을 어떻게 개념화할 수 있을까 하는 기본 인식틀이 먼저 정립되는 것이 바람직한데, 이에 대한 이론적 선행연구가 충분히 이루어지지 못했다. 다만 최근 동아시아 내 대중문화의 다양한 문화현상들을 놓고 그 성격을 진단하는 사례들 속에서 문화교류의 현황을 읽을 수 있는 단초들이 제공되고 있기는 하다. 한국에서 진행되는 문화교류에 대한 선행 연구들은 대체로 한류와 관련된 문화현상을 분석하는 경우가 주를 이루는데, 그중 드라마 수용에 대한 연구가 활발하게 진행되고 있다.[25] 한편으로 일본 대중문화가 전면 개방되면서 한일 간의 문화교류를 전망하는 논의들은 중국어권의 문화교류를 바라보는 관점과는 다른 위치에 있는데, 중국어권의 문화교류 연구가 시장 진출이나 한국적 라이프스타일의 동화과정을 중점적으로 다룬 반면에 일본의 경우는 "갈등과 대결에서 교류와 협력으로"라는 슬로건이 말해주듯이 문화교류의 역사적 의미를 부각하거나 한국 대중문화의 특성이 갖는 지역적 특이성들을 분석하고 있다.[26]

동아시아에서 벌어지고 있는 문화교류 현상들은 서로 관계를 맺는 지역적인 특성에 따라 각자 상이한 특성을 나타낸다고 볼 수 있지만, 서구문화가 제3세계 주변부 문화에 미치는 영향과는 다른 위치에 있다. 글로벌 시대 서양 대중문화를 수용하는 주변부 지역은 지배와 종속의 관계[27]를 분명히 하거나 문화적 영향에 따른 혼종된 문화정체성이 또 다른 지배관계에 놓이는 경우[28]가 비교적 분명하게 나타난다. 그러나

---

25) 이에 대한 선행연구들은 대체로 한국 드라마의 아시아 진출에 대한 현황과 제도적 지원 방향을 다루는 지원정책과 문화산업 연구 형태와 특정 성향의 드라마의 수용과정을 분석하는 텍스트 연구가 주를 이룬다. 전자는 강태영의 논문(「국제 방송 프로그램의 유통구조와 한국방송 프로그램의 수출전략」, 『방송연구』 55호, 2002년)을, 후자는 양은경의 논문(「동아시아의 트렌디 드라마 유통에 대한 문화적 근접성 연구」, 『방송연구』 56호, 2003년)을 참고할 만하다. 특히 양은경은 한국의 트렌디 드라마를 수용하는 중국어권 시청자들의 반응을 통해 문화적 근접성이 동질성이 아닌 차이와 맥락에 의해 형성된다는 점을 강조한다.
26) 하야시 나츠오 인터뷰, 「한국 대중문화와 한일 교류의 방향」, 일한교류통신 http://www.jpf.go.jp/jkxx/features/fea_pers/pers_cul/rin_kasei/k_cul_k-pop01.html 참고.

동아시아 문화교류에서는 지배와 종속으로 이분화되지 않고 상당히 복잡한 양상을 띤다. 그것은 문화교류가 이 지역 내의 지리적, 정치적, 역사적 종속 관계에 상응하지 않기 때문이기도 하며, 각국의 문화교류의 역사가 반세기를 거치면서 많은 단절을 겪고 이질적인 관계들을 형성해왔기 때문이다. 예컨대 한류가 중국에 수용되는 방식이나 일류가 중국에 수용되는 방식이 다르고, 타이완과 홍콩의 액션 스타들이 한국이나 일본에 수용되는 방식과 '느낌의 구조'도 다르다. 이는 각국의 상이한 문화형성 과정과 개별 국가들과 맺는 상이한 역사적, 지리적 방식 때문이다.

---

27) 서구문화와 주변부 문화 사이의 문화생산관계에 대한 도식은 다음을 참고할 만하다.

	주변부 생산	핵심부 생산
1단계	문화지배(Cultural domination)	문화제국주의(Cultural imperialism 1, 주변부 이익을 전유)
2단계	모방/동시화/서양화(Imitation/ Synchronization/Westernization)	문화제국주의(Cultural imperialism 2, 주변부의 재능과 이익을 전유)
3단계	토착화/현대화(Indigenization/ Modernization)	문화횡단(Transculturation)
4단계	절충주의(Eclecticism)	경제주의횡단(Transeconomism)

Marlene Cuthbert & Elizabeth Buck, *Music at the Margins: Popular Music and Global Cultural Diversity*, Sage Publications, 1991 참고. 위의 도식은 동시대적인 층위에 초점을 두기보다는 역사적 변화과정에 초점을 맞춘 것 같고, 국가 간의 지배와 종속의 구분이 이미 전제된 채로 범주화했다는 점에서 동아시아 국가들과 지역 문화교류의 범주설정으로는 충분하지가 않지만 문화교류의 기본 층위를 설명하는 단초를 제공해주기는 한다.

28) 예컨대 터키 출신의 문화이론가 아리프 딜릭은 문화혼종성은 자본의 글로벌화 과정을 확산하기 위한 선택사항에 불과하며 지역에서의 문화적 차이라는 것은 글로벌화 소비방식의 한 양식에 불과하다고 비판한다(아리프 딜릭, 「역사와 대립되는 문화인가」, 『발견으로서의 동아시아』, 백영서 외 엮음, 문학과지성사, 2000년) 참고.

문화교류는 발신자와 수신자 사이에서 문화적 경험들의 차이 때문에 대립하기도 하고, 서로 겹치면서 새로운 이질성을 만들어내는 과정이다.[29] 문화교류는 지배와 차이 혼종의 층위들이 서로 교차되어 있다는 점에서 중립적인 개념이 아니다.

이런 관점을 참고해 필자는 문화교류의 개념화를 세 가지 층위로 구분해 설명하고자 한다. 첫번째 층위는 문화교류의 흐름이 한쪽에서 다른 한쪽으로 일방적으로 흐르거나 주입되는 것으로 통상적으로 '문화지배'(cultural dominance)로서의 교류다. 문화지배로서의 교류는 사실상 문화적 종속을 의미하는 것으로 식민지 지배와 문화제국주의의 속성을 강하게 드러낸다고 할 수 있다. 두번째 층위는 문화적 속성들이 서로 절충되고 영향 받는 것으로 '문화교환'(cultural exchange)으로서의 교류다. 문화교환으로서의 교류는 중립적인 입장에서 상호 간의 문화가 소통되는 것을 의미하는데, 가령 지역 내의 동일성을 추구하려는 '문화공동체주의'나 글로벌화 과정에서 생겨난 탈국가주의를 중요시하는 '문화네트워크주의'들이 이 층위에 해당된다고 할 수 있다. 세번

---

29) 문화교류 과정에서 지배와 이산의 경험 속에 있는 수신자의 문화정체성에 대한 논의는 자메이카 출신 문화연구자 스튜어트 홀(Stuart Hall)의 논의를 통해 간접적으로 시사받을 수 있다. 그의 글이 문화교류와 직접적인 연관은 없지만, 이산의 과정에서 문화주체들의 구성과정이 어떤 층위 속에서 전개되는지를 설명하고 있다. 홀은 카리브인의 문화정체성은 그들의 독특함을 구성하는 파열들과 불연속들을 인정하지 않고서는 올바로 말할 수 없다고 강조하면서 문화정체성은 '있음'(being)의 문제만이 아니라 '되어감'(becoming)의 문제라고 말한다. 문화정체성은 다수의 역사들을 가지고 있으며 항시적인 변형을 경험하는 것이다. 홀은 카리브 해의 흑인 이산민들의 문화적 정체성은 그들이 살아온 지리적 조건에 따라서 서로 이질적인 경험을 구성한다고 보는데, 이를 정리하면 토착적인 장소로서의 '아프리카적 현존'과 지배와 착취의 장소로서의 '유럽적 현존', 이산과 다양성, 혼종과 차이의 장소로서의 '아메리카적 현존'이 된다(Stuart Hall, "Cultural Identity and Diaspora", *Colonial Discourse and Postcolonial Theory*, eds. by Patrick Williams & Laura Chrisman, Columbia University Press, 1994, pp. 393~394 참고).

째 층위는 문화교류의 이질성, 차이, 모순, 혼종의 의미들에 주목하여 다양한 문화적 가치들과 세력들이 민족-국가의 경계나 계급적·성적· 세대적 경계를 넘어서는 것으로서 '문화횡단'(transculturation)으로서 의 교류다. 문화횡단으로서의 교류[30]는 글로벌, 권역(region), 지역 (local)이 서로 교차되는 새로운 문화환경과 연관되어 있다.

먼저 지배의 관점에서 문화교류는 문화수탈론이나 문화종속이론, 문화제국주의론의 관점에서 설명할 수 있을 것이다. 그동안 문화제국 주의론에서 정치경제학과 문화의 관계는 경제결정론의 시각보다는 오 히려 문화결정론적인 시각이 더 많았다. 말하자면 제국주의의 지배에 서 더 강력한 것은 경제적, 정치적 지배가 아니라 문화적인 지배라는 주장이다. 예컨대 에드워드 사이드는 유럽의 제국주의가 가장 번성했 던 19세기 영국문학 텍스트를 분석하면서 문화제국주의의 식민지 내면 화를 지적하고 있다. 사이드는 에드워드 포스터의 소설 『인도로 가는 길』(*A Passage to India*)이나 러드야드 키플링의 소설 『킴』(*Kim*)에서 나오는 제국주의 시민의 자신감이나 거만함이 영국이 인도로부터 착취 해가는 수백 만 파운드만큼이나 중요하다고 했는데, 왜냐하면 제국이 라는 기업(enterprise)은 '제국을 가지고 있다는 관념'에 의존하고 있 고, 그와 같은 것을 위한 모든 준비는 문화의 내부에서 이루어지고 있 기 때문이다.[31] 필드하우스의 지적대로 "제국의 권위의 근원은 곧 식민 지인들의 정신적인 태도"였고 종속을 받아들이는 그들의 태도는 제국

---

30) '횡단'에 대한 적절한 용어를 찾을 수 없어 '문화횡단'이라는 용어를 굳이 사용할 수밖에 없음을 밝힌다. 이후부터는 용어의 통일을 위해서 '지배로서의 문화교류', '교환으로서 문화교류', '횡단으로서 문화교류'로 통일하도록 하겠다.

31) Edward Said, *Culture and Imperialsim*, Alfred a. Knoff, 1993, p. 11.

을 영속시키는 도구로 작용했다.[32] 이러한 주장은 프란츠 파농의 언급에서도 드러난다. 파농은 『검은 피부, 하얀 가면』(*Black Skin, White Mask*)에서 알제리 독립 이후 알제리 정신질환자의 임상사례들을 분석하는데, 서양(프랑스)과 서양인들을 직접 경험한 정신질환자들 사이에 서양에 대한 공통적인 선입관이 있음을 지적한다. 그 선입관은 바로 서양인들은 우월하고 지적이며, 흑인들은 열등하고 야만적이라는 이분법적인 생각이다. 파농은 이런 콤플렉스가 본래부터 있었던 것이 아니라 백인이 흑인들에게 은연중에 강요한 허위의식과 그 허위의식을 진실로 받아들이는 흑인들의 동화작용이 만들어낸 가상효과에서 비롯된 것으로 파악한다.[33] 문화제국주의 시각에서 '지배'는 정치적, 군사적 지배라기보다는 감성적, 이데올로기적 지배인만큼 생산보다는 재생산의 영역에서 관철된다. 예컨대 천꽝싱이 언급하는 '문화상상'(文化想像)은 사이드의 '오리엔탈리즘'이나 파농의 나르시시즘적인 동일시효과와 유사한 것이라 할 수 있는데, 그가 말하는 문화상상은 "식민주의와 본토의 역사문화가 충돌한 결과물로서, 형식일 뿐만 아니라 내용이기도 한"[34] 것이다. 그는 타이완에서 구제국주의가 심어 놓은 문화상상(예컨대 대동아공영권 하의 동남아 질서 재건운동)은 피식민자들의 상상공간을 제어하고 있으며, "남진 문화 담론에 들어 있는 신제국 구축이라는 문화상상이야말로 일제가 반세기 이전에 조작했던 문화사유의 번역판이자 재판 혹은 해적판에 지나지 않는다"고 비판한다.[35]

---

32) David. K. Fieldhouse, *The Colonial Empire: A Comparative Survey from the Eighteenth Century*, Macmillan, 1991, p.103. 사이드, 앞의 책, 12쪽에서 재인용.
33) 프란츠 파농, 『자기의 땅에서 유배당한 자들』, 김남주 옮김, 청하, 1978년, 84쪽.
34) 천꽝싱, 「탈식민과 문화연구」, 『제국의 눈』, 167쪽.

문화제국주의의 지배적 속성의 다양한 층위를 이해하기 위해서는
문화제국주의를 네 가지 담론[36]으로 언급하는 존 톰린슨의 논의를 검토
할 필요가 있다. 그는 문화제국주의의 형성에 '미디어', '민족-국가',
'자본', '근대성'이 중요한 토픽임을 강조한다. 미디어 제국주의의 관
점은 다국 간의 문화적 소통에 있어 미디어가 가져다주는 문화적 영향
과 그것의 문화적 제도화가 제3세계 소비자에게 끼치는 영향에 관한 것
인데, 톰린슨은 다국적 미디어 문화자본의 경제지배와 미디어 수용에
따른 제3세계 대중의 인간관계의 영향 모두를 간과할 수 없는 것으로
보고 있다.[37] 민족-국가 담론으로서의 문화제국주의는 "한 민족-문화
가 다른 민족문화를 지배하는 것"[38]을 의미하는데, 톰린슨은 이러한 정
식 안에는 고려되어야 할 네 가지 사안들이 있음을 지적한다. 첫째는
민족문화의 구체적 과정에는 단일한 문화로 정의할 수 없는 다양한 문
화적 정체성이 있고, 둘째 민족정체성의 형성과정에는 복잡한 이데올
로기적, 심리적 과정이 개입되며, 셋째 문화제국주의가 형성되는 과정
에 대한 인식은 공간의 수준에서 시간의 수준으로 이동해야 하고, 마지
막으로 미디어에 의해 지배당하는 문화적 가치의 문제를 고려해야 한
다는 것이다. 세계자본주의 비판으로서 문화제국주의는 서구의 '소비
주의'가 제3세계인 발전도상 사회에 보급된 결과라는 인식 하에 소비

---

35) 쳔꽝싱, 「제국의 눈」, 『제국의 눈』, 57쪽.
36) 존 톰린슨이 말하는 네 가지 방식은 다음과 같다. 1) 미디어 제국주의로서의 문화제국주
     의, 2) 국가 담론으로서의 문화제국주의, 3) 세계자본주의에 대한 비판으로서의 제국주
     의, 4) 근대성에 대한 비판으로서의 문화제국주의(존 톰린슨, 『문화제국주의』, 강대인 옮김,
     나남, 1994년 참고).
37) 같은 책, 74쪽.
38) 같은 책, 132쪽.

자본주의의 전지구적 지배를 의미한다.[39]

이상과 같은 지배로서의 문화교류는 식민주의[40] 시대의 정치적, 군사적 지배가 종식된 이후에도 여전히 다른 언어로 번역되고 있다. 냉전 질서 체제가 종식된 이후 문화제국주의는 '다국적 문화자본주의'라는 이름으로 재생산되고 있는데, 동아시아 내의 대중문화 지형에 있어서도 이러한 경향들은 중립적인 의미에서의 문화교류라는 담론 속에 감추어진 이해관계들을 대변하기도 한다. 가령 한류 문화를 바라보는 한국의 정부관계자들이나 문화산업가들에게 한류 문화는 중국을 비롯한 중국어권 국가들이나 베트남, 몽골 등 한류 문화가 적절히 통용되는 다른 아시아 국가들에게는 '문화적 우세종'(cultural dominant)이며 문화시장 진출의 교두보임을 자임하는 경우가 일반적이다. 1970~80년대 홍콩과 타이완에 번성했던 일류가 처했던 위치도 서구의 팝 문화를 이입해서 재상품화하는 능력을 통해 아시아에서 가장 강력한 문화세력권으로 검증되었으며[41], 1970년대 브루스 리의 아시아권 열풍과 1980년대 타이완, 홍콩의 영화 부흥이 일본과 한국에 미친 영향들도 발생적인 맥락의 차이에도 불구하고 모두 '문화적 우세종'으로서의 유산을 가지고 있다.

둘째, '교환'으로서의 문화교류는 발신자와 수신자 사이의 평등한

---

39) 같은 책, 187쪽.
40) 사이드는 식민주의와 제국주의를 구별하는데 그가 말하는 제국주의라는 용어는 먼 지역의 영토를 지배(ruling)하기 위해 메트로폴리탄적인 중심을 지배하는(dominating) 실천, 이론, 태도를 의미한다. 반면 식민주의(colonialism)은 언제나 제국주의의 결과로서 정착자들이 먼 지역의 영토를 가꾸려는 행위를 말한다(Said, *Culture and Imperialism*, p. 9).
41) 이와부치 고이치, 앞의 책, 139~146쪽 참고.

교환관계를 전제로 한 것이다. 그것은 유네스코가 가장 중점적으로 실시하는 인류 화합과 평화 공존을 위한 국제 문화교류나 국가 간 우호증진을 위한 문화예술교류와 같은 가치중립적인 용어로 사용되었는데, 글로벌 시대 문화교환의 의미는 조금 다른 맥락에서 이해할 수 있다. 글로벌화는 전체로서의 세계가 구체적으로 구조화되는 것과 연관된 일련의 과정[42]으로 국지적인 요소가 글로벌화하는 과정과 글로벌화가 국지화하는 과정을 동시에 수반한다고 볼 수 있다. 개인의 생활세계 속에서 문화적 삶이 글로벌 라이프스타일에 영향을 받는 것이 전자의 경우라고 한다면, '제1세계 대 제3세계', '중심 대 주변'의 명확한 구별이 무의미해지면서 국지적인 라이프스타일이 글로벌 생활양식이 되는 것이 후자의 경우이다. 이 두 과정은 결국 같은 과정을 의미한다.

　　글로벌화 과정에서 문화는 자연스럽게 교환의 대상이 된다. '식민주의 대 피식민주의', '중심국가 대 주변국가' 사이에서 벌어진 일방적인 지배관계는 줄어들고, 그 대신 다양한 삶의 번역 과정이 등장한다. 세계화로 인해 문화의 영역은 정치적 영역이나 경제적 영역과는 다르게 개인의 문화적 자유와 다양한 소통을 가능케 한다. 데이브 람샤란과 데렉 프라이스는 세계화의 틀을 경제적, 정치적, 문화적 영역으로 구분하여 설명한다. 경제적 층위는 "글로벌한 상품 체인점, 글로벌한 노동분화, 자본의 글로벌한 이동, 산업체에서 소수의 초국적 기업들로 집중, 글로벌한 규제제도의 발전, 세계교역이 상품과 서비스에서 금융 제도로 이전" 등의 자본주의 축적의 당대 과정을 지시하며, 정치적 층위

---

42) Roland Robertson, *Globalization: Social Theory and Global Culture*, Sage Publications, p. 53.

는 민족-국가의 정치적 이해관계를 조정하는 초국적인 제도들의 출현
(WTO, UN, IMF)으로 특징지을 수 있다. 반면에 문화적 층위는 민족적
인 삶의 방식의 단일함, 지역문화, 반자본주의적인 가치들이 약화되고
전세계 다양한 사람들의 커뮤니케이션과 스타일이 집중되는 현상을 지
시한다.[43]

교환으로서의 문화교류는 이러한 글로벌화의 현상을 가장 적극적
으로 활용하여 개인의 삶의 자율성을 구축하는 것을 의미하지만, 글로
벌화의 교환과정을 지배하는 신자유주의 질서에 그대로 편입되고자 한
다. 한류와 관련하여 이러한 관점에서 논의되고 있는 것이 다문화주의
가 아닌가 싶다. 다문화주의로서 한류는 경제적 지배나 정치적 세력관
계를 고려하지 않는 문화적 다양성의 체험으로 간주된다. 세계가 글로
벌화될수록 문화적 교류와 소통은 그만큼 넓어지고, 과거 국가 안에서
형성된 개인들의 문화적 삶은 국가의 경계를 넘나들면서 다원화된다는
것이 글로벌화 과정에서 국지적인 실천을 하는 한류 문화의 주된 배경

---

43) Dave Ramsaran & Derek V. Price, "Globalization : A Critical Framework for
Understanding Contemporary Social Processes"(http://globalizaiton.icaap.org/
content/v3.2/02_ramsaran_price.html) 참고. 이들이 도식화한 글로벌화의 틀을 제시하면
다음과 같다.

	경 제	정 치	문화/이데올로기
초국가적 영역	국제 엘리트 다국적 기업들 자본의 유동성	글로벌한 규제틀 WTO, IMF, WB, UN	신자유주의 소비자 - 시민
국가적 영역	국가 엘리트 경쟁적 경제 영역들	세계- 체제 핵심과 주변부	시민사회 주권성과 시민성
국가 내 영역	불평등 : 인종, 계급, 젠더	새로운 사회운동 NGOs, 토착적 투쟁	평등한 기회 능력 사회, 사회정의

이 된다. 자연히 다문화주의적인 관점에서 한류 문화는 경제적 지배나 정치적 외삽효과와는 관계없이 문화적으로는 흥미롭고 바람직한 것이 된다.

　　다문화주의적인 시각은 동아시아 대중문화의 교류에서 아시아 문화 네트워크를 강조한다. 최근 일각에서 제기되고 있는 아시아 문화 네트워크론은 제국주의와 근대화과정에서 단절되었던 아시아 연대를 강조하면서, '글로벌화 시대'가 가져다준 아시아 내 차이와 다종성의 문화가 오히려 새로운 연대를 가능케 했음을 지적하고 있다. 이러한 주장은 대체로 '글로벌화'에 대해 긍정적인 입장을 보이고 있는데, 세계화 과정에서 '민족-국가'의 경계와 민족주의가 쇠퇴하면서 아시아 국가 간의 국지적 네트워크가 많아졌음을 역설한다. 이는 글로벌화와 문화적 후식민주의를 같은 맥락으로 보면서 글로벌화를 문화적 후식민주의의 필요조건으로, 문화적 후식민주의를 글로벌화의 파행효과로 간주하고 있다. 가령 한류를 통해 글로벌화하는 한국과 이를 통한 아시아 문화 네트워크의 가능성을 탐색하려는 조혜정의 입장이 이러한 관점과 부합한다. 조혜정은 한류를 21세기 '팬아시아니즘'의 한국적 현상[44]으로 보면서 대중문화에서 발견되는 '글로벌화 내의 국지적 소통'의 가능성을 주목하고자 한다. 이러한 생각은 '문화적 다원주의'와 '자유주의적 대중주의'에 대한 깊은 신뢰를 바탕으로 하고 있다. "한류 열풍 담론

---

44) "21세기에 들어서 다시 팬아시아니즘 움직임이 보이고 있다. 19세기가 한문을 중심으로 한 지식인 중심의 팬아시아니즘 시대였다면, 지금은 영화를 중심으로 한 대중과 기업 중심의 팬아시아니즘의 시대가 열리고 있다. 댄스 음악이 아시아 청소년들을 맺어주고, 트렌디 드라마와 한국형 블록버스터가 팬아시아 현상을 만들어내고 있다. 참으로 미국화된 아시아가 우리 눈앞에 있다"(조혜정, 「6일간의 시간여행, 아시아, 글로벌, 그리고…」, 『당대비평』 19호, 2002년, 17쪽).

을 통해 새롭게 '발견'되고 '욕망'되고, 또 만들어지고 있는 아시아"에 대한 기대는 그의 말대로 글로벌화되고 있는 아시아의 탈서구중심주의와 대중 중심의 아시아 교류에 대한 희망을 담고 있다.

그러나 글로벌화의 국지적 현상으로서의 한류 문화가 글로벌화의 다양한 문화생산물의 하나로 아시아의 민간 영역에 전파되고 있다고 말하기 이전에, 과연 현재의 한류 문화 자체가 아시아 문화 네트워크의 핵심이 될 수 있겠는가 하는 점과 민간 영역에서의 대중문화교류가 다국화된 문화산업 자본의 이해관계를 넘어서는 네트워크를 구성할 수 있겠는가 하는 점이 의문이다. 아시아 문화 네트워크론은 문화적 다원주의와 대중주의를 지나치게 과신하면서 시장의 자율성과 대중들의 자발성에 의존하고 있지만, 그것이 아시아 문화 네트워크라는 소기의 프로젝트로 어떻게 연계될지에 대해서는 적절한 해답을 찾고 있지 못하다. 다문화주의는 일본의 마르크스주의 비판이론가인 미요시의 지적대로 엄정한 정치적, 경제적 관찰이 필요한데, 여러 지역과 다양한 배경에서 나온 상이한 주체위치들이 초국적 기업식의 신식민주의에 공모한데 대한 알리바이를 제공하는 것을 경계할 필요도 있다.[45]

세번째, '횡단'으로서 문화교류는 수신자와 발신자의 고정된 위치를 배제하고, 문화적 활동의 위치들을 지속적으로 변환하는 것을 의미한다. 지배와 교환으로서의 문화교류는 수신자와 발신자의 위치를 이분법으로 나눈다. 자연히 '일방적인 지배'이건 '단계적인 교환'이건 문화교류는 한 방향에서 다른 방향으로 전달되는 방식이 주를 이룬다. 횡

---

45) Masao Miyoshi, "A Borderless World?: From Colonialism to Transnationalism and the Decline of the Nation-State", *Critical Inquiry*, Vol. 19, No. 4, 1993, p. 373.

단은 중심과 주변, 주체와 대상, 발신자와 수신자, 생산자와 소비자를 미리 규정하지 않고 문화가 다방향으로 서로 교차되고 연계됨을 의미한다. 횡단으로서의 문화 안에는 차이의 문화만이 있는 것이 아니라 불균등한 문화, 모순적인 문화가 공존하는데, 그런 점에서 문화교류의 현상들은 하나로 설명될 수 없을 정도로 다층적이다.

횡단으로서의 문화교류는 교환으로서의 문화교류와 마찬가지로 글로벌화를 중시하지만, 글로벌화의 긍정적인 지형과 부정적인 지형을 동시에 목도한다는 점에서 가치중립적인 문화교환의 조건과는 다른 맥락을 가지고 있다. 횡단으로서의 문화교류는 글로벌화의 초국가적 경계 이동에 따른 문화적 잠재력을 전유하면서 동시에 글로벌화된 신자유주의 체제를 극복하는 이중적 실천의 과제를 안고 있는 것이다. 글로벌화는 "개인의 삶과 지역공동체의 삶이 전세계적으로 작동하는 경제적 문화적 힘에 영향을 받는 과정"으로서 그것의 작동은 "유럽 제국주의에 영속화된 권력 구조와 불가분하고 지구적 문화는 영향, 통제, 산포의 제국주의적인 동학의 연속"으로 보는 시각[46]도 필요하다. 한편으로 글로벌화는 지역화를 필연적으로 수반하지만, 그것이 동질성에 근거해서 지구적인 것이 지역성을 넘어서서 존재하는 것이 아니라, 서로 층위가 다른 수많은 지역문화들의 지속적인 상호연결을 통해 구성된다는 점 역시 주지할 필요가 있다.[47]

---

46) Bill Ashcroft, "Globalization", *Postcolonial Studies: The Key Concepts*, eds. by B. Ashcroft et al., Routlege, 2000, pp. 111~116 참고.
47) Roland Robertson, "Globalization: Time-Space and Homogeneity-Heterogeneity", *Global Modernity*, eds. by Mike Featherstone et al, Sage Publications, 1995 참고.

횡단으로서의 문화교류는 결국 글로벌화의 복합적인 성격에 따른 국지화의 다성적인 실천을 기획하는 것이라 할 수 있는데, 이는 문화의 혼종성(hybridity)이 생산하는 미시적 실천들의 잠재력을 강조한 것이라 할 수 있다. 글로벌화는 "혼종화의 과정"이며, 혼종화된 위치와 장소는 조직적인 선택의 폭을 넓혀주면서 어떠한 "단일한 조직 양식도 전반적인 우위나 독점적인 지위를 차지하지 않게"[48] 한다. 글로벌화는 문화적 혼종화에 따른 복수적인 문화정체성을 생산하며 자아의 원천들이 증폭되고 다양화하는 틀로 이해될 수 있다. 마이크 페더스톤은 글로벌화와 지역화의 상호작용 안에서 소비되는 문화 이미지와 상품은 하나로 규정되는 것이 아니라 "흡수(absorption), 동화(assimilation), 저항(resistance)"의 전략 안에서 규정되는데, 이 과정에서 지방성의 혼종적인 실천이 중요하다고 말한다. 지방의 대중문화 내의 혼종화와 혼성화는 그것의 원천이 되는 상품, 정보, 이미지를 재구성하고 융합시키고 혼합시킨다. 즉 지역성은 "단순하게 국민적이거나 글로벌한 영역에 포함되지 않으며 오히려 양방향적으로 우회한다."[49]

문화적 횡단은 표면적으로 보면 문화발전 속도가 서로 불균등한 민족-국가 간의 횡단(적어도 동아시아 문화교류의 영역에서는)이 지배적이라는 점에서 '일방적인 복제'나 '지배적 위치로의 흡수'를 전제한 것처럼 보인다. 그러나 지배는 피지배자들의 창조적인 '흉내내기'(mimicry)와 그로 인해 발생되는 문화적 차이와 '이접'(disjuncture) 행

---

48) Jan Nederveen Pieterse, "Globalization as Hybridization", *Global Modernity*, p. 52.
49) Mike Featherstone, "Localism, Globalism, and Cultural Identity", *Global Local*, Duke University Press, 1996, p. 63.

위를 통해 안정된 힘을 상실하게 된다. 인도 출신의 탈식민주의자 호미 바바는 식민주의자와 피식민주의자 사이의 관계는 지배와 종속이 뚜렷하게 구별되는 이항대립적인 관계가 아니라 경계가 대단히 모호하고 양면적인 관계를 가진다고 말한다. 양면성(ambivalence)은 식민지 타자성을 서구와 비서구, 선과 악, 문명과 야만이라는 고정된 이분법으로 가두려는 것과 그러한 정형화의 반복과정에 의해 이분법의 고정성이 불안정해지는 것 사이에 위치한 것이다.[50] 이 경계의 불안정성이 필연적으로 '흉내내기'를 낳는다. 흉내내기란 "거의 동일하지만 완전히 동일하지는 않은 차이를 가진 주체로서의 타자를 욕망하는" 과정이다.[51] 흉내내기는 그런 점에서 이중적인 분절의 기호인데, 왜냐하면 흉내내기는 "개명과 규칙적 규율의 복합적인 전략 기호이며", "규범화된 지식과 규율에 내재적인 위협이 되는, 차이와 반항의 기호"이기도 하다.

호미 바바가 자크 라캉의 이론을 활용하여 지배/피지배의 대당관계의 안정성을 교란하고자 했다면, 인도 출신의 문화인류학자인 아르준 아파두라이는 대당관계의 경계에 잠재되어 있는 이질성의 공간에서 새로운 실천의 가능성을 발견하고자 한다. 그는 전지구적 문화경제의 틀은 "더는 현존하는 중심-주변 모델의 용어로는 이해될 수 없는 복합적이고 중층적이며 이접적인 질서로 간주되어야 한다"[52]고 말한다. 글로벌 문화현실이 이접되는 사례들을 탐구하는 기본틀을 다섯 가지 차

---

50) 호미 바바, 『문화의 위치』, 나병철 옮김, 소명출판, 2002년, 145~147쪽 참고.
51) 같은 책, 178쪽. 주지하듯이 호미 바바의 흉내내기 이론은 라캉의 욕망이론을 차용한 것이다. 흉내내기의 전략은 "끊임없이 그 미끄러짐과 초과 차이를 생산해야 한다".
52) Arjun Appadurai, "Disjuncture and Difference in the Global Cultural Economy", *Modernity at Large*, University of Minnesota Press, 1996, p. 60.

원[53]에서 분석하면서 아파두라이는 차이를 통제하고 길들이는 민족–
국가를 교란시키는 이접과 혼돈의 흐름들을 만들어낼 것을 주문하고
있다.

물론 앞서 설명했던 호미 바바와 아파두라이의 논지들이 곧바로
횡단으로서의 동아시아 문화교류를 뒷받침해주는 이론적 토대가 될 수
는 없다. 다만 위의 논의들이 동아시아의 문화교류라는 것이 글로벌화
의 지배의 속성과 저항의 속성이 동시에 공존하는 새로운 문화지정학
적인 위치에 놓여 있음을 인식하고, 개인들과 집단들 간의 교류가 불균
등한 문화적 조건 속에서 어떻게 새로운 차이와 혼종들을 만들어낼 수
있는지에 대해 단서를 제공해주고 있다는 점을 주목할 필요가 있다. 예
컨대 백원담의 "화이부동론"은 이러한 횡단으로서의 문화적 교류를 희
망하는 인식적 토대를 제공하고 있다. 백원담은 "동아시아를 사고한다
는 것은 비슷하지만 전혀 다른 역사를 겪어오면서 만들어진 차이를 인
정하고 그 차이성을 인식하는 일로부터 시작하는 것"[54]이라고 말한다.
그에 의하면 중국의 문명교화가 만들어낸 '화이관계'(華夷關係)라는 것
은 제국주의적 군사적 강제나 정치적 억압, 경제적 착취를 배제하지만,
다른 문화의 가치와 차이를 존중해주지는 않는 또 다른 동일성의 논리

---

53) 아파두라이가 논의하는 다섯 가지 차원은 '에스노스케이프'(ethnoscape), '미디어스케
이프'(mediascape), '테크노스케이프'(technoscape), '파이낸스스케이프'(finance-
scape), '이데오스케이프'(ideoscape)인데, 에스노스케이프는 변화하는 세계를 구성하
는 사람들의 풍경을, 미디어스케이프는 정보를 생산하고 퍼뜨릴 수 있는 전자적 장치들
의 분배와 그것이 생산하는 특유의 이미지의 풍경을, 테크노스케이프는 견고하고 다양한
종류의 경계를 가로지르는 기술의 전지구적 배치의 풍경을, 파이낸스스케이프는 전지구
적 자본주의의 배치의 풍경을, 이데오스케이프는 국가 이데올로기의 권력에 대항하는 이
데올로기로서 자유, 행복, 권리를 주장하는 풍경을 말한다.
54) 백원담, 「和와 동아시아」, 『동아시아 문화공동체 포럼』 자료집, 2003년 참고.

이며, 지배논리일 수 있는 혐의를 가지고 있다. 그는 또한 관계와 교접 없는 무한정의 차이만을 인정하려는 다원주의 문화 담론 역시 경계해야 할 대상으로 보면서 '화이부동'(和而不同)은 지배, 흡수, 병합의 논리가 아닌 인정, 관용, 공존의 논리이며, 소통과 상생을 통해 동아시아가 새로운 지평을 열어가는 것이 화(和)의 문화기획이 된다고 말한다. 백원담의 이러한 주장은 구체적인 실천방법과 과제들을 충분히 곁들이지는 않지만, 동아시아 문화교류의 이론적 기초를 다지는 데 적절한 화두를 던지고 있는 셈이다. 문화교류가 동질화된 민족-국가 간의 교류나 자본의 이해관계들 간의 경쟁이 아니라 국지적인 이질성들의 집합이 자유롭게 횡단할 수 있는 결절점들을 만드는 것이 아마도 '화이부동'의 전략이지 않을까 싶다.

어쨌든 이 글은 지배와 교환으로서의 문화교류가 아닌 횡단으로서의 문화교류를 대안으로 제시하고자 하는 것인데, 문제는 이러한 횡단으로서의 문화교류를 어떻게 할 것인가 하는 것이다. 이에 대한 논의는 결론으로 대신하고자 한다.

4. 동아시아 문화소통의 구상과 기획

동아시아 내 문화교류는 동등한 관계를 가지고 어떤 공동의 목표를 위해 수렴되는 것은 아니다. 문화적 생산관계의 불균등한 발전과 문화적 내용들의 이질성, 문화의 유통경로의 상이함과 '느낌의 구조'의 차이로 문화교류는 항상 긴장관계와 우발적인 관계들을 만들어낸다. 가령 문화교류를 통해 미국의 패권적 문화제국주의에 대항해서 동아시아적 문화연대의 저항선을 구축하자는 논리는 각자의 지역적 특성에 맞는 실천을 통해서 현실화할 수 있는 것이지, 공동의 목표로 단일화할 수는 없다. 이상적으로야 가능하겠지만, 서구 문화를 수용하고 소비해 온 역사들의 상이한 궤적 탓에 각자의 상황에서 연대할 수 있는 의제를 만드는 것이 쉽지 않다.

글로벌화가 동아시아 지역 내 소통을 가능케 하는 문화환경을 제공하기도 했지만, 동아시아가 더는 동일한 주제에 대해 공동의 감정이나 입장을 가질 수 없을 정도로 이질화시키기도 했다. 다양한 소통이 가능한 문화환경의 도래와 상이한 문화적 감각과 경험 사이의 모순은 오히려 동아시아 내 문화교류를 자유롭게 할 수 있는 공간을 만들어줄 뿐 아니라, 문화교류의 다양한 실험들을 기획할 수 있다. 횡단으로서의 문화교류는 국가의 경계를 넘어서 이렇게 서로 이질적인 주체들이 문화적 메시지를 주고 받는 과정에서 생겨난다. 문화적 메시지를 생산하고 수용하는 과정에서 서로 공유되는 상이한 경험들은 서로 교환가능한 2차 메시지를 생산한다. 이러한 2차 메시지로의 전환이 문화교류의 상호소통 가능성을 가능하게 한다고 생각한다. 마지막으로 새로운 소통을 가능케 하는 연구지점들을 제안하는 것으로 글을 맺고자 한다.

첫째, 문화적 번역에 대한 연구로서 서로 상이한 문화적 유산과 경험이 축적되는 역사적 과정에 대한 검토가 있어야 한다. 백영서의 지적대로 동아시아가 '이중의 주변부성'을 갖고 있듯이 각자의 대중문화의 역사도 이중적인 주변부성을 가진다. 서구의 대중문화로부터 영향을 받은 주변부성과 한국과 중국, 일본, 타이완 등이 시간차를 두고 상대방에게 영향을 준 서구화된 주변부성이 이중으로 확인되어야 할 것이다. 가령 대중음악의 경우 한국, 일본, 중국이 서구로부터 영향을 받은 역사적, 문화적 맥락은 서로 이질적인데, 그러한 이질성이 다시 서로에게 영향을 주는 과정을 통해 주변부성은 또 다른 이질성을 생산하게 된다. 전지구적 환경에서 주변화한 지역이 다른 주변 지역의 번역의 매개 장소가 되는 과정을 교차분석하는 것이 체계적으로 연구되어야 할 것이다.

둘째, 문화적 일상의 차이에 대한 연구로서 대중들의 일상적 라이프스타일에 대한 교차분석을 통해 당대 동아시아의 일상문화가 어떻게 재조직화되고 있는지를 검토할 필요가 있다. 동아시아 지역은 동시대를 살아가고 서로 다른 시간성 안에 존재한다. 가령 일상의 라이프스타일에서 한국의 70년대는 더는 일본의 70년대가 아니듯이, 당대 대중들의 일상문화들의 취향이 어떻게 다르고, 상이한 수용방식을 갖고 있는지를 현장연구를 통해 알게 되면, 동아시아 대중의 라이프스타일의 시공간성의 지형이 드러날 수 있다. 가령 중국의 대표적인 문화연구자인 상하이대학교의 왕샤오밍(王曉明) 교수는 상하이 지역의 부동산 토지 상승으로 인한 대중들의 삶의 양식의 변화를 아시아 지역의 문화연구자들과 공동으로 연구할 것을 제안[55]하기도 했는데, 이렇게 아시아 문화지형 내의 국지적이고 현실적인 연구 토픽들을 공동으로 연구하는 작업이 적극 모색되어야 한다.

셋째, 문화적 리터러시(cultural literacy)에 대한 연구로서 동아시아 내 문화적 리터러시의 형성과정과 그것이 시장에서 수용되는 방식에 대한 검토가 요구된다. 문화적 리터러시는 문화적 해독능력, 문화적 행위의 기질, 문화적 생산의 자원이 된다. 문화적 리터러시는 하나의

---

55) 왕샤오밍, 「최근 중국의 문화연구」, 『문화과학』 42호, 2005년 참고.

층위만 있는 것이 아니라 다양한 층위를 내장하고 있다. 그것은 미디어 해독능력, 문화적 수용의 태도, 문화적 정보의 접근성, 문화적 유산의 경험 등과 같은 다양한 층위 안에서 만들어지는 것이다. 예컨대 한류를 문화적 리터러시의 맥락에서 이해한다면 그것은 한류를 수용하는 문화적 태도와 해독능력, 정보의 접근성에 대한 교차분석을 하는 것이다.

마지막으로, 문화자본의 형성에 대한 연구로서 동아시아 내 문화산업의 지형이 글로벌화 과정에서 어떠한 체계를 가지고 있는지를 검토할 필요가 있다. 제도적 과정에 대한 연구는 동아시아 문화산업이 제작과 배급의 장에서 어떠한 교환과정을 갖고 있는지를 분석하는 것을 넘어서 그러한 제도적 과정이 교류의 일방향성을 강화하는지, 아니면 교류의 폭과 다양성을 넓히고 있는지를 비판적으로 논의하려는 의도를 가지고 있다. 대중문화를 수용하는 제도적 과정에 대한 면밀한 분석 없이 문화자본의 독점적 논리를 제대로 간파할 수 없다.

횡단으로서의 문화교류를 개념화한다는 것은 문화교류 연구의 횡단적 실천을 전제로 하고 있다. 횡단적 실천은 동아시아 비판적 지식들의 단순 소통만으로 보장되는 것은 아니다. 그것은 연구의 조건과 맥락은 다를지라도 함께 가로질러 갈 문화적 입장이 공유되고, 분명한 토픽 설정과 적절한 현장 연구를 통해 해결될 수 있다. 그런 점에서 동아시아 문화교류에 대한 연구는 현장에서의 문화교류의 횡단적 실천을 모색하는 것만큼이나 중요한 정당성을 갖고 있다.

3장 _ 아시아 문화연구는 있는가?:
비판적 재구성을 위한 질문들

1. '쓰나미 재난'과 문화연구의 빌화위치

1990년 미국 일리노이 대학에서 열렸던 국제학술대회[1]에서 스튜어트 홀은 문화연구가 걸어온 이론적 궤적들을 회고하며 다소는 당혹스러우면서도 의미 있는 질문을 던졌다. "사람들이 길거리에서 죽어가는 급박한 마당에 문화연구가 무슨 대수겠는가? 자신들이 마약을 복용해야 할지, 이틀 후에 죽을지 아니면 몇 달 일찍 죽을지를 알고 싶어 하는 이들에게 대답해주어야 할 때 아무런 답변을 해주지 않는다면, 재현을 연구한다는 것은 무슨 의미이겠는가?"[2] 에이즈와 같은 동시대의 가장 실천적인 문제를 문화연구는 어떻게 재현했는가 하는 문제를 제기하면서 홀은 문화연구가 재현된 것의 정치학만이 아니라 재현되지 않은 것들

---

1) 1990년 4월 4일에서 9일까지 일리노이 대학에서 '문화연구: 오늘과 미래'(Cultural Studies: Now and in the Future)라는 주제로 개최되었다.
2) Stuart Hall, "Cultural Studies and its Theoretical Legacies", *Cultural Studies*, eds. by Lawrence Glossberg et al., Routledge, 1992, pp. 284~285.

에 대한 정치학으로 구성되길 희망한다. 그는 에이즈는 사람들이 죽어가는 장소일 뿐 아니라, 욕망과 쾌락 역시 죽어가는 장소이며, 이 긴장관계를 조절하지 못한다면, 문화연구가 무엇을 할 수 있고, 할 수 없는지를 알지 못할 것이라고 주장한다. "문화연구가 해야 할 것은 재현 그 자체의 구성적, 정치적 본성, 즉 그 재현의 복합성과 언어적 효과, 삶과 죽음의 장소로서 텍스트성에 대한 분석인 것이다."[3]

2004년 동남아시아에서 일어난 '쓰나미' 피해로 수십만 명이 죽은 비극적 참사에 대해 문화연구는 무엇을 이야기했는가를 상기해보면 홀의 지적은 시사하는 바가 크다. 물론 '에이즈' 문제와 '쓰나미'의 문제는 서로 직접적인 연관은 없다. 그리고 문화연구가 '에이즈'라는 글로벌 문제에 대해 어떤 확실한 실천적 대안을 제시할 수 없는 것과 마찬가지로, '쓰나미'라는 인류의 재앙에 대해 어떤 뚜렷한 해결책을 제시해줄 수 있는 것도 아니다. 그러나 이미 국제적인 지식인 담론으로 소통되고 있는 문화연구, 혹은 국민-국가의 경계를 넘어서 식민지 근대 이후 권역의 상생과 연대를 모색하기 위해 비판적 담론을 구성하려는 문화연구가, 쓰나미와 같이 아시아에서 벌어진 가장 현실적인 사건에 대해 침묵하고 있다는 사실은 문화연구 본래의 실천적 유산의 퇴조를 예증하는 것은 아닌가 의문이 든다. 아니 더 큰 문제는 문화연구의 국제적 진화가 오히려 이러한 현실적인 사태에 대해 말을 거는 방식을 망각하게 만든 원인일 수 있다는 점이다. 1990년대 이후 문화연구의 국제적 교류와 소통이 과거와는 비교할 수 없을 정도로 증가되었음에도 불구하고 정작 지역의 대중들이 공통적으로 안고 있는 현실적이고 실천

---

3) 같은 책, 304쪽.

적인 문제에 대해서는 발언의 힘을 축적하지 않거나 아예 외면해버리는 역설이 존재한다. 불행하게도 한국에는 '쓰나미'의 비극을 이교도에 대한 재앙으로 저주하는 개신교 목사와 '구호외교의 권력관계'로부터 소외되지 않으려는 정부 관료들과 신혼여행을 갔다가 다시 돌아오지 못한 아들과 딸의 사고에 오열하는 '피해 가족들'만이 존재한다(물론 자원봉사 정신으로 무장하고 피해 현장에 달려간 소수의 휴머니스트들이 있기는 하다).

쓰나미의 참사는 직접 피해 당사자가 아닌 한국인들, 혹은 아시아 인들에게 어떤 '감정의 구조'(structure of feeling)로 다가올까? 쓰나미 희생자들은 어떻게 죽어가고 어떻게 기록되는가? 아마 대부분의 한국 인들에게 쓰나미의 피해자는 맥락이 거세된 채 '공포와 연민의 대상'으로 느껴질 것이다. 그리고 일본인의 감정 구조에는 국가적 '패닉'으로서의 쓰나미의 재연과 회귀에 대한 역사적 공포로 느껴질지도 모르겠다. 그리고 가장 직접적인 피해자들인 동남아시아인들에게 쓰나미는 토착인들의 생존의 문제이자 저개발화된 정치적 현실로 다가온다.

쓰나미의 현실과 쓰나미의 담론은 일치하지 않는다. 쓰나미의 담론은 국제 정세에 따라 변형되지만, 현실로서의 쓰나미는 변한 것이 아무것도 없다. 더 정확하게 말하자면 쓰나미의 최대 피해자는 동남아시아 국가가 아니라 그 지역에 살고 있는 토착민들이다. 다수의 토착민 희생자들은 사건의 기록조차 없이, 개체의 존중감 없이 그들이 태어나고 자라온 대지에서 슬픈 운명의 주인공이 되었다. 쓰나미의 재앙으로 죽어간, 혹은 죽어가는 사람들의 다수는 여전히 재현의 권력에서 소외된 사람들이며, 문화연구의 발화위치는 이들의 현실로부터 이탈되었거나 이들의 현실을 재현조차 하지 않았다. 물론 문화연구가 쓰나미에 대해 어떤 급진적 발언을 한다고 해서 주어진 현실이 바뀔 수 있겠는가 하는 회의적인 시각이 있을 수 있다. 역으로 문화연구가 쓰나미의 현실을 적극적으로 바꿀 수 있다는 실천적 강박관념이 생겨날 수도 있다. 그러나 이러한 두 개의 상반된 입장은 그 자체로 정당성을 얻을 수 없다. 중요한 것은 쓰나미라는 사건의 국면에 개입하는 문화연구의 발화위치인 것이다.

도대체 문화연구가 쓰나미에 대해 무슨 말을 해야 하는가? 문화연구는 정치적 본성상 모든 현실에 대해 개입해야 하는가? 이러한 질문 안에는 문화연구의 정치적 환원주의나 보편주의, 그리고 재현의 정치학에 대한 경계가 들어 있다. 그러나 사건으로서의 쓰나미는 홀의 지적대로 삶과 죽음의 장소로서의 텍스트다. 쓰나미의 재현의 정치학은 단순히 정치적 담론으로 환원되지는 않는다. 그것은 정치적, 경제적, 역사적, 문화적, 생태적 재현들이 서로 교차되는 현실을 드러내는 것이라 할 수 있다. 더욱이 문화연구의 재현의 정치학이 재현되지 않은 것의 정치적 무의식을 함축하고, 비담론적 실천으로 연계될 수 있다면, 문화연구와 쓰나미의 사건에서 우리는 독해 가능한 '가족적 유사성'을 발견할 수 있다.

쓰나미의 현실을 해석하고, 그 현실에 개입하는 실천적인 토픽들에 관심을 갖는 것은 아시아에서 문화연구를 한다는 것의 의미를 다시 생각해보는 계기가 될 수 있을 것이다. 물론 쓰나미가 아시아에서 일어난 참사이거나 그것이 문화연구와 필연적 관계가 있기 때문에 관심을 가져야 한다고 말하는 것은 표면적인 반응에 불과하다. 오히려 중요한 것은 현재 아시아에서 문화연구가 어떤 발화위치에 있고, 어떤 정치적, 문화적 배치 속에서 활동하고 있는지를 성찰하는 것이다. 그리고 문화연구의 담론적 실천은 쓰나미라는 비담론적 사건 속에서 배치되고 있다는 점을 재확인하는 것이다. 아시아 문화연구에서 쓰나미의 문제는 특별하고도 실천적인 발화위치를 가질 수밖에 없다. 마찬가지로 쓰나미의 정치성은 아시아 문화연구의 실천적 태도에 일정한 '지진과 해일 효과'를 몰고 올 수 있다. 따라서 내가 궁극적으로 말하고 싶은 것은 쓰나미에 대한 아시아 문화연구 담론의 부재 그 자체라기보다는 아시아 문화연구의 탈정치성, 혹은 인터-아시아적 문화연구 진화의 허구성에 대한 징후적 독해이다.

2. '장'으로서 아시아 문화연구[4]

아시아에 문화연구는 있는가? 물론 아시아에 문화연구는 존재한다. 존재할 뿐 아니라 번성하고 있다. 시기적으로는 다르지만, 대부분 아시아 국가들에서 문화연구는 상당한 지적 전통을 가지고 있고, 그 나름대로 토착화하면서 탈근대적 지식 구성체의 중요한 실천 담론으로 연구되고 있다. 아시아 문화연구는 각국의 상황이 다르긴 하지만 대체로 1980년대 후반부터 1990년대 초반에 걸쳐 등장하기 시작했고, 대체로 비슷한 역사적 진화를 거치고 있다. 아시아 문화연구는 서로 다른 입장들이 구조화된 공간으로서 전복과 배제의 권력관계를 형성하는 문화 담론의

---

4) 여기서 언급하는 아시아 문화연구는 영미권 문화연구와 근본적으로 다른 어떤 고정된 담론적 실체가 있음을 가정하지는 않는다. 아시아를 하나의 고정된 실체로 볼 수 없듯이, 아시아 문화연구라는 담론 역시 선험적으로 규정할 수 없다. 그렇다고 아시아 문화연구가 단지 의미 없는 기표에 불과하다고 볼 수는 없다. 중요한 것은 아시아 문화연구라는 담론이 기획하는 특정한 실천적 효과, 전략적 발화위치다.

'장'을 형성한다. 문화연구의 장은 문학연구, 지역연구, 미디어 연구의 장과는 다른 제도적 구성체를 형성하며, 마르크스주의, 기호학, 페미니즘, 탈식민주의 이론의 장과 다른 담론 구성체를 형성한다. 물론 문화연구가 제도의 영역이나 이론의 영역과 중첩되지만, 그것의 발화위치 혹은 정치적 태도에 있어서는 특정한 입장을 구조화하는 '장의 논리'에 따라 작동한다. 따라서 '장'으로서의 아시아 문화연구는 '문화연구'의 일반적인 장의 논리에 근거하면서도 영미권 문화연구와는 다른 게임의 규칙을 개발하고자 하며, 국지적인 발생원리를 가진다.

이 과정에서 아시아 문화연구는 1990년대 후반을 기점으로 장의 변화를 가져왔다. 엄밀하게 말해 아시아 문화연구에서 '아시아 내에서의 문화연구'(cultural studies in Asia)와 '아시아적 문화연구'(Asian cultural studies)는 구분된다. 전자는 아시아에서 문화연구를 하는 지식인들의 일반적인 연구를 의미하는 반면에, 후자는 아시아 지식인들을 포함해 전세계 문화연구자들이 아시아를 중심 토픽으로 설정해서 연구하는 것을 의미한다. 물론 두 담론이 완전히 분리되어 있는 것은 아니지만, 인식론적인 관점에서나 실천적인 관점에 볼 때 아시아 문화연구의 전개과정에 중요한 전환점을 이해하는 데 단서를 제공해준다.

초기 아시아에서 문화연구는 포스트모더니즘 문화논쟁에서 비롯되었거나 영국이나 미국에서 문화연구를 전공한 지식인들에 의해서 소개된 경우가 지배적이었다. 초기 아시아 문화연구자들의 연구방법론이나 연구내용들은 대체로 서양 문화이론이나 문화연구를 소개하는 데 집중하거나 각 문화이론가들의 쟁점을 자국의 형세에 맞게 재해석하는 데 주력했다. 이러한 연구경향은 1990년대 후반부터 이론적 식민화 논쟁으로 비판받게 되었고, 이후 아시아적 문화연구에 대한 아시아 각국

의 문화연구자들의 공동의 관심을 표출하게 되었다. 1993년에 창간된
『포지션스』나『흔적』, 『인터-아시아 문화연구』와 같은 아시아 문화연
구 관련 저널들은 아시아 내 식민지 근대성, 문화정치적 쟁점, 대중문
화의 흐름, 성 정체성의 문제, 지역분쟁, 소수종족의 현실 등을 집중적
으로 다루었다. 아시아의 문화연구는 현재 탈식민적 실천의 장으로 전
화하면서 아시아 문화연구자들의 비판적 연대를 모색하고 있다. 이러
한 연대의 지점들을 논의하기 위해서는 먼저 아시아 각국의 문화연구
가 역사적, 내용적 차이에도 불구하고 어떤 공통적인 맥락을 가지고 있
는지를 살펴볼 필요가 있겠다.

첫째, 아시아 문화연구는 지식(특히 문화이론)의 탈식민화라는 시
대적 요청에 반응한다. 아시아에서 문화연구가 1980년대 후반부터 등
장하게 된 데에는 포스트구조주의와 포스트모더니즘에 대한 지적 식민
화에 대한 반작용과 탈식민주의에 대한 관심이 크게 작용했다. 일본의
문화연구자 요시미 순야(吉見俊哉)는 1990년대 일본에서 문화연구의
수용은 탈식민 연구에 관심을 가진 스튜어트 홀의 작업에 의존한 부분
이 많았다고 언급한다.[5] 타이완의 문화연구자 천꽝싱 역시 문화연구의
탈식민적 실천을 강조한다. 그는 국제적 문화연구의 역사는 탈식민 운
동에서 비롯되었으며, 영국 문화연구의 신좌파적 전통 역시 탈식민 지

---

5) 요시미 순야는 일본 문화연구의 형성과정에 대해 다섯 가지 특성을 지적하는데, 본문에서
언급한 탈식민적 특성 이외에 미디어와 관객의 상호텍스트성(contextuality)을 연구하는
데 새로운 길을 열어주었다는 점과 저항을 위한 이론적 무기라는 점, 민족-국가나 국가주
의 비판의 영역을 넘어서 전지구화 과정에서 문화적 차이와 권력의 지리정치학에 대한 관
심으로 확장하고 있다는 점, 그리고 대학의 제도권 아카데미즘에서 선호하는 비교문학연
구와 다르게 사회의 권력관계를 다룬다는 점을 지적하고 있다. Yoshimi Shunya, "The
Conditon of Cultural Studies in Japan", *Japanese Studies*, Vol. 18, No. 1, 1998.

식인에 의해 주도되었음을 강조한다. "문화연구의 영국적 속성은 탈중심화되어야 할 뿐 아니라 문화연구가 그 탄생부터 이미 국제적 성격을 띤 것이었고, 그 역사적 대안이 바로 탈식민 운동이었다"[6] 홍콩의 경우 탈식민화의 시점에서 문화연구는 국지적 장소로서의 홍콩사회에 대한 복합성을 읽어내는 데 있어 의미 있는 역할을 했다.[7]

아시아에서 문화연구가 탈식민주의 연구와 어느 정도 내적인 친화성을 갖고 있는지는 탈식민주의를 정의하는 시각에 따라 다를 수 있지만, 대체로 시기적으로 탈식민주의 혹은 신식민주의의 문제는 아시아 문화연구에서 담론적, 실천적 중심 의제인 것은 분명하다. 글로벌화가 국지적인 장소로 본격적으로 이행하는 1980년대 말에서 1990년대 초반에 탈식민의 문제는 반신자유주의 운동과 함께 비판적 전지구화 담론의 중심 주제 가운데 하나였다. 이 시기에 문화연구가 '지역연구' (regional studies)로 확산되면서 도나 해러웨이의 지적대로 "재현의 전통적인 정치학을 버리고 집합적인 접합의 전략을 위한 국지적 투쟁을 채택"[8]했다. 이 점을 고려한다면, 아시아에서 문화연구와 탈식민주의는 내적인 연관성을 가지고 있다고 말할 수 있다. 특히 영미권 국가로 유학을 간 아시아 문화연구자들에게 탈식민의 문제는 가장 절실하고

---

6) 천꽝싱, 「탈식민과 문화연구」, 『제국의 눈』, 백지운 외 옮김, 창비, 2003년, 159쪽.
7) 에르니는 탈식민 시대 문화연구가 갖는 특징으로 1) 국지적 지식들과 공공 논쟁들을 활성화, 2) 탈식민지 시대에 홍콩의 위치를 재정립하는 데 다양한 담론적 입장들을 정당화, 3) 새로운 정치적 연대의 형성, 4) 국지적 대학에서 처음으로 문화연구에 학술적인 수준의 프로그램을 만드는 것으로 언급한다. John Nguyet Erni, "Like a Postcolonial Culture: Hong Kong Re-Imagined", *Cultural Studies*, Vol. 15, No. 3, 2001, p. 393 참고.
8) Donna Haraway, "The Promises of Monster: A Regenerative Politics for Inappropriate", *Cultural Studies*, eds. by Lawrence Grossberg, Cary Nelson, Paula A. Treichler, Routlege, 1992.

흥미로운 발화위치를 가지고 있었다. 물론 탈식민주의에 관해서 근대 제국주의를 형성했던 일본이나 신민족주의 담론의 구성요소로 환원하려는 중국의 위치에서 탈식민의 문제가 실천적 문화연구의 핵심적인 동력이 되기에는 애매한 점이 있지만, 적어도 전지구화 과정에서 국지적 투쟁을 통해 자신의 정체성을 끊임없이 질문하고자 했던 타이완이나 홍콩, 싱가포르의 위치에서는 절실한 문제가 아닐 수 없다.[9]

둘째, 아시아에서 문화연구는 1980년대 말 현실 사회주의 붕괴에 따른 새로운 형태의 담론의 구성과 연관되어 있다. 중국의 영화연구자 다이진화(戴錦华)가 언급하고 있듯이 중국에서 당대 문화연구의 등장은 다른 아시아 국가들과는 다르게 영국 좌파 문화연구에 직접적인 영향을 받았다기보다는 1992년 개혁개방 이후 복잡한 중국 내부의 지식 체계와 문화현실에 대한 이론적 반응에 더 큰 영향을 받은 것으로 읽을 수 있다.[10] 이는 중국에서 문화연구가 80년대의 다양한 문화 담론들을 생산했던 '문화열'(culture fever) 논쟁의 연장이면서 동시에 현실을 바꾸는 새로운 문화구성체에 대한 열망을 담은 지적 산파의 역할을 담당하고 있음을 의미한다.[11] 중국의 현실과는 다른 상황이긴 하지만, 1980

---

9) 이에 대한 논의로는 Ping-Hui Liao, "Postcolonial studies in Taiwan : issues in critical debates"(*Postcolonial Studies*, Vol. 2, No. 2, 1999); Kelly Chien-Hui Kuo, "A euphoria of transcultural hybridity : is multiculturalism possible?"(*Postcolonial Studies*, Vol. 6, No. 2, 2003); Allen Chun, "Discourses of Identity in the Changing Spaces of Public Culture in Taiwan, Hong kong and Singapore"(*Theory, Culture & Society*, Vol. 13, No. 1, 1996); Rey Chow, "The postcolonial difference : lessons in cultural legitimation" (*Postcolonial Studies*, Vol. 1, No. 2, 1998)을 참고하기 바란다.

10) 戴錦华, 『隐形书写 : 写九十年代中国文化研究』(南京 : 苏檑人民出版社, 1999), 7쪽.

11) 중국 문화연구의 지리적 특성에 대해서는 박자영, 「1990년대 이후 중국에서의 문화연구」(『중국현대문학』 29호, 2004년)를 참고하기 바란다.

년대 홍콩의 학술 영역에서 문화연구는 사회적 실천의 장을 확장하려는 일련의 노력에서 비롯됐다. 문화연구는 한편으로는 사회복지, 빈곤, 소비, 노동 격차, 사회문화 자원의 분배와 할당이라는 문제의식과 다른 한편으로는 교육적 쟁점(중국어 중심의 커리큘럼, 영어 중심의 커리큘럼, 복잡한 하이이브리드적인 커리큘럼)이라는 문제의식을 강조했다.[12]

한국에서 1990년대 문화연구의 등장 역시 여러 갈래[13]가 있긴 하지만, 그중에 새로운 형태의 문화운동과 진보적 문화 담론의 재구성, 마르크스주의 사회구성체에 대한 문화적 재해석이라는 관점이 주된 관심사 중의 하나였다. 한국에서 문화연구는 여러 한계에도 불구하고 1980년대 문화운동의 유산을 전화시키는 탈근대적 문화정치의 실험을 전개하고 있고, "이데올로기와 권력 등을 주요 테제로 설정해 계급투쟁뿐 아니라 권력투쟁, 일상투쟁의 새 정치영역을 마련"하였다.[14] 물론 한국에서 문화연구가 (신)좌파적 유산으로 간주될 수 있는 근거들이 많고, 사회운동에 개입하는 담론들을 생산해왔지만, 양적인 성장을 이룬 것은 다른 맥락에서였다. 오히려 한국 문화연구는 문화연구를 순수한 이론으로 탈정치화하는 식민지적 아카데미즘[15]과 이데올로기적 생산

---

12) 존 응구예 에르니, 앞의 책, 400쪽.
13) 학술적 영역에서 문화연구의 갈래는 대체로 경전주의, 문학주의를 비판하면서 등장한 인문학적 영역과 비판 커뮤니케이션 전통에 속하면서 마르크스주의에 대한 수정주의 형태로 등장한 커뮤니케이션 영역과 문화사회학의 연장 선상에서 포퓰리즘을 연구하는 사회학 영역으로 구분할 수 있다.
14) 이와 관련한 작업은 주로 좌파문화연구자들 그룹인 『문화과학』에서 주도하고 있다. 관련 글로는 이동연, 「문화운동의 대안모색을 위한 인식적 지도 그리기」(『대중문화연구와 문화비평』, 문화과학사, 2002년); 심광현, 「근대화/탈근대화의 이중과제와 사회운동의 새로운 전망」(『문화사회와 문화정치』, 문화과학사, 2003년); 원용진, 「한국의 문화연구 지형」(『문화과학』 38호, 2004년)을 참고하기 바란다.

관계보다는 대중의 소비와 쾌락의 의미를 강조하는 포퓰리즘의 전통[16]
에서 담론적인 팽창을 가속화했다.

　　마지막으로 아시아에서 문화연구의 제도적 팽창은 역설적으로 문
화연구 본래의 실천적 지위를 해소시킬 수 있는 정체성의 위기와 맞물
려 있다. 요시미 순야는 1990년대 후반 일본에서 문화연구가 붐을 이룬
것에 대해 학술 담론이 문화적 상품으로 흡수되는 과정으로 기술하고
있다.[17] 1999년 홍콩의 영남대학교(Lingnam University)에서 개설한
문화연구 전공 박사과정에 3천 명의 학생들이 지원하여 문화연구의 붐
이 최고조에 달하기도 했다. 특히 문화연구가 대학 교육체계의 개편과
정에서 문학, 미디어 연구, 인류학, 심리학 등과 같은 분과학문을 통합
하는 중요한 공간으로 활용되었다. 한국에서 문화연구의 제도화 역시
분과학문 전통이 강한 학문풍토 탓에 많은 어려움을 겪고 있는 상황이
다. 현재 대학에서 연세대학교 대학원에 협동과정과 중앙대학교 대학
원 문화연구학과 등에 문화연구 전공이 개설되어 있으나 문화연구가
본격적으로 고등교육 안으로 진입했다고 보긴 어렵다. 흥미로운 점은
'비판적 문화연구'에 걸맞는 교육을 실천하는 학부와 대학원 과정은 극
소수인데 비해, 소위 '문화'라는 이름으로 개설된 학과들은 2000년 들
어 무수히 개설되었다는 점이다. 한국에서 문화연구의 제도화는 인문
학의 분과학문의 위기를 모면하는 포장술로 사용되거나, 학생들을 유

---

15) 식민지적 아카데미즘으로서의 문화연구는 대체로 서양의 최신 이론주의를 선호하는 영
　　문학 연구자들에게서 발견된다. 이들은 대체로 영미권에서 출간하는 책들을 번역하고 이
　　론을 단순 소개하는 역할에서 벗어나지 못한다.
16) 추창윤, 「문화연구 어디로 가나: 이데올로기의 후퇴, 대중주의의 확산」, 『현대사상』 4호,
　　1997년.
17) 요시미 순야, 앞의 글, 65쪽.

치하기 위한 대학의 상업적 전략으로 선택되고 있다.[18] 1990년대 말부터 가시화되기 시작한 문화연구의 탈정치성의 현상을 극복하는 대안으로 1980년대의 전투적 비판 커뮤니케이션에 대한 재고를 주장[19]하는 것도 터무니없는 것은 아니다.

사실 문화연구의 제도화에 따른 탈정치화와 정체성 위기는 서양 문화연구의 전개과정에서 이미 발견되고 있는 바이다. 앨런 오코너는 미국의 문화연구를 후원하는 제도권 학자들이 현재의 정치적, 문화적 운동들과 거의 아무런 연관도 없는 사람들이라는 점에 우려를 표명한다.[20] 짐 맥기건은 문화연구의 위기는 물질적 생산관계의 맥락 속에 문화연구의 다양한 질문들을 포진시키지 않고 소비문제에만 집중했기 때문에 발생했다고 본다.[21] 사실 문화연구는 하나의 지적인 태도이고, 운동이고, 네트워크이며 통일된 방법론을 지시할 수 없는 바[22], 학술 영역 안으로 편입되는 것이 부적절할 수 있고, 그 자체가 문화연구의 실천적 지위의 약화를 반증한다. 문화연구의 전세계적 붐은 아시아를 권역연구의 중요한 거점으로 설정하는 데 기여했지만, 문화연구의 다양한 국지적 실천의 가능성을 오히려 제도적 권역연구가 박제화시킨 감이 없

---

18) 이에 대해서는 권경우, 「한국 문화연구의 제도화와 과제」, 『문화사회』 창간호, 2005년을 참고하기 바란다.
19) 강명구, 「문화연구 메타 비평에 대한 몇 가지 문제제기」, 『프로그램/텍스트』 11호, 2004년 참고.
20) Allan O'Connor, "The Problem of American cultural studies", *What is Cultural Studies: A Reader*, Arnold, 1996 참고.
21) Jim Mcguigan, "Cultural Populism Revisited", *Cultural Studies in Question*, eds. by Marjorie Ferguson & Peter Golding, Sage Publications, 1997.
22) Collin Sparks, "The Evolution of cultural studies", *What is Cultural Studies: A Reader*, Arnold, 1996 참고.

지 않다. 이는 국제적, 탈분과학문적 권역연구로서의 문화연구가 아시아 각국 대학에서 정착하면서 제도화하는 것과 무관하지 않다.

3. 아시아 문화연구의 새로운 도전— '권역주의'의 담론

그렇다면 아시아에서 문화연구의 제도적 번성은 곧 실천적 종말을 의미하는가? 물론 그렇지 않다. 문화연구의 일방적 제도화와 상업화와는 다른 길을 걷는 비판적 아시아 문화연구자들은 문화연구의 진보적 유산을 계승하고 있다. 아시아에서 비판적 문화연구는 이제 더는 서양의 문화이론, 문화 담론을 이야기하지 않고 아시아에 대한 '지리정치적' 사고를 하기 시작했다. 이제 문화연구를 전공하고 있는 젊은 연구자들은 문화연구의 경전이라 할 수 있는 영국과 프랑스의 문화이론가들의 텍스트에 대해 절대적인 신뢰를 표명하지 않는다. 젊은 연구자들은 이제 문화연구의 경전을 읽으려 하지 않는 대신, 자신이 관심을 갖고 있는 문화현장에 대한 구체적인 토픽들에 몰두한다.

국지적 실천으로서의 아시아 문화연구는 아시아에 대한 국제적 담론의 생산을 가시화하면서 1990년대부터 독자적인 연구작업들을 시작했다. 1993년에 듀크 대학에서 발간한『포지션스』와 1999년에 시작한 다언어 국제 저널로 주로 아시아의 근대성을 분석하는『흔적』, 그리고 2000년에 창간하여 아시아 문화연구자들의 지식공동체를 지향하는『인터-아시아 문화연구』등이 이러한 아시아 지역 내 국지적 실천의 중요성을 강조한 노력의 결과들이다.『흔적』창간호의 서문에서 사카이 나오키(酒井直樹)는 비교론적인 문화이론이 의미하는 바에 대해 다음과 같이 언급했다. "지정학적으로 특수한 장소들에서 생산되는 지식 내부의 초국적 연계성과 지구적 흔적들에 주목하고, 이론들이 다른 지점 들에서 실행될 때 어떻게 그 실질적 효과들이 바뀌는지 탐구하는 것이 다."[23] '지역'으로서의 아시아의 경계를 가로지르는 토픽들에 대한 공통의 사유형식들은 식민지 근대의 악몽을 경험한 아시아에서는 결코 자연스럽고 친근한 것이 아니다.

그래서 근대 이후 아시아, 혹은 동아시아를 사유한다는 것은 문화적 동질성보다는 많은 단절과 이질성을 확인하는 것이기도 하다. 가령 동아시아 문화연구를 개념 정의하는 것도 쉽지 않은데, 왜냐하면 동아시아를 상상하는 방식이 저마다 다르기 때문이다. "동아시아란 고정된 경계나 구조를 가진 실체가 아니라 이 지역을 구성하는 주체의 행위에 따라 유동하는 역사적 공간"[24]이라는 지적이나 "동아시아는 선험적으로 규정될 수 없다"[25]는 견해에는 '동아시아'를 지역적으로나 문화적으로나 어떤 동질성에 근거해서 정의하기보다는 그 말을 사용하는 사람들의 특정한 입장에 따라 전략적으로 사용하려는 기획이 들어 있다.

서로 다른 문화구성체를 생산하고 역사적 문화의 축적도 상이하지만, 아시아 문화연구가 연대할 수 있는 근거들은 바로 이러한 문제설정에서 찾을 수 있다. 『인터-아시아 문화연구』의 등장도 아시아 내 '국민-국가' 틀을 넘어서 외부와 내부가 소통하는 지점을 확보하려는 노

---

23) 사카이 나오키, 「서문」, 『흔적─서구의 유령과 번역의 정치』 창간호, 문화과학사, 2001 년 참고.
24) '동아시아의 비판적 지성' 기획위원, 「비판적 지성이 만드는 동아시아」, 『여럿이며 하나 인 아시아』, 야마무로 신이치 지음, 임성모 옮김, 창비, 2003년, 6쪽.
25) 야마무로 신이치, 『여럿이며 하나인 아시아』, 202~203쪽 참고. 야마무로 신이치는 동아 시아를 고찰할 때는 "평준화, 동류화, 고유화라는 세 가지 범주"를 고려해야 한다고 말하 는데, 이는 그가 말하는 '사상적, 지정학적 연계론'과 연관해 생각할 수 있을 것이다.

력에서 비롯된 것이다. '비판적 혼합'(critical syncretism)은 문화적 주
체성에 대한 재인식을 기점으로 삼되 반드시 구체적이고 다차원적인
실천을 통해서 타자가 되는 것이다. 실천은 사회 '내부'에서 억압된 다
원적 주체의 목소리를 발굴해내는 것뿐만 아니라 '외부'의 정보가 내부
로 유통될 수 있는 통로를 개발하는 것이기도 하다"는 지적[26]은 국지적
장소들의 내부와 외부가 소통하는 아시아 문화연구의 국제적 연대를
기획하는 것이다.

　　이러한 '국지적' 사안들의 '국제적' 연대를 위한 문화 담론들은 다
양한 연구 토픽들을 생산했다. 『포지션스』는 창간 이래 아시아 각 국가
의 문화정체성을 조명하는 특집들을 다루었고, 『흔적』은 아시아 식민지
근대를 관통하는 언어와 폭력, 이주와 기억의 문제들을 다루고 있다.
『인터-아시아 문화연구』는 문화라는 화두로 아시아의 정치적, 경제적
쟁점들, 여성주의, 섹슈얼리티, 국지적 장소, 월드컵, 소비문화의 문제
들을 폭넓게 다루고 있다. 창간 취지에서도 밝혔듯이, 『인터-아시아 문
화연구』는 탈냉전 이후 아시아 문화연구의 비판적 대안을 마련하기 위
한 소통의 공간으로 기능하고자 한다.[27] 2005년 7월 서울에서 진행된
'인터-아시아 문화연구 컨퍼런스'는 '젠더와 성 정체성', '대중음악',
'중화주의의 비판적 고찰', '아시아 페미니즘 연구', '미디어', '신자유

---

26) 천꽝싱, 「탈식민과 문화연구」, 『제국의 눈』, 157쪽.
27) 『인터-아시아 문화연구』 창간 취지문은 다음과 같이 말하고 있다. "냉전 이후 아시아에
　　서의 정치·경제적 변동은 탈식민화를 향한 새로운 사회운동과 더불어 비판적 문화연구
　　등 대안적 지식 생산의 가능성을 열어주었다. 그런데 이러한 목표를 실제 구현하려는 실
　　천적 지식인들 사이의 소통과 교류를 위한 적절한 수단은 부재한 형편이었다. '아시아 문
　　화연구' 기획은 비판적인 아시아 주체(성)들의 구성 및 재구성을 향한 부단한 운동의 일
　　부로서 자리매김한다."

주의 시대의 아시아의 위치' 등 다양한 현안에 대해 논의했다는 점에서
아시아 문화연구자들의 연대와 네트워크를 확대했다는 의미를 가진다.
비판적 아시아 문화연구의 담론은 아시아의 당면한 현실에 개입하고,
동일한 토픽들의 상이한 사건들을 비교하며, 서로 다른 언어들의 한계
를 극복하는 감수성을 교감하고자 한다.

그런 점에서 아시아 문화연구는 제국주의 오리엔탈리즘의 구성요
소에서 벗어나 확실한 기능 전환을 위한 토대를 구축하고 있어 보인다.
물론 영미권 문화연구의 메타 이론으로부터 완전히 자유롭지는 않지
만, 아시아 문화연구는 아시아 문화연구자들 간의 소통을 통해서 '아시
아적' 담론들이 생산되는 일정한 담론적 체계를 가지고 있다. 지난 수
년 동안 국제 학술대회의 경험을 떠올리면, 아시아 문화연구의 독자적
인 커뮤니티와 네트워크가 가동되고 있음을 확인할 수 있다. 최근 한국
에서 개최되었던 많은 국제 학술대회 중에서 아시아의 근대성에 대한
성찰과 동아시아 평화 공존을 위한 네트워크, 아시아 내 문화교류의 다
원화와 같은 주제들이 가장 두드러지게 논의되고 있음을 알 수 있다.
문화연구의 제도화와 상업화라는 한계에도 불구하고 적어도 한국에서
비판적 아시아 문화연구는 '국가적 지원'과 '시민사회의 동의'라는 아
이러니 속에서 일정한 헤게모니를 행사하고 있다.

그러나 그러한 정당한 활동에도 불구하고, 여전히 드는 의문은 담
론적 수준을 넘어서는 아시아 문화연구의 실천적 전망들이 뚜렷하게
제시되지 못하고 있다는 점이다. 비평과 연구를 넘어서는 실천적 의제
들을 적극적으로 제안하고, 현실 문화운동과 사회운동의 중심을 관통
하는 담론에 대한 논의들이 앞서 언급한 저널이나 많은 학술대회 안에
얼마나 담겨 있는지 의문이다. 1990년대 중후반 이래 아시아에서 발생

했던 정치적, 경제적, 문화적 사건들에 대해 아시아 문화연구 담론들이 얼마나 적극적으로 개입하고 발언했을까? 아시아에 불어닥친 금융구제 사태, 민주화의 확산과 지배, 글로벌 자본화에 대항하는 아시아 민중의 행동, 아펙(APEC), 아셈(ASEM), 아세안(ASEAN)과 같은 신국제-경제공동체의 지배체제, '한미 FTA'와 같은 초국적 미국 헤게모니의 문제, 아시아 소수민족의 해방 등에 대한 문화정치적 발언들은 아시아 문화연구의 담론 안에서 미약하게 제시될 뿐이다.

또 하나의 문제는 아시아 문화연구 커뮤니티의 배타성이다. 표면적으로 보면 아시아 문화연구의 커뮤니티는 열린 구조를 지향하는 것 같지만, 그 안을 들여다보면 분과학문의 토대와 전공 분야, 연구 지역에 따라 배타적으로 구획되어 있음을 발견하게 된다. 한국에서 아시아 문화연구를 포괄적으로 정의할 때 대체로 분과학문에 기초한 전공 영역과 아시아 국가별로 구획된 지역 연구의 영역, 그리고 글로벌 네트워크를 지향하는 국제주의 영역으로 구분될 수 있다. 문제는 이 영역들이 서로 소통하지 않고 각자의 독특한 자기 아비투스(habitus)를 가지고 아시아, 혹은 아시아 문화의 문제들을 분절하고 있다는 점이다. '인터-아시아 문화연구' 그룹들이 이러한 분절된 아카데미즘을 비판하고자 다중적인 지적 네트워크를 구상하려 하지만, 이들 역시 거대한 아시아주의 담론 속에서는 소수자에 불과하다. 더욱이 이들 그룹 역시 영미권 유학파들이 중심이 되어, 영어권 헤게모니에 기반한 '글로벌한 문화적 동맹주의'를 강화한다.[28] 그 과정에서 아시아 문화연구의 커뮤니티는

---

28) 요시미 순야는 문화연구의 글로벌한 대중화는 영어의 헤게모니 권력에 기반한 아카데미 시장의 급속한 팽창과 연관되어 있음을 언급한다(앞의 글, 72쪽 참고).

이른바 대표성의 이데올로기에 갇혀 지식인 아카데미의 영역에서 벗어나지 못하고, 더 많은 연구자들과의 소통과 연대가 차단되는 한계를 가지고 있다.

누가 아시아 문화연구를 대표하는가? 아시아 문화연구의 담론은 어떻게 형성되는가? 이 질문은 문화연구 스스로 비판하고자 하는 권력관계의 자기형성에 대한 모순을 제기한다. 문화연구 역시 일정한 헤게모니적 권력관계를 형성하는 메커니즘으로부터 자유로울 수 없다. 문화연구 역시 담론이고, 담론은 푸코의 말대로 권력이기 때문이다. 문제는 아시아 문화연구의 탈국가주의적, 탈분과적 실천들이 어떤 헤게모니 투쟁을 벌이고 있는가에 있다.

4. 국지적 실천과 연대로서의 아시아 문화연구—왕샤오밍 교수에게 답함

2005년 5월 성공회대학교 동아시아연구소 주최로 열린 국제 세미나에서 상하이대학교 왕샤오밍 교수가 "최근 중국의 문화연구"라는 주제로 발표한 글이 있다. 왕 교수의 이 글[29]은 중국에서 문화연구가 발생하게 된 배경과 문화연구를 바라보는 지식인들의 관점, 중국 문화연구의 특성, 그리고 본인이 생각하는 중국 당대 문화연구의 실천과제 등을 제시하고 있다. 길지 않은 글이지만, 왕 교수의 글에는 아시아에서 문화연구를 하는 것이 어떤 의미를 지니고 있고, 어떤 태도와 실천 의지를 가지고 있어야 하는지를 중국의 상황에서 언급하고 있고, 그 제안들에 대

---

29) 왕샤오밍 교수의 이 글은 『문화과학』 42호에 동일한 제목으로 재번역되어서 실린 바 있다. 이 글에서의 인용은 『문화과학』의 원고로 했음을 밝혀둔다.

부분 공감하는 바가 많아 평소에 한국의 문화연구자로서 이에 대해 답변이 필요하겠다는 생각을 가지고 있었다. 당초에 별도의 글을 통해서 언급하고자 했지만, 아시아 문화연구의 현재를 비판적으로 접근하고 있는 본 글의 기본 시각을 구체화하는 제안으로 왕 교수의 글에 대한 답변이 유용하게 읽혀질 것 같아 결론에 대신하고자 한다. 왕 교수가 제안하고자 하는 아시아 내 문화연구의 국지적 실천과제들과 국지적 연대의 실질적인 필요성이 이 글에서 내가 제안하고자 하는 바와 크게 다르지 않기 때문이다.

왕 교수가 언급하는 당대 중국 문화연구의 두 가지 기본 방향, 즉 '학문 유행으로서 문화연구' 와 '당대 사회의 분석과 문화실천으로서의 문화연구' 는 한국 상황에서도 유사한 면이 발견된다.[30] 한국에서도 문화연구의 붐은 현재 제도권 학문의 유행, 혹은 고등교육체계의 위기에 따른 생존의 전략으로 활용되고 있다. 서양 문화연구자들에 대한 순수 학술적인 접근은 주로 유학파 수정주의 매스커뮤니케이션 학자들이나 강단 문화사회학자들에 의해 주도되었고, 이는 1990년대 초반 포스트모더니즘 논쟁에서 확인했듯이 포스트주의 철학자들에 대한 문화적 재해석과 서양문헌들에 대한 무차별적인 소개와 담론화를 야기시켰다. 이는 1980년대 말부터 포스트모더니즘을 국내에 소개했던 서양 전공 인문학자들의 '문화연구로의 대거 전향' 과 무관하지 않은데, 문제는 포스트모더니즘 연구에서 문화연구로의 전환 사이에는 어떠한 정치적, 이데올로기적 차이가 발견되지 않았다는 점이다.

---

30) 같은 글, 230쪽.

'학문의 유행'이란 관점에서 더욱더 문제가 된 것은 문화연구가 대학 인문학의 위기를 봉합하는 좋은 구실로 왜곡되었다는 점이다. 최근 한국 대학의 학과 커리큘럼의 변화에서 가장 두드러진 것은 '문화'와 관련된 용어들이 지배적이라는 점이다. 문화 컨텐츠학과, 문화예술 경영학과, 문화관광학과, 문화철학학과, 문화 엔터테인먼트학과 등 새로운 형태의 인문사회 관련 학과에는 '문화'라는 용어가 어김없이 등장한다. 또한 외국어문학부나 철학, 심리학, 사회학, 신문방송학과 같은 기존의 인문사회학 내 커리큘럼에는 문화연구로 통칭될 수 있는 과목들이 상당수 개설되어 있다. 그러나 새로운 유사 학부의 범람과 문화관련 커리큘럼의 대량 개설 등은 문화연구의 상업적인 붐을 반영할 뿐이지, 문화연구가 애초에 기획하고자 한 통합학문적인 비판적 실천과는 거리가 멀다.

당대 사회 분석과 문화 실천으로서의 문화연구는 중국과 한국 사이에 약간의 시간 차이와 환경 차이가 있어 보인다. 왕 교수의 언급대로 현재 중국에서 문화비평과 분석은 영화와 매체비평을 중심으로 이제 막 활발하게 진행되고 있는 반면에, 한국에서 문화분석은 하향세가 뚜렷하다. 물론 한국에서 문화현실 분석의 대상과 규모는 이제 막 자본주의 문화환경을 경험하고 있는 중국에 비해 훨씬 광범위하다. 그러나 한국에서 문화비평과 담론은 1990년대 초반 다양한 문화실천적 입장을 견지했던 문화 저널과 계간지의 폐간으로 위축되었고, 현재는 문화비평 자체가 주류 미디어에 흡수되었거나, 온라인 포퓰리즘의 위력에 밀려 본래의 비판적 힘을 상실하고 있다.

다른 한편으로 문화연구의 의미화 과정과 문화기호의 심층에 자리한 사회·경제·정치의 구조적인 변화에 대한 실천적인 관심은 과도기에

있는 중국 정치, 경제 체제의 동요와 국가주의에 대한 비판 담론을 생
산하는 연구자들의 위치와 일정한 검열체제로 한국보다 훨씬 복잡한
양상을 띤다고 할 수 있다. 중국에서 문화연구자들은 통상 신좌파로 분
류되지만, 모든 신좌파가 문화연구자들은 아니다. 중국의 신좌파 문화
연구자들은 관료화된 사회주의 이데올로기를 고수하려는 관방 이데올
로기를 비판하면서도 자본주의적 국가체제로의 이행을 주장하는 자유
주의자들에게도 비판을 가하는 이중적인 전략을 사용한다. 이들은 중
국 문화가 자본화, 서양화되는 과정에 대해서 지속적인 비판을 가하면
서, 중국의 문화현실이 정체되거나 관변적 형식으로 잔존하는 것에 대
해서도 끊임없는 비판을 가한다. 그런 점에서 중국문화연구자들의 신
좌파적 실천은 담론적 실천, 혹은 사상 논쟁을 통해서 전개되며, 이 문
화 쟁점의 원류는 여전히 1970년대 문화혁명에 대한 지식인 논쟁의 연
장선상에 있다.

이에 비해 한국 문화연구의 현장에 대한 실천들은 제도적 실천, 조
직적인 실천으로 이행하고 있다. 한국의 문화연구자들은 1990년대 후
반부터 국가의 문화정책, 사회정책에 비판적으로 개입하려는 시도를
해왔고, 이를 조직적으로 실천하기 위해 문화좌파 그룹들이 '문화연대'
와 같은 새로운 형태의 시민문화운동 조직을 구성하기도 했다. 말하자
면 문화연구자들의 현실개입과 문화정치적인 실천은 사상적, 이데올로
기적 논쟁에서 벗어나 구체적으로 국가의 정책에 개입하는 전략을 취
했고, 그러한 비판적 요구들의 기본 토대를 시민사회 안에서 만들고자
했다.

당대 비판적인 중국 문화연구자들과 한국의 문화연구자들이 안고
있는 공통의 연구과제는 역시 '국가'와 '시장'에의 개입이다. 이에 대

해 왕 교수는 '문화연구의 체제화와 반체제화'와 '시장화에 대응하는 문화연구'라는 토픽으로 설명하고자 한다. 그는 현재 중국의 문화연구는 체제화와 반체제화의 경계 속에서 동요하고 있음을 지적한다. 기본적으로 반체제성을 지향하는 문화연구가 중국적인 상황에서는 불가피하게 체제의 부분으로 편입하지 않을 수 없는 현실을 극복하기 위해 그는 자신이 주도해서 설립한 '중국 당대 문화연구 센터'와 문화연구과의 운영에 있어 분과학문 방식을 채택하지 않고자 한다.[31] 문화연구의 체제화와 반체제화의 문제는 왕 교수가 지적한 대로 교육제도화의 문제를 피해갈 수 없지만, 문화연구가 '국가주의', 혹은 국가체제에 대해 어떤 발언을 해야 하는가의 문제로 이행해야 하는 것은 필수적이다. 앞서 설명한 대로, 중국 문화연구자들에게 국가체제의 비판적 개입은 자신들의 복잡한 정치적 위치로 인해 이중전략의 태도를 취하고 있다. 즉 국가주도형의 관변문화와 문화 계몽운동에 대해 비판하면서도 탈국가화하는 시장자본주의의 문화경제로부터 국가의 역할을 요구하는 이중적 입장을 견지한다.

한국 문화연구자들에게 이 문제는 '문화적 공공성'의 실천으로 이해될 수 있다. 비판적 문화연구자들이 생각하는 문화공공성은 '문화의 자본화'에 대한 저항이다. 문화연구자들은 모든 사람들이 누려야 할 문화환경, 문화자원이 경제적 자본의 확대재생산으로 위축되거나 대량

---

31) 왕샤오밍은 다음의 세 가지 상하이대학교 문화연구과의 운영원칙을 정했다. 1) 문화연구의 본과 과정과 학사학위를 제공하지 않고 연구생 과정만 개설한다. 2) 석사 과정이든 박사 과정이든 학생들에게 단일한 전공교육에 대한 반성적 사고를 촉진한다. 3) 문화연구과는 전임교수 체제를 구성하지 않고 교내의 다른 5개과(중문과, 사회학과, 역사과, 영화방송예술과, 미디어과)에서 공동운영한다.

독점화된 문화산업의 생산수단으로 이용되는 것을 막기 위해 국가가 문화공공성 확보를 위해 일정한 자기 역할을 수행하는 것을 요구한다. 그런 점에서 중국의 문화연구자와 기본 인식은 동일하지만 그 실천 방법은 다르게 나타난다. 가령 한국의 문화연구자들은 문화공공성 확보를 위해 공공문화 인프라의 요구, 문화생태 공간의 조성, 미디어의 공공성, 문화비용의 국가부담에 대한 구체적인 요구를 하지만, 아직까지 중국의 문화연구자들은 국가와 시장 사이에 놓여 있는 문화연구자들의 불편한 위치를 담론의 차원에서 논쟁하는 데 주력하고 있다. 오히려 중국의 문화연구자들은 급격한 도시화에 따른 농촌의 피폐화의 문제를 국가의 공공성의 관점에서 관심 있게 연구하고 있다.

중국 문화연구자들에게 '시장'의 문제는 가장 첨예한 논쟁거리 가운데 하나다. 그의 언급대로 시장은 중국인이 개인 생활을 구축하거나 재조직하는 데 가장 중요한 공간이다. 또한 중국의 현대화 기획과 자본주의 시장화가 동일한 것이 아니라는 것을 인식하는 데 있어 시장의 문제는 정체체제, 국가체제의 문제와 직결된다. 즉 중국 문화의 현대화는 문화연구자들에게 있어서는 절실한 과제이지만, 시장자본의 확대에 기반한 현대화로부터 중국의 문화적 정체성을 지켜야 하는 과제도 안고 있다. 문화연구자로서 왕 교수가 비판하고 있는 시장은 시장 일반이라기보다는 증권, 부동산, 미디어, 교육과 같은 거대시장이다. 특히 그가 상하이의 부동산 시장을 집중적으로 연구하고자 하는 것도 이런 맥락에서다.

한국의 문화연구자들과 다르게 중국의 문화연구자들이 시장 전체에 관심을 갖는 것은 중국의 경제체제의 급격한 변화에 대한 특별한 반응으로 볼 수 있는데, 문화연구자들의 시장에 대한 관심은 그런 점에서

경제에 대한 반응보다는 경제를 해석하고 분석하는 정치적 입장을 드
러내는 것이라 할 수 있다. 말하자면 중국의 경제체제의 변화에 대해
신좌파적 발언을 해야 하는 문화연구자들에게 있어 시장의 문제는 한
국의 상황보다 더 절박한 문제다. 한국의 문화연구자들이 주로 대중문
화산업 영역에서의 문화의 '독점화'와 '시장화'의 문제를 지적하면서
'문화공공성'의 문제를 대안으로 제시하는 것과는 다르게 왕샤오밍, 다
이진화와 같은 중국의 문화연구자들은 국가 체제가 갈수록 시장화되는
것에 대한 방어 담론을 구성하는 데 진력하고 있다. 말하자면 한국의
문화연구에서 시장의 토픽이 '시장의 독점화'의 문제라면, 중국에서 시
장의 토픽은 '국가체제의 시장화'라 할 수 있다.

결론적으로 왕샤오밍 교수의 문화연구의 기본 입장은 서양 지식
담론의 연구가 아닌 국지적인 뿌리를 두고 있는 현장에 대한 실천적인
연구라는 점에서 한국 문화연구자들에게 시사하는 바가 크다. 한국의
문화연구는 여전히 서양이론 중심적이고, 텍스트 연구방법론의 영역에
서 크게 벗어나지 못하고 있다. 연구방법론과 분과연구에 대한 비교연
구[32]를 넘어서 자신이 살고 있는 지역을 기반으로 문화연구가 새로운
실천적인 담론으로 재구성되기 위한 노력들은 아시아 문화연구자들의
국지적 실천의 연대를 위해 필요한 새로운 단계라 할 수 있다. 그런 점
에서 상하이에서 이루어지고 있는 문화연구의 다양한 실천 토픽들과

---

32) 최근 서울에서 열렸던 인터-아시아 문화연구 2005년 학술대회("부상하는 주체, 문화, 운
동")는 다양한 공동의 토론주제들이 논의되어 한층 풍부한 지적 연대가 모색되기는 했지
만, 유사한 분과학문과 연구주제 간의 조합에서 머무른 감이 없지 않다. 아시아 문화와
아시아 사회현실이 당면한 국지적인 토픽들에 대해서는 많은 논의가 이루어지지 않아 아
쉽다.

서울에서 연구되고 있는 토픽들이 서로 교차되는 계기를 마련하는 것
이 좋지 않을까?

5. 맺는말 : 급진적 아시아 문화연구는 가능한가?

최근 동아시아에서 인기를 얻고 있는 '한류'에 대한 아시아 문화연구자
들의 공동 관심과 그에 따른 일정한 연구결과물[33]이 제출되고 있다. 여
컨대 「겨울연가」나 가수 '보아'는 한일 문화연구자들이 공동으로 연구
하기에 가장 매력적인 텍스트인 셈이다. 「겨울연가」가 일본의 중년 여
성들에게 일종의 '문화적 패닉'으로 받아들여지는 현상이 지속되고 있
고, 일본 가수로 부르기에 아무런 손색이 없는 '보아'의 글로컬한
(glocal) 문화정체성이 아시아 팝 문화의 혼종화의 징표라는 점에서 단
순한 문화유행의 관점을 넘어서는 꼼꼼한 분석이 필요하다. 드라마와
영화, 대중음악, 그리고 팝스타에 이르기까지 한류는 일본만이 아니라
중국, 타이완, 동남아시아 각국에서 상당한 대중성을 확보하고 있어,
한국의 문화 컨텐츠가 아시아 각국에서 어떻게 수용되고 있는지 탐색
해보는 것은 아시아 내 공통의 문화경험의 사례들이 발견되길 희망하
는 문화연구자들에게 흥미로운 주제가 아닐 수 없다.

그러나 대체로 한류에 대한 아시아 문화연구자들의 방법론은 비교

---

33) 대표적인 책이 최근 일본에서 출간된 『日式韓流—〈冬のソナタ〉と日韓大衆文化の現
在』(毛利嘉孝 編, せりか書房, 2004)이다. 이 책의 편집자인 모리 요시타카는 일본식 한류
를 잡종적인 것으로 설명하고자 한다. 이외에 최근 한국방송영상산업진흥원에서 발간하
는 『프로그램/텍스트』에서는 "세계화 속의 지역문화의 흐름: 한류를 중심으로"를 기획특
집으로 정하고, 미디어와 커뮤니케이션 분야에서의 한류의 문제를 다루고 있다.

연구의 수준에서 머무른 감이 있으며, 한류 텍스트를 분석하는 담론 연구의 틀에서 벗어나지 못하고 있다. 한류 텍스트의 수용자 경험분석과 문화적 차이에 대한 상징적 해석 등이 무의미한 것은 아니지만, 한류의 생산관계와 배급체제, 사회적 파급효과의 분석과 같은 텍스트 외부의 문제에 대한 분석은 상대적으로 미흡해 보인다. 글로벌한 문화환경에서 한류 드라마가 각 국가별로 어떻게 수용되었는지, 국가별 관객들의 감정 구조는 어떤 차이를 보이는지를 분석하고, 아울러 한류의 사회적 파급효과로서의 재일 한국인에 대한 드라마 재현의 의미들을 분석한 이와부치의 연구[34]는 단순한 비교연구 분석의 차원을 넘어서긴 하지만, 여전히 미디어 텍스트 밖의 현실과의 연계에 대한 고민은 부족해 보인다. 한편으로 문화연구의 포퓰리즘과 동시대 문화분석의 한계를 극복하는 대안으로 주체의 다양한 경험을 중시하는 전통적인 문화인류학적 방법론도 동시대의 문화현실을 텍스트화하기는 마찬가지다.

아시아 문화연구의 붐이라는 현실에서 정작 아시아 문화현실의 부재를 역설적으로 인식하는 것은 아마도 이런 맥락 때문이지 않을까 싶다. 이는 지난번 '2002 한일 월드컵'의 문화의 의미들을 다각적으로 모색하고자 했던 서울 컨퍼런스나 작년 말 한국예술종합학교 영상원에서 주최한 한국 영화의 근대성에 대한 아시아 문화연구자들의 토론회에서도 거의 동일하게 느꼈던 문제다. 물론 한류 혹은 아시아 문화교류에 대한 비교연구, 텍스트 분석에 대한 체계적인 연구마저도 제대로 되지 않은 상태에서 아시아 내에서 현저하게 소비되고 있는 문화 텍스트의

---

34) 이와부치 고이치, 「한류가 재일 한국인과 만났을 때—초국가적 미디어 교류와 로컬 다문화 정치의 교착」, 『프로그램/텍스트』 11호, 2004년.

재현체계를 외면하고 텍스트 밖의 현실을 성급하게 문화연구의 실천 과제로 제시하는 것도 바람직해 보이지는 않는다. 문제는 '담론과 실천', '텍스트냐 현실이냐' 사이의 이분법적인 선택이 아니라 담론을 조직하고 발언하는 방식이다.

아시아의 현실과 미래에 대한 대안적인 지식생산을 위해서 이제는 아시아 문화연구자들의 새로운 네트워크와 담론 조직이 필요한 시점이다. 아시아 문화연구자들이 학술 영역 안에서 만나 문화현상이나 문화텍스트에 대해 습관적으로 논의할 것이 아니라 왜 모이고 연대해야 하는지에 대한 비판적 성찰과 담론의 재구성이 요구된다. 아시아 문화연구의 비판적 재구성은 네트워크의 방식, 공동의 주제, 담론적 실천에서 지금보다 '급진적인 실천'의 토대 위에서 현실화될 수 있다고 생각한다. 우리는 아시아 문화연구의 주체구성 방식을 학술 영역에서 사회운동의 영역으로 확대하고, 담론 연구와 비평활동의 사회적 힘을 강화하기 위해 아시아 각국의 지배적 문화정책에 대한 공동의 개입과 비판의 지점을 공유하고, 아시아 민중들의 문화적 차별 반대와 문화적 권리확보를 위한 투쟁, 초국적 미디어 문화자본의 생산체제에 대한 비판, 그리고 아시아 시민들의 다국화된 소비의 욕망과 쾌락을 탈신비화하고 탈사물화하는 다중적 교류의 지점들을 소개하는 급진적인 실천이 필요하다. 아시아 내 소수민족의 차별과 그들 언어의 소멸은 아시아 인구의 다양성과 문화의 다양성을 파괴하는 결과를 낳을 것이다. 또한 미국의 거대 문화자본과 기업들이 표상하고 있는 갖가지 문화전쟁과 정보전쟁에 맞서서 아시아 문화연구자들의 비판적 개입과 대응이 있어야 하겠다. 한미투자협정을 계기로 스크린쿼터에 대한 미국의 압력에 굴복하여 한국정부가 현행 상영 일수(146일)를 절반으로 축소하겠다는 발표를 했는데, 이 문제는 비단 한국 영화산업만의 문제가 아니라 할리우드 영화의 아시아 지배, 나아가 중국 영화시장의 지배를 위한 전략에서 비롯되었음을 아시아 문화연구자들이 인식할 필요가 있다. 미국 주도의 세계화에 대항하는 문화적 논리를 개발하는 문제들은 문화적 다양성, 문화주권, 문화권역주의라는 토픽들로 논의할 과제들이 많다. 또한 주류 문화 연예산업을 통한 아시아 대중들의 소통을 넘어서는 다중적 교류들을 지역별로 어떻게 만들 수 있을까에 대한 실천적인 연대로 아시아 문화연구자들이 고민해야 할 지점들이다.

아시아 문화연구의 급진적 실천은 아시아 내 다양한 문화적 종 다양성을 파괴하고 자발적인 문화생태계를 위협하는 글로벌 문화자본에 대한 저항과 국가와 자본으로 포획되지 않는 아시아 민중, 혹은 시민들의 문화적 감수성을 기록하고 소통하는 터미널을 구성하는 새로운 문화적 국제주의를 기획해야 하지 않을까?

4장 _ 세계화와 비판적 문화연구의 미래

1. '문화다양성 협약' 과 'APEC 2005', 그리고 문화연구

지난 2005년 10월 17일 프랑스 파리에서 개최된 제33차 유네스코 총회 문화분과위원회에서 '문화적 표현의 다양성 보호와 증진을 위한 협약'(이하 '문화다양성 협약')이 통과되고, 사흘 후에 열렸던 총회 본회의에서 압도적인 표차(찬성 148, 반대 2, 기권 4)로 채택되었다. 이번 협약 채택은 "1920년대 스크린쿼터로 촉발된 유럽에서의 문화와 무역논쟁, 1947년 '관세 및 무역에 관한 일반협정'(GATT) 체결과정, 1970년대 도쿄라운드, 1980년대 우루과이라운드 서비스 협상, 나아가 1998년 파기된 '다자간투자협정'(MAI)으로 이어지는 논쟁과 투쟁의 과정에서 문화다양성을 지키기 위해 결집한 전세계의 문화예술단체들이 '세계문화연대기구'(CCD), '세계문화 NGO 총회'(INCD) 등의 국제기구들을 결성하여 지금까지의 지난한 과정에서 벌여온 치열한 투쟁과 헌신적인 노력의 결과"[1]라 할 만하다. 문화다양성 협약이 유네스코 총회에서 채택되기까지 국제사회에서 문화정책 전문가들의 오랜 협의와 논쟁이 있

었는데, 이는 어떤 예외도 없이 문화의 완전한 개방과 교역을 주장하는
미국의 '경제 논리'와 문화를 자유무역에서 예외적인 대상으로 간주할
것을 주장하는 유럽 및 제3세계 국가들의 '문화 논리'가 대립한 것이라
할 수 있다.

유네스코의 문화다양성 협약 정신은 완전 개방을 요구하는 글로벌
경제논리로부터 각국의 고유한 문화주권, 문화권리를 지켜내려는 것이
라 할 수 있다. 유네스코의 문화다양성 담론은 1990년대 중반 WTO 체
제 출범으로 문화가 예외 없이 상품교역의 대상이 되면서 이에 대응하
는 논리로 개발된 것이다. 문화다양성은 최근 쟁점으로 부각된 담론이
지만, 거슬러올라가면 유네스코의 문화권 논의에 그 뿌리를 두고 있다.
1970년대 말 세계 인권 담론은 '시민적, 정치적 권리에 대한 국제협약'
(ICCPR)과 '경제적, 사회적, 문화적 권리에 대한 국제협약'(ICECR)으
로 구분되었는데, 이 두 구분이 문화권을 정의하는 데서 중요한 변화를
지시해준다. 전자의 경우는 주로 자본주의 시장경제 질서에 기반한 국
가들이 주도한 조직이었고, 후자는 주로 사회주의 국가들이 주도한 협
약이었다.[2] 1980년대 국제 인권정책이 발전하면서 문화적 권리는 주로

---

1) 세계문화기구를 위한 연대회의, 「유네스코 문화다양성 협약 채택 환영성명서」, 2005년 10
월 20일 참고.
2) 「경제적, 사회적, 문화적 권리에 대한 국제협약」에서 문화적 권리에 대한 조항은 제15조에
명시되어 있다. 15조 1. 현재의 당면한 계약에서 주의 정당은 모든 사람의 권리를 인식한
다. a) 문화적인 삶에 참여하기 위해 b) 과학적인 진보와 그 적용의 이익을 즐기기 위해 c)
도덕적인 보호와 과학, 문학, 예술적인 생산과 그 저자로부터 나온 이익 물질들의 이익을
보기 위해. 2. 각 주의 정당으로부터 각 단계는 성취되는데 과학과 문화의 전파와 발전, 보
존을 필요로 하는 이런 것들을 포함하는 권리를 완전히 실현하기 위함이다. 이동연, 「글로
벌 시대 문화적 권리의 위기와 도전」, 유네스코 한국위원회 주최 『유네스코 동아시아 문화
다양성 포럼』 자료집(2005. 6. 25).

'국민-국가'의 문화정체성과 문화유산의 특성을 보존하기 위한 권리와 국민-국가 내 소수민족이나 종족들의 언어와 관습, 문화유산을 보호하기 위한 권리로 논의됐다. 이후 문화적 권리에 대한 정의 및 이론적 연구, 영역의 개발은 유네스코에 의해 주도됐다.[3]

유네스코가 주도한 문화권 연구와 활동은 크게 세 단계로 구분해 정리할 수 있다. 첫번째 단계는 세계인권선언이 나온 1948년에서 「경제적, 사회적, 문화적 권리에 대한 국제협약」이 제출된 1976년까지인데, 제1기에는 문화적 권리에 대한 보편적인 정의와 공통의 문제의식을 공유하는 시기로 볼 수 있다. 제2기는 1976년부터 1994년(WTO 하의 세계경제질서가 출범하기 이전)까지인데 주로 제3세계국가들의 언어와 문화유산, 소수민족의 문화에 대한 보호를 목적으로 했다. 제3기는 WTO 출범 이후 지금까지로 세계화 과정에서 문화의 독점을 막고 문화적 다양성을 확보하려는 국제 문화단체들의 연대들을 가시화하는 시기라 할 수 있다. 특히 1997년 유네스코에서 작성한 「문화적 권리에 대한 초안 선언」을 기점으로 해서 세계의 문화다양성을 지켜내려는 노력들을 지속적으로 펼쳐왔고, 2003년 프랑스에서 있었던 '국제 문화전문

---

3) 유네스코가 주도한 문화적 권리에 대한 성과들은 다음과 같이 정리할 수 있다. 「인종과 인종차별적 편견에 대한 선언」(1978), 「국제 문화협력의 원칙에 대한 선언」(1966), 「문화적 삶에 많은 사람의 참여와 그에 대한 공헌에 대한 권고」(1976), 「문화정책에 관한 멕시코시티 선언」(1982), 「세계 언어 권리선언」(1996), 「문화적 자산의 소유권에 대한 무허가 수입, 수출 및 교류 방지를 위한 방법에 대한 협약」(1970), 「세계문화와 자연유산의 보호에 대한 협약」(1972), 「도난당했거나 불법적으로 유출된 문화유산들에 대한 협약」(1995), 「전통문화와 민속 보호에 대한 권고」(1989), 「문화적 권리에 대한 초안 선언」(1997), 「고등교육 교원의 지위에 관한 권고」(1997), 「발전을 위한 문화정책 국제회의」(1998), 「유네스코 문화다양성 선언」(2003)과 같은 선언문과 권고안의 역사 속에서 문화권의 이념과 내용들이 수렴되었다.

가 단체협회'(CCD : Coalition for Cultural Diversity) 총회에서 "문화는 교역의 대상이 아니며, 자유주의 협정에서 문화 부분을 빼기 위한 국제 문화기구들의 연대"를 천명했다.[4] 문화다양성의 원칙은 2005년 6월 '세계문화연대기구' 제4차 스페인 총회에서 재천명되었고, 2005년 10월 프랑스 총회에서 최종적으로 '문화다양성을 위한 국제협약'을 채택 하기에 이르렀다.

문화주권을 지키기 위한 문화다양성 협약은 결국 문화가 자유주의 시장 개방의 주요 대상으로 본격 거론되기 시작한 WTO 출범 이후 각 국의 문화주권의 위기에 대응하기 위한 노력의 산물인 셈이다. 따라서 문화다양성 협약은 미국의 일방적인 신자유주의 논리에 대응하는 전지 구적 차원에서의 반세계화 문화운동의 메시지를 담고 있다고 볼 수 있 다. 특히 1990년대 말부터 미국의 할리우드 시장의 강력한 개방 압력을 받고 있는 한국의 '스크린쿼터 제도'가 이번 유네스코의 문화다양성 협 약 채택으로 인해 국제적으로 확고한 지지를 얻었을 뿐 아니라, 협약을 비준한 국가들에서 실질적인 효력을 발휘할 수 있는 결정적인 계기가 마련되었다. 한국의 스크린쿼터 사수운동은 미국의 일방적인 문화개방 논리에 맞서 자국의 문화주권을 지키려는 가장 실질적인 반세계화 문 화운동으로 국제적인 지지를 받게 된 것이다.

---

4) '세계문화연대기구' 파리 총회에서 프랑스의 미셸 고트랭(Michel Gautherin) 문화다양성 수호 감시위원회 대표는 현재 세계 영화 시장에서 85퍼센트를 차지하는 미국 상품의 지배 에 맞서는 정부 차원의 협조 정책(public assistant policy)이 매우 중요하며, 문화는 시장의 논리가 아닌 문화적 예외성을 인정하는 차원에서 다뤄야 한다는 발언을 했다. 또한 캐나 다 퀘벡 라발대학의 이반 베르니에(Ivan Bernier) 교수는 자유시장은 결코 문화를 다루는 최선의 방책이 아니라는 점을 다시 한 번 절감하여, WTO의 자유무역주의에 대항할 대안 으로 유네스코와 같은 국제기구를 통해 문화다양성의 중요성을 알리는 것이라고 말했다.

물론 '국제 문화전문가 단체협회'의 반세계화 문화운동이 미국에 맞서는 유럽 문화지식인들의 대항 헤게모니를 대변하고, 유네스코가 이를 지지한다는 점에서 전세계 민중들의 문화현실과 개별 국가들 안에 내장된 문화 모순을 온전하게 대변하긴 어렵다. 스크린쿼터가 국제적으로는 할리우드의 일방적인 세계영화시장 독점에 대항하는 문화운동인 것은 사실이다. 그러나 그로 인해 자국 영화시장이 보호된다고 해서, 영화시장 내의 강력한 문화자본의 독점 논리가 해소되지는 않는다. 또한 '국제 문화전문가 단체협회'와 유네스코가 주도한 문화다양성 협약의 문화주의적 관점이 반세계화를 위한 국제 정치, 경제, 생태운동과 얼마나 연계되고 있는지 고려하면, 정서적 공감대가 아닌 실질적인 연대 운동들이 가시화된 것은 그렇게 많지 않다. 또한 문화연구자들에게 있어 문화다양성이라는 담론이 마치 '문화의 세계화'를 대변하듯이 무비판적으로 수용되는 경우도 많이 발견하게 되는데, 이는 다양성의 의미를 자명하고 일률적으로 동일한 것으로 잘못 이해함으로써, 그것이 갈등과 투쟁 속에서 생겨나는 운동이라는 의미를 지워버린다.[5]

문화다양성 논리를 자국 문화의 보호논리로 편의적으로 사용하거나 경제적인 차원에서의 세계화와 별개의 것으로 간주하려는 태도에는 문화다양성의 보편성의 위험이 도사리고 있다. 이는 문화다양성 협약에 의해 국제적 신뢰를 높인 한국 영화가 그에 반하는 행동에 연루돼 있다는 것만 봐도 알 수 있다. 제10회 부산 국제영화제는 비슷한 시기에 부산에서 열렸던 'APEC 2005' 행사를 기념하기 위해 별다른 고민

---

5) 프랑수아 드 베르나르, 「'문화다양성' 개념의 재정립을 위하여」, 『세계화 시대의 문화논리』, 김창민 외 옮김, 한울, 2005년 참고.

없이 'APEC 특별전'을 개최한 것이다.[6] 부산 국제영화제는 아시아를 대표하는 영화제로 성장하면서 줄곧 한국의 스크린쿼터의 정당성을 세계 영화인들에게 알린 중요한 소통의 장소였다. 그러나 정작 한국 영화 시장의 주류를 구성하고 있는 부산 국제영화제 관계자들은 세계 문화 다양성을 시수하는 스크린쿼터의 국제 담론적 논리와 2002년 '도하개발 아젠다'(DDA)의 자유무역협정 준수를 천명하기 위해 모인 'APEC 2005'의 경제논리 사이의 모순을 심각하게 받아들이지 않았다.

문화다양성 협약의 채택으로 사실상 문화주권의 수호에 있어 가장 가시적인 성과를 얻어낸 한국에서 아이러니컬하게도 세계 무역질서의 강력한 지지대 중의 하나인 'APEC 각료회의'가 곧바로 개최되었고, 한국의 대표적인 영화제가 이 회의의 개최 도시인 부산시로부터 예산을 지원받아 그 이름을 선전하는 특별전을 개최한 것은 반세계화 문화운동이 안고 있는 딜레마를 그대로 보여준 상징적인 사건이다. 반세계화에 반대하는 민중운동의 물결은 쌀 개방을 반대하는 농민단체들과 강대국 중심의 일방적인 자유무역주의에 저항해온 WTO 반대 국민행동 조직들을 부산으로 집결하게 했지만, 정작 WTO의 가장 강력한 이슈로 제기되는 문화와 서비스 분야에서의 문화주권을 지키려는 목소리는

---

6) 부산 국제영화제 공식 홈페이지에 있는 APEC 특별전 설명을 보면, 자유무역주의를 표방하는 APEC과 한국 영화 혹은 제3세계 영화 사이의 긴장관계에 대해 안이하게 판단하고 있음을 알 수 있다. "올해 11월, 부산국제영화제가 열리는 부산에서는 2005 APEC이 개최된다. 이를 기념하기 위해서 'APEC 영화 특별전: 대화'가 마련된다. 특히나 올해 2005 부산 APEC의 주제가 '하나의 공동체를 향하여—도전과 변화'이며, 세 가지의 부제 중 하나가 '격차를 넘는 가교 건설', 그리고 다섯 가지의 역점 의제 중 하나가 '문화다양성 존중'으로 설정되어 있는 데다가, '문화의제'가 중요한 부분을 차지하고 있기 때문에 '대화'를 주제로 한 APEC 회원국들의 영화 특별전은 2005 APEC의 개최 의미를 더욱 부각시킬 것이다."

문화다양성 협약 채택과 관련해 기자회견을 하고 있는 영화계 인사들

실종되었다. APEC 반대 국민행동의 문화행동을 기획한 문화단체들은 반세계화 시위 현장에서는 구체적인 실천 프로그램들을 제시하지 못하고, 시위현장에 대한 인터넷 라디오 중계와 산발적인 문화제를 개최하는 데 그쳤다. 이 운동의 주도적인 역할을 담당한 조직 역시 2005년 문화다양성 협약을 주도한 공식적인 조직과는 거리가 있는 현장 중심의 문화운동 단체였다. 말하자면 문화다양성 협약과 같은 공식적인 국제적 아젠다를 실행하기 위한 제도적 실천들은 여전히 반세계화 운동의 현장 속으로 충분히 녹아들어가지 못한 채 문화전문가나 국가관료가 아닌 민중적인 지지를 이끌어내지 못하고 있다.

유네스코 문화다양성 협약이 서비스 상품의 완전한 개방에서 '문화적 예외'를 국제적으로 합의한 것임에도 2006년 초, 협약의 최대 수혜자였던 한국 정부는 이에 아랑곳없이 스크린쿼터 축소를 발표했다.

이는 한미 FTA를 체결하기 위해 미국의 부당한 요구를 한국 정부가 협상 이전에 수용한 것으로 유네스코의 문화다양성 협약의 최대 수혜국인 한국이 스스로 가장 빠른 시간에 그 취지를 무력화시킨 사건이었다. 영화계는 정부의 일방적인 결정에 즉각 항의하고 '스크린쿼터 사수와 한미 FTA 저지를 위한 영화인대책위원회'를 구성해 영화인 1인 시위를 진행하고, FTA의 최대 피해 당사자인 농민들과 연대활동을 전개하기도 했다. 한미 FTA가 경제관료들의 주장과는 달리 미국에 대한 경제적, 사회적 종속을 심화시킬 것이 분명하고, 미국 중심의 신자유주의의 일방적 경제정치적 공세에서 중요한 분기점이자, 한반도를 둘러싼 정치적 긴장을 조장하는 '한미무역투자 및 안보협정'이라는 주장[7]에 대한 사회운동과 시민운동 단체들의 적극적인 문제제기로 한미 FTA에 반대하는 운동은 노동과 농민단체를 비롯해 영화인단체, 문화예술인단체, 미디어 단체 등이 총 연대하는 상황으로 가고 있다. 2006년 한국 사회운동은 '한미 FTA' 저지를 위한 총력 투쟁으로 결집되고 있는 형세다.

이러한 반신자유주의 운동에서 문화연구, 혹은 문화연구자들은 무엇을 해야 할까? 문화의 완전개방이 몰고 올 전지구적 문화생태의 위기에 어떤 형태로든지 대응하려는 현장의 구체적인 실천에 비해 대부

---

7) 이에 대해서는 이해영(「한미 FTA의 소위 '경제효과' 비판」, 『문화과학』 45호, 2006년)과 심광현(「한국사회운동의 문화적 쇄신」, 『문화과학』 45호, 2006년)의 글을 참고하라. "이런 의미에서 그것(한미 FTA —지은이)은 GATT/FTA, 즉 자유 '무역' 협정이라기보다 포괄적 '경제통합' 협정이라고 보는 것이 현실에 부합된다고 볼 수 있을 것이다."(이해영) "그렇다면 이렇게 삼척동자도 알 수 있는 명백한 손익 분석 앞에서 왜 노무현 정부가 앞장서서 한미 FTA 체결을 서두르는가? 그 답은 군사안보 협상이라는 대목에서 찾을 수 있다. 결국 남북 관계를 흥정의 고리로 걸겠다는 것이 아니고 무엇인가? 노무현 정부가 모든 경제적 손실을 감당하면서 FTA 체결을 마무리해낸다면 북핵 압박과 경제봉쇄를 풀겠다는 것이고 그렇지 않을 경우에는 북한에 대한 군사적 압박을 강화하겠다는 협박에 다름 아니다."(심광현)

분 한국의 문화연구자들은 반신자유주의, 반세계화 문화운동에 대해 별다른 반응을 보이지 않고 있다. 오히려 문화연구가 제도적·담론적 붐을 타고 있는 호황기에 태생적으로 통합학문적이고 권역 간 국제 연대를 기획하는 문화연구가 세계화의 거센 물결로 위협받고 있는 국지적인 문화주권, 문화다양성에 대해 침묵하고 있는 것이 아이러니컬하다. 현재 한국에서 문화연구의 대상과 방법은 과거에 비해 훨씬 글로벌해졌고, 국가 간 비교 문화연구도 활발해졌으며, 다루는 주제들도 대부분 권역의 문제들이지만, 신자유주의 문화에 대한 비판적 연구들은 거의 실종된 느낌이다.

이 글은 세계화 시대 문화자본의 변동과 독점 현상에 대해 한국의 문화연구가 말을 거는 방식에 대한 탐구다. 이 글은 따라서 이중적인 전략을 가지고 있는데, 하나는 문화자본의 전지구적 독점화, 시장화에 대한 대응 담론으로 비판적 문화연구의 담론적 실천이 적극 요청된다는 것과 다른 하나는 문화연구가 반세계화 문화운동의 확장을 위한 문화적 논리를 개발하면서 문화연구 스스로가 비판적으로 재구성되어야 한다는 것이다. 한국의 문화연구는 반세계화 문화운동을 어떻게 구성할 수 있을까? 아시아에서 비판적 문화연구는 세계화의 물결에 어떻게 대응해야 하는가? 이를 논의하기에 앞서 먼저 WTO와 FTA 시대 한국의 문화현실에 대한 검토가 선행되어야 하겠다.

2. WTO, FTA, 그리고 스크린쿼터—한국적 상황

1995년 WTO 체제 출범 이후, 한국은 미국으로부터 문화개방에 대한 지속적인 압력을 받아왔다. 국민의 정부 출범 이후 네 차례에 걸친 일

본 문화개방이 한일 간의 역사적 특수성에 기반한 불평등한 문화개방
을 해소하는 차원에서 이루어졌다면, 미국의 문화개방 압력은 문화자
본의 자유로운 이동과 합병을 전면적으로 요구한다는 점에서 차원이
다르다. 미국이 요구한 문화개방의 실질적인 대상은 바로 스크린쿼터
제도의 폐지였다. 미국 할리우드 영화산업계에서는 이미 오래전부터
스크린쿼터 제도의 폐지를 요구하긴 했지만, 한국 영화가 갈수록 자생
력을 갖추면서 UIP 직배체제를 무력화하기에 이르렀고, WTO 체제의
출범 이후 시청각 서비스 분야의 개방협상이 본격화되면서 미국의 스
크린쿼터 제도 폐지요구는 한층 강도를 높였다.

사실 한국에서 문화개방은 시청각 서비스 분야를 제외하고는 거의
모든 영역에서 현실화되고 있는 것이 사실이다. 영화시장 역시 극장상
의 영업만 제한적으로 보호를 받고 있을 뿐, 제작과 배급, 비디오 판권
분야는 완전개방되고 있는 상황이다. 그럼에도 불구하고 미국이 한국
의 스크린쿼터 제도를 극단적인 자국문화 보호정책으로 규정하고, 예
외없는 개방을 요구하고 있는 것은 영화뿐만 아니라 방송 전반에 대한
시장을 독점하려는 의도다. 미국의 다국적 문화 컨텐츠 기업들은 일차
적으로 한국 영화상영 의무 일수를 무효화시키면서, 소위 블록버스터
영화의 우월적 지위를 이용해서 배급과 극장 상영을 장악하려는 계획
을 가지고 있고 장기적으로 스크린쿼터 제도가 완전 폐지될 경우에는
상영관 자체를 독점 매입하여 상영공간을 완전히 장악하려는 의도를
가지고 있다. 상영관의 완전 장악은 그것에서만 그치는 것이 아니라 지
상파, 유무선, 위성방송 채널로까지 확장시켜 장기적으로 시청각 서비
스 분야 전영역에 걸친 지배를 강화하려는 전략으로 확대될 가능성이
있다.

WTO 체제는 그러한 시청각 서비스 분야에 대한 미국의 지배를 법적으로 정당화할 수 있는 강제력을 가지고 있다. WTO 출범 전 해인 1994년 한국은 GATT 사무국이 분류한 12개 분야 155개 업종 중 교육, 보건사회, 문화·오락·스포츠 분야를 제외한 8개 분야 78개의 업종을 개방하기로 약속했다. 커뮤니케이션의 하위범주에 속하는 시청각 서비스 분야의 경우, 영화제작 및 배급, 영화상영, 라디오 및 TV 서비스, 라디오 및 TV 전송 서비스, 사운드 녹음, 기타 등 6개 하위범주로 나뉘는데 이 가운데 한국은 영화제작 및 배급 분야와 사운드 녹음(음반 제작업) 분야의 개방을 약속한 것이다. 1994년에 약속한 개방 허용 분야에도 영화상영, 즉 스크린쿼터 관련 분야는 포함되지 않았다. GATT 체제하에서 문화개방은 국민-국가의 문화적 종 다양성의 보호논리 때문에 상대적으로 상당한 보호를 받을 수 있었다.

그러나 WTO는 기존의 GATT 체제와는 다르게 지적재산권과 교육, 문화를 포함해 지적 서비스 분야에 대한 국가 간의 개방을 강화하는 강령을 발표했다. GATT가 주로 공산품의 관세와 무역분쟁에 대해 협상하는 느슨한 기구라면, WTO는 새로운 세계산업 기반의 중심으로 성장한 지적 서비스 산업 분야의 개방을 유도하는 강력한 기구로 등장했다. 따라서 WTO는 GATT 체제에서 교역 대상에서 제외되었던 서비스 분야를 상당 부분 무역협상 대상에 포함시켰으며, 특히 시청각 서비스 분야에 대한 완전 개방을 요구하고 있다.

WTO 하에서 무역협상은 양자간, 혹은 다자간으로 벌어지는데, 이 협상의 과정에서 미국, 일본과의 투자협정은 최혜국 우선대상의 원칙에 의거하여 대단히 중요한 의미를 가진다. 시청각 서비스 분야 및 문화 분야의 개방은 사실상 미국과의 협상이 모든 국가와의 협상의 기

GATT와 WTO 체제 비교[8]

항목	GATT	WTO
국제기구의 성격	국제협정 성격	법인격을 가짐 분쟁 해결기구 설치
관세 및 비관세 장벽 완화	관세 인하에만 주력 비관세 방벽은 선언적인 규정의 정립수준	관세 인하는 물론 특정 분야에 대한 일률적인 관세 철폐 및 하향평준화 달성 비관세 장벽 철폐 강화
국제무역규율 범위	상품(공산품)	공산품 외에 농산물에 대한 규율 강화 서비스, 지적 재산권, 투자조치 포함
새로운 규범 설정	서비스, 지적 재산권, 투자조치에 대한 규범 없음	서비스 협정 제정 지적 재산권 국제규범 제정 투자조치에 대한 협정 제정
무역규범의 강화	보조금 협정 반덤핑 협정 기타 다자간 무역규범 미비	보조금의 정의 확립 및 규율 강화 반덤핑 조치의 발동기준 및 부과절차 명료화 긴급 수입제한조치 협정 원산지 규정 협정 선적 전 검사 협정

준이 되기 때문이다. 2002년 세계문화연대기구에서 제출한 자료에 의하면 WTO 138개 회원국 중 이 기구가 분류한 10개 문화 분야에서 시청각 서비스 분야를 개방한 국가는 29개국에 지나지 않는다. 그리고 시청각 서비스 분야를 개방한 국가는 미국, 일본, 뉴질랜드 등을 제외하고는 아프리카, 아시아, 중남미아메리카에 위치한 개발도상국이거나 동유럽을 중심으로 한 체제전환국이다. 유럽연합(EU)을 중심으로 한

---

8) 김성준, 『WTO법의 형성과 전망』, 삼성출판사, 1997년.

대부분의 국가들이 시청각 서비스 분야에 대해서는 개방을 하고 있지 않은 상황이다.

한국은 36개국을 상대로 WTO 분류상의 12개 전 분야에 걸친 양허 요청안을 제출하였다. 특히 서비스 분야의 개방 대상을 보면 우리가 통상적으로 알고 있는 스크린쿼터 제도의 폐지 및 축소와 같은 강제적 차원에서의 영화산업의 개방보다도 훨씬 심각한 상황을 초래할 수 있다. WTO가 제시한 서비스 협상의 분야는 사업 서비스, 커뮤니케이션, 건설, 유통, 교육, 환경, 금융, 보건, 사회, 관광, 오락, 문화, 스포츠, 운송 서비스, 기타 서비스 등으로 분류되고 있다. 협상의 대상이 되고 있는 업종들은 GATT 시대의 제조업 분야를 제외한 사실상 모든 업종이 포함된다. 서비스 협상 분야에 교육, 관광, 오락, 문화, 스포츠 유통 분야가 포함되어 있어 문화개방의 압력은 단순히 시청각 서비스에만 해당되는 것이 아니라 개인의 일상과 여가생활에 연관된 재생산 분야 전체를 향한 것이다. 2002년 8월에 카타르 도하에서 있었던 '도하 개발 아젠다 회의'에서 한국의 외교통상부는 서비스 양허 요청안의 기본 원칙으로 "우리의 개방 정도가 높은 분야에서는 동일한 수준의 개방을 요구", "대상국에서 실제 개방이 되어 있으나 양허를 하지 않은 분야에서는 개방 후퇴를 방지하고 법적 안정성을 확보하기 위해 현 수준에서의 양허를 요청", "분야의 성격상 개방 효과를 높이기 위해 연관 서비스를 같이 개방하는 것이 필요한 경우에는 사업 서비스 등 연관 서비스 분야에서의 양허 요청안을 병행 제출", "아직 취약하다고 판단되나, 중장기적인 해외 진출을 검토하는 분야에 대해서도 양허 요청안을 제출", "최혜국대우원칙(MFN : Most Favored Nation) 면제 조치를 유지하고 있는 국가에 대해서는 일괄적으로 기존 면제 조치의 철폐를 요청"을 제시

2005년 홍콩에서 있었던 WTO 각료회의 반대운동 시위 장면

하고 있는데, 이러한 원칙은 문화개방 협상에 있어 적극적인 개방 입장을 견지한 것으로 볼 수 있다. 외교통상부의 논리는 무역개방에서 '문화적 예외'라는 관점을 적용하기보다는 일반 상품 사이의 양자 간, 혹은 다자간 협상의 동일 원칙을 주장하는 것으로서, 사실상 미국의 문화개방 요구의 논리를 수용한 것으로 볼 수 있다. 외교통상부가 문화 부문과 관련하여 36개국에 제출한 양허 요청안[9]을 보더라도 한국의 통상 분야의 입장은 문화도 무역자유주의의 원칙에서 예외일 수 없다는 것을 분명히 한다.

주지하듯이 WTO 시대의 문화개방을 둘러싼 적대는 표면적으로 국가 대 국가 간의 대결을 조장하는 것처럼 보이지만, 실제로는 초국가적인 장에서 벌어지는 자본의 이해관계에서 심화된다. 이 첨예한 대립이 2006년 초 한국정부가 '스크린쿼터 제도 축소 발표'와 '한미 FTA (Free Trade Agreement)의 본격 협상 선언'에서 본격화되었다. 한미 FTA를 강력하게 희망하고 있는 외교통상부 관료들은 미국 중심의 일방적인 문화개방의 위험을 경고하는 문화계와 항상 충돌했고, 작년 문화다양성 협약에 대한 반응에 있어서도 미국 측의 입장을 사실상 대변하는 행동을 하기도 했으며, 마침내 스크린쿼터가 한미 FTA의 발목을 잡아서는 안 되므로 축소해야 한다는 공식적인 입장을 표명했다.[10] 경제 관료들은 한국 영화가 이제 시장점유율 50퍼센트를 유지하고 있기 때문에 자생력을 확보했으며, 개방을 통해 한국 영화 시장이 경쟁력을 확보해야 한다는 문화적 논리를 거론하지만, 사실 이 발언은 한미 FTA의 걸림돌이었던 스크린쿼터 제도를 무장해제하려는 경제적 논리를 대변하기 위한 수사에 불과하다. 경제관료들은 스크린쿼터 제도 사수를 주장하는 영화인들을 한국경제를 발목잡는 이기주의자들로 비난하고, 한미 FTA가 체결될 경우 한국 경제가 비약적으로 성장할 것이고 GDP가 연 2퍼센트 이상 성장할 것이라는 장밋빛 청사진을 내세우지만, 설득력 있는 통계들을 제시하지 못하고 있다. 실제로 많은 통계자료에서

---

9) 외교통상부의 양허 요청안의 핵심내용을 정리하면, 1) 한국의 개방 정도가 높은 광고, 출판, 인쇄 분야의 개방, 2) 영화상영을 제외한 영화 및 비디오의 제작, 배급과 음반 분야의 개방, 3) 방송 프로그램의 개방, 4) 고등교육, 성인교육 등의 개방, 5) 관광 관련 전 업종의 개방, 6) 공연 관련 엔터테인먼트 서비스 분야 개방이다.

10) 문화다양성 협약 채택을 앞두고 미국의 콘돌리자 라이스 국무 장관은 문화다양성 협약이 성급하게 성안되어 흠결이 있는 협약인 바, 동 협약의 모호한 규정은 상품, 서비스 및 사상의 자유로운 유통을 통제하고, 인권 및 근본적인 자유를 침해하는 데 오용될 수 있으며, 자유무역을 통제하는 근거가 될 수 있어 동 협약의 채택에 반대하였다는 입장을 밝혔는데, 한국 외교통상부는 뉴질랜드, 일본, 멕시코와 함께 문화다양성 협약 채택에 대한 유감 성명을 발표하기도 했다.

확인할 수 있듯이 한미 FTA가 한국경제에 실익보다는 손해를 가져올 것이라는 관측이 우세하다.[11]

스크린쿼터 제도에 대한 국제 사회의 지지에도 불구하고, 국내 여론은 문화다양성, 문화주권에 대해 냉소적이고 배타적인 반응을 보일 때가 많다. 주류 언론은 스크린쿼터 제도가 마치 한국경제를 발목잡는 원흉인 것처럼 보도하면서, 한미 FTA는 신속하게 체결되어야 한다는 입장을 고수한다. 일반 국민들 중에도 과거와는 다르게 경제관료들의 국익우선론에 동의하는 사람들은 늘어난 반면, 스크린쿼터 제도 위기론을 체감하는 수준은 현저히 낮아졌다. 문화다양성이나 문화주권 담론이 스크린쿼터 제도 사수를 정당화하는 문화논리로 이해되기에는 과거보다 더 많은 장애가 있음을 알게 된다.

문화다양성, 혹은 스크린쿼터 제도에 대한 냉소적인 반응은 비단 경제논리에 국한되는 것만은 아니다. 글로벌 시대 문화는 초국가적 기호들을 개인의 라이프스타일의 원천으로 활용한다. 다국적화·다종족

---

11) 국내외 분석 자료에 의하면, 한미 FTA 체결이 가시화되면 미국은 3백억 달러 이상의 실익이 예상되며, 한미 FTA는 한국의 여러 FTA 중에서 가장 많은 경제적 손실을 가져올 것이라는 분석이 지배적이다.

주요 FTA 상대국별 기술력 격차 및 양자 간 FTA의 효과*

	FTA 상대국의 기술수준**	사회후생 효과(%)	산업생산 효과(%)
한중 FTA	51.7	22.99	27.78
한일 FTA	90.8	3.17	-25.41
한 - EU FTA	90.1	2.97	-25.03
한미 FTA	94.9	4.73	-27.37

* 자료: 전국경제인연합회, 「우리나라 FTA 로드맵과 보완과제」, 『국제경제 이슈페이퍼-6』, 2004년 11월(이해영, 앞의 글에서 재인용).
** 최고 기술 보유국의 기술지수를 100으로 놓고 15개 부문별 지수의 평균치를 낸 것이다. 한국의 지수는 72.1이다.

화된 이른바 ‘포스트-메트로 휴먼’ 들은 시간과 공간의 격차를 느끼지 않으면서 공통의 라이프스타일을 가진다. 새로운 문화유행, 소비공간, 브랜드 이미지에 이르기까지 글로벌한 미디어 환경에서 포스트-메트로 휴먼들은 서로 다른 문화적 배경을 갖고 있지만, 동시대적 삶의 공통 감각을 즐긴다.[12) 다문화주의의 일상에서 개인들의 문화적 취향은 국적과 종족에 얽매이지 않는 자유로운 삶을 지향하는데, 이들이 상상하는 문화다양성은 국가적 규제를 해소한 모든 문화형식들의 완전한 교통을 전제로 한 것이다. 따라서 스크린쿼터 제도는 문화적 자유주의자들에게는 오히려 문화다양성을 위협하는 근대적 산물로 이해될 수 있다. 스크린쿼터가 문화적 다원주의의 관점에서 문화다양성의 모든 조건들에 충족하는지는 논란의 여지가 없지 않다. 그래서 글로벌한 문화의 중심에 있는 문화 자유주의자들은 스크린쿼터가 자국영화 보호라는 목적에 충실할 뿐, 관객의 영화적 선택의 다양성을 완전하게 보장하지는 않는다고 주장할 수도 있다. 문화적 종 다양성의 생태 위기를 주장하는 담론들은 적자생존 논리에 따른 개인의 자유로운 문화적 선택이란 자유주의에 포섭되면, 역설적으로 문화규제 담론으로 왜곡된다.

이렇듯 문화주권을 원칙으로 한 문화다양성의 논리, 자본의 세계화에 대항하는 문화운동의 논리가 한국 사회에서 완전한 지지를 받지 못하는 것은 경제주의 때문만은 아닌 듯하다. 한국은 이미 신자유주의 질서로 빠르게 재편되고 있다. 국경을 넘는 다국적 미디어, 일상화된 해외여행, 대중문화의 탈국적화, 라이프스타일의 혼종화 현상들을 보

---

12) 이동연, 『문화부족의 사회 — 히피에서 폐인까지』, 책세상, 2005년, 206쪽 참고.

면, 한국 국민들의 일상은 글로벌 문화의 주변부에서 중심으로 편입하는 형국이다. 자본의 세계화, 문화자본의 독점화 담론은 이제 한국의 경제, 문화지형을 설명하는 중요한 토픽이 된 것이다. 이것이 바로 WTO 시대 한국적 상황이 안고 있는 딜레마다. 문화다양성의 파괴나 문화자본의 독점화는 미국이 한국에게 일방적으로 강요하는 제국주의 논리가 아니라 바로 우리 안에서 우리 스스로가 생산하는 내적인 지배 논리로 작동된다. 대중문화 곳곳에서 발견되는 한국 문화의 미국화 경향은 우리 안에 내재화되어 있어서 문화의 안과 밖의 경계를 모호하게 만든다. 이러한 내적인 지배논리로 인해 WTO/FTA 시대 한국의 문화적 정세와 그 정세를 읽는 독법에는 문화제국주의 담론을 넘어서는 새로운 문화정치가 요구된다. WTO/FTA 시대 자본의 논리에 충실한 문화독점에 반대하는 것은 적어도 '우리 안의 미국화'의 논리를 넘어설 때 가능하기 때문이다. 한미 FTA는 우리 안의 'WTO 체제', 좀더 정확히 말하면 미국 편향의 경제 및 안보 질서의 공고화 체제가 확증되는지의 여부를 판가름하는 분기점이 된다. 그렇다면 한미 FTA 국면에서 비판적 문화연구는 어떤 입장과 대응을 보여야 하는가? 아시아의 비판적 문화연구는 동아시아 내 신자유주의 정치, 경제 질서에 어떻게 발언해야 하는가?

3. 세계화 국면과 비판적 문화연구의 딜레마

비판적 문화연구란 무엇일까? 비판적 문화연구는 정치적 문화연구만큼이나 다의적으로 해석할 수 있지만, 문화연구의 발생 원리와 직결되는 바, 의문의 여지가 없는 말이다. 문화연구는 1964년 버밍엄 대학의

현대문화연구소에서 시작된 이래 위계화된 분과학문에 도전하고, 현실
에 개입하는 폭넓은 문화실천을 수행했다는 점에서 태생적으로 '비판
적'이라고 말할 수 있겠다. 문화연구가 방법이 아니라 현실을 바라보는
비판적 태도에 있다는 스튜어트 홀의 언급에서 알 수 있듯이 문화연구
는 언제나 이미 '비판적'이라는 말을 내장하고 있다. 다만 무엇이 어떻
게 '비판적'인가 하는 질문은 문화연구의 실천에서 다양한 해답을 남겨
놓고 있다.

문화연구는 다양한 이론적 방법을 활용하여 텍스트의 권력, 이데
올로기의 문제를 제기하며, 현실에 직접 개입하는 문화적 실천을 기획
하였다. 문화연구는 하나의 운동 혹은 네트워크로서 몇몇 단과대학들
과 종합대학교에 자체의 학위를 개설했고 기관지와 모임들도 가지고
있다. 문화연구는 학과, 특히 영문학, 사회학, 매체 커뮤니케이션 연구,
언어학과 역사학에 지대한 영향력을 행사하고 있고 인문학이 성문화되
는 것을 지속적으로 비판해왔다.[13] 문화연구는 또한 문학예술의 전통적
인 방법론인 신비평이나 텍스트 재현이론을 넘어서 새로운 예술사회학
을 정립하고자 했으며, 권력, 불평등, 제도, 재현들에 대한 비판적 분석
을 통해 텍스트 연구의 과잉에 대한 문제를 제기해왔다.[14] 문화연구는
특히 1980년대 후반부터 영국과 미국 중심에서 캐나다, 호주뿐 아니라
남미와 아시아 국가에서 전통적인 지역학 연구를 대체하는 비판적 문

---

13) Richard Johnson, "What is cultural studies anyway?", *What is Cultural Studies? A Reader*, Arnold, 1997.
14) Janet Wolff, "Excess and Inhibition : Interdisciplinarity in The Study of Art", *Cultural Studies*, eds. by Lawrence Grossberg, Cary Nelson, Paula A. Treicher, Routledge, 1992.

화연구로 자리매김하였다. 도나 해러웨이의 지적대로 문화연구는 재현의 전통적인 정치학을 버리고 집합적인 접합의 전략을 위한 국지적 투쟁을 채택한다.[15] 문화연구의 비판적 전통은 현실에 개입하는 실천적인 담론과 행동을 생산하는 유산들을 공유하고 있다.

한국의 문화연구도 이러한 비판적 전통을 계승하고 있다. 한국의 문화연구는 한편으로는 1980년대 진보적인 문화운동의 비판정신을 계승하면서 텍스트와 현실, 분과학문의 경계를 무너뜨리고, 새로운 형태의 의미화 실천(signifying practice)의 장을 형성하는 데 기여했다. 문화연구의 비판적 관점은 문화지형의 복잡한 모순을 설명하기 위한 담론을 구성했고 현실 문화운동의 전환에도 기여했다.[16] 한국에서 문화연구의 등장은 적어도 문화와 사회에 대한 새로운 비판적 태도와 방법의 모색이라는 계기에서 비롯되었다.

그러나 새로운 세기에 접어들면서 한국의 문화연구는 초기의 관점에서 벗어나 상이한 진화의 맥락들을 갖게 되었다. 가장 두드러진 것이 문화연구의 급격한 제도화에 따른 비판적 태도의 실종이라는 딜레마다. 근대적 인문학의 위기를 극복하고 새로운 학문으로 전화하기 위한 노력들은 서구 학문 지형에서는 여러 각도로 진행되어 왔지만, 그중에서 문화연구는 인문학이 처한 내적인 한계를 가장 많이 비판하면서, 이른바 인문학의 지식생산과 교육체계의 전화를 요구했다. 그러나 문화연구의 국지적 분화 과정은 실천적인 위치에 대한 충분한 논쟁이 없이

---

15) Donna Haraway, "The Promises of Monster : A Regenerative Politics for Inappropriate", *Cultural Studies*, eds. by Lawrence Grossberg et al., Routlege, 1992.
16) 이동연, 「문화운동의 대안모색을 위한 인식적 지도 그리기」, 『대중문화연구와 문화비평』 참고.

제도적인 곤경을 맞게 되었다. 문화연구의 담론의 무성함에도 불구하고, 그것이 분과학문의 제도로부터 벗어나 자율적인 지식운동으로 확대될 수 있는 물적인 토대는 현저하게 무력한 것이 한국적 문화연구의 상황이다.[17]

비판적 문화연구의 물적 토대의 부족함에도 불구하고, 분과학문 중심의 제도교육 안에서는 문화의 시대라는 시류에 편승하는 다양한 기표로 재번역되면서 문화연구는 대학 구조조정의 핵심 자원을 설명하는 키워드가 되었다. 문화와 관련된 교육과정은 이제 대학에서 가장 경쟁력 있는 상품이 되었다. 비판적 문화연구의 제도화의 문제는 원조격인 버밍엄 대학에서 폐지를 당한 사례에서 알 수 있듯이 분과학문으로 집중할 수 있는 것은 아니지만, 문화 관련 교육제도화의 붐이 문화연구의 정체성의 위기를 보여준다는 것은 비판적 문화연구의 딜레마가 아닐 수 없다. 비판적 문화연구는 현재 몇몇 대학이 보여주는 노력[18]에도 불구하고, 문화를 상품화하려는 지배적인 신자유주의 교육 논리에 포위당했다고 볼 수 있는데, 이러한 제도적 실천에서의 딜레마는 세계화에 저항하는 문화운동의 국지적 실천의 부재와 맞닿아 있다.

한국 문화연구의 또 다른 딜레마는 바로 글로벌 시대 문화연구의 위상과 지위에 관한 질문이다. 이는 비단 한국 문화연구자들만의 문제가 아니라 아시아 문화연구자들이 공통으로 처한 상황이다. 글로벌한

---

17) 국내 문화연구의 제도화 과정에 대한 비판적인 언급에 대해서는 권경우의 글(「한국문화연구의 제도화와 과제」, 『문화사회』 창간호, 2006)을 참고하기 바란다.
18) 비판적 문화연구로서의 정체성을 유지하고자 노력하는 시도로 1990년대 말에 설립된 연세대학교 대학원 문화학 협동과정과 2006년부터 개설되는 중앙대학교 대학원 문화연구학과 협동과정을 들 수 있다.

문화환경이 아시아 문화연구자들 간의 소통을 확대하는 데 기여한 것
은 사실이다. 한국의 문화연구자들 역시 아시아 문화연구자들과 많은
협력관계를 유지하고, 최근 몇 년 동안 한국의 대중문화에 대한 수많은
국제회의를 개최하기도 했다.[19] 아시아 문화연구의 담론은 적어도 표면
적으로는 국제회의라는 장치를 통해서 활성화되고 있다.

동시대 아시아 문화연구의 글로벌한 수사들, 예를 들어 '글로벌 시
대 아시아의 대중문화 형성', '동아시아와 문화민족주의', '글로벌한
아시아 문화산업와 문화자본', '탈국가화하는 문화소비', 그리고 '한류
와 아시아' 등의 수사들에서 아시아 권역 내 문화교통의 변화에 대하여
함께 고민하는 흔적을 엿볼 수 있지만, 그러한 토픽들이 안고 있는 비
판적 쟁점들은 제대로 형성되지 못하고 있다. 어쨌든 최근 아시아 문화
연구자들의 공동 관심사는 현재 아시아에서 벌어지고 있는 탈국적화하
는 대중문화의 다양한 소통 현상들과 문화산업의 글로벌화에 있는 듯
하다.

한국의 문화연구자들과 마찬가지로, 아시아에서 비판적인 담론을
형성하고 있는 문화연구자들은 이러한 문화의 세계화를 관심 주제로
설정하고 있지만, 정작 각국이 직면하고 있는 자본의 세계화에 따른 문
화적 위기에 대해서는 특별한 관심을 기울이지 못하고 있다. 글로벌 시
대 아시아의 새로운 대중문화의 재편과 이에 대한 연구가 아시아 문화

---

19) 광주 문화중심 조성위원회에서는 2004년에 '아시아 문화 심포지엄'을 개최하였고, 2005
년 7월에는 '인터-아시아 문화연구'의 국제 심포지엄이 서울에서 열렸으며, 10월에는
'한겨레통일문화재단'이 'APEC 2005' 기간에 동아시아 관련 국제 심포지엄을 개최했
다. 이 밖에 성공회대, 한림대, 중앙대, 동아대, 외국어대 등 국내 많은 대학들이 아시아
문화와 문화연구에 대한 국제 심포지엄을 개최하였는데, 이 행사에 아시아에서 활동하는
많은 문화연구자들이 참여하였다.

한국 정부의 스크린쿼터 축소 발표에 항의해 1인 시위를 하는 영화배우 장동건

소비자의 흐름과 아시아 대중문화의 교통 과정을 분석한다는 점에서 의미가 있긴 하지만, 글로벌 시대, 글로벌화, 글로벌 아시아라는 용어의 기저에 놓여 있는 세계화의 문화논리와 아시아적 상황에 대한 비판적 연구를 공론화하는 데는 어려움을 겪고 있다. 문화연구가 1990년대 이래로 서양학문방법의 틀에서 벗어나 세계 권역 내의 공통의 문제와 국지적 문제에 실천적으로 개입하는 사례들에 관심을 기울였으나, 권

역 내 세계화가 가속화되는 최근의 상황에서는 정작 이 문제를 비판적으로 성찰하는 논의들은 중지를 모으고 있지 못하다.

왜 이런 현상이 생겨났을까? 아시아 문화연구의 활성화가 역으로 문화연구의 비판적 태도를 무력화한 데는 몇 가지 원인이 존재한다. 첫째, 아시아 문화연구자들 간에 세계화와 신자유주의적 문화 공세에 따른 문화적 위기에 대한 공동의 이해관계가 형성되지 못하고 있다. 이는 특히 아시아에서 신자유주의적 국면이 국가별로 불균등하게 형성된 데 기인한 바가 크다. 가령 미국 중심의 신자유주의의 경제적, 문화적 위협을 크게 체감하지 못하는 일본이나 싱가포르의 문화연구자들이 문화적 글로벌화에 대한 비판적 관점들을 전통적인 내셔널리즘으로 오해하는 경우를 보게 된다. 일본의 비판적 문화연구자들에게 미국의 신자유주의 공세는 현실적인 정세로 다가오기보다는 자국의 문화형성의 실체를 이해하기 위한 문헌적 관심의 대상이 된다. 반면 중국의 문화연구자들에게 신자유주의 문화 공세나 '중-미 FTA' 문제는 당장의 현안이 아니기 때문에 이데올로기적 적대감을 넘어서는 절실한 사안이 아니다. 더욱이 한국의 경우처럼 한미 FTA가 목전에 있고, 이로 인한 스크린쿼터의 위기와 같은 실제적인 쟁점이 제기되지 않기 때문에 아시아 문화연구자들의 인식의 공유는 더욱더 어렵다. 아시아 문화연구자들에게 세계화는 오히려 아시아 문화의 소통을 가능케 하는 새로운 문화환경으로 인식되는 경우가 많기 때문에 비판적 연구의 대상으로 체감되지는 않는 것 같다.

둘째, 아시아 문화연구자들의 탈정치적인 성향을 지적할 수 있다. 물론 아시아 문화연구 지형에서 중심적인 활동을 하고 있는 학자들은 대부분 문화적 신좌파에 해당되는 사람들이다. 타이완의 쳔꽝싱, 싱가

포르의 추아 벵 후앗, 일본의 요시미 순야, 중국의 왕샤오밍, 그리고 한
국의 강내희 교수 등은 자국에서나 국제적인 활동에서나 오랫동안 진
보적인 입장을 가지고 비판적 문화연구를 수행해온 학자들이다. 적어
도 이들이 1990년대에 활발하게 구성한 비판적 문화 담론들은 아시아
에서 새로운 형태의 지적 실천을 제시하기도 했다. 그러나 2000년에 들
어서 이들의 비판적 지적 연대는 느슨해지고, 공동의 지적 작업들이 학
술 영역에 머무르거나 충분한 성찰과 사전 토론 없는 형식적인 국제 세
미나 행사에 동원되기에 이르렀다. 또한 이들의 후속 세대인 30~40대
아시아 문화연구자들은 다양한 지적 입장과 세부 전공영역, 문화적 취
향에 우선한 네트워크를 형성하는 것을 선호한다. 2000년 들어 아시아
에서 벌어진 문화 쟁점들과 그것의 정치적 효과, 그리고 수많은 지역의
분쟁들과 세계화가 몰고 올 문화적 공세 등의 사안들은 후속 아시아 문
화연구자들에게는 매력적인 연구주제가 되지 못했다.

셋째, 아시아 문화 담론의 관변화에 대한 비판적 성찰의 부족과 자
생적 담론 형성의 착종을 언급할 수 있다. 아시아 문화 담론의 관변화
경향은 특히 한국의 문화연구 지형에서 부각되는 이슈다. 한국 정부의
동북아 균형자론과 한류의 아시아적 붐 현상에 힘입어 정부 각 부처와
산하 공공 연구기관은 1990년대 말부터 아시아에 대한 정치적, 경제적,
지리적, 문화적 연구들에 대한 대대적인 지원 정책을 펼쳤다. 한국의
각 대학들은 아시아 연구에 경쟁적으로 뛰어들었고, 든든한 재원을 기
반으로 한국 지식계는 아시아 지역학연구자와 문화연구자들을 연계시
키는 중요한 매개자의 역할을 담당했다. 이로 인해 수많은 국제회의가
열리고, 많은 공동작업들이 진행되었는데, 이 결과물들은 아시아 문화
담론을 풍성하게 했지만, 한편으로는 국가가 그 담론을 관리하게 만들

기도 했다. 공공재원의 지원으로 아시아 문화를 연구하는 것 자체가 문제될 리는 없겠지만, 부분적으로 지원을 받기 위해 관변적인 담론에 치우치거나 자생적이고 자율적인 연구 주제들이 후순위로 밀리는 경우를 보게 된다. 특정한 국제 세미나를 중심으로 모이는 것보다 구체적인 주제를 놓고 아시아 문화연구자들이 장기간 함께 연구하고, 이를 바탕으로 아시아 문화연구의 비판적 담론을 추적해나가는 노력이 요구되는 상황에 직면해 있다.

4. 반세계화 운동과 아시아 문화연대

한국의 비판적 문화연구의 제도적 딜레마와 인터-아시아적 딜레마의 문제는 곧 세계화에 대한 문화연구의 발화위치를 질문한다. 비판적 문화연구는 세계화, 혹은 문화자본의 세계화 시대에 어떤 발화위치를 가져야 하는가? 비판적 문화연구자들의 국제연대는 새로운 형태의 반세계화 문화운동으로 확산될 수 있을까? 이러한 질문에 대해 동시대 비판적 문화연구자들은 스스로 자신의 발화위치에 대해 성찰할 때가 되었다. 물론 문화연구의 제도화가 비판적 정체성을 무조건 상실하게 만든다거나 '인터-아시아' 문화연구자 그룹들이 본래의 비판적 관점들을 완전히 상실했다고 볼 수는 없다. 문화연구의 정체성을 왜곡하는 대학에서의 상업적 제도화에 맞서 대안적인 교육제도를 주장하는 것도 설득력 있는 발언이며, 아시아 문화연구자들 간에 학술적인 과제를 놓고 벌이는 지속적이고 반복적인 교류는 아시아적 현실에 대한 환기를 다지는 효과가 있다. 그러나 문화연구의 대안적인 제도화가 문화연구의 발화위치를 설정하는 유일한 실천은 아니며, 아시아의 정치, 경제적 현실에 대한 공동 대응이라는 노력 없이 비판적인 학술교류만 반복되는 것도 세계화 담론의 구성요소로 기능할 위험을 안고 있다. 특히 최근 한국에서 개최되는 수많은 아시아 문화 관련 학술대회는 연구과제의 충분한 공유와 연구의 실천적 효과에 대한 지속적인 관심이 없이 공식적인 사업의 형식적 행사로 변질되고 있는 것은 아닌지 의문이 든다.

비판적 문화연구의 제도화와 아시아 문화연구의 담론은 어떤 발화위치를 가져야 할까? 물론 문화연구를 바라보는 관점에 따라 이러한 질문에 대한 답은 서로 다를 수밖에 없지만, 문화연구의 유산이 스튜어트 홀의 언급대로 비판적 태도에 있다면, 적어도 문화연구의 제도적 실천은 문화의 현장에서 야기되는 사건들에 주목해야 하고, 아시아 문화연구는 담론적 실천을 넘어서 비담론적 실천에 대한 문화행동과 연계되는 일련의 노력들이 요구된다. 그렇다면 세계화 시대 문화연구가 주목해야 할 문화현장의 과제들을 어떻게 구상할 수 있을까?

가장 중요한 것은 비판적인 문화연구는 자본의 세계화, 문화자본의 독점, 권역별, 국지적 문화적 권리의 위기에 대응하는 구체적인 문화분석과 문화행동 프로그램들에 대해서 고민해야 한다는 점이다. 이는 WTO 중심의 세계화에 대응하는 문화운동의 의제들을 구체화하고 이것을 실현하기 위해서 국제적인 연대를 강화해야 한다는 의미이다. 자본의 세계화는 자본의 자유로운 이동을 가로막는 각종 국가 규제를 철폐하려는 목적을 가지고 있으며 이는 상품 생산의 수준을 넘어서는 금융자본의 세계화를 의미한다. 세계 무역, 직접투자 및 통화금융제도들의 자유화 및 탈규제로 고삐 풀린 자본의 세계화는 금융 주도의 글로벌 축적체계를 낳았고, 이러한 독점체계는 바로 고도로 집중된 금융자본이 재형성될 수 있도록 국가들이 금융자본에 되돌려준 자유로운 국

제 질서의 바탕 위에 있다.[20]

자본의 세계화는 금융자본의 축적과 함께 서비스 산업, 특히 문화 자본의 축적을 통해 실현된다. 금융자본의 축적과 함께 WTO 체제가 가장 중요하게 생각하는 것 중 하나가 바로 서비스 자본의 자유로운 거래다. 서비스 자본의 독자성은 그것이 소비자들과 직접 접촉하는 영역이 광대함에 따라 '생산-유통-소비'의 영역이 하나의 네트워크로 관리될 수 있다는 장점을 가지고 있다. 가령 서비스 자본의 개방은 텔레커뮤니케이션의 국제화를 가속시키는데, 직접투자의 뉴프런티어라 할 수 있는 멀티미디어는 가장 확실한 투자처들 중 하나이면서 전세계를 대상으로 하는 그들의 이데올로기적 지배를 위한 도구가 되기 때문이다.[21] 문화자본의 세계화에 대한 비판적 관점은 결국 문화의 '생산-유통-소비'의 과정에서 야기되는 '수직계열화'(vertical integration)와 '수평적 독점'(horizontal monopoly)에 반대하는 것이라 할 수 있다.

이른바 문화자본의 독점화로 인해 야기된 문화공공성, 혹은 문화적 종 다양성의 위기는 문화생태계의 위기로 볼 수 있다. 이러한 현상은 이미 한국 영화의 제작 경향과 투자 환경의 변화에서도 그대로 드러난 문제이기도 하다. 1990년대 말부터 비약적인 성장의 과실을 맛보고 있는 한국 영화산업은 스크린쿼터 현행 유지를 위한 문화운동을 전개하면서 반할리우드적 생태계를 지킬 수 있었지만, 영화 컨텐츠의 종 다양성 유지를 함께 이루어내지는 못했다. 문화관광부에서 발간한 『문화

---

20) 프랑수아 셰네, 「금융주도 하의 글로벌 축적체제」, 『자본의 세계화』, 서익진 옮김, 한울, 2003년 참고.
21) 같은 책, 239쪽 참고.

산업백서 2002』 자료에 의하면, 2001년 한국의 총영화 관람객 수는 3,520만 명으로 집계되었고, 이중 1,620만 명이 한국 영화를 관람해서 한국 영화 점유율은 46.1퍼센트를 차지했다. 이중 한국 영화 관객 상위 10위 안에 랭크된 영화들을 보면 대부분 조폭, 코미디 영화가 주를 이루고 있다. 같은 해에 제작되어 국내외 영화관계자들에게 호평을 받았던 '와라나고'(「와이키키 브라더스」, 「라이방」, 「나비」, 「고양이를 부탁해」)의 총 관객수는 서울 관객을 기준으로 10만 명이 넘질 못했다. 2003년, 2004년을 거치면서 한국 영화 시장 점유율은 50퍼센트를 상회하였지만, 문화의 종 다양성의 문제는 여전히 해결되지 않고, '저예산영화 제작지원'이나 '예술영화전용관 운영지원'과 같은 영화진흥위원회의 공식적인 지원으로 일부 해소되고 있다.

지난 2~3년 동안 지속된 대중음악산업의 심각한 위기도 따지고 보면 특정한 음악 장르가 음반시장의 기획·생산·유통을 독점한 데서 비롯된 것임을 감안할 때, 문화의 독점화는 시장 안에서의 컨텐츠의 다양성을 훼손시키고 결국에는 시장의 위기를 낳는 주 원인으로 지적될 만하다. 대중음악시장의 독점은 음원저작권이 쟁점으로 제기되기 전까지는 음악시장과 방송시장과의 이해관계 속에서 형성되었지만, 음원저작권이 음악시장의 절대적인 지위를 차지하고 있는 시점에서는 음원을 공급하는 음악업계와 음원을 유통하는 통신업계 사이의 관계로 위치가 이동했으며, 음악업계의 영세성으로 지금은 이동통신사에 의한 음악산업의 독점이라는 새로운 문제를 낳고 있다. 1990년대 이래 한국의 대중문화산업 시장은 문화적 컨텐츠, 혹은 문화적 인프라의 획기적인 향상 없이 제작자본과 유통 마케팅에 따른 부대비용의 규모가 비대해진 탓에 자본의 지배력이 더욱 큰 힘을 발휘할 수 있었고, 결국에는 문화시장 자체가 규모에 비해 취약한 시장성과 컨텐츠의 빈곤에 시달릴 수밖에 없었다.

비판적 문화연구자들, 특히 한국을 포함한 아시아의 비판적 문화연구자들은 이러한 문화자본의 세계화와 독점의 문제에 대해 좀더 분명한 입장을 견지하고 연대하는 것이 중요하다. 글로벌 문화자본은 아시아 문화소비를 어떻게 지배하고 있으며, 이는 아시아 노동시장과 아시아에 대한 미국의 상징적 지배를 어떻게 강화하는가에 대한 분석적이고 비판적인 논의를 통해서 문화의 세계화가 강제한 문화정치적인 문제들에 대한 공동의 대응이 필요하다.[22] 자본의 세계화가 낳은 상황으로부터의 출구는 정치적 활동의 외부에는 있을 수 없듯이[23], 문화자본의 세계화에 저항하는 문화운동 역시 문화정치적인 행동의 외부에 있을 수 없다. 아시아뿐 아니라 전세계 비판적 문화연구자들이 연대할 수 있는 가장 궁극적인 행동은 반세계화 운동의 대열에 동참할 수 있는 구체적인 문화정치적 프로그램들을 공유하는 것이 아닐까?

---

22) 예컨대 미국의 대표적인 글로벌 자본주의를 대변하는 나이키가 미국 프로농구 스타 마이클 조던과 글로벌 미디어를 활용하여 아시아 노동시장과 소비시장을 어떻게 공략하는지에 대한 비판적 분석이 필요하다. 나이키를 제조하는 인도네시아 노동자들 2만 5천 명이 연간 7천만 켤레의 신발을 생산하며 하루에 2.23달러를 벌고, 베트남 노동자들은 하루 12시간 노동하며 2달러의 임금을 받았다(월터 레이퍼버, 『마이클조던, 나이키, 지구자본주의』, 이정엽 옮김, 문학과지성사, 2001년, 6장 참고).
23) 프랑수아 셰네, 앞의 책, 292쪽 참고.

5장 _ 동아시아 전통연희의 변형과 문화번역 : 한일 '가면극'의 교차관계

1. 전통연희의 토착화

영화 「왕의 남자」가 천만 관객을 돌파하면서 영화 속에 등장하는 전통연희(演戲)에 대한 관심이 고조되고 있다. 영화 속에 등장하는 공길은 천민 광대의 신분으로 임금에게 이(爾)라는 호칭을 받은 실제 인물이다. 『연산군 일기』 60권 22장을 보면 공길이 논어를 외우는 장면이 있는데, "임금은 임금다워야 하고 신하는 신하다워야 하고 아비는 아비다워야 하고 자식은 자식다워야 한다. 임금이 임금답지 않고 신하가 신하답지 않으니 비록 곡식이 있은들 먹을 수가 있으랴"라는 일갈로 연산군으로부터 죽음을 당한다. 영화는 『연산군 일기』에 나오는 이 대사를 기초로 장생과 연희패들을 등장시키고 여기에 왕과 공길, 장생의 삼각관계를 더해 인간의 만남에 대해 허구적으로 그리고 있다.

이 영화에서 흥미로운 점은 영화 속에 재현되고 있는 전통연회 양식이다. 왕 앞에서 공연된 연희 양식은 실제 현존했던 것이라기보다는 그 형식과 방법을 차용하여 허구적으로 재구성한 것이라 볼 수 있다.

가령 양반들의 부패한 실상을 풍자하고 있는 '두번째 연희' 장면은 평
안감사의 부패상을 풍자적으로 그리고 있는데, 이 장면은 「봉산탈춤」의
'양반과장'에 등장하는 말뚝이와 양반의 대화놀음[1]을 연상케 하고, 연
산군 어머니의 죽음의 연원을 상징적으로 보여주는 마지막 연희 장면
에서는 중국의 전통연희 양식인 경극으로 실제 사건을 비유하고 있다.
「왕의 남자」속에 등장하는 광대들이나 이들이 펼치고 있는 판굿, 살판,
버나, 열두발, 줄타기와 같은 연희 양식들은 역사적 고증에 의한 재연
이 아니라 연희 양식의 문화적 맥락을 보편적으로 차용하여 연산군 시
대의 사회상에 대입시키는 역할을 하고 있다. 역사적 기록으로 존재하
는 것은 단지 공길이라는 광대일 뿐, 공길과 연산군과의 관계, 실제로
재현되었던 연희 양식, 그 연희 양식이 권력관계에 어떤 영향을 주었는
지는 아무것도 확인할 수 없다.

　　그러나 이러한 허구화된 연희 양식의 영화적 표현들과는 무관하게
연희 양식이 실제로 생산하는 의미는 표현형식의 상이함과 불일치함에
도 불구하고 일관된 맥락을 유지하고 있다. 영화 「왕의 남자」에서 그려
지는 연희 양식들은 영화적 볼거리를 위해 현대적으로 재구성된 것으
로 시대와 기원에 있어서 일관성을 유지하고 있지 않지만, 한 가지 일
관된 것이 있다면 바로 연희 양식의 풍자와 비유정신이다. 형식의 기원
과 재연의 정확성이 결여되어 있어도 연희 양식에서 일관되게 볼 수 있
는 풍자정신은 한국적 전통연희 자원에 내장되어 있다. 왕 앞에서 펼쳐

---

1) 「봉산탈춤」 양반과장을 보면 양반이 말뚝이에게 나랏돈을 떼어먹은 취발이를 잡아오라는
　대목이 있는데, 취발이를 잡아온 말뚝이는 양반에게 "샌님 말씀 들으시오, 시대가 금전이
　면 그만인데, 하필 이놈을 잡아다 죽이면 뭣하오. 돈이나 몇백 냥 내라고 하여 우리끼리 노
　나 쓰도록 합시다" 하고 말하자 양반이 옳커니 하고 그 제안을 받아들인다.

지는 공연들은 공식적인 의례에 해당되는 '연회'의 성격을 띠기보다는 신분이 낮은 광대들이 당시의 세태를 풍자하는 연행적인 의미를 가진다. 「왕의 남자」에서 중요한 것은 재연되고 있는 극적 양식이 아니라 그 극적 양식에서 풍자하고 있는 바의 사회적, 문화적 의미인 것이다.

전통연희 양식 중에서 가면극[2]은 이러한 풍자정신을 가장 잘 표현할 수 있는 매체다. 「왕의 남자」에서 임금을 가지고 놀거나 사대부 양반을 가지고 놀 때, 배우들은 자신이 풍자해야 할 대상들을 과장된 가면들을 쓰고 연기를 펼친다. 가면은 풍자의 대상을 가장 효과적이고 극적으로 표현할 수 있을 뿐 아니라 풍자하고 있는 자의 정체를 숨기는 양면적인 기능을 하고 있다. 한국의 전통 가면극에 등장하는 양반마당은 "신분적 특권의 모순을 풍자적으로 공격하는 데까지 나간다"는 지적[3]은 가면극의 풍자적 의도를 강조한 것이라 할 수 있다.

이러한 한국적 전통연희의 가면극은 민속적, 민중적인 의미가 강하고 마당이라는 열린 공간에서 벌어지며, 세태 풍자가 주를 이루지만, 동아시아의 가면극 모두가 이러한 성격을 가지는 것은 아니다. 동아시아 전통연희 형식은 그 문화적 원형에 대한 공유된 자원을 가지고 있지만, 그것이 다른 지역으로 이행되고 현지화되면서 서로 다른 문화적 맥

---

2) 여기서 '가면극'은 가면을 쓰고 등장하는 모든 연희 양식을 지칭한다. 「봉산탈춤」, 「고성오광대놀이」, 「강릉관노가면극」, 「양주별산대놀이」, 「북청사자춤놀이」 등에서는 서로 다른 성격과 상징적, 기호적 의미를 가진 가면들이 등장한다. 가면극이라는 용어는 연극적 의미가 강한 용어로서 탈춤, 탈놀이, 탈놀음과 같은 전통적인 용어와 산대놀이(서울, 경기도), 탈춤(황해도), 야류(野游, 경상남도), 오광대(五廣大, 경상남도)라는 지역적인 용어 대신에 사용한 포괄적인 용어라 할 수 있다(전경욱, 『한국의 전통연희』, 학고재, 2004년, 360쪽 참고).

3) 임재해, 「연행예술로서의 놀이문화와 민중적 현실인식」, 『한국의 민속예술』, 임재해 편, 문학과지성사, 1988년, 68쪽.

「고성오광대놀이」의 한 장면과 한국의 전통 가면극에 등장하는 탈들

락과 전통을 구성해왔다. 동아시아 전통음악은 대체로 중국에서 기원하는 것이 많지만, 그것이 토착화하고 현지화하는 과정에서 다른 문화 정서로 번역되어 왔다. 가령 전통음악만 하더라도 중국의 '얼후'나 '디즈'와 같은 악기들의 연주기법은 대단히 화려하고 현란한 반면 동일한 악기에 해당되는 한국의 '해금'이나 '대금'은 중후하고 정적인 분위기를 자아낸다. 반면 일본의 '비파'나 '삼현'과 같은 악기 연주형식은 대단히 절제되어 있다.

동아시아의 전통연회 형식을 대변할 수 있는 가면극의 경우 유사한 기원에도 불구하고 서로 다른 문화적 감수성과 사회적 의미를 생산한다. 일본의 대표적인 가면극은 '노'(能)라는 가면극인데 노는 사루가쿠(猿樂)를 연주했던 사람들이 만든 것이었다. 노 역시 한국의 전통연희 양식처럼 중국의 '산악'(散樂)과 '백희'(百戲)에서 유래된 것으로 볼 수 있고 기본적으로 시대를 풍자하는 의미를 가지고 있지만, 그 표현방식에서는 한국의 「봉산탈춤」이나 「양주별산대놀이」와 다르게 나타난다. 한국 가면극들의 표현방식들이 직설적이고 역동적이며 신랄한 현실풍자와 해학을 주요 원천으로 삼는 반면 '노'는 절제된 표현과 내면적인 연기가 주를 이룬다.

> 여러 종류의 노를 관람하는 중에 느낀 것은 온갖 연희가 억제되고 압축된 움직임 속에서 이루어진다는 것이다. 탈을 쓴 여인의 연희에서 그 억제된 움직임은 가장 두드러지게 나타난다. 예를 들면 우는 장면에서 주인공인 여인은 얼굴을 약간 숙이고 손을 살며시 탈 앞으로 올려 눈시울을 누르는 형을 취한다. …… 형에 맞춘 무대 상의 연희는 대본에 따라 진행된다. 이러한 움직임과 관련해 노의 연희는 아주 내면적이다.[4]

이러한 인용문에서도 알 수 있듯이 한국의 가면극과 일본의 가면극은 가면을 사용하는 방식과 표현하는 감수성이 다르다는 것을 알 수 있다. 동아시아 내 전통연희 양식도 각자의 위치에 따라 영향관계가 긴밀하지만, 국지적인 특수성에 따라 전통연희 양식이 번역된다는 것을 알 수 있다. 전통연희의 문화번역은 동아시아 내 문화자원들의 공통점과 차별점을 이해하는 데 있어서 중요한 담론을 생산해낸다. 한국의 산대놀이 역시 중국의 전통연희에 일정한 영향을 받고, 일본의 가면극들과 한

---

4) 김학현 편, 『能―노의 古典 "風姿花傳"』, 열화당, 1991년, 9쪽.

국과 중국의 연회 양식들을 차용한 것을 문헌을 통해서 알 수 있는데, 중요한 것은 특정한 지역의 전통연회 양식이 어떤 기원과 유래를 가지고 있는가를 밝혀내는 것이라기보다는 각각의 연회 양식들이 어떤 맥락 하에서 재구성, 재번역되었는가 하는 것을 분석해내는 것이라 할 수 있다. 본 논문은 동아시아 전통연회 양식 중에서 한국과 일본의 가면극의 비교연구를 통해서 가면극이 국지적으로 어떤 상관성과 차별성을 갖고 번역되는지를 검토해보고자 한다.

2. 전통연회 양식 교류의 두 가지 담론―'기원 담론' 과 '번역 담론'

동아시아에서 전통연회가 어떻게 서로 영향을 미쳤고, 각자의 고유한 특징은 어떻게 변별될 수 있는지를 연구하는 전통적인 담론들은 크게 '기원설' 과 '번역설' 로 구분할 수 있다. 기원설은 특정한 연회 양식이 처음 발생하게 된 인류학적 탐구를 중심으로 담론이 전개되며, '번역설' 은 특정한 전통 양식이 기존의 다른 연회 양식에 어떤 영향을 받아 발전했는지를 주장하는 담론으로 전개된다. 전자는 고유한 연회 양식의 발생 유래를 역사적인 문헌을 통해서 고증하는 것이 중심인 반면, '번역설' 은 현재의 연회 양식이 기존의 연회 양식을 어떻게 차용하고 번역해내는지를 밝혀내는 것이 중심이다.

　　지금까지 전통연회를 연구하는 담론들은 대부분 기원설, 유래설이 지배적이었다. 기원 담론은 통상 전통연회 양식의 용어가 어떤 기원을 가지고 사용되고 있는지, 연회공연에서 등장하는 인물들과 기존의 연회 양식과 어떤 연관성이 있는지를 고증하는 것을 원칙으로 한다. 고증 중심의 전통연회 기원 담론은 전통연회 역사를 연구하는 학술적인 담론으로 성장해왔고, 이것이 전통연희 연구의 중심 담론을 형성해왔다.

한국의 가면극들에 대한 학술적인 해석들도 대체로 기원 담론에 기초한다. 한국 가면극의 기원은 대체로 삼국유사에 등장하는 처용가무로 설명되고 있다. 『삼국유사』 「처용랑 망해사」(處容郎 望海寺) 조(調)의 자료에는 동해용, 처용, 남산신, 북악신, 지신 등이 나와서 춤을 추었다는 기록이 있는데, 춤추는 자들은 모두 가면을 사용했다고 전해진다.[5] 『삼국유사』 이외에 가면극의 유래를 확인할 수 있는 자료들은 마땅치 않지만, 『고려사』에 보면 "우리 말에 가면을 쓰고 노는 자를 광대라 한다"는 기록이 있고, 조선 초기 이제신의 『청강소설』(淸江小說)을 보면 중광대, 할미광대, 초란이광대, 박광대 등이 모여 춤을 추었다는 기록이 있으며, 조선 후기 유득공의 『경도잡지』(京都雜志)에는 산희와 야희에 대한 기록이 나타나 있다.[6]

연극은 산희, 야희 양부가 있으며, 나례도감에 속한다. 산희는 다락을 엮고 장막을 드리우고서, 사자, 호랑이 만석을 만들어 춤을 추었다. 야희는 당녀, 소매로 분장하고서 춤을 추는 것이다.[7]

인용문에 등장하는 산희(山戲), 야희(野戲)는 중국의 고전 연희 형식인 '산악'(散樂)과 '백희'(百戲)에서 유래된 용어[8]로 볼 수 있고, 당녀(唐

---

5) 조동일, 「민속극의 전개와 발전과정」, 『한국의 민속예술』, 임재해 편, 문학과지성사, 1988년, 88쪽.
6) 같은 책, 97~99쪽에서 참고.
7) 유득공, 『경도잡지』(京都雜志) 1, 조동일, 같은 글에서 재인용.
8) 전경욱, 『한국의 전통연희』, 학고재, 2004년, 360쪽.

女), 소매(小梅)는 「양주별산대놀이」에 등장하는 왜장녀와 소무와 연관
이 있다.[9] 민속학을 연구하는 학자들은 이러한 기원설, 유래설을 밝히
기 위해 문헌 속에서 등장하는 용어들이 어떻게 변화과정을 거쳤는지,
그리고 그것이 본래의 연회 양식과 어떤 연관성이 있는지를 문헌을 중
심으로 연구한다. 이렇듯 전통연희의 기원 담론은 문헌학적인 연구에
충실하다. 전경욱의 연구에 따르면 문헌적으로 종합해 볼 때, 한국 전
통연희 가면극의 기원설은 산대회 기원설[10]과 기악기원설[11], 제의기원
설[12], 산악·백희 기원설[13] 등으로 정리할 수 있는데, 특히 산악·백희 기
원설은 중국과 한국, 일본의 전통연희의 상호 교류와 수용의 역사를 이
해하는 데 참고가 될 수 있다. 중국 가무희(歌舞戲)에서 유래된 한국과
일본의 전통연희는 산악이라는 형식을 통해 춤과 노래로 전승되었다.

---

9) 김학주는 『경도잡지』에 나오는 소매를 가면극의 소무로 간주하고, 이는 중국과 한국의
   나례에 등장하는 인물인 소매(小妹)에서 유래한 것으로 본다.
10) 국문학자 안확에 따르면, 나의가 신라시대에 처용무가 되고, 고려시대에 내려와 산대회
   가 되었고, 이 산대회가 바로 조선시대 산대도감극의 전신이 된다(전경욱, 앞의 책, 364쪽
   참고).
11) 이혜구 연구에 의하면 기악(技樂)은 백제인 미마지가 중국 남조 오나라에서 배워 일본에
   전달하면서 시작된 것이다(기악의 일본식 발음이 '기가쿠'이다). 「양주별산대놀이」나 「봉
   산탈춤」 등의 등장인물들과 진행과정이 기악과 비슷하다는 설명이다(전경욱, 앞의 책,
   366~367쪽 참고).
12) 제의 기원설은 그동안 상당한 논의를 거쳤다. 조동일은 탈춤의 기원을 마을의 굿에서 유
   래한 것으로 보고 있는데("농악대의 풍물잡이들이 신의 가면을 쓴 사람들과 함께 춤을 추고,
   노래를 부르고, 놀이를 벌이는 이러한 굿은 탈춤의 기원이다."(조동일, 앞의 글, 86쪽 참고) 이
   러한 주장은 한국의 전통연희 가면극이 일반 서민들의 정서와 기원을 대변하는 민속적인
   가치를 가지고 있음을 강조하는 것이라 할 수 있다.
13) 산악·백희 기원설은 한국의 전통연희 양식, 특히 가면극이 중국에서 유래되었다는 것을
   강조하는 담론이다. 고려시대와 조선시대에는 산악, 백희가 가무백희, 잡희, 산대잡극,
   산대회라고 불리웠는데, 중국에서 산악을 담당했던 사람들이 이 연회들을 발전시켜서
   '나희'라는 가면극을 성립시킨 것처럼 한국에서도 중국 사신을 영접할 때 나례도감에 동
   원되어 연회를 펼친 반인들이 「본산대놀이」를 성립시켰다(전경욱, 앞의 책, 378쪽 참고).

『주례』의 24권 「춘관」(春官)을 보면, "산악은 야인들의 훌륭한 음악을 뜻하니, 지금의 황문창(黃門倡)과 같아 자연히 춤이 있는 것이다. 이악은 사방 오랑캐들의 음악으로 역시 모두 노래와 춤이 있는 것이다"고 하는 언급이 있다.[14]

전통연희의 기원 담론들과 달리 번역 담론들은 전통연희 형식의 계승 과정에서 용어의 변형이 어떻게 이루어졌고, 이것이 어떤 문화적 맥락을 가지고 있는가를 분석하는 것이라 할 수 있다. 그동안 전통연희 연구에서 번역 담론은 문헌적 연구 차원에서 용어 변용의 변천사를 고증하는 방식으로 진행되었을 뿐, 용어와 양식의 변형과정에서 어떤 문화적 맥락과 특성화가 개입되어 있는지에 대해 연구하려는 시도는 부족했다. 전통연희에 대한 번역 담론은 기존의 문헌학적인 연구와 고고학적인 연구의 전통방식에서 벗어나 각각의 용어와 연희 양식의 변화에 개입되어 있는 문화적, 정치적 의미들을 분석하는 것을 의미하는 것으로 문화연구적인 관점이 작용하는 것이라 볼 수 있다. 번역 담론은 동아시아 내 전통연희의 교류 과정에서 어떤 문화적 차이와 흉내내기가 작동되는지를 살펴보는 것으로, 마치 인도의 탈식민주의 연구자 호미 바바의 언급대로 "동일하지만 완전히 똑같지 않고, 다르지만, 완전히 다르지 않은" 흉내내기의 전략[15]을 통해서 도전과 위협의 양식들을 만들어내는 지점들을 짚어내는 것이라 할 수 있다. 번역 담론은 전통연희 양식의 변용과정에 숨겨져 있는 권력관계에 대한 담론일 수 있으며 의미를 재구성하는 해석일 수 있다.

---

14) 김학주, 『중국 고대의 가무희』, 민음사, 1994년, 48쪽.
15) 호미 바바, 「모방과 인간」, 『문화의 위치』, 나병철 옮김, 소명출판, 2002년 참고.

전통연희에 대한 번역 담론에서 중요한 문제설정은, 독일의 극작가 브레히트(Bertolt Brecht)가 말한대로 '기능 전환'이다. 최초에 발생한 전통연희 양식이 공간과 시간의 변화 속에서 어떻게 변형되었는가를 살펴보는 것은 전통연희 양식의 기능이 전환되는 경로를 파악하는 것이다. 실제로 동아시아 각국의 전통연희는 상호 교류하는 과정 속에서 이러한 기능 전환이 이루어졌다고 말할 수 있다. 가령 전통연희의 발생적 토대라 할 수 있는 '산악'과 '백희'는 삼국시대에 중국으로부터 유입되어 조선시대에 이르러서는 '가무백희', '잡희', '산대잡극'으로 불렸는데, 이는 모두 중국의 사신을 영접할 때 공연되는 것들이었다. 조선시대에 중국 사신을 영접하기 위해 행해진 나례 행사의 일종으로 산대놀이가 행해졌다는 것은 몇 가지 기록에서 확인할 수 있다. 중국 사신들을 영접하기 위해 서울 근교에 있는 반인(泮人)들을 모아 연희 공연을 실시하였는데, 이들이 서울의 「본산대놀이」를 태동시킨 연희자들이다.

중국과 한국의 나례에서 산악, 백희가 연행되었고, 그 연희자들이 후대에 가면극을 성립시켰다는 데서 일치점이 보인다는 사실은 주목할 만하다. 한국 가면극에 등장하는 인물의 성격과 극적 형식은 나례에 등장하는 인물의 성격 및 구나(驅儺) 형식에 크게 영향을 받은 것으로 나타난다. 이는 서울의 「본산대놀이」 가면극을 성립시킨 연희자들이 바로 나례와 중국 사신 영접 행사에 동원되던 반인들이었기 때문이다.[16]

---

16) 전경욱, 앞의 책, 378쪽.

그러나 중국의 사신 영접행사에 동원된 「본산대놀이」 연희자들은 산악이나 백희의 연회 형식이나 일종의 접대용 연희라는 기능과는 다르게 시간이 지나면서 국지적인 특이성과 자율성을 갖게 된다. 서울 근교에서 벌어진 「본산대놀이」는 당시 서민들의 난장과 양반계층에 대한 비판적 풍자정신을 새롭게 재구성한다. 연희 공연과 그 양식들은 이렇듯 시대의 상황에 따라 토착화하고 재기능화하면서 조선 후기에는 민중들의 문화표현의 중요한 양식으로 자리 잡게 된다.

따라서 전통연희 양식은 그 양식이 어디에서 유래되었는지가 중요한 것이 아니라 어떻게 국지적으로 변형되었고, 그 의미가 어떻게 전도되었는지가 중요한데, 이런 일련의 과정들을 이른바 '문화번역'이라고 명명할 수 있다. 문화번역은 하나의 문화가 다른 지역으로 이동할 때, 혹은 특정한 지역의 문화현상을 해석하는 과정에서 생겨난다. 문화번역은 "타자의 언어, 행동양식, 가치관 등에 내재화된 문화적 의미를 파악하여 '맥락'에 맞게 의미를 만들어내는 행위"[17]라 할 수 있다. 문화번역은 문화를 해석하는 행위에서만 일어나는 것은 아니다. 그것은 하나의 문화양식이 다른 지역으로 이동하여 그 지역의 맥락에 맞게 의미가 만들어지는 행위이기도 하다. 가령 셰익스피어의 「햄릿」이 전세계적으로 각 지역의 문화적 맥락에 맞게 재해석되어 색다른 공연작품으로 번역되는 사례들을 어렵지 않게 발견할 수 있다. 우리의 전통 판소리 「심청전」이나 「춘향전」이 해외에서 공연될 때 오페라나 현대무용극으로 번역되어 소개되기도 한다. 문화번역은 원본의 흉내내기이면서 동시에

---

17) 김현미, 『글로벌 시대의 문화번역』, 또하나의문화, 2005년, 48쪽.

제2의 창조이기도 하다. 문화번역은 공연을 만드는 창작자들의 행위만
이 아니라 공연을 수용하는 관객들의 행위이기도 하다. 번역 행위는 또
한 국가와 종족이 다른 사람들끼리 일어나는 것만이 아니라 성과 세대,
지역의 차이에 의해 나타나기도 한다.

문화번역은 문화적 근접성(cultural proximity)이 강한 인접국가들
의 문화교류에서 발견된다. 특히 한자문화권 안에 있는 한·중·일 국가
들은 공동의 문화자원과 뿌리를 가지고 있는데, 각국의 문화들은 서로
에게 영향을 주고받으며 자신들만의 독특한 문화양식들을 만들어나간
다. 권역의 문화양식들의 교류방식은 크게 '지배'(dominance), '교환'
(exchange), 그리고 '횡단'(transference)으로 구분할 수 있다. '지배'로
서의 문화교류는 하나의 문화가 다른 문화를 일방적으로 흡수하는 것
을 말하며, '교환'으로서의 문화교류는 각자의 문화양식들이 별다른 영
향 없이 거래하는 것이고, '횡단'으로서의 문화교류는 하나의 문화가
다른 지역으로 이식되면서, 그 지역의 특성에 맞게 변형되어 새로운 문
화양식으로 생성되는 것을 의미한다. '횡단'으로서의 문화교류는 앞서
언급한 문화번역의 특성과 일치하며 동아시아 내 문화양식들은 이러한
횡단하는 문화번역의 과정을 거쳐 '문화적 근접성'을 이룬다.

3. 동아시아 전통연희에서 '가면극'의 문화번역

동아시아의 문화적 근접성과 문화번역의 유산을 살펴보는 데 있어 한
중일의 가면극을 비교검토하는 것만큼 적절한 것은 없을 것이다. 한국
과 중국, 일본의 가면극들은 서로 다른 문화적 특성을 갖고 있지만, 서
로 유사한 문화적 유산을 갖고 있다. 조선시대의 가무백희, 산대잡극은

18세기에 이르러 번성했는데, 이것이 지금까지 한국의 전통연희 가면극으로 내려오는 「본산대놀이」나 「별산대놀이」의 문화적 토대가 된다. 「본산대놀이」는 반인들이 조선 후기에 서울 근교에서 삼국시대 이래 중국에서 전승되어 온 산악, 백희 계통의 연희를 가면극으로 재창조한 것으로 서울 근교에서 벌어진 산대놀이는 서울 중심의 「본산대놀이」와 구별하기 위해 「별산대놀이」로 구분하여 계승되었다. 반면 일본의 4대 전통연희 장르라고 할 수 있는 '가부키'(歌舞伎), '분라쿠'(文樂), '교겐'(狂言), '노'(能)도 일본의 전통적인 문화적 특성을 드러내고 있지만 그 기원을 거슬러올라가면 대체로 중국의 연희 양식인 '산악'과 '백희'의 양식과 유사하다. 특히 일본의 전통적인 민중연희 양식이라 할 수 있는 '노'와 '교겐'은 중국과 조선에서 전해내려온 문화적 자원을 많이 공유하고 있다.

교겐의 역사를 더듬어볼 때, 사루가쿠의 발자취를 알고 넘어가는 것이 이해에 도움이 될 것 같다. 사루가쿠의 기원은 나라시대(奈良時代 : 710~784)에 중국과 조선에서 전래된 연희인 산악에서 찾아볼 수가 있다. 산악은 산악백희라고 하며 잡희나 백희니 하는 말도 있다. 그 원류는 중앙아시아 지역에서 비롯되었다고 하며 가무, 흉내내기, 곡예 요술 따위 가지각색의 기예를 포함한 연희였다. 이 가운데서 우스꽝스러운 토막극식 연희가 주류가 되어 발달하면서 사루가쿠라는 연희가 나타나게 되었다. 여기서 노, 교겐이 형성된 것이다.[18]

---

18) 김학현 편, 『狂言 ― 웃음과 和樂의 연극』, 열화당, 1991년, 10쪽.

일본의 대표적인 전통 가면극 노의 연기 장면

중국에서 유래된 산악, 백희, 잡희라는 연희 형식은 한국과 일본으로 오면서 다른 이름으로 번역되었는데, 이름만 다르게 변한 것이 아니라 극적 형식과 스타일도 다르게 나타난다. 가령 한국의 「송파산대놀이」나 「양주별산대놀이」, 그리고 「봉산탈춤」이나 「강릉관노가면극」과 같은 가면극들은 대단히 현실풍자가 강하고 직접적이고 노골적인 표현들이 많다. 가면극의 등장인물들은 개성이 강한 인물들로서 당대 사회의 사회구성원들을 신랄하게 풍자한다. 「본산대놀이」에서 등장하는 양반과 말뚝이의 관계는 주종관계이지만, 극중 서사는 말뚝이가 양반에게 복종하는 체하면서 그들을 조롱한다. 양반을 상징하는 가면들은 대개가 언챙이 모습을 하고 있는데 이 역시 특권층인 양반에 대한 위협을 기호화한 것이다. 탐욕에 사로잡혀 있는 노장과 싸우는 취발이의 익살스런 모습, 할미과장에 나오는 미얄할미의 신세타령 등에는 신분과 계급모순, 그리고 권위적인 서열사회에 대한 신랄한 풍자형식이 담겨 있다.

반면 중국과 한국으로부터 아악과 산악을 전수받은 일본의 가면극들은 현실에 대한 직접적인 풍자형식보다는 절제되고 내면화된 감정을 표현하는 방식에 가깝다. 일본의 아악은 백제로부터 전승된 것인데, 음악적 기교가 다양한 백제 아악 대신에 일본의 아악은 꾸밈형식 없이 음을 직선적으로 뻗도록 연주한다. 일본의 대표적인 가면극인 '노'는 한국의 산대놀이에서 볼 수 있는 가면처럼 다양한 색감을 사용하거나 표정과 얼굴에 변형을 많이 주는 것과는 다르게 단순하고 상징적인 도형을 선호한다. 가면이 상징하는 것도 일반 서민들의 현실과 일상에서 발견되는 실질적인 의미를 전달하기보다는 삶과 죽음에 대한 추상적인 의미를 많이 표현하고자 한다. 가면극은 아니지만, 일본의 4대 전통연희 형식들인 '가부키'(歌舞伎), '분라쿠'(文樂), '교겐'(狂言)도 이러한 가면의 추상적인 의미를 강조한다. 동아시아 전통연희 형식들은 결국 서로 동일한 문화적 기원에서 출발하지만, 문화번역 과정을 거쳐 서로 다른 연희 형식과 표현양식들을 만들어냈다.

이렇듯 동일한 전통문화 자원에서 비롯된 것이라도 한국의 가면극과 일본의 가면극들은 서로 다른 스타일과 지향점을 가진다. 이러한 서로 다른 문화번역의 과정들을 검토하기 위해 한국과 일본의 가면극에서 볼 수 있는 등장인물의 상징성과 서사구조들을 분석하고자 한다.

한국의 전통연희 가면극에 등장하는 인물들은 당대 사회 구성원들의 스펙트럼을 볼 수 있도록 현실을 풍자하는 공통의 스타일을 갖고 있다. 그런데 이러한 공통의 스타일 안에는 크게 사회를 구성하는 세 가지 세력들이 등장한다. 하나가 당대의 지배계급인 양반이고, 다른 하나가 양반과 대칭관계로 기층 민중계급을 대변하는 말뚝이, 그리고 마지막으로 종교적 세속성을 상징적으로 보여주는 중이 등장한다. '양반'은 생원이나 선비로, '말뚝이'는 쇠뚝이나 미얄할미로, '중'은 노장이나 먹중, 취발이로 재기표화된다.

가면극에서 양반은 거의 예외 없이 조롱과 풍자의 대상이 된다. 「봉산탈춤」 양반과장에 등장하는 양반은 겉으로 보기에는 위엄 있는 인물이지만 항상 몸종이라 할 수 있는 말뚝이에게 놀림감이 된다.

양반 : 양반을 모시지 않고 어디로 그리 다니느냐?

말뚝이 : 본댁에 가서 마나님과 하고 하고 재독(再讀)을 했습니다.

양반 : 이놈 뭐야!

말뚝이 : 문안을 드리고 드리고 하니까.

말뚝이 : 좆대갱이 하나 줍다.

양반 : 이놈 뭐야!

말뚝이 : 조기 대갱이 하나 줍다.

양반 : 조기 대갱이라네.

말뚝이는 항상 말장난으로 양반을 골려먹지만 양반은 자신이 놀림감이 되는지도 모르고 상황파악을 하지 못한다. 양반이 기층 민중들에게 적나라하게 조롱의 대상이 되는 이유는 지배계급들의 뿌리깊은 정치적 부패 때문이다. 조선의 가면극들은 양반과 말뚝이라는 극단적인 신분 차이를 드러낸 후 말뚝이로 하여금 양반의 부패에 대한 풍자를 극대화하게 한다. 「봉산탈춤」 양반과장에 보면 양반이 말뚝이에게 부패한 취발이를 잡아오라고 명하는데, 말뚝이는 양반에게 오히려 취발이를 잡아들이기보다는 돈을 서로 나눠먹는 것이 낫지 않느냐고 제안을 한다. "말뚝이 : 샌님 말씀 들으시오. 시대가 금전이면 그만인데, 하필 이 놈을 잡아다 죽이면 뭐하오. 돈이나 몇백 냥 내라고 하여 우리끼리 노나 쓰도록 합시다."[19] 이러한 말뚝이의 조롱과 풍자를 조동일은 성장된 민중의식의 반영으로 본다.

> 양반에 대한 풍자가 말뚝이라는 민중적 항거의 전형을 통해서 진행되는 것도 성장된 민중의식의 반영이다. 말뚝이로서 집약되는 민중의 활력을 개방하기 위해서 이를 억압하는 봉건적 특권은 철폐되어야 한다는 주장을 탈춤은 고취하고 있다. 탈춤은 봉건적 특권이 더 이상 유지되기 어려운 형편에 처해 있음을 말하고 민중의 해방이 임박했음을 나타낸다.[20]

양반과 함께 속세의 탐욕을 이기지 못하는 중에 대한 신랄한 풍자 역시 가면극 풍자의 정수라 할 수 있다. 「양주별산대놀이」, 「송파산대놀이」, 「봉산탈춤」, 「강령탈춤」과 같은 가면극에 등장하는 중의 형상은 취발이, 먹중, 상좌와 옴 등으로 표현되는데, 이들은 대개 양반, 선비 등과 함께 사회의 구악으로 동일시되거나 역으로 낡은 노장을 쫓아내고 불교의 현실적인 힘을 강조하는 새로운 세력으로도 등장한다. 취발이는 술에 취한 중을 의미하는데, 붉은 가면을 쓰고 손에는 버드나무 가지를 들고 다니면서 노장을 쫓아낼 때 사용한다. 이들은 묵상과 수도보다는

---

19) 전경욱, 앞의 책, 403쪽에서 재인용.
20) 조동일, 『탈춤의 역사와 원리』, 홍성사, 1981년, 107~108쪽.

세속적인 즐거움을 쫓는 파계승으로 그려지지만, 다른 한편으로는 사회의 낡은 세력으로 상징되는 노장에 맞서는 인물로도 그려진다. 「양주별산대놀이」나 「봉산탈춤」에 등장하는 노장은 겉으로는 좌선염불하는 노승으로 보이지만, 실제로는 타락한 양반과 다름없는 지배계급으로 등장한다. 「봉산탈춤」 노장과장을 보면 노장을 검은 빛이나 검은 물건으로 비유하고 있는 것을 알 수 있다.

> 먹중 1 : (노장 쪽을 가리키면서) 저 동편을 바라보니 비가 오실라는지
>   날이 흐렸구나.
> 먹중 2 : 날이 흐린 것이 아니다 내가 자서히 들어가 보니 오기짐을 버
>   트려 놨드라.
> 먹중 3 : 내가 이자 자서히 들어가 본즉 숯장수가 숯짐을 버트려놨드라.
> 먹중 4 : 내가 이제 자서히 들어가 본즉 날이 흐려서 대명이가 났더라.
> 먹중 5 : 사실이야 대명이 분명하더라.
> 먹중 6 : 대명이나 숯짐이니 옹기짐이니 뭐니뭐니 하더니, 그것이 다 그
>   런 게 아니고 뒷절 노시님이 분명하더라.

이러한 먹중들의 노장 풍자나 술취한 중인 취발이가 노장의 여자 소무를 빼앗는 장면은 파계승들 간의 세속적인 싸움이라기보다는 새로운 힘을 발산하는 민중의 힘으로 비유되곤 한다. 전경욱은 노장에게서 소무를 빼앗는 것에 대해 "신체적, 경제적, 성적인 힘을 가진 취발이를 통해서 새 역사의 주인공이 될 수 있는 근대적 민중의 전형을 엿볼 수 있다"고 언급한다.[21] 결국 가면극에 등장하는 말뚝이와 취발이와 같은 등장인물은 새로운 사회세력을 꿈꾸는 민중계급들의 사회적 희망으로 그

려지는데, 이는 가면극이 마을의 굿에서 비롯되었고 인간과 자연의 갈등을 주술적으로 해결하려는 굿이 극으로 발전한 데 따른 것이라는 지적을 통해서 설득력을 얻을 수 있다. 즉 가면극은 민중들의 일상의 공동체 의식을 반영한 것이라는 지적말이다.

> 생활 방편이 공동적일 수 없게 되면서부터 분화화가 되기 시작하고 분업화되는 과정 속에서 공동체 의식은 분화된다. 탈춤에서는 연희자와 관중이 분리되기 시작하고 연희의 주도자와 종속자 간에 층이 생기기 시작한다. …… 이렇게 분화된 작업은 적어도 인적 결합으로서의 공동체 의식을 파괴하거나 훼손시키는 것이 아니다. 공동작업 내에서 서로 갈등이 있을 수 없겠으나 그것이 첨예화되는 방향을 취하고 있지 않은 것은 공동체적 유대의식, 공동체적 공감대가 형성되어 있는 가운데 진행되기 때문이다. 탈춤을 흔히 공동 창작의 소산이라고 보는 것도 현실 사태에 대한 공동인식이라는 공동적인 관점과 공동적인 실천력이 전제된 위에서 만들어진 것이기 때문이다. …… 탈춤에서 연희자와 관중이 교호적인 관계를 갖는 것도 공동 작업 내에서 동일한 행위 노선을 취하고 있기 때문이다.[22]

한국의 가면극들은 따라서 당대 사회의 지배계급 권력 부패에 대한 풍자와 민중계급들의 해학 속에 담긴 새로운 사회에 대한 열망과 공동체

---

21) 전경욱, 앞의 책, 398쪽에서 재인용.
22) 채희완, 「공동체 의식의 분화와 탈춤구조」, 『한국의 민속예술』, 문학과지성사, 1988년, 143쪽.

의식을 핵심적인 구성원리로 갖는다고 볼 수 있다. 「봉산탈춤」에 등장하는 미얄할미도 극중에서는 바람 피운 영감에게 신세타령을 하다가 죽음을 당하는 기구한 개인으로 그려지지만, 궁극적으로는 가련한 희생을 당하는 민중계급을 대변하며, 미얄할미의 넋을 기리는 무당의 진오귀굿은 민중들의 아픔을 달래주는 주술행위로 상징화된다고 볼 수 있다.

한국의 대부분의 가면극들이 이렇게 풍자와 해악을 가미한 민중적 욕망을 그려내는 것이라면, 일본의 가면극들은 일상의 즐거움과 자기만족의 소품으로 활용되는 경우가 많다. 일본의 대표적인 가면악극이라 할 수 있는 '노'(能)는 역동적이고 강렬한 표현을 즐기는 한국의 가면극과는 다르게 절제되고 소박한 동작을 기초로 한다. 한국의 가면극의 가장 큰 특성이 풍자라고 한다면, 노는 절제이다. 한국의 가면극이 외형적이고 직설적인 데 반해 노는 내성적이고 간접적이다. 한국의 탈춤과 산대놀이와 일본의 연희극은 동시대 한국과 일본의 문화적 특성을 그대로 보여주고 있다.

노의 가면극이 절제된 양식을 갖추게 된 데에는 이 극을 수용하는 계층이 대부분 중세의 귀족계급들이었다는 점과 무관하지 않다. 노와는 다르게 일본의 대표적인 연희극이라 할 수 있는 교겐과 인형극 분라쿠는 민중들, 서민들의 공연 양식이라 할 수 있다. 노가 불교철학을 기반으로 지식층에 친숙해진 로망을 극도로 단순화한 상징성과 암시성이 높은 가면악극인 반면 교겐은 시민사회의 건강한 웃음을 추구한 희극이라고 말할 수 있다.[23] 한국의 가면극과 가장 유사한 유형을 보이고 있는 교겐은 처음 만들어진 중세기에는 한국의 가면극처럼 현실을 비판하는 풍자와 해학이 넘쳐난다.

하극상 시대라는 말로 표현되듯, 중세 동란기에 민중의 놀이로 발전한 교겐이 풍자를 웃음의 재료로 삼은 것은 매우 자연스러운 일이었다. 풍자의 대상은 권위였다. 벼락 출세한 다이묘와 하인 타로가쟈의 지위를 바꿔친다거나 귀신과 염라대왕이 인간에게 굽실거린다거나 중이나 수도자들의 종교적 권위를 웃음거리로 만들어버린다.[24]

일본의 대표적인 서민극인 교겐은 한마디로 말하자면 웃음의 연극이고 "미친 소리, 도리에 어긋난 말, 장난, 농담 삼아 하는 말, 노닥거리고 희롱하는 말"로 풍자정신을 살리고자 하지만, 이 역시 무로마치 시대와 도쿠가와 시대를 거치면서 풍자정신은 사라지게 된다. 이러한 연희극 형식의 차이는 연희의 목적과 양식 자체에서 비롯된 것이다. 교겐뿐 아니라 분라쿠, 가부키, 그리고 노 등 일본의 연희극들은 연기자와 관객이 무대와 공연형식의 틀을 깨고 하나로 소통하는 한국의 가면극 방식과는 다르게 일정한 완결된 형태의 공연 형식을 중시한다. 한국의 가면극들, 예컨대 「봉산탈춤」과 「고성오광대」, 「양주별산대놀이」와 같은 가면 연희극들은 마을 안에서의 일상적인 노동과 인간관계들의 연장으로 수용되고, 특정한 무대가 양식화되지 않고 마당이나 거리에서 난장을 즐길 수 있는 것이라면, 일본의 연희극들은 일상과 일정한 거리감을 두려는 공연 형식들을 중시한다. 노라는 가면극 역시 자기완결성이 강한 무대극을 지향한다.

한국과 일본 연희극의 이런 차이점들은 연희극에서 가면의 역할

---

23) 김학현 편, 『文樂—三昧線과 창이 어우러진 인형극』, 열화당, 1995년, 47쪽.
24) 김학현 편, 『狂言—웃음과 和樂의 연극』, 37쪽.

차이에서도 발견될 수 있다. 한국의 가면극에서 가면은 철저하게 풍자의 대상, 공격의 대상이 된다. 가령 「양주별산대놀이」의 양반 가면을 보면 쌍언청이의 모습을 하고 있고, 「봉산탈춤」의 양반 가면 역시 쌍언청이의 모습을 하고 있다. 「통영오광대」의 양반들도 모두 다 신체적 결함이 두드러지게 타나난다.

> 양반에 대한 증오와 풍자는 가면에서도 찾아볼 수 있다. 「양주별산대놀이」 첫째 양반인 샌님 가면은 「본산대놀이」를 보고 지은 강이천의 한시 「남성관희자」에서 이미 언청이로 묘사된 바 있는데, 「해서탈춤」과 「별산대놀이」에서도 모두 흰색 바탕의 얼굴에 쌍언청이의 모습을 하고 있다. 둘째 양반도 대개 언청이 가면인데 언청이가 한 줄로 표현되어 있다. 종갓집 도령 가면은 얼굴과 코가 삐뚤어진 모습이다. 야류와 오광대에서는 양반 가면이 모양반탈, 홍백탈, 흑탈, 곰보탈 등으로 더욱 추하게 표현되어 있다. 이는 양반이 그 가면처럼 비정상적인 인물이며, 특권을 누릴 수 있는 자격이 없는 존재임을 나타낸다.[25]

이에 반해 노의 가면들은 풍자의 대상을 희화화한다거나 조롱하는 형상을 취하지 않고 형상화하려는 인물들을 과장되지 않게 절제된 형식으로 만든다. 원래 노는 단순한 가면극이 아니라 춤과 음악이 결부된 가무극(歌舞劇)의 형태를 띤다. 노에는 한국에서 소리에 해당되는 '우타이'(謠)와 음악에 맞춰 무(舞)가 동반된다. "노는 연희와 가무 반주음

악이 한데 어우러져 종합예술을 형성하고 있다."[26] 노에서 가면은 '멘',
혹은 '오모테'라고 하는데 가면들은 형상과 표정을 분명히 알 수 있는
가면과 형상이 무엇을 의미하는지가 분명치 않은 가면으로 나뉜다. 유
려한 표정을 짓는 오인탈은 한국의 양반탈과 유사하며, 도깨비같이 괴
물의 형상을 가진 것은 '베시미' 탈이라고 하며, 눈알이 튀어나온 '도비
데'(飛出)란 탈도 있다. 영계(靈界)의 모습을 한 남자의 탈은 신령스러
운 영혼의 탈로 기능한다. 이렇듯 노의 탈들은 현실적이고 세속적인 인
물을 바탕으로 풍자와 해학을 위해 만들어진 한국 가면극과는 달리 추
상적이고 형이상학적인 스타일을 가지는 것이 특징이다.

한국의 가면극에 등장하는 인물과 노의 인물의 역할과 스타일을
비교해보아도 두 가면극의 의미화 과정이 다르다는 것을 알 수 있다.
한국의 가면극에 등장하는 양반, 중, 말뚝이, 미얄할미, 소무와 같은 등
장인물들은 대개 원색의 화려한 장식을 하고 자신의 정체성과는 무관
하게 상당히 과장된 연기를 한다. 등장인물도 모두 일상 현실에서 쉽게
만날 수 있고 이들이 펼치는 사건도 누구나 이해할 수 있는 이야기로
꾸며져 있다. 다만 한국의 가면극들은 상대방을 비꼬기 위한 비유와 풍
자를 즐겨 사용하여 직설적이기는 하되, 말의 유희를 즐긴다. 가령 「봉
산탈춤」 양반과장에서 말뚝이가 양반을 소개하는 장면을 보자.

말뚝이 : 양반 나오신다아. 양반이라거니 노론, 소론, 이조, 호조, 혹당
을 다 지내고, 삼정승 육판서 다 지낸 퇴로재상으로 계신 양반

---

26) 김학현 편, 『能―노의 古典 "風姿花傳"』, 9쪽.

인 줄 아지 마시오. 개잘량이라는 양자에 개다리소반이라는
반자 쓰는 양반이 나오신다는 말이요.

말뚝이의 말에서 개잘량은 방석에 사용되는 털 붙은 개가죽을 의미하
며 개다리소반에서의 반자를 연결하여 양반을 말장난으로 조롱하고 있
다. 이러한 말장난은 양반의 부인을 성적으로 놀리기 위해 비속어를 비
유적으로 사용하는 데서도 두드러지게 나타난다(「양주별산대놀이」 샌님
과장). 이에 반해 노의 등장인물들은 대체로 형이상학적인 의미와 연관
된다. 일본의 대표적인 가면극 연출자인 제아미(世阿彌)가 쓴 『풍자화
전』(風姿花傳)을 보면 노에 등장하는 9명의 등장인물에 대해 설명하고
있다. 노에서 가장 많이 등장하는 여인의 탈은 정숙하고 우아한 동작을
요구하여 「봉산탈춤」의 소무와 대비된다. 노에서 가장 역동적인 연기를
하는 미치광이에 대한 스타일도 지나치게 과장되거나 풍자를 과하게
하는 것을 경계하고 있다.

미치광이 연희는 실제와 다름없이 흉내내는 것이지만, 주의해야 할 점
이 있다. 우선 여인의 미치광이 역에 성불하지 못하고 수라도에 떨어져
신음하는 악령이나 귀신 같은 세찬 것들이 들린 것은 절대로 해서는 안
된다. 미치광이 연희는 그 인간에 들린 본체를 파악하여 연희를 하는
것이다. 그러므로 여인의 모습으로 분노에 넘치는 연희를 하게 되면,
그것은 여인답지 않으며 부자연스러운 느낌을 준다.[27]

---

27) 제아미, 『풍자화전』(風姿花傳). 김학현 편, 『能—노의 古典 "風姿花傳"』, 64쪽에서 재인
용.

『풍자화전』에서 요구하는 노의 등장인물의 형상화 조건은 공연 양식으로 완결된 스타일에 맞추어져 있다. 노에 등장하는 법사, 수라(修羅)신, 귀신, 이국인, 그리고 가면을 사용하지 않는 히타멘(直面) 등은 자기 역할에 따른 분명한 표정과 스타일을 구축한다. 이에 반해 한국의 가면극들은 표정과 스타일에 있어 즉흥성이 강하고 그 변형의 범위들이 폭넓다. 즉 한국의 가면극들은 예술적인 완성도의 규칙들에 따르기보다는 상황에 따른 현장성을 중시한다.

4. 동아시아 문화번역의 감수성

지금까지 거칠게나마 한국과 일본의 전통연회 양식들을 비교해보았다. 대체로 중국에 기원을 둔 가면극들이 각자의 자생적인 연회전통과 교접하여 국지적인 특수성을 만들어내는 과정은 우리 시대에 대중문화가 현지화되는 과정에서 발생하는 국지적 문화번역과 크게 다르지 않다. 결론적으로 말해 한국의 가면극인 「봉산탈춤」, 「고성오광대놀이」, 「양주별산대」와 같은 연회 양식들은 역동적이고 임기응변이 강하며, 세속적인 표현을 직접적으로 하고, 인간들의 감정들을 솔직하게 표현하는 반면에 일본의 가면극인 노는 절제되고 내면적인 감정을 표현한다. 이는 동아시아의 연회 양식의 기원이 국지적인 특성에 맞게 다르게 번역되었기 때문이라고 볼 수 있다. 가령 「양주별산대놀이」에서 노장이 소무에게 음탕한 행동을 하자 말뚝이가 원숭이에게 소무를 후려오라 하면서 그 방법을 알려주는 사설과 「봉산탈춤」에서 먹중들의 음탕한 사설을 보자.

말뚝이 : 그 계집들은 봐하니 허리가 개름하고 얼굴을 돋아오르는 반달 같이 물찬 제비 같으니 네가 그 계집을 후려오면 밥도 해서 먹고 옷도 해서 입고 나는 밤에 그것도 할 것인데. (원숭이가 자기도 하겠다는 시늉) 이놈 너는 못한다. 내가 계집 후려오는 재주를 가르쳐줄 것이니 한번 해보자. 곤지 곤지 곤지요 쥐암 쥐암 짝짝꿍 도리 도리 질라재비 휠휠 원추리 팟추리 덤에꽁 광해 닭 대양푼에 갈비찜 봉지 봉지요 깨소금 봉지도 봉지요 계수나무 〈요분틀〉에 네것도 박고 내것도 박고……애 애 그만하면 쓰겠다! 내가 이른 대로 계집 하나만 후려오너라(원숭이에게 채찍질하면서 계집을 데려오라고 한다).[28]

먹중 2 : 아이꾸 좆대갱이야, 야아 이놈, 치라는 벅고는 아니치고 바로 좆대갱이를 쳐서 하얀 피가 나는구나.
먹중 1 : 야, 이놈 미련한 놈아, 대갱이에다 여라 여라 하니까 여라는 대갱이에다 아니 여고서 좆대갱이에다 였구나(먹중의 면상을 치면서). 이것(대갱이) 말이다.
먹중 2 : 야, 이놈아 무식이 제 할애비 같은 놈아, 이것은 머리님이다.[29]

이 두 사설은 일본의 노에서는 나올 수 없는 직설적이고 비유적인 표현이다. 성적인 내용들을 희롱하기 위해 말뚝이와 먹중은 동음이의어를

---

28) 「양주별산대」, '노장춤-말뚝이 춤' 과장. 조만호, 『전통희곡의 제식적 미학』, 태학사, 1995년, 136쪽에서 재인용.
29) 「봉산탈춤」, '법고놀이'. 같은 책, 137쪽에서 재인용.

사용해 교묘하게 말장난을 한다. 말장난은 그냥 나온 것이 아니라 풍자와 희롱의 강도를 높이기 위한 표현들이다. 이러한 직설적인 언어들을 사용함으로써 한국 가면극은 일본과는 다르게 현실성이 강한 의미들을 번역해낸다. 이는 앞서 설명했듯이 한국의 가면극들이 공동체 문화를 지향하고 일상의 반전을 직설적인 표현형식을 통해 드러낸다는 점과 일맥상통한다.

심광현은 이러한 일본과 한국의 문화적 감수성과 표현양식의 차이를 지리적인 환경의 차이로 설명한다. "일본의 기후와 자연환경은 우리나라보다 훨씬 고온다습하고 강우량도 두세 배 많다. 지진과 태풍도 빈번하다. 이러한 자연환경은 우울하고 침잠되기 쉬운 염세적 성격, 나아가서는 비애감 자체를 즐기는 감상적, 애상적, 유미적 성향을 강화할 가능성이 높다"는 지적[30]은 일본 가면극에서 등장하는 인물들의 역할이나 스타일의 정조를 상상케 한다. 반면 한국의 문화적 감수성은 역동적인 흥의 미학을 드러내는데, 이러한 흥의 미학은 개별적이기보다는 집단적이며, 선형적이기보다는 복합적이다. 한국의 흥의 미학과 일본의 오카시에 대한 비교를 언급하는 대목을 보자.

전반적으로 오카시는 웃음, 명랑함, 경쾌한 아름다움, 흥미, 재미 같은 의미를 지니고 있어 흥과 같은 양(陽) 계열의 미감이라고 할 수 있다. 하지만 오카시는 흥이 치대로 솟구칠 때 나타나는 역동적, 참여적, 집단적 성격의 마감까지를 포괄하기는 어렵다. 그에 반에 흥은 오카시 같

---

30) 심광현, 『홍한민국』, 현실문화연구, 2005년, 85쪽.

은 웃음이나 명랑함이나 재미 등의 미감을 포함할 수 있다. 그런 점에
서 오카시는 흥의 부분집합이 될 수는 있으나 그 역은 불가능하다.[31]

한국의 흥의 미학의 우월성을 설명한 대목이기는 하지만, 한국과 일본
의 문화적 감수성의 차이를 확인할 수 있는 언급이다. 동아시아 예술미
학, 연희의 공연 양식들의 특성은 동일한 미적인 감수성이라 해도 결국
국지적 특성에 맞게 변형되고 번역된다. 동아시아에서 문화번역의 감
수성은 유사한 문화적 기원을 갖고 있지만, 오랜 기간을 거치면서 서로
다른 공연 양식을 생산하는 중요한 기제가 된다. 국지적인 문화감수성
의 차이는 전통연희의 오랜 기원에서만 발견되는 것은 아니다. 동아시
아의 대중문화의 생성과 소비과정을 보면 동시대의 문화의 번역방식들
의 차이를 발견할 수 있다. 문제는 문화번역의 차이를 차별, 혹은 위계
적인 상하위 관계로 해석해서는 곤란하다는 것이다. 문화적 감수성은
지역의 성향에 각기 다르게 번역되기 때문이다. 우리가 동아시아의 전
통연희 형식에서 서로 같음과 다름을 구별하고 그 차이의 번역과정을
중시하는 것도 동아시아 내 문화적 교통들의 다원성을 살피기 위해서
이지 않을까?

---

31) 같은 책, 86쪽.

II. 아시아 대중문화의 혼종화

: '일류' 에서 '한류' 까지

6장 _ 한류 문화자본의 형성과 문화민족주의

1. 동아시아에서 한류의 번역 '토착화'와 '현지화'

2003년 겨울, 동아시아에서 불고 있는 한류 현장을 직접 체험하기 위해 일주일 동안 베이징을 방문한 적이 있었다. 운이 좋았던지, 때마침 한류의 새로운 단계를 감지할 수 있는 흥미로운 이벤트 하나를 지켜볼 수 있었다. '한국문화컨텐츠진흥원' 베이징사무소의 소개로 베이징 쇼핑 중심가에 있는 왕푸징(王府井) 호텔에서 '신우치'(新舞器)라는 중국 10대 댄스그룹의 데뷔앨범 발매 기념 쇼케이스를 보게 된 것이다. 베이징 사무소 대표의 말에 의하면 '신우치'는 중국 현지 10대들을 캐스팅해서 한국으로 데려와 춤, 노래, 스타일을 가르친 후 다시 중국에 데뷔시킨 최초의 토착인 수출 '아이돌 스타'이다. 이 호텔 나이트클럽에 해당되는 양광 클럽 로비에는 '신우치'의 대형 브로마이드 사진이 걸려 있었는데, 하얀색 양복을 입고 소비자본주의 댄디즘이 물씬 풍겨나는 멤버 네 명의 스타일을 보니, 영락없이 한국의 아이돌 댄스그룹 HOT를 그대로 복제한 느낌이었다.

호텔의 대형 나이트클럽에서 준비된 제작발표회장 안에는 이미 많은 취재진들이 몰려와 있었고, 1백여 명 정도 되는 중국 상류층 10대 소녀 팬들도 운집해 있었다. 이들의 타이틀 곡인 「이 느낌이야」(这感觉)는 방송에 소개되자마자 중국 인가가요 차트 6위에 올라 중국 미디어에서 비상한 관심을 모으고 있었다. 이들의 타이틀 곡 뮤직비디오가 나오고, 연이어 백댄서들의 안무와 함께 등장한 네 명의 새로운 '춤기계'들은 현란한 브레이크 댄스와 '비보이'(b-boy)를 선보이기 시작했다. 이들의 역동적인 춤에 중국 10대 소녀 팬들은 열광했고, 현지 취재진들은 연신 플래시를 터뜨렸으며, 쇼케이스는 '대박 신화'를 예견하는 자리로 바뀌는 듯했다. 이어 네 명의 멤버 소개와 인사말이 이어지고, 이들을 제작한 한국의 '우전 소프트' 대표와 중국 측 음반제작사의 인사말이 곁들여지면서 쇼케이스는 성공적으로 끝났다.

당시 '신우치'의 제작발표회를 지켜보고, 이들이 탄생하게 된 과정을 들으면서 현재 중국에서 불고 있는 한류 문화가 새로운 단계에 접어든 듯한 인상을 받았다. 내게 가장 흥미로웠던 것은 한 댄스그룹의 제작발표회를 통해 한류의 이중적 성격과 한류 문화자본의 새로운 속셈을 읽을 수 있었다는 점이다. '신우치'의 탄생은 사실 철저하게 산업적 이해관계에서 비롯된 것이었다. '신우치' 멤버들은 모두 중국 10대들이지만, 이들의 노래와 춤과 스타일은 모두 한국의 것을 그대로 모방한 일종의 한류 복제품이다. 이들은 6개월간 한국에 체류하면서 춤과 노래 스타일을 맹훈련받았고, 다시 중국에 돌아와 중국 팬들을 위한 보이밴드가 된 것이다. 이들 노래의 작곡을 맡았던 작곡가 한창훈 씨나 안무를 맡은 윤초원 씨, 뮤직비디오를 맡은 김기덕 씨는 이른바 한국의 '아이돌 댄스그룹'들을 제조하는 전문기술자들이다. 자본, 제작, 홍보

4인조 댄스그룹 '신우치' 의 쇼케이스 장면

등 연예활동에 필요한 모든 스타시스템을 활용해 현지 중국인 청소년을 캐스팅하는 방식은 한류 문화의 새로운 마케팅 전략에서 비롯된 것이다.

'신우치' 의 탄생은 한국과 중국 사이의 문화교류나 우호증진의 차원에서 제작된 것이 아니라 한국의 연예제작자들이 중국에서 이해타산을 맞추기 위한 묘책이었다. 한국 댄스그룹들을 중국에 진출시키기 위해서는 막대한 시간과 자본이 소요되고 언어적, 문화적 공감대의 부족으로 상당한 위험부담을 안고 가야 한다. 하지만 중국 10대들을 키워 댄스그룹을 만들면 경제적 절감효과를 가져오고, 정서적 유대감을 높일 수 있는 효과를 거둘 수 있다. '신우치' 의 탄생은 가능한 모든 수단과 방법을 동원해서 최대한 이익을 내려는 한류 문화자본의 새로운 시장 진입 방식을 의미한다.

'신우치'의 예에서 알 수 있듯이 지금 동아시아에서 불고 있는 한류는 한국 소비자들을 위해 만들었던 컨텐츠를 단순히 아시아 대중문화 시장에 파는 수준을 넘어서 아시아 각국의 문화적 조건에 맞게 '토착화'하고 '현지화'하는 단계로 접어들고 있다. 한류의 현지화 전략의 새로운 단계라고 말할 수 있는 것은 이것이 문화자본의 탈국적성과 문화정체성의 혼종화를 가속시키기 때문이다. 한류의 현지화 전략은 현지인을 한류식 스타로 재가공하는 것과 한국의 스타들을 제작단계부터 현지화하는 것, 그리고 특정한 문화 컨텐츠의 제작자본과 유통을 다국적화하는 것으로 구분할 수 있다. 일본 팝 시장에서 가수 보아가 성공적으로 현지화하고, 드라마와 영화 합작품이 증가하며, 한국의 드라마와 영화에 대한 아시아 문화자본의 적극적인 투자의지가 늘어나는 사례에서 알 수 있듯이 한류는 이제 아시아 대중문화 시장에서 새로운 문화우세종으로 번역되고 있다.

'신우치'의 경우가 한국적 연예제작 시스템을 가동시켜 중국 아이돌 스타를 '토착화'한 것이라면, 보아의 경우는 반대로 일본의 연예제작 시스템을 가동시켜 한국 아이돌 스타를 '현지화'한 것이라고 할 만하다. 보아의 일본 현지화는 한류 담론이 정치외교적 담론에서 문화경제적 담론으로 전환하는 지표라는 점에서 한류의 형질 변화에서 중요한 전환점이 된다. 보아가 일본에서 성공적으로 데뷔한 2001년 이전에 한류는 주로 중국과 베트남과 같은 개방 단계에 있는 사회주의 국가와의 외교적 친밀감을 높여주는 자본주의 소비재 역할을 담당했다. 이는 마치 일본이 1980년대 아시아 국가와의 친밀감을 드러내기 위해 드라마 「오싱」을 50개 지역에 국제교류기금으로 무료 배포한 것과 마찬가지인데[1], 새로운 외교 채널을 가동시키고 한국 기업의 전략적 진출을 위해 한국 드라마는 저렴한 가격으로 이들 국가에 수출되었다.[2] 그러나 보아가 일본에서 데뷔했던 2001년을 기점으로 한류는 글로벌한 지형 안으로 편입되었다. 보아의 데뷔와 성공의 시점들은 이후 영화나 드라마에서의 제작방식이 변화한 데서 알 수 있듯이 글로벌한 한류 문화자본으로의 진입을 지시하는 임계점인 셈이다.

보아를 탄생시킨 글로벌 문화자본의 내적 조건은 바로 그녀를 아이돌 팝스타로 만드는 스타시스템이다. 보아의 일본 진출에 참여한 판당고 코리아 김영민 대표의 말에 따르면, 그녀는 처음부터 해외용 가수로 기획되었다. 'SM 엔터테인먼트'는 보아가 열네 살이 되던 2001년에 일본의 매니지먼트 회사인 '호리 프로덕션'과 전략적인 제휴를 맺고 보아를 체계적으로 관리하게 만들었다. 한국에서 데뷔를 위한 훈련을 받았으면서도 일본 가정집에 3개월 동안 머무르면서 춤, 가창, 언어 교육을 받게 하고 일본 진출을 준비하였다고 한다. 김영민 대표에 의하면 보아가 성공할 수 있었던 것은 일단 아이돌 스타로서의 자질이 우수했을 뿐 아니라, 처음부터 아시아 시장을 석권하기 위해 전략적인 마케팅을 기획했기 때문이다.

한류의 토착화, 현지화는 한국의 대중문화가 아시아 문화산업 시

---

1) 이와부치 고이치, 『아시아를 잇는 대중문화』, 또하나의문화, 히라타 유키에·전오경 옮김, 2004년, 122쪽 참고.
2) 중국과 베트남에 초기에 수출된 한국 드라마들, 예컨대 중국에서 방영된 「질투」(1993년), 「사랑이 뭐길래」(1997년), 「별은 내가슴에」(1998년)나 베트남에서 방영된 「의가형제」 (1998년), 「애드버킷」(1998년)과 같은 드라마들의 회당 단가는 수백만 원에 불과했는데, 지금 한국 드라마의 편당 수출가가 2천만 원을 상회하는 것을 감안하면 상당히 저렴했다는 것을 알 수 있다.

장에 성공적으로 연착륙하는 것을 의미한다. 한류는 2003년 드라마 「겨울연가」가 일본에서 일으켰던 문화 신드롬과 한국 온라인 게임의 중국 장악, 강력한 스타일을 선보인 「올드보이」와 블록버스터 「태극기 휘날리며」의 문화적 충격, 그리고 드라마 「대장금」을 계기로 일어난 타이완과 홍콩에서의 2차 한류 신드롬으로 이어지면서 마침내 아시아 문화시장을 점령하기에 이르렀다.[3]

한류의 토착화, 현지화는 이른바 '일식 한류'[4], '중식 한류', '타이완식', '홍콩식' 한류의 특이성을 낳는다. 가령 중국에서는 가수 장나라나 동방신기가 인기가 있는 반면, 보아는 별다른 인기를 얻지 못하고 있는데, 일본에서는 정반대의 현상이 일어나고 있다. 그러나 한류를 소비하는 각국의 입장에 따라 야기되는 문화적 수용의 차이에도 불구하고, 정작 한국의 대중들은 한류를 하나의 문화 실체로 인식하는 경우가 지배적이다. 한류가 어느 국가에서 어떤 특이한 반응을 보이든 한국의 대중과 정부 관료들은 대체로 한류가 한국의 위상을 높이고, 문화적 자부심을 자각하게 만들며, 동아시아의 균형발전에 기여하고 있다는 생각을 공통적으로 하고 있다. 즉 한류 문화자본의 형성은 문화산업적인 교환과 지배를 넘어서는 정서적·담론적 우월성을 표상하는 것이다.

---

3) 최근 한류에 대한 외신의 반응을 보면 한류의 아시아 점령이라는 말이 어색하지 않다. 최근 AP, 로이터 통신은 드라마 「대장금」의 남자 주인공 지진희 씨가 홍콩에서 폭발적인 인기를 얻은 사실을 대서특필했고, 2004년 말 영국 주간지 『더 타임스』는 배용준의 일본방문에 환호한 4천여 명의 여성 팬들이 공항을 마비시킨 사례를 분석하면서 문화변방에 불과했던 한국이 아시아 대중문화의 중심 국가로 성장한 것을 주목했다.
4) 최근 일본에서의 한류현상을 다룬 책 『日式韓流 ─〈冬のソナタ〉と日韓大衆文化の現在』(毛利嘉孝 編, せりか書房, 2004)이 출간됐는데, 이 책의 편집자인 모리 요시타카는 일본에서 유행하는 한류 드라마에 일본 드라마로부터의 영향이 혼재하고 있다고 보고 있다.

한류 문화자본이 아시아 활주로에 연착륙하면서 대중들과 정부 관료들 사이에서 발견되는 정서적, 담론적 우월성은 새로운 형태의 문화민족주의를 생산하고 있는 듯하다. 한류현상, 혹은 한류 문화자본의 아시아화에 따른 문화민족주의의 형세를 파악하는 것은 동아시아 민족-국가들 사이에 배치된 동시대 민족주의를 이해하는 데 중요한 단서를 제공해준다고 볼 수 있다. 한류를 기반으로 하는 문화민족주의는 한국 내의 민족주의 담론의 지형에서 어떤 위치에 있으며, 또한 새로운 중화주의의 이데올로기인 '화문세계'와 어떤 차이가 있는지, 그리고 일본 대중문화의 중요한 성격 중의 하나인 무국적성이 생산하는 '연성국가주의'(soft nationalism)와는 어떤 연관성이 있는지를 검토하는 것은 여러모로 의미가 있을 것이다. 이러한 문제를 논의하기 앞서 먼저 한류 문화자본의 성격과 그것의 문화민족주의적 함의를 검토하는 것이 순서일 듯하다.

2. 한류 문화자본의 형성과 문화민족주의의 위치

현재 한류 문화자본은 대중음악을 포함해서 드라마, 영화, 캐릭터, 게임과 같은 문화산업 전 분야에 걸쳐서 형성될 뿐 아니라, '스타덤과 팬덤' 같은 문화현상과 음식·관광·패션과 같은 일상의 라이프스타일 영역에까지 확장되고 있다. 1980년대 일본이 아시아 전역에 걸쳐 강력한 문화지배 효과를 생산했듯이, 아시아 각국에서 한류를 소비하는 마니아들이 형성되는 것은 물론, 일부 저개발국가에서는 대중문화의 상징적 지배효과가 가시화되면서 이른바 한국이 문화적·경제적 모방국가로 신화화되기도 한다. 한류 문화산업이라는 통상적인 용어 대신 한류 문화자본이란 용어를 사용하고자 한 것도 이런 이유 때문이다. 한류 문화자본은 화폐자본으로만 환산되는 것이 아니라 자본, 제도, 담론이 혼합된 일종의 문화구성체 안에서 형성된다. 가령 앞서 언급한 보아의 문화자본은 그녀를 아시아 최고의 글로벌 팝스타로 호명하려는 'SM 엔터테인먼트'의 상업 전략과 우호적 한일관계를 상징하는 문화대사로 호명하려는 정부의 문화 관료들과 역동적인 댄스와 힘 있는 보컬 그리고 세련된 귀족적 스타일의 감각들이 노쇠화되지 않기를 바라는 팬덤들에 의해 형성된다. 한류 스타로서 보아는 개인적인 존재가 아닌 문화자본, 제도, 담론과 함께 혼융된 문화구성체로 읽을 수 있다.

한류 문화자본을 정의하기에 앞서 문화자본에 대한 정의가 선행되어야 하겠다. 이 글에서 언급하는 문화자본(cultural capital)[5]은 화폐자본으로 환산가능한 것만이 아니라 자본으로 전환가능한 잠재적 가치들의 총체를 의미한다. 가령 특정한 문화상품의 브랜드 가치나 스타들의 이미지, 특정한 문화적 장에서 헤게모니를 행사할 수 있는 세력권 등을 문화자본의 유형으로 구분할 수 있다. 문화자본은 문화산업에 의한 화폐가치와 문화산업을 확대재생산할 수 있는 상징적 가치를 모두 포함한다. 그런 점에서 한류 문화자본은 대중음악, 영화, 드라마 등에서 벌어들인 매출 규모로 한정되지 않고, 한류 문화상품이나 스타들이 아시아 문화소비자들에게 행사하는 잠재적, 상징적 영향력을 전제로 한다.

---

5) 필자가 사용하는 문화자본이라는 용어는 부르디외의 개념을 빌려온 것이다. 부르디외는 자본의 영역을 크게 경제적 자본과 사회적 자본, 그리고 문화적 자본으로 구분한다. 경제적 자본은 화폐의 양으로 환산할 수 있는 것을 말하며, 사회적 자본은 학력이나 혈통, 출신 지역에서 생겨나는 자본을 의미하며, 문화자본은 문화적 창작능력과 문화취향, 문화주체의 사회적 파급능력 등에서 나온다(피에르 부르디외, 『구별짓기—취향의 사회학』, 최종철 옮김, 새물결, 1995년 참고).

한류 문화자본은 또한 문화 컨텐츠로 국한되지 않고, 문화적 하드웨어와 한류 문화현상을 활용한 경제적 파급효과로까지 확대될 수 있다.

한류 문화자본을 이런 식으로 정의할 경우, 한류는 크게 세 가지 차원에서 시사점을 가진다. 첫째는 대중문화산업의 논리로서, 한류가 한국 문화산업의 선진화에 기여한다는 점이다. 둘째는 국가주의의 논리로서, 한류가 국가 이미지를 향상시키고, 대 아시아 교역에 유리한 광고효과를 가져왔으며, 나아가 동아시아 평화공존에 기여한다는 점이다. 마지막은 문화소비자 향수권의 논리로서, 한류는 문화산업계나 정부의 전유물이 아니라 아시아 내 대중문화 소비자들의 기호를 넓히고 강력한 패덤 문화의 구축을 통해서 아시아 국가 간의 문화일상의 교통이 확대되는 터미널 역할을 한다는 점이다.

한류의 문화산업적 지위는 2005년을 기점으로 해서 의문의 여지가 없는 실제성을 보유하고 있다. 한류 문화산업은 이제 특정한 소수의 엔터테인먼트 조직이 기획한 산물이라기보다는 대부분의 문화산업 컨텐츠들이 자연스럽게 기획하려는 시장이 되었다. 한류 문화산업의 주류를 형성하고 있는 드라마와 영화는 2000년 이후 꾸준하게 증가하여 2003년에는 각각 4,200만 달러와 3,100만 달러, 2004년에는 7,500만 달러와 6,000만 달러로 급성장하고 있는 중이다.[6] 2005년에는 드라마 수출이 1억 달러를 넘었고, 영화는 202편이 수출되어 7,700만 달러를 기록했다. 한류가 중국 대중문화 시장에 본격적으로 소개되기 시작한 1999년과 5년 후인 2004년을 비교해보면 영화의 경우는 10배, 드라마의 경우는 6배가 증가했다. 영화와 드라마의 경우 영화 사전 제작단계부터 판권이 일본, 타이완, 홍콩 등 동아시아 국가에 팔려나가는 경우가 많으며, 한류 스타들이 주연으로 등장하는 드라마의 경우는 제작·기획 단계부터 한국의 외주제작사와 합작 투자하는 사례들이 늘어났다.[7] 흥행이 예상되는 드라마와 영화의 경우 제작비에 버금갈 정도의 해외 판권을 확보하는 경우도 많이 생겨나고 있다.

이렇듯 한류 문화산업은 침체된 국내 문화산업의 불황을 메울 수 있는 경제적 동인이 되고 있다. 그러나 문화산업으로서의 한류는 미디어를 통해 사실보다 과장되게 부풀려진다. 한류는 문화산업의 실체를 훨씬 뛰어넘어 신화적 담론으로 상상된다. 그리하여 한류는 문화산업의 경제적인 성과로 설명할 수 없는 과장된 수사로 활용되는데, 이것이 말하자면 과잉 담론으로서의 한류다. 사실 통계상으로 따져보면 한류가 국내 문화산업에 많은 영향을 미친 것은 사실이지만, 절대적인 지위를 갖고 있는 것은 아니다. 2003년 기준으로 출판, 만화, 음악, 게임, 영

---

6) 2003년도 문화산업 수출액은 총 6억 3,065달러로 집계되었는데, 이중 게임 산업 수출액은 1억 8,154만 달러, 캐릭터 산업은 1억 1,631만 달러, 애니메이션 산업은 7,617만 달러, 영화산업은 3,097만 달러, 방송산업은 4,213만달러, 인터넷 및 모바일 컨텐츠는 1,689만 달러, 음악산업은 1,331만 달러, 만화산업은 429만 달러를 기록했다. 또한 2003년 문화산업백서에 실린 1999년부터 2002년까지 주요 문화산업의 수출현황을 정리하면 다음과 같다. 문화관광부, 『문화산업백서 2004』 참고.

연도별 주요 문화산업 수출현황   (단위 : 만 달러)

구분	1999년	2000년	2001년	2002년
영화	596	705	1,125	1,501
애니메이션	8,166	8,500	12,130	8,912
게임	10,675	10,510	13,407	14.079
음반	815	792	738	423
방송	1,273	1,311	1,892	2,881

7) 송승헌, 권상우, 김희선이 출연하기로 예정되었던 MBC 드라마 「슬픈 연가」는 제작 단계부터 일본 측으로부터 30억 원의 투자를 약속받았으며, 권상우와 유지태 주연의 영화 「야수」역시 시나리오 단계에서부터 일본 배급업자들로부터 사전 제작지원 형태로 계약을 요청받았다.

화 등 국내 문화산업의 총 매출 규모는 44조 2천억 원 정도인데, 이중 수출액은 6조 3천억 원으로 7분의 1 정도의 수준에 머무른다.[8] 한류의 상징적인 전위대 역할을 하는 음악의 경우는 내수 대비 수출 규모가 10퍼센트에도 미치지 못하며, 영화는 15퍼센트, 드라마 역시 10퍼센트 미만에 그치고 있다. 결론적으로 한류는 산업적인 실물관계의 현실보다 훨씬 더 강력한 의미작용을 가지고 있다고 볼 수 있다.

한류의 강력한, 혹은 과장된 의미 작용은 '산업으로서의 한류'와 '담론으로서의 한류'의 간극에서 비롯된 것이라 할 수 있다. 이 의미작용을 가동시키는 담론이 바로 국가주의적 혹은 문화민족주의적인 담론이다. '국민의 정부'와 '참여정부'는 한류를 대중문화 컨텐츠나 엔터테인먼트 산업으로 한정해서 보지 않고, 국가의 미래 정체성을 가늠케 하는 새로운 성장동력으로 이해하고자 한다. '국민의 정부' 시절부터 한류 문화산업을 전략적으로 지원하기 위한 다각적인 정책안이 제출되었고, '참여정부'에 들어와서는 아시아 내 선진 경쟁력을 갖추려는 정부의 의지 표현의 상징적인 지표로 한류가 지목되면서, 문화·연예·관광·외교의 문제가 서로 연계될 수 있는 국가의 주요 육성 프로젝트 중 하나가 되었다. 한류와 관련하여 정부의 지원정책은 크게 보아 세 단계로 구분할 수 있다. 첫번째 단계는 김한길 문화관광부 장관 시절인 2001년에 한류 문화를 종합적으로 지원하기 위해 '한류 문화체험관' 건립과 '아시아 문화교류협의회 설립' 등의 계획을 발표했는데 이때는 문화산업 분야와의 총체적인 연계를 크게 고려하지 않았다. 두번째 단

---

8) 문화관광부, 『문화산업백서 2004』에서 참고.

계는 2003년 12월에 청와대에서 발표한 '세계 5대 문화산업 강국 실현 '참여정부'의 문화산업 정책 비전'인데, 이때에는 한류가 문화산업 전체의 구도 안에서 문화강국으로 발전하기 위한 전략적 교두보로 배치되었다. 세번째 단계는 2005년 초에 국무총리실에서 개최한 '한류의 지속적 확산을 위한 대책회의'인데, 이 자리에서 정부는 문화관광부의 문화산업 정책의 틀에서 벗어나 범정부적으로 한류 확산을 위한 종합적인 대책을 마련하고자 했다.

강력한 의미작용 차원에서 한류는 국가경쟁력 전략의 히트 상품으로 간주되면서, 경제적 파급효과를 생산하는 기업의 촉매제로서 기능하기도 한다. 한 예로 삼성전자는 2002년에 중화권 스타 안재욱을 광고 모델로 선정하여 NEC와 필립스를 제치고 모니터 시장 점유율 1위를 차지했고, LG 전자 역시 한류 스타를 전면에 내세우는 전략을 펼쳐서 중국 시디롬 드라이버 시장을 공략해 150만 대의 판매고를 올려 시장 점유율 1위를 차지했다.[9] 국가주의적인 개입은 문화를 매개로 동아시아에 일정한 정치적, 외교적 헤게모니를 행사한다는 점에서 문화민족주의적인 성향을 드러낸다. 문화민족주의는 한류에 대한 국가적, 대중적 자부심을 표출하는 새로운 형태의 국가주의다. 문화민족주의가 만들어지게 되는 내적인 구성원리는 복잡한 메커니즘을 가지고 있다. 외형적으로 문화민족주의는 한국 대중문화의 우월감을 국가적인 맥락에서 표출하는 이데올로기로 볼 수 있다. 그러나 그 안에는 민족문화의 정치적 유산의 흔적이 배어 있을 뿐 아니라 동아시아 내 한국의 경제발

9) 국가정보원, 『한류의 경제적 활용실태 및 보완방안』, 2004년 5월 보고서에서 참고.

전에 대한 자부심도 그 저변에 깔려 있다. 1970년대 저항적 민족문화 운동가들이나 정치운동가들이 같은 시기를 살았던 상업적인 청년문화 연예인들과 한류의 경쟁력을 높이기 위해 의기투합할 수 있는 정서적 공통분모가 문화민족주의라는 것도 눈여겨볼 대목이다.[10]

다른 한편으로 대중적인 차원에서 문화민족주의는 한류에 대한 애국적인 반응을 통해 식민지 지배에 대한 문화 콤플렉스의 대항개념으로 작용하기도 한다. 예컨대 보아의 일본 오리콘 차트 석권이나 「겨울연가」의 일본 내 문화 신드롬 현상들이 대중들에게 대단히 민감하게 다뤄지는 것도 그런 이유에서이다. 한류는 이제 문화적 콤플렉스에 대한 과도한 반작용이란 자기 방어적인 태도에서 벗어나 적극적으로 '하위 문화제국주의적' 지배논리를 설파하는 문화민족주의로 작용하기도 한다. 이는 특히 한류 문화자본이 베트남, 몽골, 필리핀 등의 아시아 저개발국가로 유입될 때 두드러지게 나타난다. 문화와 자본의 '아시아화' 라는 동아시아 프로젝트를 관철하기 위해 문화관료들은 지난 5년 동안 한류를 국가의 문화정책으로 적극 견인하려는 노력들을 견지했다.[11] 이때

---

10) 실제로 1970년대 민중문화운동의 주역 중 일부는 대중문화산업 분야에서 한류 문화자본을 확대재생산하는 데 중추적인 역할을 담당하고 있는 사람들도 있다. 신현준, 「한류(K-culture)를 넘어, '민족문화' 와 '문화전쟁' 을 넘어」, 『아시아 대중문화연구 국제 세미나 서울 2005』 참고.

11) 2003년 12월 한류 확산을 위한 청와대 보고 문건에 의하면 한류의 지속적인 확산을 위해 제작, 투자, 인력과 같은 문화산업의 인프라를 강화하는 방향으로 추진하고자 했다. 지방자치단체에서는 한류 관광자원을 개발하기 위해 종합한류문화관광단지인 "한류 우드"를 조성할 계획을 갖고 있거나(『고뉴스』 2005년 4월 20일자 참고) "한류 산학 콤플렉스 조성" (『브레이크 뉴스』 2005년 2월 28일자 참고), "강원 한류문화 컨텐츠 개발"(『경향신문』 2005년 2월 28일자 참고) 등의 사업을 추진하고 있다. 이 외에 한류문화 컨텐츠 박람회 개최 (『스탁데일리』 2005년 3월 21일자 참고), 서비스 수출거점 무역관 운영(『연합뉴스』 2005년 3월 31일자 참고) 등 한류의 문화정책은 문화산업과 문화경제 정책에 집중되어 있다.

문화민족주의는 민족문화의 고유성을 선전하는 것이 아니라 서구로부터 유입한 소비자본주의적인 팝 문화의 토착 형식들을 전자 통신과 같은 첨단 제품들과 함께 제시하면서 일종의 하위 문화자본주의의 위력을 선전하는 것을 목적으로 한다. 그런 점에서 한류의 문화민족주의는 미국의 팝 문화가 한국의 대중문화 시장을 지배하던 방식에 대한 '역재현'이라 할 만하다.

　　문화 담론으로서의 한류가 갖는 성격 중에서 또 하나의 중요한 지점은 이것이 글로벌한 차원에서의 아시아 팬덤 문화의 다중성을 열어주는 계기가 되었다는 점이다. 1980년대 일본 대중문화, 이른바 J-pop의 아시아 전파력은 검열과 욕망이라는 이중성을 가지고 있었다. 일본의 문화연구자 이와부치 고이치가 지적한 대로 1980년대 일본 대중문화는 아시아에서 왜곡된 형태로 소비되거나 차용되었을 뿐 아니라 '충실'하게 모방되기도 했다.[12] 타이완의 경우 일본 문화에 대한 흡수는 특별한 검열 없이 자연스럽게 진행된 반면, 일본 문화개방이 원천적으로 차단되었던 1980년대와 1990년대 초반까지 한국의 일본 대중문화 마니아들은 순전히 비공식적인 수용과 사적인 교환을 통해서 J-pop을 접하게 되었다. 80년대 중반에는 홍콩의 영화배우나 팝스타들이 아시아 국가에서 인기를 끌면서 1970년대 쿵푸 신드롬에 이어 이른바 홍콩 누아르 문화 팬덤을 형성하게 된다. 홍콩 누아르 문화는 1990년대 초중반까지 일본을 비롯한 한국에서 상당한 팬덤 문화를 형성했는데, 1995년까지 홍콩의 4대 천왕인 장쉐유(張學友), 류더화(劉德華), 리밍(黎

---

12) 이와부치 고이치, 앞의 책, 128쪽.

明), 귀푸청(郭富城)의 일본 라이브 공연이 일본 여성 팬들에게 큰 인기를 얻었다.[13]

　가장 최근의 현상으로서 한류 팬덤 문화는 1980년대 이후 아시아 국가 내에서 소통된 팬덤 문화들의 지형을 새롭게 재편하는 신종문화를 형성한다. 한류 팬덤 문화는 아시아 대중문화의 교통이 일방향적이지 않고 다중적으로 형성되고 있음을 예증케 하는 사건이다. 한류 팬덤은 드라마, 영화, 대중음악, 게임 등 대중문화 전반에 걸친 현상이라는 점에서 1980년대 홍콩 팝 문화의 팬덤에 비해 파급효과가 크다고 볼 수 있다. 또한 한류 팬덤은 국가별로 특정 드라마나 가수들을 선호하는 방식에 차이를 드러내기도 한다. 타이완에서의 한류 팬덤들은 다양한 문화적 취향과 기호를 드러내면서 한국의 아이돌 스타들에게 열광적인 반응을 보일 뿐 아니라 다양한 연령층이 가세해 이른바 한류 마니아인 '하한족'(哈韓族)을 형성한다.[14] 아시아 내에서 한류 팬덤의 형성은 아시아 각국의 문화적 소비성향들을 대등한 관계로 혼합하게 만들었을 뿐 아니라 국가의 경계를 넘어서 문화적 취향이 유사한 대중들 간의 직접적인 소통을 가능케 했다.

　한류 문화자본의 이러한 세 가지 국면들에서 문화민족주의는 문화산업 자본가들의 논리와 대중의 팬덤 문화 사이를 교통하면서 광의의

---

13) 이와부치의 분석에 따르면, 일본의 홍콩 팝에 대한 선호는 홍콩에 대한 노스탤지어에 대한 반응에서 비롯되었다고 보는데, 홍콩 영화배우나 가수들을 통해서 일본의 잃어버린 근대의 향수를 느끼게 해준다는 지적은 「겨울연가」에 대한 일본 여성 중년 팬들의 근대적 향수와 일맥 상통한다(같은 책, 255쪽).
14) 타이완에서의 한류문화를 팬덤 문화의 관점에서 분석한 글로는 김현미의 글(「대만 속의 한국대중문화」, 『'한류' 와 아시아의 대중문화』, 연세대학교출판부, 2003년) 참고.

문화자본을 형성하는 이데올로기로 기능한다. 말하자면 한류 문화민족주의는 탈국가화하려는 아시아적 문화자본과 이를 소비하는 대중적 팬덤 문화 사이에 위치하면서 양쪽에 담론적, 이데올로기적 참조체계를 제공하는 기호로서 기능하는 것이다. 이는 통상 제1세계와 제3세계의 식민지적 관계에 기반한 문화제국주의 담론이나, 국가주의에 기반한 민족주의의 담론과는 다른 의미와 맥락을 가지고 있다. 한류에 기초한 문화민족주의는 배타적이고 본질주의적인 민족주의와는 다른 문화자본의 '세계화'와 '아시아화'의 구성적 요소로 기능하고 있으며, 동아시아 내 국민-국가 내에서 아시아 권역주의(regionalism)의 헤게모니의 지형을 감식하는 개념이기도 하다. 전자의 경우는 한국 내 문화세력의 역설적인 혼합관계를 읽게 하는 지표이자, 이른바 글로컬한 아시아 문화지형 내에서 K-pop의 성격을 가늠하는 내적 구성원리이며, 후자는 아시아주의에 대한 문화적 번역으로서 기능한다. 이 문제를 논의하려면 한류에서 문화민족주의는 어떤 담론을 생산하며, 동아시아 문화 담론의 지형은 어떤 민족주의적 성격을 가지는지를 설명해야 할 듯하다.

3. 동아시아 내 문화민족주의의 지형

문화민족주의를 어떻게 정의할 것인가도 사실 공론화한 적이 없어 섣불리 기술하기가 쉽지 않다. 최근 동아시아의 문화적 재편과정의 맥락에서 이해하자면, 문화민족주의가 식민지 근대 시대의 문화제국주의의 개념과는 상이하다는 것은 분명하다. 사실 식민지 근대나 산업자본주의 시대 문화민족주의는 문화제국주의에 저항하는 이데올로기로 기능했다. 특히 일본을 제외하고 식민지 경험을 겪었던 대부분의 아시아 국가들에 있어서 민족문화는 제국주의와 군사주의에 저항하는 문화운동의 유산을 가지고 있다. 1970년대 한국의 청년문화 운동은 민족문화 형식을 유신체제에 대항하는 중요한 저항의 형식으로 활용했다. 이는 비단 한국만의 일이 아니고 1970년대 타이완과 필리핀의 청년문화 역사에서도 나타났다.[15] 저항적 청년문화의 유산을 가진 문화민족주의는 따라서 제3세계 문화 담론으로 정의할 수 있다. 한편으로 문화민족주의는 문화인류학적인 개념에서 '원주민문화'(native culture) 혹은 '토착민문화'(indigenous culture)와 연관되기도 한다. 이때 문화민족주의는 민족 구성의 원천이라 할 수 있는 에스닉 문화(ethnic culture)를 강조한다는 점에서 소수민족들의 문화다양성의 관점으로 접근할 수 있다. 가령 아시아에서 타이완의 하카(hakka) 문화나 말레이 문화와 필리핀 문화 내의 수많은 소수민족들의 토착문화를 제시할 수 있겠다.[16]

　　문화민족주의가 청년문화이건, 민족문화이건, 아니면 토착문화이건 제3세계 문화 담론으로 작동할 때는 문화제국주의나 지배문화에 대한 저항의 문화로 인식되지만, 이른바 글로벌 시대에 진입하는 상황에서 문화민족주의는 민족문화나 토착민문화와는 다른 담론을 형성하기 시작한다. 글로벌 시대 문화민족주의는 '민족주의'에 방점이 있는 것이

---

15) 대표적으로는 중국 본토의 문화대혁명의 여파로 1970년대 말에서 1980년대 초 타이완의 대학가에서 유행했던 '교원민가'를 들 수 있다.
16) 이에 대해서는 김민정, 「필리핀의 국가형성과 토착민」, 『동남아시아 지역주의와 종족 갈등』, 오명석 편, 오름, 2004년 ; Alice M. Nah, "Negotiating Indigenous Identity in Postcolonial Malaysia : Beyond Being 'Not quite/Not Malay'", *Social Identities*, Vol. 9, No. 4, 2003, pp. 511~534; Annette Hamilton, "Cinema and Nation : Dilemmas of Representation in Thailand", *Colonialism and Nationalism in Asian Cinema*, ed. by Wimal Dissanayake, Indiana University Press, 1994, pp. 141~161 등의 글을 참고할 만하다.

아니라 '문화'에 방점이 있다고 할 수 있는데, 즉 문화민족주의는 문화를 매개로 하는 민족주의 재구성이라는 기획을 가지고 있다. 흥미로운 것은 문화를 매개로 하는 문화민족주의가 기존의 민족주의 담론의 두 가지 가설에 대한 수정을 요구한다는 것이다. 하나는 문화민족주의가 국가주의 담론을 넘어서는 권역의 문화공동체를 지향한다는 점과 다른 하나는 이것이 저항적 민족주의와 문화적 상업주의의 구분을 모호하게 만들어버린다는 점이다.

권역의 문화공동체론은 최근 중국이 아시아 내 화교들을 포함해 중화권의 세력을 결집하거나 중화권 내부 갈등을 극복하는 대안으로 문화적 결속을 강조하는 논의 속에서 발견할 수 있다. 반면 저항과 상업성의 경계에서 모호해지는 문화민족주의는 대중문화산업의 '아시아화'를 위해 과거 저항적 민족주의의 유산들이 현실 문화자본가들의 글로벌 의지와 혼합되는 사례를 말한다. 앞서 설명했듯이 1970년대 청년문화운동가들이나 386 정치세력들의 연대와 문화적 신민족주의 경향을 지적할 수 있다.[17] 문화민족주의의 아시아적 지형을 이해하고 한국에서 한류를 통한 문화민족주의 맥락을 이해하기 위해서는 먼저 중화주의의 문화적 번역이라 할 수 있는 '화문세계'의 의미와 일본 대중문화의 아시아 지배과정에서 발견되는 중요한 성격이라 할 수 있는 '연성

---

17) 가령 1970년대 청년문화운동을 주도한 문화운동가들 중에서 한류 문화산업의 세계화에 고군분투하는 사람들이 있으며, 지난번 386세대 정치인들이 베트남에서 한류문화를 논의했을 때 맥락에는 다소 차이가 있지만, 최근 한국의 전통미학의 성격을 '한'이 아닌 '흥'으로 분석하면서 한일 월드컵과 한류 열풍을 풍류 정신과 내재된 프랙탈적 감각으로 보는 심광현의 글에도 문화민족주의적인 시각이 들어 있다(심광현, 『흥한민국』, 현실문화연구, 2005년, 303~311쪽 참고).

국가주의'의 의미를 짚어보는 것이 중요하다. 시간의 차이는 존재하지만, 아시아 각국이 전지구화 시대 아시아를 상상하는 지배적 참고체계로 모두 '문화민족주의'(국가주의)의 문제를 거론하기 시작했고, 한류, 혹은 한류 문화자본의 형성 역시 문화와 정치, 경제에 대한 아시아 내 지리적 배치를 기획한다는 점에서 문화민족주의가 중요한 화두가 아닐 수 없다.

중국에서 문화민족주의의 문제는 역사적으로 이중적인 성격을 가지고 있다. 그것은 사회주의 체제를 유지하기 위한 관방 이데올로기로 기능하면서도 체제에 대한 일상적 혁신을 강조하는 대안적 근대성을 찾기 위한 시도이기도 했다. 1970년대 문화혁명의 역사적 의의를 평가하는 문제에서도 이러한 이중성은 유지되고 있고, 1980년대 이른바 '문화열'(cultural fever)을 평가하는 지식인 담론에서도 발견된다. 놀랍게도 중국사회의 현실과 미래를 진단하는 정치적 담론의 화두는 항상 '문화'였으며, 문화의 화두는 대체로 전통과 현대, 민족주의와 서양 근대화 사이의 갈등을 어떻게 이해할 것인가에 있었다. 가령 1980년대 중국 지식인들 사이에서 일어났던 '문화열'은 마오 이후의 현대성을 어떻게 토착화할 것인가에 대한 논쟁이었는데, 논쟁의 대상은 1980년대 중국에 유입된 서양 대중문화, 혹은 서양화된 중화권의 대중문화였다. 문화열은 "중국의 현대화의 문화적 전제조건이 무엇이며 중국의 전통 문화가 중국의 현재와 미래에 적절한가에 대해 뜨겁게 토론을 한 것"[18]

---

18) Edward X. Gu, "Cultural Intellectuals and the Politics of the Cultural Public Space in Communist China(1979~1989): A Case Study of Three Intellectual Group", *Journal of Asian Studies*, Vol. 58, No. 2, 1999, p. 389.

이며, "현대화를 향한 뿌리 깊은 지적 갈증과 열망에 의해 추동"[19]된 것이다. 문화열이 "중국과 서양 사이의 부단한 대면으로부터 제기된 문제틀"[20]을 지시하는 만큼 서양이론과 문화에 대한 토론들은 당대 문화적 생산의 통합적 일부가 되었는데, 문제는 이러한 토론의 담론 주체들이 국가를 상대로 저항하기보다는 일정한 협상을 시도했다는 것이다. 즉 문화열의 문화적 성찰은 중국 문화의 현대성의 지배적 요소들을 안전하게 만드는 기제로 활용되었다는 점이다.

1990년대 개혁개방 이후 중국의 문화형세는 세계화 단계로 진입하는 새로운 도전에 직면했지만, 문화적 변화에 대한 태도는 기본적으로 변하지 않았다. 서양의 소비문화가 도래하고, 타이완·홍콩·한국·일본 등의 대중문화가 중국 인민들의 중요한 문화소비재로 등장하기 시작하는 후식민지 시기로 중국이 진입하는 과정에서 문화민족주의는 글로벌화에 역행하거나 배타적이기보다는 중국적 세계화를 위한 효과적인 도구로 활용할 필요가 있었다. 문화민족주의는 서양화된 세계화에 저항하는 주체적 담론이면서도, 세계화의 흐름에 뒤처지는 것에도 저항하는 대안적 근대성의 가치를 드러낸다. 가령 1990년대 중국 대중들 사이에서 불었던 반서구화 혹은 반미국화에 대한 민족주의적 정서[21]

---

19) Xudong Zhang, "On Some Motifs in the Chinese 'Cultural Fever' of the Late 1980s", *Social Text*, No. 39, 1994, p. 137.
20) 같은 책, 143쪽.
21) 중국 대중들의 민족주의적 정서를 강하게 자극했던 사건들을 열거하자면 다음과 같다. 1995년 타이완 리덩휘이 총통의 미국 방문, 1999년 나토의 유고 중국대사관 폭격사건, 2001년 미국 정찰기의 해남도 불시착 사건, 2003년 이후의 지속되는 반일운동(경도 고속철도 일본 기술사용 반대운동, 일본 기생관광 반대운동, 최근 일본교과서 채택에 따른 반일시위 등).

들은 오히려 미국화와 서구화 열망의 반작용으로 기능했다. 중국에서 반미주의의 대중화를 야기시켰던 『NO라고 말할 수 있는 중국』이 말하고 있는 것도 사실은 반미국화를 자행한다기보다는 미국화된 세계질서에 편입하고 싶은 중국 중심주의의 '역설적' 표현으로 읽을 수 있다.[22] 또한 최근 중국 인터넷 커뮤니티에 대한 민족주의자와 자유주의자들 사이의 논쟁들도 '문화의 세계화'로 귀결되는데, 이는 지리적 경계를 초월하여 인터넷을 통해 문화적, 종족적 정체성에 기반한 네트워크를 구축하려는, 즉 문화적 정체성의 우월적 연대를 통해 전지구화의 대열에 참여하려는 중국인의 욕망을 담고 있기도 하다.[23] 이러한 맥락을 고려해 볼 때 중국에서의 문화민족주의는 문화적 지구화의 논리와 배리되지 않는다.[24]

중국의 문화민족주의는 중국 전통문화로의 회귀가 아닌, 동시대 대중문화 지형 안에서 구성되는 문제이면서, 새로운 문화적 중화주의를 기획한다고 볼 수 있다. TV 드라마와 대중음악, 그리고 인터넷 공간이 대중들의 문화민족주의를 효과적으로 이입하거나 반응할 수 있는 창구 역할을 한다는 점은 그리 놀랄 만한 일은 아니다. 최근 자생적인

---

22) 박자영, 「1990년대 중국에서 (반)미국화의 맥락」, 『아시아대중문화연구 국제 세미나 서울 2005 자료집』, 92쪽 참고.
23) 백지운, 「인터넷 민족주의와 문화의 통합/분열」, 『동아시아, 대중문화와 (탈)민족주의, 2005 토론회 자료집』 참고.
24) 문화적 지구화에 대한 긍정적인 언급으로는 왕닝의 글(Wang Ning, "Globalization and Culture: the Chinese Cultural and Intellectual Strategy", *Neohelicon*, Vol. 29, 2002)을 참고할 만하다. 왕닝은 "문화적 지구화가 하나의 민족문화의 국민적 정체성과 문화적 정체성을 흐릿하게 하는 사실에도 불구하고, 긍정적인 가치를 줄 수 있다. 우리가 그 도전을 비판적으로 대응하고 폭넓은 국제적 맥락에서 민족문화가 발전할 기회를 충분히 이용한다면, 우리는 중국의 국민적 문화정체성을 강조하고 중국 문화의 본질을 국제적 공동체에 알릴 수 있을 것이다"(114쪽)고 말한다.

대중문화 생산물들이 제작되고 있는 상황에서 중국에서의 문화민족주의는 서양자본주의 문화의 유입에 대한 주체적 반응이나 판단으로 한정되지 않고, 자생적인 문화상품을 통해 전지구화에 적극적인 말 걸기를 하고 있다. 이러한 말 걸기의 담론은 중화주의에 대한 현대적 재구성이다. 가령 중화주의가 지배 이데올로기로 환원되는 영화적 사례로 장이머우(張藝謀)의 「영웅」을 들 수 있다. 장이머우는 이 영화를 통해서 무명의 희생을 대가로 진시황제의 중화통치의 정당성을 설파하는데, 이는 글로벌화의 경로에서 욱일승천하기 위해 현 지배체제에 대한 중화권의 결집을 암시하는 것이다.

문화민족주의의 '문화적 표현', 혹은 '문화적 다원화'의 논리는 이른바 '중화성'(chineseness)의 문화성격에 대한 논의로 집약할 수 있다. 1994년 장파, 장이우, 왕이추안 등 세 명의 베이징대 교수가 쓴 「현대성으로부터 중화성으로 : 새로운 지식 모델의 탐구」라는 글 속에서 중화성은 중화문화권(Rim of Chinese Culture)으로 이해된다. 이들이 생각하는 중화문화권은 아시아-중화경제, 중화윤리, 한자, 중화적 미학 스타일, 중화적 사고와 추론방식이라는 구체적인 특징을 가진다.[25] 이들이 주장하는 중화문화권은 중국식 시장경제, 중국식 대중문화, 다양한 중국적 가치를 추구하는 것으로 "중화중심적 질서의 잃어버린 위계질서를 복구하려는 꿈의 반향"[26]인 것이다. 타이완 출신의 문화연구자 앨런 천(Allen Chun)은 이른바 대중화(greater China)를 상상하는

---

25) Ben Xu, "From Modernity to Chineseness : the Rise of Nativist Culture Theory in Post-1989 China", *Positions; East Asian Cultural Critique*, Vol. 6, 1998, p. 218에서 재인용.
26) 같은 책, 218쪽.

문화적 징후로 홍콩의 대중문화, 타이완의 도덕교육, 대륙의 영화 미디어를 지적하고 있는데, 그가 보기에 이러한 문화적인 징후들은 문화 담론의 국가적 유포와 연관되어 있다.[27]

　　지금까지 중국에서 유포되고 있는 문화민족주의를 검토해보았는데, 일본의 대중문화 속에 각인되어 있는 문화민족주의는 중국과는 다른 맥락을 가지고 있다. 가장 큰 차이는 중국의 문화민족주의가 식민지 피지배의 기억을 회귀시킴으로써 대단히 공격적인 태도[28]를 취한다면, 일본의 문화민족주의는 반대로 식민지 지배의 기억을 문화적 즐거움으로 대체하려는 방어적인 태도를 취한다. 사실 일본의 대중문화의 성격을 문화민족주의로 읽는다는 것은 외견상 많은 무리가 뒤따를 수 있다. 통상적으로 일본 대중문화는 '탈민족적'이거나 '무국적'적으로 평가되기 때문이다. 일본 대중문화의 '무국적성'(non-nationality)의 특성은 일본 애니메이션이나 컴퓨터 게임의 서사 속에서 확인할 수 있는데, 이는 이국적 문화를 적절하게 혼합하여 자신의 문화로 가공하는 일본 특유의 문화정체성을 의미하는 것이다. 그러나 이와부치가 지적하고 있듯이 일본 대중문화의 무국적성은 단순히 미국의 대중문화를 자신의 것으로 변형하는 과정에서 비롯된 것만은 아니다. 일본 대중문화의 무국적성은 민족문화적 특성을 감추는 것이 아니라 다양한 문화적 기원을 가진 요소들을 융합하여 일본의 문화적 우위성을 보여주려는 국가

---

27) Allen Chun, "Fuck Chineseness: On the Ambiguities of Ethnicity as Culture as Identity", *Boundary 2*, Vol. 23, No. 2, 1996, p. 128.
28) "이사야 벌린이 한 사회의 집단적 감정에 상처를 입히는 것이 민족주의 탄생의 필요조건 이다라고 지적했듯이 중국의 정체성은 과거의 상처, 고통, 상해에 의해 정의된다."(Ben Xu, 앞의 책, 214쪽)

주의적인 욕망을 표현한다. 무국적성은 일본의 문화적 욕망을 표상하
는 것으로서, 특히 아시아 속에서의 일본의 대중문화의 위치를 설명하
는 지표로 작용한다. 가령 애니메이션「도라에몽」이나 드라마「오싱」을
아시아 대중들에게 소비토록 함으로써, "아시아 지역의 문화혼혈화를
촉진하여 문화권 창조라는 지도적 역할을 하고 있는 것이 일본의 국가
정체성에 큰 의미를 가져왔다"는 지적도 근거 없는 말은 아니다.[29]

　이와부치는 이러한 일본 대중문화의 무국적성의 논리에는 기술 오
리엔탈리즘과 연성국가주의의 이데올로기가 자리 잡고 있다고 본다.
요시미 순야가 언급하듯이 '기술 오리엔탈리즘'은 미국의 모방에서 벗
어나려는 일본의 전지입국의 자의식을 드러내는 이데올로기이다. 가령
미국 개인주의 대 일본 집단주의, 미국의 선구적 창조력 대 일본의 정
밀한 응용력과 같은 대비에서 "아메리카니즘에 기초한 전후 내셔널리
즘과 기술주의의 융합을 볼 수 있다".[30] 데이비드 몰리(David Morley)
와 케빈 로빈스(Kevin Robins)가 명명한 '기술 오리엔탈리즘'에서 일
본인은 세계에서 기계를 가장 사랑하는 국민, 첨단 기술과 대중문화를
탁월하게 접속(가라오케 기계, 가정용 컴퓨터, 슬롯머신 등)하는 인간들
로 그려진다.[31]

　물론 이러한 평가는 서구로부터 독립한 일본 문화의 우월성을 인
정하기보다는 서구의 영향에서 자유로울 수 없는 일본의 기술적, 문화
적 특수성을 냉소적으로 바라본 것이라 할 수 있다. 이와부치의 지적대

---

29) 이와부치 고이치, 앞의 책, 90쪽 참고.
30) Yoshimi Shunya, "'Made in Japan': the Cultural Politics of 'Home Electrification' in
　　Postwar Japan", *Media, Culture & Society*, Vol. 21, No. 2, 1999, p. 151.
31) 같은 책, 152쪽.

로 일본의 자기 오리엔탈리즘은 서구의 오리엔탈리즘의 시선 자체를 객체화하기 때문에 일본의 '미국 놀이'라기보다는 미국의 '일본 놀이'이다.[32] 미국의 '일본 놀이'에서 일본은 부재하고 다만 서구화된 일본만 존재한다고 말할 수 있는데, 이를 다른 말로 풀어서 말한다면 기술적 도구는 현존하지만, 그것이 만들어낸 컨텐츠에서 일본은 부재한다는 의미로 해석할 수 있다. 하드웨어가 아닌 소프트웨어에서 일본의 문화정체성을 부재하게 만드는 것, 이것이 바로 연성국가주의의 요체다. 연성국가주의는 하드웨어 층위에서는 일본의 국적성을 드러내면서 반대로 소프트웨어 층위에서는 일본의 무국적성을 드러내는 역설적인 담론이다. 연성국가주의는 일본 대중문화산업의 지속적인 발전을 위해 다양한 프로그램을 지원하지만, 여전히 미국의 시선을 필요로 하며, 기술 오리엔탈리즘과 공모관계를 가진다.

왜 이런 모순이 생겨났을까? 일본과 서양의 관계에서 보자면, 이러한 모순은 근대 이후 일본 문화가 유럽과 미국의 문화 모방을 통해 탈아시아화를 선언함으로써 가질 수밖에 없는 근본적인 한계에 기인한 것으로 볼 수 있지만, 아시아와의 관계에서는 다른 맥락으로 이해할 필요가 있다. 아시아적 관계에서 일본의 대중문화의 전파는 서양과의 관계에 비해 문화민족주의적인 성향을 강하게 드러낸다. 서구화된 일본의 문화정체성은 아시아인들에게는 타자화된 정서를 표출하고 이는 식민지 문화지배의 기억을 통해 배가되기 때문이다. 타자로서 일본은 아시아 지역에서 대중문화의 유통과 소비를 통해 역사적 지배의 기억을

---

32) 이와부치 고이치, 앞의 책, 101쪽.

상쇄하고 문화적 동일시만이 현존하도록 자신들의 정체성을 탈구시킨
다. 물론 일본 대중문화가 동일시 욕망의 대상만이 아닌 민족주의의 공
격 대상이기도 하지만, 일본의 국가주의의 아시아적 개입과 배치에 일
본 대중문화의 역할은 여전히 막강하다. 리오 칭이 언급하듯이 이러한
일본 문화의 범아시아적 유행은 타이완, 한국의 민족주의와의 대립 속
에서도 정치경제적 역학관계와 소비문화의 증대라는 배경을 적절하게
활용하고 있다.[33]

4. 맺는말 : 문화민족주의로서 한류의 불길한 징후

중국의 문화적 중화주의와 일본의 연성국가주의 사이에서 문화민족주
의로서의 한류는 어떤 위치에 있을까? 확실한 것은 전지구화 시대 아
시아 국가들 간의 세력권은 문화의 영역을 통해서 경쟁하고 있고, 문화
민족주의의 형성은 그 세력 관계와 무관하지 않다는 점이다. 중국 본토
인과 아시아 국가 내 화교를 결집하려는 중화주의의 문화적 기획들은
1997년 홍콩 이양[34]과 2000년 타이완의 정치 지형의 변화를 계기로 표
면화되기 시작했고, 2008년 베이징 올림픽을 기점으로 최고조에 달할
것으로 예상할 수 있다. 문화적 중화주의의 확산에 대응하는 일본의 문

---

33) Leo Ching, "Imaginings in the Empires of the Sun : Japanese Mass Culture in Asia",
   Boundary 2, Vol. 21, No. 1, 1994 참고.
34) 홍콩 이양이 갖는 지리정치적 의미를 다룬 글로는 레이 초우(Rey Chow)의 글("King
   Kong in Hong Kong Watching the 'Handover' from the USA", *Social Text*, Vol. 16, No.
   2, 1998, pp.93~108), 문화적 의미에 대한 글로는 에릭 킷-와이 마(Eric Kit-wai Ma)의
   글("Cosuming Satellite Modernities", *Cultural Studies* Vol. 15, 2001, pp.444~463)을 참
   고하기 바란다.

화전략 역시 경제, 외교적 전략 못지않게 비중 있게 되었다. 예컨대 '일식 한류'의 현상을 일본 정치계에서 긍정적으로 보는 이면에는 한일 대중문화 개방의 문화적 효과와 함께 문화적 중화주의를 견제할 수 있는 문화적 블록을 계산하고 있다. 일본의 대중문화 속에 발견되는 문화민족주의, 즉 유연하고 방어적인 연성국가주의는 단지 민족주의, 반일 감정의 논리의 재연 속에서 만들어진 것이 아니라 아시아 국가들의 경제적 발전과 위상 변화의 맥락 속에 위치지워져 있다는 점을 주목해야 한다. 일본은 일식 한류의 지나친 확산에 대해서도 경계를 늦추지 않고 있는데, 일례로 최근 세계영화계에서 주목받는 한국과 타이완, 태국 영화와 달리 일본 영화가 맥을 못추는 상황에 이르자, 일본 영화계에서는 한국의 사례를 지적하면서 일본 정부의 강력한 문화지원 정책을 요구하고 있다.

아시아 시장에 확산되고 있는 한류가 문화민족주의적인 성향을 띨 수밖에 없는 것은 바로 이러한 이유 때문이다. 한류 문화자본은 컨텐츠의 아시아주의와는 무관하게 철저하게 자국의 문화자본을 보호하고 확대재생산하려는 이념적 기초를 가지고 있고, 한류의 문화정책 역시 이 기조에서 한발도 물러서지 않고 있다. 한류는 아시아 소비자들에게는 단지 매력적인 컨텐츠일지는 몰라도 국가와 시장의 영역에서는 막후에서 치열한 문화전쟁의 대상이다. 또한 중국의 '문화중화' 정책이 확대되고, 일본 대중문화의 영향력이 아시아에 지속적으로 확산되는 상황에서 문화민족주의로서의 한류는 단지 배타적이고 국수적인 문화 담론으로 일별하기에는 다른 정세에 놓여 있는 것 같다. 자유주의적이고 탈정치적인 한류 문화 자본가들이 유독 아시아 시장에서는 민족주의적인 성향을 보이는 것이나 한류 컨텐츠 속에서 새로운 국가적, 시민적 에너지를 적극적으로 해석하려는 시도들도 나름의 근거들이 있다.

그러나 한류가 문화자본의 경쟁에 의해서건, 아시아 권역주의의 세력관계에 의해서건 국가주의를 대당으로 평가되고 해석되어진다면, '소중화주의' 나 '소연성국가주의' 에 불과할 것이다. 한류가 시민사회의 소통, 대중들의 문화적 취향들의 혼종화를 위한 공간의 가능성이 갈수록 줄어들고 문화자본의 논리, 외교적 이해관계에 반응하는 문화적 수사의 논리로 작용될 가능성이 높아진다면, 한류는 그야말로 '일류' 와 '중류' 사이에서 힘겨운 싸움을 전개할 것이다. 한류에 대한 문화정치적 해석이 앞으로 중요한 것도 바로 이 때문이 아닐까 싶다.

7장 _ '아이돌 팝'의 혼종화와 '보아'의 흉내내기

1. 아이돌 팝의 탄생과 '한류'

1990년대 한국에서 아이돌 팝(idol pop)의 탄생[1]은 '한류'(韓流)의 탄생을 예고하는 문화적 '잠재태'로 읽을 법하다. 이는 단지 '아이돌 팝' 이후 '본격 한류시대'의 주역이 된다는 점에서만이 아니라, 그것이 탄생되는 문화경제학의 조건과 성격들이 한류 탄생의 맥락들과 대부분 일치하거나 결부된다는 점에서다. 한국 대중음악에서 아이돌 팝의 등장은 대중음악의 서사, 연예산업의 제작방식, 음악산업의 유통과 마케팅 구조, 그리고 팬덤 문화와 소비문화 양식에 큰 변화를 몰고 왔다. 대중음악산업 시스템의 변화는 음악시장의 글로벌 환경에 따른 생존 규

---

1) 한국에서 아이돌 팝의 시작은 HOT가 데뷔한 1996년 이후로 보는 것이 타당할 것이다. 물론 이전에 10대들이 대중음악시장에 데뷔한 적이 없는 것은 아니지만, 멤버 구성방식, 마케팅 전략, 음악적 스타일, 10대 팬덤 문화의 형성이라는 전반적인 조건들이 아이돌 팝을 구성하는 요건들임을 감안할 때, 이러한 요건 속에서 등장한 HOT가 한국적 아이돌 팝 문화의 시작이라 할 만하다.

칙에 따른 것으로 '한류' 문화자본의 형성에 기틀을 마련했다고 볼 수 있다. 물론 아이돌 팝의 경제는 부분적으로는 문화자본의 형성 조건이기도 하다. 1990년대 후반 대중음악 산업의 급격한 변화는 아이돌 스타를 기획하는 연예제작 시스템 도입에 따른 결과이기도 하지만, 한편으로는 그러한 시스템을 가동시키는 문화경제적 조건이 되기 때문이다.

아이돌 팝과 한류의 관계 역시 인과론적이기보다는 상호형성적인 의미를 가진다. 아이돌 팝은 초기 한류를 대변하는 기폭제 역할을 했고, 한국 대중문화의 '아시아화'에 지배적인 기능을 담당했다. 특히 한류가 동아시아 대중문화에 강력한 각인효과를 발휘하는 데 있어, 아이돌 팝의 위치는 지대했다. 그러나 시간이 지나면서 한류가 드라마, 영화, 게임 분야로 확대되는 과정에서 '전방위' 한류 브랜드는 역으로 아이돌 팝의 아시아화에 담론적 지지대의 역할을 해준다. 최근 한국의 연예기획사에서 전략적으로 추진하고 있는 아이돌 팝 '현지화 전략'[2]은 한류의 담론적 위세에 힙입은 바 크다.

따라서 아이돌 팝 탄생 맥락을 짚어보는 것은 한류 문화자본의 재생산이 갖는 성격을 이해하는 중요한 출발이 된다고 할 수 있다. 아이돌 팝의 형성은 한류 문화 형성과 관련해 대체로 세 가지 맥락을 가진다. 첫째, 한국에서 아이돌 팝은 음악산업 생산, 유통, 소비방식에 상당한 전환을 가져왔다. 아이돌 팝은 음악산업에서 기획사가 스타를 발

---

2) 2003년 12월 한국의 연예기획사인 우전 소프트는 중국현지 10대 청소년을 발굴하여 '신우치'(新舞器)라는 아이돌 댄스그룹을 만들어 현지화했으며, SM 엔터테인먼트는 최근 일본 10대 소녀들을 발굴하여 프로젝트 댄스그룹(TIA)을 결성하기도 했다. '신우치'는 춤과 노래 스타일에 있어 한국 아이돌 스타들을 복제대상으로 했으며, 노래와 춤, 패션 일체를 한국에서 완성해갔다.

굴·관리하는 시스템이 본격적으로 도입된다는 것을 의미한다. 1980년대까지는 뮤지션으로 데뷔하는 길은 대학가요제에서 입상하거나, 일정 기간 무명시절을 거쳐 실력을 검증받은 뒤 기획사에 발탁되는 것이 전부였다. 그러나 1990년대 중반부터 기획사가 사전에 오디션을 통해 10대들을 캐스팅해서 데뷔 자체를 기획하는 방식이 도입되기 시작했다.

아이돌 스타들은 기획사의 철저한 기획 전략에 따라 캐스팅, 그룹 브랜드, 역할분담, 스타일 등이 정해진다. 데뷔해서 일정 기간 빡빡한 활동을 하고 차기 앨범을 준비하기 위해 잠시 활동을 중단하고, 그동안 스타의 팬덤을 관리하는 방식도 준비된 계획에 의해서 이루어진다. 또한 아이돌 팝은 아이돌 팬덤 문화의 형성 속에서 진화하는데, 1990년대 소비문화의 등장 이래 일정한 구매력을 행사하는 10대 소비자들에게 강력한 문화적 결속력을 제공하는 일종의 '만남의 광장'으로 아이돌 스타의 탄생은 자연스럽다. 10대 음악소비자들이 아이돌 스타들을 지원하는 강력한 팬덤 주체로 성장하면서 음악적인 유통은 이들이 쉽게 수용할 수 있는 TV 매체를 중심으로 이루어지게 된다.

둘째, 아이돌 팝의 기획은 아시아 시장으로 진출하려는 연예기획사들의 비즈니스 전략의 일환이다. 'HOT', 'SES', '보아', '신화', 'Fly to The Sky', '동방신기' 등 아이돌 스타들을 중점적으로 제작하는 SM 엔터테인먼트는 이들의 데뷔 준비 단계부터 아시아 시장의 활동을 염두에 두었다. 이는 일정한 물적 토대를 구축한 한국음반 시장의 글로벌 프로젝트가 가시화되는 것임과 동시에 국내 음반산업 시장의 불안전한 구조와 낮은 수익성을 타개하기 위한 방편으로 마련된 것이다. 기획형 아이돌 스타들은 준비 단계에서 데뷔까지 기획사가 전적으로 투자하는 방식을 취하기 때문에 내수 시장만으로는 충분한 시장성을 갖출 수 없다. 아시아 팝 시장 진출의 선봉대로 아이돌 스타를 내세운 것은 아시아 엔터테인먼트 시장 역시 새로운 10대 소비층이 주도한다는 사실을 간파한 데 따른 것이다. 그것은 또한 탈국가화할 수 있는 이미지 전략으로서 아이돌 스타들의 초현대적 스타일은 적어도 자본주의 대중문화의 미명기를 지나고 있는 중국 본토 청소년들에게 동일시의 대상으로 신화화하기에는 충분했다. 또한 아이돌 팝이라는 프로젝트 자체는 이미 1980년대 말 불황에 시달린 미국 팝 음악 시장의 아이돌 팝 시장화 전략을 국지화하려는 것이라는 점에서 아시아 팝 시장의 일정한 형성을 기반으로 한 것이었다.

셋째, 아이돌 팝은 아시아 권역 내 대중문화의 문화적 혼종화의 지표다. 한국 아이돌 팝은 외견상 일본 '아이돌 팝'의 아류나 복제품으로 간주할 수 있겠지만, 국내 수요를 위한 단순한 복제놀이가 아니라 아시아 시장을 겨냥했다는 점에서 일정한 변환된 형식을 지닌다. 가령 1980년대 일본 아이돌 팝스타들이 아시아 대중음악에 영향을 끼쳐 한국, 타이완 등에 유사한 복제품이 등장했는데, 1990년대 말의 상황은 그 당시와는 분명 다른 맥락을 가지고 있다. 동시대 아이돌 팝의 문화형식들은 국지적 상품화를 위한 것이 아니라 일정한 내적인 생산 시스템 속에서 아시아 시장 진출을 위해 나온 것이고, 나름대로 자생성을 가진다.

물론 한국 아이돌 팝의 자생성이 일본 아이돌 문화에 대한 복제 혹은 벤치마킹에서 자유로울 수 없지만, 일방적인 표절로 동일시되지는 않는다. 오히려 한국, 타이완, 홍콩에서 아이돌 팝스타들이 등장하는 것은 문화적 교통과 변환의 과정이 항상 존재한다는 것을 의미한다. 물론 이런 문화적 교통은 아시아 MTV 등장과 위성매체 시대 개막에 힘입은 바 크다. 위성 매체를 근간으로 하는 아시아 내 미디어 기술 발전은 국가주의적인 문화배타성이나 특정 국가에 의한 일방향적인 문화지배를 주장할 수도 없게 한다. 특히 차용과 모방을 통한 아이돌 팝의 형성은 국지적 문화특수성으로 인해 문화적 차이를 만들어내고, 그런 문화적 차이는 새로운 문화혼종성을 생산하게 된다. 음악적인 스타일이나 스타 제조방식에서 유사한 사례를 가진 아시아 각국의 아이돌 팝은 수용과정에서 각기 특정한 팬덤 문화를 형성하며 재위치지어진다.

한국 아이돌 팝의 글로벌 문화지표라 할 수 있는 보아의 정체성 역시 이러한 세 가지 맥락을 중요한 구성요인으로 삼는다. 보아의 등장과 일정한 성공은 한류 문화자본의 전개과정을 요약적으로 설명해줄 수 있으며, 특히 한류의 역사적인 결절점의 중요한 변화지점을 이해하는 데 있어 중요한 텍스트다. 이 글은 한류 문화자본이 아시아 대중문화의 글로벌 지형 안에서 어떻게 형성되고 있는가를 아이돌 팝스타인 보아의 문화정체성과 음악적 스타일을 분석하는 자리를 통해서 언급하고자 한다. 특히 보아로 대변되는 한국 아이돌 팝 문화가 미국의 아이돌 팝과 일본의 아이돌 팝을 모방하는 과정에서 어떤 문화를 공유하면서 동시에 어떤 이질성을 생산하고 있는지를 살펴보고자 한다.

2. '문화구성체' 로서의 보아

필자는 다른 글[3]에서 한류 문화 자본의 형성에는 세 가지 국면이 존재한다고 말한 바 있다. 첫째는 대중문화산업의 논리로서 한류가 한국 문

---

3) 이동연, 「한류 문화자본의 형성과 문화민족주의」, 『문화과학』 42호, 2005년.

화산업의 선진화에 기여한다는 입장이다. 영화, 드라마, 대중음악, 게임 등 한류 문화 컨텐츠는 국내 문화산업의 국제적 지위를 확보하는 데 결정적인 영향을 주었고, 아시아 연예제작 자본이나 미디어 자본과의 공동투자와 배급의 협력체계를 강화하였다. 둘째는 국가주의의 논리로서 한류가 국가 이미지를 향상시키고, 대 아시아 교역에 유리한 광고효과를 가져왔으며 나아가 동아시아 평화공존에 기여한다고 보는 입장이다. 특히 미디어와 국정홍보 매체들은 한류는 문화상품으로만 존재하지 않고, 국민의 자긍심을 높여주고 한국의 국가경쟁력을 높여주는 상징적인 힘을 가진 것으로 선전한다. 세번째는 문화소비자 향수권의 논리로서 한류는 문화산업계나 정부의 전유물이 아니라 아시아 내 대중문화 소비자들의 기호를 넓히고 강력한 팬덤 문화의 구축을 통해서 아시아 국가 간의 문화일상의 교통이 확대되는 터미널 역할을 한다. 일본의 욘사마 팬들과 중화권의 장나라, 이영애 팬, 그리고 범아시아적인 '비'의 팬들은 자생적으로 형성된 아시아 문화소비자들로서 아시아 시민들 간의 소통을 확대하는 역할을 담당한다.

대중문화산업의 글로벌화, 국가주의와 문화민족주의의 가세, 그리고 탈국가화하는 아시아 팬덤 문화의 형성이라는 한류 문화자본의 세 가지 국면에서 한국의 아이돌 팝스타 보아는 어떤 위치에 있을까? 한류 문화자본에서 보아의 위치는 누가 어떻게 호명하는가에 따라서 다르게 설정될 수 있다. 보아의 소속사인 SM 엔터테인먼트는 보아를 대량의 문화자본을 획득할 수 있는 아시아 최고의 글로벌 팝스타로 호명하기를 원할 것이다. 반면 정부 문화관료들은 보아가 한일 관계를 원만하게 유지하는 데 기여하는 문화대사로, 한국이 아시아 대중문화산업의 신흥강국으로 성장하는 데 필요한 글로벌 엔터테이너로 호명하고

일본에서 팝스타의 입지를 다진 이후 보아의 공연 장면

싶어 한다. 반면 보아의 아이돌 문화를 선호하는 아시아 팬덤들은 역동적인 댄스와 힘 있는 가창력, 그리고 자신들의 세련된 귀족적 스타일의 감각들이 노쇠화되지 않기를 바라면서 그녀를 영원한 아이돌 스타로 호명하기를 바랄 것이다. 아이돌 스타로서의 보아의 문화정체성은 이러한 세 가지 맥락을 기반으로 구성된다. 따라서 보아를 한류 스타로 이해하는 데 있어 중요한 것은 그녀를 한 개인으로 보지 않고 문화자본, 제도, 담론과 함께 혼융된 문화구성체(cultural formation)로 보는 것이다.

프랑스의 철학자 루이 알튀세르에 따르면 이데올로기는 "개인이 사회적 실재와 맺는 상상적 관계"이다. 개인은 초월적인 개인으로만 존재하지 않고 자신이 속해 있는, 자신이 관계하고 있는 사회 현실과 대면하며 사는데, 이 과정에서 개인은 그 사회와 가상적 관계를 맺으며, 특정한 주체로 호명된다. 예를 들어 30대 초반의 한 여성은 직장에서는 기업의 회장을 모셔야 하는 비서로 호명되지만, 가정에서는 한 아들의 어머니 혹은 며느리로 호명되고, 재즈 동호회에서는 열성적인 재즈 마니아로 호명된다. 자신이 어떤 사회적 관계를 맺느냐에 따라 호명되는 방식과 위치가 각각 다르다. 각각의 사회적 관계는 상황과 조건에 따라 역할을 달리해야 하지만, 그것이 애초부터 절대적인 것은 아니며, 자신의 희망하는 대로 호명되는 것만도 아니다. 특정한 사회적 관계망들은 필요에 따라 형성되고, 사회집단은 필요에 따라 구체적인 개인을 구체적인 주체로 호명하기 때문이다.

뛰어난 아이돌 스타인 보아는 자신이 이루고자 했던 꿈을 실현했지만, 그 꿈을 가능케 했던 배경에는 강력한 스타시스템이 있었다. 기획사의 특정한 목적과 계획 하에 보아는 오랫동안 훈련을 받았고, 아이돌 스타로 데뷔한 이후에도 지속적인 스타시스템에 의해서 움직인다. 보아의 뒤에는 보아를 글로벌 스타로 만든 체계적인 연예제작 시스템이 있는가 하면, 그녀에 열광하는 수많은 팬들의 시선이 있고, 또 보아를 자랑스런 한국인으로 여기는 동포들이 있다. 보아는 아이돌 스타를 가능하게 하는 문화환경과 문화자본 시스템에 의해서 호명되는 것이고, 이러한 자본, 문화유행, 스타일, 기획의 총체를 일컬어 '문화구성체' 라고 할 수 있다.

　결국 문화구성체로서 보아는 개인을 주체로 형성하는 구조, 혹은 시스템의 지배를 받는다고 할 수 있는데, 이러한 시스템을 가동시키는 조건은 크게 보아 외적인 조건과 내적인 조건으로 구분할 수 있다. 먼저 외적인 조건 하에서 보아의 등장은 한류의 진화과정에서 중요한 전환점을 시사한다. 한류의 등장과 시기구분을 어떻게 정의할 수 있는가도 논란거리일 수 있지만, 크게 두 단계로 분류할 수 있다. 첫번째 단계는 한류가 중국 본토 문화공습으로 기술될 수 있는 시기이고, 두번째 단계는 한류가 일본 문화시장을 거치면서 글로벌 문화세력권을 확보하는 시기라 할 수 있다. 주지하듯이 한류라는 용어는 1990년대 말 중국의 언론들이 한국의 대중음악과 드라마의 대거 유입을 기술하기 위해 사용한 용어로서 2000년 2월 HOT의 베이징 공연 이후 공식화된 신조어이다. 이후 한국대중음악을 선호하는 마니아들을 '하한족'(哈韓族), 혹은 '한미'(韓迷)라고 부르기도 했다.[4]

　1993년 드라마 「질투」, 「여명의 눈동자」가 중국에 방영된 이래 1997년 「사랑이 뭐길래」, 1998년 「별은 내 가슴에」 등 20여 개의 드라마가 중국 본토에 집중적으로 방영되기 시작했고, HOT와 안재욱 등 50여 종의 한국가요 음반들이 소개되기 시작했다. 1990년대까지 한류는 주로 중국, 베트남 등 사회주의 국가들의 개방 바람을 타고, 이들에게 자본주의 문화오락물을 공급하는 기능을 담당했다는 점에서 글로벌

---

4) 한국 문화관광정책연구원, 『동북아 문화교류 활성화를 위한 문화정책 방안연구』, 2003년, 34쪽 참고.

한 지위에 이르렀다고 보기는 어렵다. 이 당시 한류는 문화산업적인 지위를 획득하기보다는 사회주의 국가들에게 낯선 기호로 불리워지는 외교적 담론의 경계를 넘기가 어려웠다.

　HOT나 보아가 한국의 아이돌 스타로 처음 기획되었을 때, 한류라는 기호는 존재하지 않았지만, 그 징후들은 감지되고 있었다. 아이돌 스타를 제작한 국내 연예기획사의 전략들은 '한류' 라는 기호를 막연하게 상상하고 있었으며, 이들의 문화적 상상을 현실화하기 위한 경제 담론과 정치외교 담론은 든든한 협력적 관계를 가시화하고 있었다. 동아시아 평화공존을 위한 한중 및 베트남 수교, 동북아 경제교역의 강화라는 정치적 슬로건은 탈냉전의 감성적 지표, 즉 문화적 차원에서의 유연한 지원을 필요로 했고, 반대로 아이돌 스타를 기반으로 하는 연예기획사는 자신의 문화자본을 아시아로 확대할 수 있는 정치적, 외교적 해빙이 필요했던 것이다. 이러한 맥락을 염두에 둔다면 초기 한류 문화자본은 뚜렷한 실체가 없이 국가 주도의 동아시아 평화공존과 경제공동체라는 정세에 편승하면서 문화외교사절의 형식으로 생존하고 있었다. 아이돌 스타들의 아시아 진출도 이 역할을 기반으로 이루어졌다.

　그러나 2000년에 들어 한류 문화자본은 새로운 국면을 맞게 된다. 정치적, 경제적 담론에 강하게 연루된 '한류' 는 연예자본의 확대재생산이라는 전략을 구체화하는 문화적 기호로 전환된다. 한류는 국내 연예자본의 아시아화를 표상하는 기호이자 자생적인 문화자본의 구축을 목표로 하는 담론 체계를 형성한다. 보아는 바로 정치외교적 담론에서 문화경제적 담론으로의 전환을 감지하게 만드는 한류 진화의 분기점이 된다. 보아의 일본 데뷔 시점인 2001년을 기점으로 한류는 글로벌한 지형 안으로 편입되었으며 낮은 지형으로의 낙하가 아닌 높은 지형으로의 상승을 기획하는 계기를 맞이했다고 평가할 수 있다. 보아의 데뷔와 성공의 시점들은 이후 영화나 드라마에서의 제작방식이 변화한 데서 알 수 있듯이 글로벌한 한류 문화자본으로의 진입을 지시하는 임계점인 셈이다.[5]

문화구성체로서 보아를 가동시키는 내적 조건은 바로 그녀를 아이돌 팝스타로 만들기 위한 스타시스템이다. SM 엔터테인먼트는 글로벌 스타를 제조하기 위한 프로젝트를 보아가 아닌 다른 소속 멤버로 진행했으나 별다른 성과를 거두지 못했다. HOT나 SES의 일본 진출은 예상한 것보다 저조한 결과를 낳았는데, 그 이유는 보이 밴드의 경우에는 아이돌 팝 스타일 면에서 일본의 동시대 밴드들(예컨대 '모닝구 무스메 Morning Musume')을 압도하기 어려웠고, 연령의 상승에 따른 병역문제와 해외활동의 제약을 해결할 수 없었다. SES의 일본 런칭이 성공을 거두지 못한 것에 비해 보아의 성공은 솔로로서 노래, 춤, 비주얼적인 요소들에 있어 경쟁력이 충분했기 때문이다. 보아의 일본 진출에 많은 역할을 담당한 김영민(현 SM 엔터테인먼트 대표) 씨의 발언을 잠시 참고해보자.

보아는 처음부터 해외용 가수로 기획했습니다. 보아가 열네 살이 되는 2001년에 일본의 매니지먼트 회사인 '호리 프로덕션'과 전략적인 제

---

5) 보아에 대한 이후의 설명들은 대체로 보아의 일본 진출에 결정적인 역할을 한 판당고 코리아 김영민 대표와의 인터뷰(2005년 4월 28일 판당고 코리아 사무실에서 진행) 내용에 크게 의존했음을 미리 밝힌다. 보아의 등장을 한류 문화자본의 본격 가동의 전환점으로 판단할 수 있는 근거들은 보아의 제작 단계부터 일본의 매니지먼트 사와의 긴밀한 협조관계에서 이루어졌고, 투자자본도 50대 50으로 양분해서 진행되었다는 점에서 알 수 있다.

휴를 맺고 그쪽에서 보아를 체계적으로 관리하게 만들었습니다. 먼저 일본 가정집에 홈스테이하면서 3개월간 훈련을 했는데, 춤, 가창, 언어 교육을 동시에 받았습니다. 보아가 성공할 수 있었던 것은 일단 아이돌 스타로서의 자질이 좋았고, 처음부터 아시아 시장을 석권하기 위해 전략적인 마케팅을 기획했기 때문입니다.

보아의 일본 진출과 성공은 스타시스템 방식들을 철저하게 현지화했기 때문인데, 특히 매니지먼트의 전 과정을 일본 측에 일임한 것이 주효했다고 볼 수 있다. SM 엔터테인먼트는 초기 런칭 단계에서 일본의 메이저 레이블 회사인 '에이벡스'(AVEX)[6]와 계약을 맺고 일본에서 구체적인 보아 마케팅을 실시했다고 한다. 데뷔 곡인 「ID Peace B」는 아시아 평화의 사도를 자처하고자 하는 보아의 이미지를 선전하기 위한 것이었는데, 일본 음반업계와 미디어를 대상으로 한 데뷔 쇼케이스는 성공적이었지만, 시장에서는 그다지 반응을 얻지 못했다. 무엇보다도 두 번의 싱글앨범은 글로벌한 사운드를 구사하는 데 충분히 성공하지 못했고, 특히 일본어 구사 면에서 완전하지 않았으며, 일본의 10대들에게는 보아가 당시의 아이돌 스타들과 비교했을 때 친근한 스타일은 아니었다. 보아의 완전한 성공은 열여섯 살에 만든 두번째 정규앨범인 『발렌

---

6) 에이벡스는 AVEX 일본의 단독 레이블 사인데 일본 음반매출에서 15퍼센트의 점유율을 가지고 있다. 매니지먼트는 자회사인 '악시브'(Axev)가 담당하는데 보아의 매니지먼트도 악시브가 담당했다. 일본의 음반업계는 퍼블리싱과 레코딩 매니지먼트가 철저하게 분업화되어 있는데, 최근에는 이 세 가지 분야가 통합되는 추세이다. 그래서 간혹 매니지먼트 회사가 레이블 회사를 창립하기도 했는데, 일본의 대표적인 아이돌 스타그룹인 SMAP의 매니지먼트 사인 '자니스 엔터테인먼트'(Jhaneys Entertainment)가 대표적이다.

티』(Valenti)에서였는데, 하루 92만 장의 판매고를 올리며 오리콘 차트에서 처음으로 1위에 올랐다.[7] SM측의 분석으로는 『발렌티』의 성공은 정규 앨범의 특별한 완성도 때문이라기보다는 이 과정에 이르기까지 언론보도, 광고, 사인회를 통해 지속적으로 지명도를 높여나간 데 있다고 본다.

결국 종합해보면 보아의 일본 성공은 '현지화' 된 마케팅과 매니지먼트 전략 때문인데, 그럼에도 불구하고 토착화된 아이돌 스타로서의 특이성이 일본 팬덤들의 새로운 선호도를 낳게 했다는 지적도 눈여겨볼 대목이다. 말하자면 문화구성체로서 보아의 내적 논리는 스타시스템만으로 온전히 환원될 수 없는 문화정체성을 가지고 있는데, 이것이 일본의 동시대 아이돌 스타들에게는 발견되지 않는 특별한 감수성이다. 가령 일본의 아이돌 여성 팝스타의 계열에 있는 아무로 나미에, 하마사키 아유미의 스타일은 하이퍼 비주얼적인 요소가 강한 스타일리스트에 속하는 일종의 쇼걸 이미지라면, 보아의 이미지는 깔끔하고 순수한 틴에이저 귀족 이미지를 강조한다. 보아의 토착적인 스타일이나 문화적 감수성을 한국 아이돌 팝의 특성으로 일반화할 수는 없지만, 현지화된 스타시스템과는 별개로 감지하게 되는 신체적, 정서적 특이성은 문화적 흉내내기와 문화혼종성의 변수로 간주할 만하다. 이는 보아의 스타일이 다양한 참조체계를 가지고 있으면서도 완전히 동일화되지 않는 요인 중의 하나를 설명하는 데 적절하다. 보아의 문화적 스타일을

---

7) 아시아 음반시장에서 보아는 한국 가수가 아닌 일본 가수로 분류되는 것이 일반적이다. 2004년 아시아 MTV 시상식에는 보아가 일본 가수를 대표해서 출연했고, 홍콩, 태국, 싱가포르에 배급되는 보아의 앨범은 모두 일본 배급사인 에이벡스 사가 책임지고 있으며, 아시아의 음반매장에서도 통상 J-pop으로 분류되어 진열되고 있다.

구체적으로 분석하기 위해 그녀와 비슷한 위치에 있지만 다른 스타일을 가지고 있는 이효리와 비교해보도록 하자.

3. '보아' 팬덤과 하이틴 스타일 : '보아' 대 '효리'

2004년 신생 휴대폰 업체인 '팬택앤큐리텔'은 윤도현을 대체할 새로운 광고 모델로 보아를 선정했다. 1년에 10여 개 가까이 광고 모델을 하는 최정상의 아이돌 스타가 신생 휴대폰 업체 광고 모델로 선정됐다는 것이 그리 놀라운 일은 아니지만, 흥미로운 것은 같은 해 동종업계인 삼성 '애니콜' 모델이 이효리였다는 점이다. '팬택앤큐리텔'은 보아를 전면에 내세워 당시 최고의 문화 코드였던 이효리의 애니콜과 정면대결을 선언한 셈이다. 대중문화 유행에 가장 민감한 광고시장에서 경쟁업체 간의 대표 브랜드 광고 모델로 각각 보아와 이효리를 선정했다는 것은 그만큼 이 둘의 경쟁적인 상품가치가 크다는 것을 예증하는 것이다.

주지하듯이 지난 몇 년 동안 대중음악 시장에서 가장 대중적으로 성공한 여성 뮤지션을 꼽으라면 아마 보아와 이효리가 아닐까 싶다. 보아는 일찍이 일본이라는 대형시장 공략을 위해 철저히 준비된 스타로 지난 2~3년 동안 한국을 대표하는 글로벌 뮤지션으로 인정받고 있다. 반면 이효리는 '핑클'이라는 걸밴드에서 활동하다 2003년 여름 솔로로 데뷔해 최고의 인기를 구가하고 있다. 탈한국을 선언한 보아에게 국내 음악시장이 작아보일지는 몰라도, 적어도 2003년 한 해 국내 대중음악계를 휩쓸어버린 당사자는 이효리다. 이효리는 2003년 각종 연말 가요 시상식에서 대상을 포함해 주요 부분 상을 휩쓸었고, 계속해서 보아와 함께 가장 강력한 대상 후보자로 낙점되고 있다. 2003년 인기 검색어

순위에서 이효리는 항상 1, 2위를 다투었고, 한때 한나라당 최병렬 대표에 의해 내년 총선 비례대표 후보 1순위로 지명되기도 했다. 이효리가 2004년에 계약한 광고건수만 30여 개에 이른다.

보아 역시 2004년 발매된 싱글 『Shine we are』가 일본 오리콘 차트를 석권하고 일본음반협회가 수여하는 골든 아티스트 상, 최고의 가수만 출연하는 NHK 연말 「홍백가합전」 출연을 2년 연속 일구어냈다. 한 여자는 해외시장에서, 다른 한 여자는 내수시장에서 한국을 대표하는 가수로 부상했으니 이 둘을 비교하는 것이 자못 흥미롭다.

보아와 이효리라는 인물을 그 자체로 비교하는 것도 흥미로운 분석이 될 수 있겠지만, 더 흥미로운 것은 이 두 여성 뮤지션이 스타로 성장하는 과정에 어떤 공통점과 차이점이 있는지를 따져보는 데 있지 않을까 싶다. 말하자면 두 스타 자체만의 비교가 아니라, 그들을 둘러싸고 있는 스타시스템의 형성과정에 대한 비교가 더 흥미롭지 않나 하는 것이다. 이 두 스타의 스타시스템을 잘 읽어보면, 현재 한국에서 여성 팝 가수들이 어떻게 만들어지고 있고, 연예산업의 시장전략이 어떠한지가 대략 드러날 수 있기 때문이다.

논의의 주 방향이 스타시스템에 관련된 것이라 해도, 먼저 두 신데렐라에 대한 품평회를 하지 않을 수가 없겠다. 시스템의 구조는 그 사람의 기질과 성향에 따라 결정되는 면도 많기 때문이다. 사실 노래, 즉 가창력으로 이 두 사람을 비교하는 것은 잔인할 뿐더러 무의미하다. 보아는 노래를 너무 잘 부르고, 이효리는 너무 못 부르기 때문이다. 그럼에도 정작 스튜디오나 무대에 서 있는 두 사람을 보면 노래실력은 그렇게 중요하지가 않다. 어차피 개인의 노래실력은 최고 기술의 녹음 및 믹싱 기술과 마스터링 기술로 충분히 보완되고, 아주 특별한 경우를 제외하고는 무대에서 라이브로 부르는 경우는 거의 없기 때문이다.

그러니 우리는 그녀들의 몸과 스타일과 춤, 혹은 가창이 배제된 것을 전제로 한 믹싱된 음악의 경향으로 이 둘을 비교할 수밖에 없을 것 같다. 보아는 세련되고 댄디한 '하이틴 귀족'의 스타일을 가지고 있다. 이는 기본적으로는 그녀의 얼굴 자체에서 나오는 이미지이기도 하지만, SM 엔터테인먼트 특유의 상품전략이기도 하다. 물론 그녀의 코디는 은연중 브리트니 스피어스의 그것을 모방하고 있지만, 스타일 자체로 볼 때는 귀족적인 댄디함과 일종의 '영재형 가수'에게서 볼 수 있는 계획된 자신감이 몸에 배어 있다. 그녀의 춤의 라인을 보면 그루브(멜로딕하다)하면서도 절도 있는 비트와 스텝이 분명하게 나타난다. 춤의 스타일은 여러 형태가 있지만 힙합 초기의 펑키한 '비보이' 형태가 주가 된다. 보아의 노래 역시 곡의 특성상 댄서블하고 비트 전환이 강렬해 보이지만, 그 기초에는 알앤비 스타일의 가창력이 있다. 철저하게 사전에 교육된 가창과 안무, 그리고 몸의 왜소함을 귀족적인 댄디함과 강렬한 비트로 보완하려는 스타일은 전형적으로 깔끔하고 세련된 '여피적인' 성향을 보인다.

반면 이효리의 스타일은 성적 상상력을 자극시키는 전형적인 '쇼걸'의 이미지다. 외견상 이효리의 섹시한 몸 자체에서 그러한 쇼걸 스타일이 나오는 면도 많지만, 이것 역시 소속 기획사인 DSP(대성기획)의 상품전략에서 비롯된 것이다. 이효리에 대한 DSP의 전략은 단순히 노출, 섹시함의 코드가 아니다. 그것은 그러한 섹시함의 코드를 이용해서 가장 일반적인 대중들에게 친근하게 각인되게 하는 데 있다. 그래서 섹시한 복장을 입거나 둘 다 브리트니 스피어스의 스타일을 어설프게 모방해도 보아와 이효리는 그 느낌이 서로 다르다. 보아의 경우는 브리트니의 소녀다움, 세련됨을 복제하지만, 이효리는 그녀의 섹시함, 관능미를 복제한다. 대체로 보아가 같은 또래 소녀들을 중심으로 동성 팬들에게 많은 인기를 얻는 반면, 이효리는 남성 팬들에게 절대적인 지지를 받는 것도 이런 맥락에서이다. 보아는 귀엽고 세련된 이미지로 대중들에게 친근함을 호소하지만, 이효리는 어떤 점에서 대중들에게 친근하게 다가갈 수 있는 키치적인 천박함에 호소하고 있다. 의상을 보아도 그러한 대비가 가능하다. 보아가 귀족적이라면, 이효리는 키치적이다.

이러한 스타일의 이질성은 놀랍게도 앞서 설명했듯이 SM과 DSP의 스타시스템의 선명한 차이에서 비롯한다. 우리는 이 비교를 위해 과거 'HOT'와 '젝스키스', 'SES'와 '핑클'의 차이를 설명하는 것으로 시작해야 할 듯하다. SM 엔터테인먼트의 간판인 'HOT'나 '신화'의 스타일은 고급스럽고 귀족적인 판타지를 심어주는 전형적인 '강남 8학군' 스타일이다. 반면 젝스키스는 리얼리티에 충실하고 게토적인 성향이 강한 '강북학군 스타일'이다. 전자의 아이들은 자신들을 신비스럽고 똑똑한 이미지로 포장하지만, 후자의 아이들은 부담 없이 있는 그대로 친근하게 다가간다. 'HOT', 'SES'의 노래 스타일과 '젝스키스', '핑클'의 노래 스타일도 대체로 차이가 있다.

SM과 DSP는 그런 점에서 보아와 이효리를 스타로 성장하게 만든 전략에서 서로 다른 길을 선택한 것이다. 가창력, 춤 실력, 연령 등 기본기가 되어 있는 보아는 글로벌한 이미지 수업으로 아시아 시장에서 통할 수 있다는 판단을 한 것이고, 이를 위해 국내 TV 무대에서 값싸고 천박하게 소모시키지 않고 장기적인 전망을 가지고 투자를 했다. 보아는 SM의 글로벌 마케팅의 중요한 실험대상이었던 셈이다.

반면 이효리는 타고난 엔터테이너의 끼를 최대한 극대화시켜서 최단기간에 최대의 이익을 내려는 단기전략을 구사한다. 열아홉 살에 핑클의 대표적인 비주얼 이미지 역할로 데뷔했던 효리는 4인조 걸밴드에서 발휘할 수 있는 능력이 소진되면서, 곧바로 솔로 데뷔 준비를 했다. 그녀는 솔로로 데뷔하기 전에 지상파 방송의 사회자로 인지도를 확실히 높이는 과정을 거쳤고, 데뷔에 임박해서 스포츠 연예지의 대대적인 홍보지원에 힘입어 이미 '스테이지 쇼걸'로 단기간에 무림평정을 했다. 효리는 지상파 방송의 섹시하고 관능적인 사회자로, 스포츠 연예지의 선정적인 코드의 주생산자로 부각되면서 2000년대 이후 미디어가 만들어낸 최고의 스타가 되었다.

우리는 보아를 통해 조기부터 철저한 관리 시스템으로 스타를 만들어내는 일종의 '글로벌 팜 시스템'(global farm system)과 이효리를 통해 미디어를 적극 활용하여 특정한 취향의 이미지를 각인하게 만드는 '국지적인 프로모션 시스템'(local promotion system)의 작동방식을 알 수 있다. 물론 보아 역시 미디어의 덕을 많이 보았고, 이효리 역시 글로벌한 스타로의 발전 가능성이 없는 것은 아니지만, 처음부터 스타를 만들어내는 전망이 다르다는 점에서 이른바 '수출용'과 '내수용'이란 활용방식의 차이는 분명히 있는 것 같다.

보아의 스타일은 처음부터 탈한국적인, 혹은 무국적인 이미지를 생산하려는 의도를 가지고 있었다. 보아는 초기에 앳된 아이돌 스타의 이미지를 벗어던지고 성적으로 어필할 수 있는 성인 이미지를 강하게 부각시켰다. 2006년 초에 발표한 새 앨범 『아웃그로』(Outgrow)를 기점으로 보아는 그로테스크한 펑크 이미지를 살리면서 귀여운 이미지에서 신비스런 성인 이미지로 변신했다. 공교롭게도 최근 2집 『다크 엔젤』을 들고 다시 가요계에 복귀한 이효리가 선보인 이미지 역시 보아의 변신 이미지와 유사한데, 사실 이 스타일은 브리트리 스피어스, 비욘세를 비롯해서 시애라 등 당대 미국의 여성 팝 가수들의 스타일을 모방한 것이다. 보아나 이효리는 아무로 나미에, 하마사키 아유미, 그리고 코다쿠미 등 일본의 섹슈얼한 여자가수의 스타일보다는 오히려 미국의 라틴팝 여자가수나 흑인여자 가수들의 스타일에 더 가깝다. 좀더 구체적으로 말하자면, 이효리가 비욘세와 브리트니의 스타일을 차용해서 '국지화' 시켰다면, 보아는 이들의 스타일과 일본 여성 가수들의 당대 스타일을 동시에 혼합해서 '일본화' 된 혼종된 형식을 취하고 있다.

그러나 보아와 이효리의 스타일을 외국 팝 가수들을 완전히 복제한 인형처럼 평가하는 데는 무리가 뒤따른다. 스타일 역시 음악의 표절만큼 심각한 문화복제이지만, 그 안에는 당대의 유행형식을 차용하고 혼합해서 국지적인 스타일로 혼종화하는 차이가 발생한다. 스타일을 복제할 때는 특정한 한 가수를 모방하는 경우도 있지만, 최근 유행하는 팝 가수들의 스타일들을 부분적으로 복제하는 경우도 발견된다. 아무리 동일하게 복제한다 해도 그 흉내내기에는 필연적으로 차이가 발생한다. 스타일과 음악의 복제에 대한 저작권 논쟁과 도덕적인 논란과는 별도로 국지적인 흉내내기는 '차이의 불가피성' 으로 인해 자신들만의 문화적 변종을 만들어낸다.

적어도 이러한 문화적 변종은 단순하고 순박한 식민지적 모방과는 다르게 글로벌 시대의 문화 정보의 교환방식과 문화형식의 교차에서 비롯된 만큼 복잡하고 복합적이다. 국지적 스타일은 글로벌 스타일의 원본을 있는 그대로 흉내내지 않고, 조금씩, 여러 개를 섞어서 짜깁기한다. 모자이크적인 스타일의 흉내내기는 보아보다는 이효리가 탁월하다. 이효리의 2집 타이틀 곡 「Get Ya」가 브리트니 스피어스의 「Do

Something」을 흉내낸 방식도 국지적인 짜깁기의 본성 때문이다. 글로벌한 스타일과 음악을 국지적으로 차용하는 혼종성의 시대는 완전히 노래를 번안하던 동일성의 시대에 비해 도덕적으로 불감증을 느낀다. 왜? 글로벌한 것은 국지적인 것으로 믿기 때문이다.

4. 보아의 흉내내기와 문화혼종성의 진실

이효리의 흉내내기와는 다르게 보아의 흉내내기는 일시적인 선택과 전략이 아니라 나름대로 자신의 고유성을 가진 시스템 속에서 움직인다. 전술한 대로 보아는 기획 단계부터 일본 연예기획사의 지원을 받았고, 일본 진출 후 스타일, 매니지먼트, 작곡·작사, 마케팅 분야에서 일본 연예산업의 규칙을 따르고 있다. 일본화된 아이돌 스타로서 보아는 K-pop과 J-pop의 경계를 넘나들고, 철저하게 일본화된 아이돌 스타이면서도 일본을 넘어서는 글로벌 문화자본의 체계 안에 존재하는 팝스타로서의 전망을 갖고 있다. 여기서 잠깐 K-pop과 J-pop의 용어상 관계를 언급하고자 하는데, 이 관계는 단지 기표상의 참고만이 아니라 내용적인 참고를 암시한다는 점에서 아이돌 팝의 모방관계의 성격을 이해하는 단서를 제공해 준다.

K-pop의 정의에 대해서는 엄밀한 검토가 필요하지만, 이것이 대중음악에 한정될 경우 대체로 미국화와 일본화의 이중적 위치를 지시해주는 개념으로 보는 것이 무리가 없다. 즉 K-pop에서 K는 한국적 대중음악의 고유성을 인지하는 고유명사로 명명되며, pop은 그 고유성이 미국와 일본의 팝 문화를 모방한 것으로 각인된다. 말하자면 K-pop은 J-pop이 아메리칸 팝(A-pop)의 대당으로 사용되었듯이 J-pop

의 대당개념으로 사용된다. K-pop이 J-pop을 대당화하는 것은 모순적인 의미를 가지고 있다. 즉 K-pop은 J-pop과 구별되는 문화적 특성이나 변별력을 가지고 있다고 독립선언하는 언어이면서도 그 컨텐츠의 근원과 모방과정상 J-pop의 영향권 하에서 명명되는 언어라는 내적인 모순을 가지고 있는 것이다. 그러나 K-pop이 글로벌해진 한국의 대중문화 생산과 생산물의 존재를 확인하는 용어라는 점에는 의문의 여지가 없을 것이다. 그리고 이 용어가 한류의 아시아화 과정과 무관하지 않은 것도 분명하다. "K-pop이란 한국의 음악산업을 통해 생산되고 일본을 비롯한 (동)아시아 권역에서 소비되는 대중음악 및 그와 연관된 문화를 포괄적으로 지칭하는 국제적인 고유명사"[8]로 정의하는 것도 적절해 보인다.

문제는 J-pop이 역사적으로 아시아, 특히 한국의 대중문화에 끼친 영향이 어떤 식으로 자국의 대중문화 형성에 관여했는지를 따져보는 것이다. 이유야 어쨌든 일본의 대중문화가 1970년대 이후 현재에 이르기까지 아시아 대중문화에 미친 영향은 막대하다. 1980년대 타이완과 홍콩에서 10대들은 자신들의 패션을 일본의 10대 아이돌 스타들의 복장과 똑같이 하길 원했고 일본의 10대 패션 잡지인 『논노』가 폭발적인 인기를 얻었다. 당시 기무라 다쿠야와 노리코 사카이와 같은 연예인들의 가십들이 지역 신문을 채우기도 했다.[9] 타이완이나 홍콩에 비해 일본에 대한 반감이 훨씬 높았던 한국의 경우에도 일본 문화개방이 전면

---

8) 신현준, 「K-pop의 문화정치(학) : 가요 민족주의로부터 팝아시아주의 속으로」, 『아시아 대중문화연구 국제 세미나 서울 2005』, 1쪽 참고.
9) Timothy J. Craig, *Japan Pop!: Inside the World of Japanese Popular Culture*, An East Gate Book, 2000, p. 5 참고.

금지된 1980년대에조차 일본의 TV 애니메이션, 만화, 패션 잡지, 대중음악은 이른바 J-pop 마니아들뿐 아니라, 일반인들에게 폭넓은 인기를 얻었다. 그러나 아시아 각 국가마다 차이가 있는 것은 사실이지만, 아시아 대중들의 일본 문화에 대한 반응은 대체로 이중적이다. 일본의 애니메이션 만화, 대중음악과 패션 잡지에 대한 깊은 선호도를 갖고 있으면서 동시에 정치적 일본의 역사를 떠올리며 정서적 반발감을 갖고 있다. 이 모순은 특히 개인에서 집단으로 이동될 때 강하게 나타난다. 아시아 전역에 전파된 '일본화'는 그 안에 항상 '반일본화'를 내장하고 있었던 셈이다.[10]

K-pop의 등장과 이것이 동아시아 전역에 파급되는 과정은 어떤 점에서는 이러한 '일본화'와 '반일본화'의 이중적 감정의 교차를 느끼게 해준다. K-pop은 직접적이든 간접적이든 J-pop의 모방관계로부터 자유로울 수 없으면서도 J-pop과 일정한 경쟁관계를 형성하는 이중적인 국면 속에서 등장했다. 그러나 '일본화'의 대당인 '반일본화'를 정치적, 역사적 반일감정의 결과로 단정해서는 곤란하다. 한일 간 대중문화의 오랜 역사적 영향 관계에서 한국의 대중문화가 '반일본화'를 선언하기에는 일본 대중문화가 너무 많이 내면화되어 있기 때문이다. 일본 대중문화의 내면화는 역설적이게도 타이완의 경우와는 반대로 일본 대중문화가 공식적으로 거부당해온 데서 비롯된다. 1990년대 초반까지 계속된 방송, 영화, 대중음악 분야에서의 일본 대중문화 불허정책은 정보의 차단으로 인해 공공연한 표절과 복제가 성행하는 빌미를 마련해

---

10) 이와부치 고이치, 『아시아를 잇는 대중문화』, 히라타 유키에·전오경 옮김, 또하나의 문화, 2004년, 126쪽 참고.

주었다. 일본 대중문화는 공식적으로 거부당했지만, 제작자들의 표절과 복제 행위들은 오히려 그것의 내면화를 가속시켰다.

K-pop은 산업적인 자생성과 독자적인 컨텐츠의 확보라는 새로운 국면을 지시해주지만, 일본 문화의 불허에 따른 '내재적 일본화'의 흔적들을 지울 수가 없다. K-pop은 내재적 일본화를 문화적 원천으로 한 후 그것을 다시 재구성해서 독자성을 확보하려는 흉내내기(mimicry)의 전략이다. 반일본화가 일본화의 구성조건이 된다면 역으로 일본화도 반일본화의 구성조건이 될 수 있다. 그런 점에서 대중문화에서 일본화와 탈일본화는 처음부터 완전히 순수한 상태로 전환될 수 없다. K-pop의 정체성, 혹은 고유성은 이러한 일본화와 탈일본화 사이의 양면성과 차이를 드러내는 과정에서 획득될 수 있는 것이다.[11] 흉내내기란 "거의 동일하지만 완전히 동일하지는 않는 차이를 가진 주체로서의 타자를 욕망하는" 과정이듯이 K-pop은 J-pop에 대한 차이와 흉내내기, 양면성의 전략에서 그 정체성을 획득할 수 있다.

K-pop과 J-pop, 그리고 '글로벌 팝'(G-pop), 혹은 아메리칸 팝(A-pop)의 경계를 가로지르는 보아의 문화정체성은 음악적 스타일의 생산에 있어 자연스럽게 문화적 '흉내내기'의 문제와 직결된다. 보아의 음악적 스타일과 문화형식들이 한국적인가, 일본적인가, 아니면 미국적인가 하는 질문은 단순히 특정한 가수를 복제하는 차원의 문제를 넘어선다. 보아가 일본화된 아이돌 팝스타라는 점에서 일본 여성 아이돌

---

11) 호미 바바가 언급하고자 하는 '흉내내기'도 식민자와 피식민자 사이의 차이와 양면성 원리에서 나온 것이다. 호미 바바, 「모방과 인간」, 『문화의 위치』, 나병철 옮김, 소명출판, 2002년 참고.

팝의 전형이라 할 수 있는 아무로 나미에와 하마사키 아유미의 스타일을 복제하거나 모방한 것으로 통상 이해하고 있지만, 정작 문화적 스타일과 음악적 형식 면에서는 브리트니 스피어스를 벤치마킹한 점이 더 두드러진다. 그렇다고 보아를 브리트니 스피어스류의 아이돌 팝스타로 계열화하기에는 정서적 거리감이 있다. 보아가 음악적 스타일이나 문화적 정서에서 일본의 아이돌 팝의 성격과 거리가 있다 하더라도, 그것이 체계 속에서 운영되는 방식을 보면 아시아적 친밀도가 더 강력하다는 것을 알 수 있다. 김영민 대표의 언급을 잠깐 참고해보자.

> 일각에서 보아가 아무로 나미에나 하마사키 아유미를 모방했다고 말하는 데 그것은 사실과 다릅니다. 아무로 나미에는 보아가 데뷔할 당시에는 하향세였고, 하마사키의 경우에는 춤에서 현격한 차이가 납니다. 열다섯 살에 데뷔한 아무로나 열여섯 살에 데뷔한 하마사키는 데뷔 당시를 상기하면, 보아에 비해 춤의 파워가 떨어집니다. 보아는 서구의 팝 음악을 아시아화한다는 목표를 가지고 있었고, 일본은 단지 그렇게 가기 위한 무대라고만 생각했습니다. 오히려 벤치마킹을 한 것이라면 제작과정 단계에서 브리트니를 벤치마킹한 것은 사실입니다.

이는 보아를 기획한 SM 엔터테인먼트가 애초에 의도했던 아시아 최고의 팝스타 전략에서도 드러나는 문제다. 보아는 아시아 팝스타의 위치에서 글로벌한 지위를 견지할 수 있다는 일종의 글로컬한 문화적 혼종화의 사례라 할 만하다. 국지적인 정서와 권역적인 물적 토대, 그리고 글로벌한 이미지가 서로 혼종된 보아의 문화정체성은 미국 팝 문화를 토착화하는 문화적 혼종화와 그것의 국지적 자생성을 읽게 해준다.

아무로 나미에와 함께 J-pop의 여왕으로 군림하고 있는 하마사키 아유미.

보아의 흉내내기와 문화적 혼종성은 그런 점에서 일방향적인 결과로 보기는 어렵고, 특정한 아이돌 스타에 대한 단일한 모방으로 보기도 어려우며, 철저하게 일본 현지화된 아이돌 스타이긴 하지만, 완전히 일본적이라고 말하기도 어렵다. 오히려 보아의 흉내내기는 특정한 문화 주체의 모방이라기보다는 글로벌한 음악산업 내에 편입된 연예 제작 시스템의 복제라는 것이 더 적절하다고 말할 수 있다. 이러한 연예제작 시스템의 복제는 한국음악산업의 운명과 연관되기도 한다. 한국의 대중음악 산업과 거기에서 파생된 연예제작 시스템의 조건들은 글로벌한 지위를 획득하기에는 많은 난관에 부딪치고 있고, 이를 국지적으로 해결할 수 있는 대안은 그리 많지 않은 편이다. 한국의 대중음악산업이 내적 진화과정에서 새로운 단계에 접어들기 위해서는 끊임없이 아시화하는 전략이 필요하다. 보아의 사례처럼 한류 문화자본은 국가별 경쟁관계를 형성하기보다는 합작과 제휴, 그리고 전략적 편입을 통해 아시아 문화자본의 시장에 일정한 부분을 차지하는 것을 선택할 것이다. 따라서 중요한 것은 음악적 스타일의 흉내내기가 아니라 아시아 내 문화자본의 흉내내기다.

문화자본의 흉내내기는 국지적 연예제작 자본을 글로벌화하려는 계획에서 비롯된다. 문화자본의 흉내내기는 글로벌 문화자본에 종속적이기보다는 국지적인 자생성을 확보하고 있다. 그러나 국지적 문화자본의 흉내내기는 자생적이되 완전히 자생적일 수 없다. 왜냐하면 그러한 시스템을 가동시키는 음악적 스타일이 독자적일 수 없으며, 문화자본 역시 완전히 독립적일 수 없기 때문이다.

보아는 이러한 자생적이되 완전히 독립적이지 않은 국지적 문화자본의 이해관계 속에서 새로운 변신을 시도하고 있다. 그것은 중국, 혹은 중화권이라는 새로운 마케팅 장소를 발굴하는 것과 연관되어 있다. 보아가 아시아를 대표하는 여자 팝 가수 중의 하나라 해도 손색이 없지만, 중화권 국가에서는 강한 영향력을 행사하지 못하고 있는 것도 사실이다. 보아의 음악적인 스타일은 중국 팝 시장에서 현지화하기에는 정서적으로 거리감이 있다. 중국에서는 보아보다는 장나라와 같은 수수한 이미지의 스타가 인기를 얻는 것도 그런 맥락에서이다. 따라서 보아의 제작자인 SM 엔터테인먼트의 이수만 씨는 보아를 노래로 런칭하기보다는 영화나 드라마를 통해 런칭하려는 계획을 갖고 있다. 이는 보아

의 새로운 변신이자 새로운 현지화 전략이라 할 수 있다. 이러한 변화
는 왜 생겨나는 것일까? 그것은 바로 국지적 문화자본의 흉내내기에서
비롯된 것이다. 보아는 이러한 국지적인 문화자본의 흉내내기 전략에
서 자신의 글로벌한 능력을 보여주어야 하는 때를 맞은 것이다.

8장 _ 지금 일본에서의 한류

1. 한류의 힘?

2005년 1월, 4박 5일 일정으로 도쿄와 요코하마에 들러 일본에 불고 있는 '한류'의 현장을 둘러볼 기회가 있었다. 드라마 「겨울연가」로 시작된 욘사마 신드롬, 가수 '보아'의 성공적인 데뷔, 그리고 이병헌, 원빈, 장동건 등 이른바 한류 스타들의 연이은 일본 진출 소식은 최근 우리 대중문화 담론의 즐거운 화두 중의 하나였다. 일간지, 주간지, 연예 저널 등 모든 매체가 일본에서의 한류를 집중 조명했고, 시사 프로그램에서도 일본에서 불고 있는 한류가 단골 취재 대상이 되었다. 한국 미디어가 대서특필하는 방식대로 이해하면, 일본의 중년 주부들은 모두 배용준의 주술에서 헤어나오지 못하고 있는 듯하다. 어디 배용준뿐이랴. 「겨울연가」에 함께 출연했던 최지우와 박용하도 배용준 못지않은 러브콜을 받았고, 배우 이병헌은 신·구세대를 통틀어 일본 여성들이 가장 좋아하는 아시아 배우가 되기도 했다. 수많은 문화적 취향이 공존하는 일본 대중문화와 막대한 자본의 규모를 자랑하는 일본 엔터테인먼트

산업 시장에서 한류 스타들과 한국 문화 컨텐츠의 선전은 그 자체로 대단한 일이기도 하다.

일본, 그리고 이 나라의 수도 도쿄에서 한류는 분명 존재하는 현상이다. 나리타 공항에서 도쿄 시내를 관통하는 고속도로에 LG, 삼성, 현대 등 한국 기업들의 광고간판들이 세계 최고의 제품을 생산하는 일본 기업과 어깨를 나란히 하고, 신인류족들이 집결하는 시부야나 신주쿠에도 한국 IT 기업들의 상품광고를 어렵지 않게 발견할 수 있다. 도쿄에 있을 당시 주요 극장가에는 전지현 주연의 「내 여자 친구를 소개합니다」가 장기 상영을 하고 있었고, 아사히 TV 방송국 현관에는 올해 최고의 앨범 10개의 반열에 보아의 신보가 전시되어 있었으며, 시내 대형 서점은 별도의 코너를 만들어 한류 스타들의 일거수 일투족을 취재한 잡지 수십 종과 드라마 시나리오와 배우들을 분석한 책 수십 종을 함께 진열해 놓고 있었다. 한국 영화잡지인 『무비위크』나 『필름 2.0』은 서점 가판 진열대에서 원본 그대로 팔리고, 지하철 내 잡지 광고를 보면 한류와 관련된 기사들이 보통 2~3꼭지가 고정 배치되어 있었다. NHK뿐만 아니라 일본의 민영 텔레비전에서는 「발리에서 생긴 일」, 「대장금」이 인기리에 방영되고 있었고, 한류 드라마 후속작들이 줄줄이 대기 중이었다. 계속되는 시청률 저하와 직원의 프로그램 제작비 횡령문제로 사면초가에 몰려 있던 NHK의 에비사와 가쓰지 회장이 위기를 타개할 카드로 2004년 NHK 「홍백가합전」에 배용준을 출연시키려다가 수포로 돌아간 것은 유명한 일화이다. NHK 「홍백가합전」에 배용준이 출연한다는 소식이 흘러나오자 이 프로그램 방청을 희망하는 시청자들이 보낸 신청 엽서가 사상 최다인 75만 장이나 되었다고 한다. 와세다 대학교 교정에는 2004년 쓰나미 피해를 입은 동남아시아 이재민을 돕기 위한 모금운동이 한창이었는데, 모금 자원봉사자들의 책상에는 이번 재난에 3억 원을 쾌척한 배용준의 사진이 크게 걸려 있었다.

드라마 「겨울연가」에서 「대장금」, 영화 「쉬리」에서 「외출」로 이어지는 지금 일본에서의 한류는 1980년대 말 홍콩 4대 천왕들이 일본의 영화관과 텔레비전을 정복했을 때보다 훨씬 강력한 에너지를 분출하고 있어 보인다. 「겨울연가」의 인기와 배용준 신드롬을 대체할 수 있는 또 다른 한류 자원이 지속되기 어려울 것이라는 항간의 우려에도 불구하고 배용준 신드롬은 좀처럼 사그라들지 않을 뿐 아니라 드라마, 영화, 대중음악에서 새로운 '한류 컨텐츠'도 지속적으로 수급되고 있다. 과거 한국 방송 제작진이나 광고기획자들이 일본 대중문화가 공식적으로 금지되던 때를 틈타 일본 드라마와 음악, 광고와 텔레비전 프로그램을 적지 않게 표절했던 시절을 떠올리면 격세지감을 느낀다.

배용준을 알게 되면서 한국과 한국인들을 다시 알게 되었다는 일본인들의 감동적인 고백은 한류의 힘을 고스란히 느끼게 해준다. 문화가 대중들을 유연하게 만들어서일까, 한국 드라마와 영화가 일본에 많이 소개된 이후 일본에서 거주하고 있는 '자이니치', 즉 재일 조선인들에 대한 인식도 많이 바뀌었다고 한다. 과거 기생 관광이라는 오명을 뒤집어쓸 정도로 일본인들의 한국 관광은 저가의 유흥관광 이미지가 지배적이었지만, 지금은 한국의 문화를 알기 위한 일본 관광객들의 발길이 늘고 있다. 현상적인 변화만 놓고 보면 한류는 지난 몇 년 사이 한국인과 한국 문화에 대한 일본인들의 인식의 지도를 완전히 바꾸어놓은 마술 나침반과도 같아 보인다.

그러나 지금 일본에서의 한류가 정치와 역사의 앙금을 모두 해결해주는 연금술사들의 묘약과도 같다고 단정할 수 있을까 하는 의문은 별도의 고민을 던져준다. 한류를 통해서 일본인들의 한국 이해의 폭이 달라진 것은 분명하지만, 일본인들, 특히 일본 보수 관료들의 식민지 역사인식이 긍정적으로 바뀌었다고 보기는 어렵다. 일본인들의 재일조선인들에 대한 차별[1]은 여전히 일상적으로 남아 있고, 2002년 월드컵을 함께 치른 나라라고 하기에는 여전히 반일, 반한 감정과 외교적 마찰은 지속되고 있다.[2] 최근 한류가 일본에서 특이한 문화현상으로 조명받는 것은 어찌보면 그만큼 한일 간 문화교류의 역사가 정상적이지 않았음을 반증하는 것이기도 하다. 불과 4~5년밖에 안 되는 일본에서의 한류 신드롬이 한일 간의 오랜 역사적 갈등을 해소할 것이라고 믿는 것도 순진한 생각이다. 또한 한류가 한일 간의 문화적 단절을 이을 수 있는 매개체로서의 역할을 충분히 담당할 만큼 지속될 수 있을지도 장담할 수 없다.

그래서 지금 일본에서의 한류는 뭔가 대단한 신드롬을 낳고 있긴 하지만, 그것이 모든 것을 해결해줄 수 없는 유동적인 위치에 놓여 있다. '한류의 문화', '문화의 한류'는 정치적, 외교적, 경제적인 문제 위

---

1) 일본 오사카에 살고 있는 재일동포 2세 변호사 강유미 씨는 2005년 변호사 일을 시작하기 위해 사무실을 구할 때 한국인이라는 이유로 입주를 거부당한 바 있으며, 재일동포 3세 이준희 씨는 2003년 10월 결혼을 앞두고 신혼집을 계약하려던 중 한국인이라는 이유로 집주인에게 계약을 거절당하기도 했다. 이 둘 모두 재판에서 승소했다. 강유미 씨는 법정에 한복을 입고 나왔고, 이준희 씨는 1심 승소의 판결문에 항의해서 현재 항소 중이다. 노인연금 제도와 장애연금 제도 등 일상에서 재일동포들을 차별하는 관행들은 여전히 남아 있다(『연합뉴스』, 2006년 2월 23일자 참고).
2) 현재 일본 고위 관료의 '야스쿠니 신사참배', '일본 시네마현의 독도의 날 제정', 일본 우익 출판사들의 '역사교과서 왜곡' 문제 들로 인해 한일 양국은 한류의 교류가 무색할 정도로 냉각되어 있다. 해프닝에 그치고 말았지만, 특히 고이즈미 (전)총리나 아베 (전)외상의 신사참배 정당화 발언과 독도의 날을 제정한 시네마현 의회는 배용준 팬들로부터 원성을 사기도 했다.

에 포개져 있는 것이 아니라 서로 뒤엉키면서 불균등한 문화지형들을 만들어낸다. 이러한 불균등한 문화지형의 함의와 맥락이 무엇인지를 살펴보는 것이 한류의 문화연구에서 중요한 토픽 중의 하나이다. 이제 이른바 '일식 한류'의 조건은 무엇이고, 일본에서의 한류신드롬의 문화지리적 맥락은 무엇이며, 일본에서 한류의 지속가능성은 어떤 의미를 갖고 있는지에 대해 이야기해보자.

2. '일식 한류'의 문화 조건 ①—한국의 일본 대중문화 개방

2005년 초, 한국과 일본의 문화연구자들이 '한류'를 주제로 공동으로 작업한 『일식 한류』(日式韓流)라는 책[3]이 출간되었다. '2002년 한일 월드컵' 이후 양국 문화연구자들은 각국에서 벌어지는 문화현상들을 공동으로 연구할 기회가 많았는데, 이 책은 「겨울연가」로 폭발된 일본에서의 한류 신드롬을 다양한 주제와 시각으로 접근한 최초의 문화연구서다. 「겨울연가」에 대한 팬덤 분석, 한국 문화산업의 새로운 흐름에 대한 분석 등 이 책은 아시아 각국에서 하나의 붐처럼 일고 있는 한류가 일본에서는 어떤 특성을 가지고 수용되는지를 집중적으로 분석하였다. 가령 일식 한류 현상은 중국식, 타이완식, 베트남식 한류 현상과 동일한 점도 있지만 다른 점도 많이 발견된다. 한국 드라마나 한국 스타를 좋아하는 스타일도 다를 뿐 아니라 소비되고 유통되는 방식도 다르다. 선진 문화 인프라를 갖춘 일본에서 한국 드라마와 영화, 대중음악이 일

---

3) 毛利嘉孝 編, 『日式韓流—〈冬のソナタ〉と日韓大衆文化の現在』, せりか書房, 2004.

정한 붐을 일으키는 것은 다른 아시아 국가에서 한류가 인기를 얻는 것
과는 다른 맥락을 가지고 있고, 한국 문화산업계 역시 다른 접근 방식
을 가지고 있다. 따라서 일식 한류의 특성을 분석하는 것은 한류 생산
과 소비의 복합성을 분석하는 데 유용할 뿐 아니라 한일 간 대중문화교
류에 대한 역사적 맥락을 되짚는 데도 도움을 준다.

일식 한류의 차별성의 조건을 어떻게 말할 수 있을까? 한류의 문
화적 조건은 한류를 생산하는 국내의 조건과 한류를 소비하는 일본의
조건으로 구분해서 설명할 수 있다. 일식 한류는 일본 문화 안에서 소
비되는 특별한 현상으로 한정할 수 없고, 한국 문화 컨텐츠들이 일본에
진출하기까지 조성된 국내 문화조건들과 연관되어 있다. 일식 한류에
대한 한국의 문화조건들을 검토하는 데 일본 대중문화개방은 중요한
출발점이 된다.

2003년 9월 16일, 문화관광부는 일본 대중문화 4차 개방안을 발표
했다. 4차 개방안은 그동안 허용되지 않았던 일본어 가창 앨범과 18세
이상 극장용 영화, 그리고 온·오프라인 게임 전 분야가 개방된 것이어
서, 방송 분야와 일부 극장용 애니메이션 분야를 제외하고는 사실상 일
본의 대중문화가 전면 개방되는 의미를 담고 있다. 방송 분야와 극장용
애니메이션은 국민 정서와 국내 산업보호 차원에서 개방을 유보했지
만, 조만간 이 분야 역시 개방될 가능성이 높다. 가깝고도 먼 나라였던
일본의 대중문화가 21세기에 접어들어 전면적으로 국내에 허용되는 시
대를 맞이하게 된 것이다.

일본 대중문화 4차 개방은 어떤 의미를 담고 있을까? 4차 개방은
국내 음반·영화·게임 산업에 실제적으로 영향을 미칠 수 있을 정도로
그 개방 폭이 크다고 할 수 있지만, 오히려 정부나 관련 업계, 네티즌들

은 3차 개방 때보다도 덜 우려하는 반응을 보이고 있다. 이는 3차 개방
이 이루어졌던 지난 2000년 6월 이래 한국의 대중문화 시장이 나름의
경쟁력을 갖추기 시작했고, 대중들의 정서 역시 일본 대중문화를 수용
하는 것과 일본의 역사왜곡 행위는 별개의 것으로 생각하는 경향이 많
아졌다는 것을 예증하는 것이다.

사실 이번 일본 대중문화 개방은 2002년 한일 월드컵 개막 이전에
이루어질 예정이었지만, 일본 역사교과서 왜곡 파문으로 1년 5개월이
나 늦추어 발표된 것이기 때문에 그 충격의 파장도 그다지 크지 않았다
고 볼 수 있다. 또한 월드컵을 공동 개최한 후 정서적 거리감이 상당히
줄어들었고, 인터넷을 통해서 충분히 많은 정보를 수집한 네티즌들의
사적 경험 탓에 사실상 전면 개방에 해당되는 이번 결정이 담담하게 받
아들여졌다. 사실 사적인 경로를 통해 접해볼 것은 이미 다 접해본 일
본 문화 마니아들에게 정부의 결정은 관료들의 형식적인 절차 정도로
받아들여지는 듯하다. 한국의 네티즌들이 mp3를 통해 일본 최신가요
를 접하고, 일본의 최신 영화, 애니메이션, 방송 프로그램을 인터넷을
통해 실시간 감상하고 있는 마당에 공식적인 일본 대중문화 개방은 뒷
북을 쳐도 한참 늦게 친 생뚱맞은 일일지도 모른다.

그러나 노무현 대통령의 일본 방문 이후 일본 대중문화 개방은 이
미 예정된 것이었고, 네티즌들에게는 그다지 센세이셔널하지 않았어
도, 4차 개방은 국내 대중문화에 적지 않은 영향을 미쳤다. 왜냐하면 이
번 개방으로 일본 대중문화가 네티즌들의 폐쇄적인 영역에서 일반대중
들의 공개된 영역으로 본격 진출하는 토대가 마련되었고, 양국의 문화
교류가 향후 동아시아 대중문화의 지형에 미칠 영향이 커졌기 때문이
다. 또한 장기적으로 보았을 때 일본 대중문화 개방을 기점으로 한국의

대중문화 산업 인프라의 재편이 이루어질 전망이고, 과거와는 비교할 수 없을 정도로 문화적 교류들이 활발하게 이루어질 수 있는 가능성을 예견할 수 있다.

1980년대까지 일본 대중문화는 한국에서 공식적으로 환영받지 못했다. 해방 이후 일본 문화의 잔재가 일상 속에 여전히 많이 남아 있긴 했지만, 공식적인 문화의 영역에서는 소위 '왜색문화' 라는 이름으로 거부되어 왔다. 이미자의 「동백꽃 아가씨」가 왜색을 띤다는 이유로 오랫동안 금지곡으로 분류되었고, 음반, 영화, 만화와 같은 일본 대중문화는 오랫동안 접근이 금지된 영역으로 남아 있었다. 유일하게 개방된 것은 TV용 만화영화로서, 지금의 386세대들이 어릴 때 안방에서 보았던 「황금박쥐」, 「아톰」, 「마징가 Z」, 「은하철도 999」 등이 그에 해당된다. 한국의 대중문화 역시 일본에 소개된 바가 거의 없지만, 1980년대 슈퍼스타 조용필이 일본에서 공연을 가진 것을 비롯하여 소수의 한국 대중가수들이 일본에 소개되거나 일본에서 '유사 엔카 가수' 로 활동하기도 했다.

그러나 일본의 대중문화는 1980년대에 들어오면서 직간접적으로 한국 대중문화에 영향을 미치기 시작했다. 적어도 아시아 권역에서 일본의 대중문화는 1980년대 전성기를 이루었고, 이른바 'J-pop' 이라는 신드롬을 일으키면서 타이완, 홍콩 등 아시아에서 큰 인기를 누리게 되었다. 일본 문화가 공식적으로 허용되지 않았던 1980년대 한국에서도 애니메이션 영화 「아톰」의 감독 미야자키 하야오나 「마징가 Z」의 감독인 시라시 다케시를 비롯해, 1980년대와 1990년대 전성기를 누렸던 록밴드 '라우드니스' 나 'X-Japan' 의 인기가 대단히 높았다. 『논노』와 같은 일본 하이틴 패션 잡지나 만화, 텔레비전 애니메이션이 한국 젊은

본격적인 문화개방 이전인 1980년대 한국의 젊은 세대에게 영향을 미쳤던 일본 패션 잡지 『논노』

세대의 일상에 많은 영향을 미쳤고, 일본 대중문화 수입을 금지한 탓에 지상파 방송의 오락 프로그램, TV용 광고들은 일본의 것들을 모방하거나 표절한 사례들이 많았다. 말하자면 이미 1980년대부터 일본의 대중문화가 한국의 문화소비자들 사이에서 공식, 비공식적으로 활발히 소개되기 시작한 셈이다.

1990년대 초반만 해도 일본 대중문화가 상당 부분 개방되지 않았기 때문에 소비문화 사회로 접어든 한국의 젊은 세대들은 그만큼 일본 대중문화에 대한 욕구가 간절했다. 일본 유학생들이나 적지 않은 일본 대중문화 마니아들은 대중음악, 애니메이션, 영화를 함께 연구하는 동호회들을 결성하였다. 이들은 주로 홍대나 신촌 주변의 카페를 빌려 유명 가수들의 뮤직비디오 상영회나 애니메이션 상영회를 가졌다. 1990년대 초반부터 만화잡지사들이나 출판사들이 대거 등장하면서 일본의 만화들을 번역하여 만화대본소에 공급했고, 일본 문화 마니아들 사이에서는 일본 만화나 애니메이션 영화에 나오는 등장인물들의 캐릭터를 수집하는 붐이 일어나기도 했다. 사실상 일본 문화는 1990년대 초중반에 이미 비공식적으로는 상당 부분 개방되었다고 해도 무방하다.

그러나 일본 대중문화가 공식적으로 개방된 것은 '국민의 정부'에 들어와서부터다. 1998년 10월 초에 김대중 대통령은 단계적이되 상당한 속도로 일본 대중문화를 개방하겠다고 발표했고, 같은 달 20일에 영화 및 비디오 공동제작 및 한국 영화에 일본 배우 출연을 허용하고, 4대 국제영화제에서 수상한 일본 영화의 극장 상영을 허용하는 1차 개방 안을 발표했다. 그 이후로 1999년, 2000년, 2003년에 걸쳐 단계적으로 일본 문화 개방을 허용했다.

일본 대중문화 개방은 그동안 불거진 역사 왜곡에 대한 일본 측의 명확한 답변을 받아내지 못한 상황에서 민족적인 굴욕이라는 비판이 제기되기도 했다. 그러나 민족주의적인 반발과는 별도로 문화개방의 문제는 교류의 차원에서 상호 평등한 관계를 유지하자는 의견이 비교적 지배적이었다. 일본 대중문화 개방이 장기적으로 한국의 대중문화 산업에 적지 않은 영향을 미칠 것으로 우려하는 시각이 있기도 했다. 그러나 결과적으로 보면 일본 대중문화 개방이 한국 문화산업에 미치는 영향은 극히 일부에 불과할 뿐이다. 가령 한국의 영화산업에서 일본 영화가 차지하는 비율은 1~2퍼센트 미만에 그치고 있고, 음반 역시 국내 산업의 불황이 너무 극심해서 당초 예상보다 극히 일부만 판매되고 있다. 게임 산업의 경우도 이미 온라인 게임 제작에 관한 한 국내 게임 회사들이 최고의 기술을 자랑하고 있고, 비디오용 게임의 경쟁력도 있는 편이기 때문에 그다지 심각한 우려를 보이지 않았다.

일본 대중문화 개방은 오히려 한국의 문화 컨텐츠가 일본에 소개되는 문화환경을 만드는 데 일조한 측면이 많다. 일본 대중문화 개방으로 한국이 일본에 대중음악, 영화, 방송 드라마를 소개할 수 있는 기회를 더 많이 갖게 되었다. 일본에서는 한국 대중문화에 대한 금지가 처음부터 특별히 있었던 것은 아니었지만, 결과적으로 가수 '보아'와 「겨울연가」 등의 성공에는 일본 대중문화 개방이란 문화적 조건이 기여한 바가 있다. 실제로 일본 대중문화 개방 이후 한국 드라마의 일본 지상파 방송 진입 기회가 열리면서 「겨울연가」가 일본 안방에 소개되었고 유례 없는 인기를 끌게 되었다. 가수 보아의 성공 역시 일본 문화 개방을 전후해 한일 간 엔터테인먼트 교류가 활발해지면서 나타난 결과라고도 볼 수 있다.

3. '일식 한류'의 문화 조건 ②─일본 문화환경의 변화

일본에서 한국의 영화, 드라마, 대중음악, 음식이 붐을 이루고 그로 인해 한국의 연예인들이 엄청난 인기를 얻게 된 원인을 분석할 때, 먼저 동시대 일본의 특수한 사회적 상황을 이해할 필요가 있다. 사실 1990년대 말부터 불고 있는 동아시아에서의 한류는 각 나라마다 다른 특성을 가지고 있다. 한류의 시초라 할 수 있는 중국에서의 한류는 1992년 이후 중국의 개혁개방의 변화와 밀접한 관련이 있다. 중국 정부는 개혁개방을 선언한 후 자본주의 시장경제를 상당 부분 수용하면서 중국 인민들을 위한 대중적인 오락이 필요했다. 그 과정에서 역사적 앙금이 아직 가시지 않았고, 문화양식이 훨씬 서구화되어 있는 일본 대중문화에 비해 한국의 드라마와 음악은 정서적으로나 경제적으로나 좋은 오락물이었던 셈이다. 초창기 중국에 수출된 드라마들은 가족 간의 우애를 그리거나 신세대 연인들의 트렌드를 보여주는 드라마들[4]이 주를 이루었는데, 중국 인민들은 한국 드라마를 접하면서 아직 본격적으로 경험하지 않은 자본주의의 일상을 소비하면서도 동시에 가족 공동체문화의 소중함도 알게 되었다. 따라서 한국 드라마의 중국 진출은 양국의 서로 다른 이해관계가 맞아떨어진 결과라 할 수 있다. 한국 정부는 중국과의 수교 이후 빠른 외교 채널을 가동하기 위한 문화적 외교의 필요와 문화 컨텐츠의 아시아 시장 진출의 반응을 시험해볼 수 있다는 이해관계가 있었던 반면 중국 정부는 자본주의적 일상의 대리경험의 대상으로 한국 드라마가 좋은 예가 될 수 있었다.

타이완에서는 1980년대와 1990년대 초까지 일본의 트렌디 드라마가 대단한 인기를 얻었다. 그러나 1990년대 후반 일본의 트렌디 드라마나 J-pop 음악에 식상함을 느끼면서 타이완 문화소비자들은 그 대체물로 한국의 대중문화에 관심을 갖기 시작했다. 이문화 수용에 특별한 거부감이 없는 타이완의 경우, 한국의 드라마가 현대적이면서도 자신들의 정서와 맞아떨어지는 부분들이 있었기 때문에 친밀감을 가질 수 있었다. 또한 역동적인 한국의 댄스 음악이 주로 차분한 이미지로 대변되는 타이완이나 홍콩의 남성 가수들에게서는 느낄 수 없는 매력을 갖고 있다는 점도 타이완 한류의 강점으로 등장했다.

중국, 타이완과는 다르게 일본에서의 한류는 '문화적 우세종'(cultural dominant)으로 수용되지 않는다. 그것은 중국이나 타이완이 갖고 있지 않은 '이문화'를 훌륭하게 토착화해버리는 일본의 문화적 특

---

4) 중국 텔레비전에서 방영된 초기 한국 드라마는 「별은 내 가슴에」와 「사랑이 뭐길래」이다. 전자는 신세대의 트렌드를 반영한 것이고, 후자는 전형적인 가족이야기를 다루고 있다.

성에서 비롯된 점이 많다. 가령 한국의 ‘보아’ 는 적어도 일본인들의 시각에서는 한국 가수라는 이미지보다는 대단히 노래를 잘하고 춤을 잘 추는 글로벌한 가수다. 보아의 연예활동을 관리하고 있는 에이벡스 사는 한국의 소속사인 SM 엔터테인먼트와는 별도로 자신들의 방식대로 보아를 관리한다. 보아가 한 해에 1천억 원을 벌었다 해도 실제로 SM 엔터테인먼트에게 돌아오는 순수익은 10퍼센트 미만이다.

한류가 일본에서 ‘문화적 우세종’ 의 입지를 갖게 된 데는 「겨울연가」와 배용준의 역할이 절대적이다. 「겨울연가」의 인기로 배용준은 일본에서 지금까지도 하나의 신드롬이자 우상으로 존재한다. 그는 일본 중년 여성들에게 젊은 시절의 낭만적인 향수를 불러일으키는 상징적인 연인일 뿐 아니라, 대리만족을 위한 매력적인 문화상품이기도 하다. 그의 얼굴을 표지 모델로 한 주간지나 월간지는 판매부수가 2배로 상승하고, 서점가에 있는 각종 관련 책들도 수백 종에 이르는데, 이 역시 잘 팔려나간다. 욘사마 신드롬의 경제효과가 3조 원에 이른다는 분석이 다소 과장된 면은 있지만, 적어도 일본의 내수시장에서 배용준은 어쨌든 최고의 상품가치를 지닌 인물이고, 드라마 「겨울연가」는 낭만적인 사랑의 향수를 간직하고 싶은 여성들이 보고 또 보는 훌륭한 경전이 되었다.

어쨌든 한류가 일본에서 문화적, 사회적 파장을 몰고 온 것은 사실이다. 일본 인구의 30퍼센트가 넘는 중년 여성들이 모두 「겨울연가」와 배용준, 그리고 드라마 「대장금」과 이병헌에 일상적으로 빠져 있다는 것은 이들이 일본인들의 일상생활에 일정한 자극제가 되었다는 것을 보여준다. 일본 중년 여성들은 극중 준상이와 실제 인물인 배용준을 통해서 자신들이 보상받고 싶어 하는 것들을 대신 얻게 된다. 기억에서 지워졌을 법한 젊은 시절의 ‘연애소설’ 이 다시 회귀하고, 그래서 자신이 살아온 일상을 돌아보게 되고 가족과 사회에서 자신의 위치를 확인하는 과정은 그 자체로 자신의 정체성을 알아가는 순례자의 길과도 같다. 일본 중년 여성들이 배용준을 보면서 자신들의 감정이 정화되는 것을 느낀다거나 우울증으로 인한 자살 충동에서 벗어나 새로운 삶을 살기 시작했다고 고백하는 텔레비전 인터뷰를 보면 이들에게는 이것이 어찌 보면 절실한 감정의 표현일 수 있다는 생각도 든다.

한류는 문화 컨텐츠이고 문화산업인 만큼 감정의 교환으로만 끝나지 않는다. 「겨울연가」와 배용준에 감동한 일본 여성들은 기꺼이 그 대가를 지불할 용기를 가지고 있다. 배용준의 경제효과가 3조 원을 넘어선다는 것은 그냥 하는 말은 아니다. 한류를 매개로 한 문화경제는 모두 일본의 문화환경 안으로 흡수된다. NHK의 평균 시청율은 4∼5퍼센트대에 불과하지만, 「겨울연가」는 최고 20퍼센트에 달하는 시청율을 보이면서 최고의 구세주가 되었다. 한때 NHK 회장이 사활을 걸고 배용준을 NHK 연말 「홍백가합전」에 출연시키려고 3개월간 구애를 했던 것도 NHK의 비리 스캔들을 무마하려는 전략에서 비롯된 것이었다. 욘사마 신드롬은 불황의 늪에 헤어나오지 못한 일본 잡지 시장에 새바람을 일으켰다. 일본에서 한류가 물론 한국인과 한국 문화에 대한 이해를 높이는 계기를 마련한 것은 사실이지만, 정작 더 중요한 것은 한류가 대체로 일본 내부의 이해관계를 반영하는 훌륭한 문화상품이었다는 점이다. 거꾸로 이야기하면, 한류가 일본 내부에서 더는 상품가치가 없을 때는 냉정하게 외면할 것이라는 점이다. 이것이 바로 '일식 한류'의 특성이다.

한류가 일본 사회에 다소 간의 변화를 일으킨 것은 사실이다. 「겨울연가」의 촬영지 남이섬과 춘천을 보기 위해 2005년에 모두 22만 명이나 되는 일본 관광객들이 다녀갔다. 대부분 40~50대 여성들인 이들은 한국에 대해 좋지 못한 기억을 가지고 있는 세대다. 이들이 한류를 통해 한국을 재인식할 수 있게 됐다는 것은 그 자체로 의미가 깊다. 또한 월드컵 공동개최와 일본 문화 개방 이후 일본과 한국 간의 민간 관계가 원만해지고 「겨울연가」와 후속 드라마의 인기로 인해 일본에 살고 있는 재일동포들의 위상이 높아진 것도 부인할 수는 없다. 한 예로 황금시간대에 방송된 일본 후지 TV의 드라마 「도쿄 만 풍경」은 처음으로 재일한국인 3세 여성을 주인공으로 등장시켜 재일 한인사회의 문제를 다루었는데, 이러한 변화는 최근 한류의 강세 현상과 무관하지 않다.

그러나 다른 한편으로는 한류가 과연 한국과 일본과의 오랜 역사적 앙금관계를 해소할 만큼의 치유제로 작용할 것인가에 대해서는 의문이 남는다. 「겨울연가」, 보아, 그리고 수많은 한류 스타들은 수많은 이질적인 문화를 수용하는 일본 문화 안에서 단지 여러 형태의 문화 소비 중의 하나일 수 있으며 한류 문화 컨텐츠에 대한 소비가 과거 한일 관계의 깊은 반성과 상호 이해 아래서 이루어지기보다는 그것을 망각하고 외면하는 수단으로 활용될 수 있다. 또한 일본의 대중문화 안에서 한류의 지속적인 확산이 이루어지기에는 아직 우리의 문화산업 시장은 여전히 불안하고 불투명하고 이변이 많다. 이른바 '일류'가 1980년대 아시아 각국의 대중문화를 잠식한 과정에는 일본의 튼튼한 문화자본의 인프라가 뒤받침됐다. 일본인들은 한류가 식상하면 언제든지 외면할 수 있을 만큼 자국의 문화시장과 컨텐츠가 충분하다는 점을 인식해야 한다. 어쨌든 현재 일본을 강타하고 있는 한류는 지속적인 발전전략과 스타 중심의 엔터테인먼트 수준을 넘어서는 민간교류 비주류문화들 간의 교류와 같은 숙제들을 남겨 놓고 있다.

4. '일식 한류'의 문화 조건 ③—전설이 된 「겨울연가」의 특이성

「겨울연가」가 2004년 4월부터 NHK 지상파 주말 황금시간대에 재방영되면서, 일본 열도에 한국 대중문화에 대한 관심이 더 확산되고 있다. 「겨울연가」의 최고 시청율은 20퍼센트를 상회하는데 이 수치는 한국으로 치자면 50퍼센트에 육박하는 것으로 일본의 외국 드라마 방영 역사상 극히 이례적인 것이다. 「겨울연가」의 남자 주인공 배용준은 2004년 상반기 일본의 한 포털사이트 검색어 1위에 오르고, '욘마사', '욘플루엔자', '욘겔지수'라는 신조어를 만들어내며, 일본 30~40대 여성들을 사로잡은 아시아 최고의 스타가 되었다. 여주인공 최지우는 당시 인기도가 떨어진 일본의 고이즈미 총리의 지원 방문요청을 받고 '정치적' 신데렐라의 역할을 톡톡히 했으며, 함께 출연했던 박용하까지 일본에서의 폭발적인 음반 쇼케이스를 마쳤다.

「겨울연가」 신드롬은 일본 시청자들을 안방 감동에서 머물지 않고 촬영지인 춘천으로 직행하게 만들었다. 극중에 등장하는 준상의 집은 하루 평균 3백 명이 찾아와 현재까지 총 60만 명의 일본 관광객이 찾았다. '「겨울연가」, 혹은 배용준 경제효과'는 여기서 그치지 않는다. 겨울연가 OST가 일본에서만 1,250만 달러의 매출을 올렸고, 「겨울연가」 DVD, 배용준의 헤어스타일을 그대로 모방한 가발, 그의 얼굴이 그려진 머그컵이 없어서 못 팔 정도로 인기가 있었다. 배용준을 표지 모델로 내세운 시사주간지 『아에라』는 잡지 증판 이래 최대 부수인 24만 부를 팔았다고 한다. 이쯤 되면 일본은 「겨울연가」 신드롬, 배용준 열병을 앓고 있다고 해도 과언이 아니다.

일본인들은 왜 「겨울연가」에 열광할까? 「겨울연가」 신드롬은 일식 한류의 특이성을 설명하는 데 어떤 장점을 가지고 있을까? 일본 시청자들이 한국 드라마 「겨울연가」에 열광하는 이유에 대한 그동안의 언론 분석을 대체로 몇 가지로 요약할 수 있다. 첫째, 「겨울연가」의 내러티브는 현재 일본사회에서는 실종된 순수한 낭만주의적인 정서를 다시 일깨워줌으로써 40대 일본 시청자들이 자신들의 과거를 다시 향수하게 만들었다. 「겨울연가」는 한국 드라마이긴 하지만 가족관계, 상호신뢰감이 붕괴된 일본사회를 다시 보게 만드는 거울과 같다는 점에서 오히려 낯설지 않다. 극중 주인공인 준상과 유진의 순수하고 아름다운 대사들은 일본인의 언어로는 표현할 수 없는 것들이지만, 그들 내면의 정서 속에서는 항상 원했던 것들이지 않았나 싶다.

둘째, 「겨울연가」의 주인공인 배용준은 일본 중년 여성들의 정서에 가장 적합한 인물이자 극중 캐릭터였다. 극중 배용준은 여자를 배려할 줄 알고, 세련된 언어와 표정을 구사하다가도 어느 순간에는 격정적인 열정을 토해내는 인물로 그려지면서, 특히 소외당하는 40대 가정주부들의 과거 순정을 다시 회귀시키는 힘을 가지고 있다. 「겨울연가」의 주 시청자층이 40대 이상의 가정주부임을 감안하면 배용준의 연기는 순정만화에 나오는 '어린왕자'의 이미지로, 이들의 지친 일상을 달래주는 내면의 분신으로 다가온다. 여기에 인간 배용준에게서 느낄 수 있는 고급스럽고 매너 좋은 인상은 일본 여성들에게 국적을 떠나 신뢰하고 사랑할 수 있는 '절대 원형'의 이미지로 비친다. "비틀즈' 이후 처음 느껴보는 감정", "절대적으로 신뢰할 수 있는 사람", "하루종일 답답한 감정을 자제할 수 없는 심정"이라는 일본 여성들의 솔직한 고백들은 배용준을 그 자체로 신선한 발견이자 충격으로 보는 예외적 반응이면서 동시에 한 사람이나 하나의 대상을 일관되고 세심하게 선호하는 일본인 특유의 사랑방식이 배어 있다. 그런 점에서 「겨울연가」 신드롬의 진원지는 배용준 열병에 있다 해도 과언은 아니다.

셋째, 한국 드라마의 제작 수준이 일본인들의 눈높이에 상향평준화될 정도로 선진화되었다는 점을 간과할 수 없다. 「겨울연가」에 나오는 많은 명대사들이나 수준 높은 영상처리기술, 극적 내러티브들은 한국적인 정서에서만 나올 수 있는 예외적인 경험의 발견의 차원을 떠나서 영상미학적인 공감대를 형성하게 만든다. 「겨울연가」의 대사는 일본인의 언어에서는 이질적이고 낯선 것처럼 보일지는 몰라도, 그 대사가 표현되는 극적 방식은 보편적인 매력을 갖게 만든다. 「겨울연가」가 아무리 애틋한 연인의 사랑이야기를 다루고 주인공 배용준이 아무리 멋있다 해도, 극적으로 형상화하는 미학적인 능력이 없다면 일본인들의 열광적인 지지를 받기가 어려웠을 것이다. 현재 한국 드라마 제작 수준은 세계적인 경쟁력을 갖추고 있다. 1990년대 초 민영방송인 '서울방송'이 개국하면서 드라마 부분도 무한 경쟁체제로 돌입했고, 그 과정에서 많은 부작용도 있었지만, 제작기술은 좀더 신선하고 세련되어졌다. 소위 대중들의 다양한 문화적 취향을 포착해서 감각적으로 그려내는 이른바 '트렌디 드라마' 열풍은 한국 드라마 제작 수준이 한단계 발전했음을 예증한다.

「겨울연가」라는 드라마 한 편이 한일 수교 40여 년 동안 공식 외교 무대에서는 해결할 수 없었던 양국 간의 문화소통을 가능케 했다는 것은 과장되면서도 무시할 수 없는 지적이다. 적어도 일본의 고도성장기를 주도했던 기성세대들에게는 그러하다. 일본의 50대 이상 기성세대들은 전후 일본의 재건을 위해 주변을 잊고 살아온 사람들이다. 자신들의 주변 국가들에게 저지른 전쟁의 과오를 반성할 틈도 없이 일본의 경제 도약에 헌신했던 사람들이다. 가깝고도 먼 나라 한국은 고도의 내적 성장기를 살았던 일본인들에게는 식민지 국가도, 우호와 협력의 국가도 아닌 그저 잊혀진 존재였다. 일반 일본시민들에게 한국은 그저 지도상의 이웃일 뿐 정서적으로 어떤 공감대를 형성하거나, 어떤 문화적 소통을 할 수 있을 거라는 생각을 갖게 하는 곳이 아니었고, 또 생각을 할 여유도 없었던 것이다. 일본인들에게 「겨울연가」는 잊혀진 한국을 다시 일깨운 '정서적 각성제'와도 같은 것이다.

물론 한일 문화교류가 원만하게 이루어지지 않은 것은 일본 대중문화를 오랫동안 공식 개방하지 않았던 한국의 상황이 더 크게 작용한 것이 사실이다. 그러나 영화, 대중음악, 만화, 애니메이션 산업이 고도 성장기를 맞았던 1970~80년대 일본의 주된 문화적 파트너는 아시아가 아닌 미국과 유럽이었다. 일본의 대중문화가 아시아 시장에 본격 진출한 것은 1990년대 이후다. 일본의 대중문화에 대한 반감이 없었던 타이완에 일본의 'J-pop'이 가장 먼저 안착되었고, 1996년부터 한국이 일본 대중문화를 단계적으로 개방하면서 일본 대중문화의 아시아 진출이 가시화된 것이다.

타이완과는 다르게 한국은 1990년대 말부터 대중문화가 급성장하면서 아시아 전역에 '한류' 현상을 일으켰다. 한국 대중문화의 비약적인 성장은 일본의 일방적인 영향을 받지 않고 오히려 영향을 더 많이 주는 단계에 이르렀다. 일본 대중문화가 사실상 전면 개방된 올해 일본의 정상급 가수들이 앞다투어 앨범 홍보와 내한공연을 하고, 일본 상업영화들과 일본 드라마들이 꾸준하게 선보이고 있지만, 이렇다 할 만한 반응을 얻지는 못하고 있다. 역으로 한국의 영화, 대중음악, 드라마 들은 일본 시장에 성공적으로 안착하고 있을 뿐 아니라 보아와 「겨울연가」와 같은 이례적인 신드롬을 일으키고 있다.

「겨울연가」 신드롬은 한동안 잊고 지냈던 일본인들의 한국에 대한 관심을 고조시키고, 일본의 동반자가 서양에만 있는 것이 아니라 가까운 한국에도 있다는 점을 깨닫게 만들었다. 「겨울연가」의 아름다운 영상미학을 통해 한국적인 정서와 문화수준을 다시 인식하게 되고, 배용준을 통해 한국인과 한국어를 배우게 됐다는 점은 결코 부인할 수 없다. 한국인 역시 가수 보아나 드라마 「겨울연가」의 일본에서의 성공을 통해 식민지 역사의 아픈 기억이나 경제적인 열등감에서 벗어나 문화적으로 대등하게 소통할 수 있는 자신감과 여유를 가지게 되었다는 점에서 「겨울연가」는 양국 간의 훌륭한 문화대사의 역할을 톡톡히 했다.

5. 일본에서 한류는 지속가능한가

「겨울연가」가 일식 한류의 진원지였다는 데 이의를 제기할 사람은 아마 없을 것이다. 그러나 국가의 경계나 경제의 이해관계를 넘어서 한일 문화가 본격적으로 횡단하고 소통하는 모든 가능성을 「겨울연가」 신드롬을 통해서 얻었다고 하는 것은 오산이다. 사실 「겨울연가」는 한국 대중문화의 특성을 대표하는 드라마라고 보기 어려우며, 「겨울연가」 신드롬이 일본만의 독특한 문화정서와 특정한 한국 스타에 대한 열광을 반영하는 것 이상의 문화적 소통을 가능하게 했는지는 의문이다. 물론 「겨울연가」를 통해 한국에 대해 더 많이 알게 된 일본 시청자들도 있지만, 그 막대한 열풍에도 불구하고, 이들의 특별한 감정이입이 보편적인 일본인의 정서라고 단정할 수는 없다. 더욱이 「겨울연가」 신드롬을 일으키는 일본인들이 주로 40대 이상의 여성에 국한되어 있는 것에 비해 상대적으로 20대 젊은 일본 세대들은 그다지 많은 관심을 보이지 않고 있다. 대중문화 신드롬이 다 그렇듯이 시간이 지나고 나면 자연스럽게 사라지는 것이 일반적이다.

얼마 전 어느 일본 언론은 일본에서의 한류는 이제 내리막길을 걷고 있다고 보도한 적이 있다. 「겨울연가」 신드롬이 서서히 사그라들기 시작하고, 한때 각 방송사에서 경쟁적으로 방영하였던 한국 드라마는 예전만큼 시청자들의 인기를 얻지 못하고 있다는 진단을 내리기도 했다. 한국의 영화 역시 해마다 일본의 극장가에서 꾸준히 상영되고 있지만 배용준이 연기한 「외출」을 제외하고는 흥행에 성공한 영화는 그다지 많지 않다. 여전히 일본에서 한국 영화는 작품 그 자체로 인정받기보다는 출연 배우가 누구냐에 따라 관객들의 선택을 받는 경우가 지배적이다. 한국 드라마의 스타일을 이제는 일본 시청자들이 식상하게 느낀다는 의견도 제기되고 있다.

물론 일본에서의 한류 신드롬이 「겨울연가」 수준으로 지속될 것이라고 보는 사람들은 거의 없을 것이다. 시간이 지나면 거품이 빠지고 실제로 일식 한류가 유지될 수 있는 현실적인 수준들이 드러나게 되고, 일시적인 문화현상으로 종료되는 것이 어찌 보면 당연하다. 중요한 것은 「겨울연가」와 같은 과잉된 한류 신드롬의 지속이 아니라 한국 대중문화의 지속가능한 문화환경을 만들어내는 것이다. 문화 인프라와 문화 저변이 한국보다 월등한 일본 대중문화 시장에 한국 대중문화가 대등한 수준으로 유입된다는 것은 쉬운 일이 아니다. 「겨울연가」, 배용준, 보아, 그리고 몇몇 인기 스타들은 일반적인 현상이라기 보다는 특별한 현상이다. 한국 영화가 평균적으로 일본 극장에 소개되는 편수는 연간 10편을 넘지 못한다. 한국에서 일본 영화시장 점유율은 1~2퍼센트 미만이고, 상영되는 편수 역시 많지 않다. 한국의 대중음악 역시 J-pop 시장에 아직도 본격적으로 소개되지는 않고 있다.

「겨울연가」 신드롬이 너무 폭발적이어서 일식 한류의 미래에 대한 두려움과 부담감이 더 큰 것은 사실이지만 현실적인 수준에서 포스트 「겨울연가」와 포스트 배용준 신드롬을 구상하는 것이 필요하다. 물론 포스트 「겨울연가」와 포스트 배용준은 드라마와 스타를 교체하자는 의미는 아니다. 그것은 특정한 한 편의 드라마와 한 명의 배우에 의해서 일식 한류 현상이 수렴되거나 특정한 엔터테인먼트 시장 안에서 반응하는 문화의 피드백이 아니라 그야말로 다양한 문화자원들이 공유하는 채널들을 만드는 것이다. 폭넓은 세대와 계층이 공감할 수 있고, 주류와 비주류, 모든 영역에 걸쳐서 다양한 문화 컨텐츠들이 다양한 거점들을 통해 서로 횡단하고 교류하는 환경이 가능해질 때 아마도 「겨울연가」를 넘어서는 한일 간의 문화교류가 결실을 맺을 것이다. 일본에서의 한류는 단순히 '경제교류' 나 '트렌드 교류' 의 차원이 아닌 양국 시민들의 정서의 교류이어야 하기 때문이다. 그러기에는 아직 많은 시간이 필요하다. 초국가적이고 문화횡단적인 문화교류를 위해서는 한국과 일본의 다양한 대중문화 자원들이 더 교류되어야 할 것이다.

9장 _ 일본 대중문화의 위치와 '문화 아시아화'

1. '아무로 나미에'와 '배용준' 효과

2004년 5월 13일부터 15일까지 있었던 일본의 팝 여왕 아무로 나미에의 한국 내한공연은 한일 대중문화교류의 현재적 위치를 가늠하게 했던 상징적인 행사였다. 일본 대중문화 4차 개방으로 국내에서 일본어 가창 공연이 허용된 이래 네번째로 기획되었던 아무로 나미에의 공연은 사흘 동안 2만 5천여 명의 관객을 동원하여 일본 뮤지션들의 내한공연 중 가장 성공적이었다는 평가를 받았다. 아무로의 공연은 성사 단계부터 많은 화제를 불러모았던 터라, 한국과 일본 언론에서의 관심은 비상했다. 국내 언론은 공연에 임박해서 J-pop의 여왕 아무로 나미에의 음악적인 스타일과 일본에서의 '아무로 나미에 신드롬', 그리고 한국 아무로 나미에 팬들의 반응을 날마다 소개하면서 그녀의 공연이 일본 대중문화의 본격 개방을 알리는 신호탄임을 강조하기도 했다. 일본 언론 역시 일본 대중문화 개방 이래 가장 큰 행사인 아무로 나미에의 내한공연에 각별한 관심을 가지고 한국 팬들과 한국 언론의 반응을 예의 주시하기도 했다. 일본 대중문화 개방 이후 한국에서 일본 가수들의 인기가 생각보다 신통치 않은 탓에 이번 공연이 새로운 전기가 되기를 내심 기대하는 분위기였다. 특히 아무로가 공연 직전 용천참사로 희생된 북한 주민을 돕기 위해 5천만 원을 흔쾌히 기탁했다는 미담이 전해지면서 아무로 나미에는 한일 대중문화의 가교 역할을 하는 홍보대사로 칭송받기도 했다. 더욱이 언론은 그녀가 마지막 공연에서 한국의 스타 '비'와 함께 공연을 한다는 사실을 강조하면서, 명실공히 한일 대중음악 교류의 A 매치가 성사되었다고 호들갑을 떨기도 했다. 공연이 모두 끝난 후 국내 언론은 공연에 참여했던 국내 유명 가수들의 소감을 인용하며, "역시 아무로 나미에"라는 찬사를 보냈다. 선진 공연 컨텐츠에 대한 부러움과 함께 앞으로 일본 가수들의 내한공연이 많아질수록 한국 공연문화가 발전할 것이고, 이제 일본 대중문화와의 본격적인 대결이 가시화되었다는 전망을 내놓기도 했다.[1]

대중문화교류의 오랜 단절과 간극에도 불구하고 일본 대중음악 뮤지션을 수용하는 한국 팬들의 반응에서 어떤 '문화적 예외'를 찾기란 쉽지 않다. 오랫동안 학수고대했던 아무로 나미에의 한국 팬들은 그녀의 스타일을 고스란히 흉내내면서, 공연 내내 그녀의 대표곡들을 따라 부르기도 했다. 공연에 참여한 관객들에게 일본 대중문화에 대한 낯선 감정을 찾아볼 수가 없었다. 이 날 공연은 J-pop 마니아들을 위한 특별 행사라기보다는 대중음악을 좋아하는 음악 팬들의 다양한 취향에 부응

---

1) 아무로 나미에의 공연 후 일간지와 스포츠 연예지들은 "아무로 공연 성황리에 마감", "3일 간 아무로 쇼크", "나미에 짱, 열광의 2시간", "한일 문화대결 이제부터 시작이다" 등의 헤드라인을 동원하면서 그녀의 공연을 한일 대중문화교류의 새로운 전환점으로 받아들이고자 했다.

하는 것이었다. 일본 대중문화의 본격 개방을 알리는 상징적 공연이라는 언론의 호들갑과는 달리 한국 팬들에게 그녀의 공연은 일상화된 외국 뮤지션들의 내한공연 중의 하나로 소비된다.

한국에서 아무로 나미에의 문화효과가 지속될 즈음 일본에서는 한국의 스타 배용준이 일본 열도를 뒤흔들었다는 미디어의 '애국적' 기사들이 쏟아졌다. 영화 「외출」을 홍보하기 위해 배용준이 일본에 도착하는 날, 나리타 공항은 5천 명의 여성 팬들로 마비되고, 그가 묵는 호텔은 이미 팬들의 예약으로 방을 구할 수 없게 됐다는 보도에 한국 네티즌들은 묘한 자부심을 느끼기도 했다. 간혹 미디어에서 일본의 배용준 신드롬과 한국의 아무로 나미에 신드롬을 비교하면서 배용준이 아무로를 압도했다는 기사를 접하게 됐는데, 이런 기사를 보면 한일 문화교류의 대차대조표에 한국이 훨씬 민감한 반응을 보이고 있음을 확인할 수 있다.

물론 배용준이 일본에서 일으키고 있는 팬덤과 아무로 나미에가 한국에서 일으키는 신드롬은 비교할 수 없을 정도로 차이가 난다. 배용준의 경제효과 2조 원, 「겨울연가」 촬영지인 춘천에 연 20만 명의 일본 관광객 방문, 배용준 화보집과 특집 잡지들의 매진과 실제적인 지표를 보면 이른바 욘사마 신드롬은 일본 기성세대, 특히 중년 여성들의 일상생활에 큰 영향을 미칠 정도로 그 파급효과가 막대하다. 반면 아무로 나미에가 한국에 미친 영향력은 경제적인 지표로 보면 비교할 수 없을 정도로 초라하다. 아무로 나미에의 내한공연을 기점으로 발매된 그녀의 라이센스 앨범들은 통틀어 5만여 장이 판매되었을 뿐이다. 이렇게 보면, 한국의 미디어가 배용준 신드롬을 비중 있고 다소는 과잉되게 다루는 것도 이해할 만하다.

일본에서 욘사마 신드롬을 일으킨 「겨울연가」의 배용준(왼쪽)과 일본의 팝 여왕 아무로 나미에(오른쪽)

그러나 「겨울연가」의 일본 방영으로 촉발된 배용준 신드롬에 대한 한국 미디어의 접근은 실제적인 파급효과 그 이상을 뛰어넘는 것이었다. 미디어는 배용준 신드롬을 취재하는 것을 넘어 배용준 신드롬을 확대 재생산하는 중요한 매개체가 된다. 연예정보 프로그램이나 스포츠 연예지를 통해서 배용준 관련 소식을 접하는 한국인들은 공항에 몰려온 일본 팬들, 존경을 넘어 숭배의 대상으로 그려지는 배용준을 보며 배용준 신드롬에 자신을 동일시한다.

왜 이런 현상들이 벌어졌을까? 그것은 아마도 오랫동안 일본에 대해 가지고 있던 역사적, 동시대적 콤플렉스의 반작용에서 비롯되었다고 말할 수 있을 것이다. 과거 식민지배의 아픈 기억을 만들어준 일본, 경제대국으로 성장한 일본에 대한 상대적 배타성, 그리고 탈아시아화된 일본의 대중문화에 대한 부러움과 같은 콤플렉스가 「겨울연가」와 배용준 신드롬을 통해 해소되고, 일본에 대한 문화적 우위를 확인받고 싶어 하는 보상심리가 작용하는 것이다. 한류에 대한 근거 없는 자부심의 표현들이 대체로 그렇듯이, 성공 사례를 집중 부각하여 그 상황이 마치 일반적인 현상인 것처럼 동일시한다. 특히 중화권 국가들이나 동남아시아 국가들의 반응과는 다르게 일본에서 한국 대중문화의 성공은 한국 대중문화산업의 경쟁력과 선진화의 증빙 자료로 활용된다.

일본의 배용준 신드롬을 평가하는 한국의 담론들이 한국 대중문화의 글로벌화에 초점이 맞추어져 있다면, 아무로 나미에 신드롬을 평가하는 일본의 담론들은 일본의 대중문화가 한국에 본격적으로 소개되는 중요한 계기가 되었다는 점에 초점이 맞추어져 있다. 이는 일본 언론들이 그녀의 내한공연을 다른 아시아 국가들에서의 공연과는 다른 관점으로 다루고 있다는 점에서 확인할 수 있다. 한국에서 아무로 나미에의 공연은 공연 이외에 특별한 의미를 가지고 있는 것이 사실이다. 일본 문화의 빗장이 풀린 1990년대 중반 이래 일본의 영화, 애니메이션, 음반 등이 단계적으로 개방되었지만, 일본어 가창으로 공연을 하는 것은 오랫동안 금지되어왔다. 아무로 나미에의 공연은 일본어 가창 공연의 금지가 풀린 후 가진 가장 큰 대표적인 공연인 바, 일본의 J-pop이 한국에 안착하는 데 중요한 바로미터가 될 법하다. 예컨대 지난 5월 2일에 있었던 타이완 공연에 대한 일본 언론의 주 관심사는 2001년 타이완 공연의 취소에 따른 아무로 나미에의 각별한 애정 표시에 집중된 반면, 한국 공연에 대한 일본 언론은 한일 관계, 일본대중문화 개방, 일본 문화의 성공 가능성과 같은 현안에 많은 기사를 할애했다.[2]

---

2) 『주간한국』, 2004년 5월 14일자 참고.

강력한 문화적 모방과 유사성을 가지면서도, 문화적 금단의 땅이자 배타적 문화의 나라로 여겨진 한국에서 일본의 대중문화가 과연 '초국가적인' 횡단을 할 수 있을까 하는 것은 일본 대중문화의 '아시아화', 혹은 아시아 대중문화의 '일본화'를 가늠하는 중요한 분기점을 시사해준다. 왜냐하면 한일 간 역사적 감정과 중국의 반일감정, 그리고 동남아시아 제3세계 국가들의 문화적 수용의 한계를 고려할 때 일본 대중문화가 아시아 전역에 외교적 장벽 없이 진출한 것은 1990년대 이후부터이기 때문이다. 물론 일본의 대중문화, 특히 만화와 애니메이션이 그 이전부터 아시아를 포함해 세계 전역에 강한 영향력을 행사한 것은 사실이지만, 일본 대중문화가 상대했던 문화시장은 미국과 유럽이었다. 이와부치의 지적대로 일본 대중문화가 이른바 암시장이 아닌 공식적인 시장으로 아시아에 관심을 가진 것은 비교적 최근의 일이다.[3] 일본의 입장에서 가장 배타적인 시장이라 할 수 있는 한국에서 일본의 대중문화가 성공할 수 있는가 하는 점은 일본 대중문화의 '아시아화', 혹은 아시아 시장으로의 편입을 가늠하는 시험무대가 된다.

어쨌든 아무로 나미에와 배용준이라는 양국의 스타들이 국경을 넘어 아시아 대중들에게 인기를 얻고 있는 상황에 직면하면서 글로벌한 시대에 일본 대중문화의 위치, 특히 아시아에서 처한 위치들을 재고할 시점에 이르지 않았나 생각한다. 흥미로운 것은 일본의 대중문화가 아시아 문화시장에 관심을 기울이고 있다고 생각하면서도, 곧바로 아시아에서 절대적인 지위를 차지할 수 있다고 보는 사람들은 많지 않다는

---

3) 이와부치 고이치, 『아시아를 잇는 대중문화』, 히라타 유키에·전오경 옮김, 또하나의문화, 2001년, 119쪽.

것이다. 1990년대에 이르러 아시아 각국의 대중문화는 독자적인 지위를 가지고 발전해왔다. 1997년 이후 홍콩이 중국에 반환되면서 홍콩 엔터테인먼트 산업이 위기를 맞고 있지만, 여전히 중화권 문화시장에서 독자적인 '제작-유통' 시스템을 갖추고 있고, 태국이나 말레이시아 대중문화 시장도 1990년대 후반 이래 비약적인 성장을 했다. 한국의 경우에는 더 적극적이어서 한국의 영화와 방송 드라마 산업은 이제 일본에 커다란 위협을 줄 정도로 성장했을 뿐 아니라, 시장성과 예술성에서 국제적인 지위를 확보하고 있다. 한국의 대중음악산업 역시 국내 시장의 침체에도 불구하고 아시아 전역에서 인기를 얻고 있는 팝스타들의 활약으로 이른바 "J-pop"에 견줄 수 있는 "K-pop"이라는 고유한 명칭을 얻기도 하였다.

일본 대중문화의 '아시아화'는 그런 점에서 아시아 시장의 독점지배라는 의미로 해석될 수는 없다. 그것은 아시아 대중문화 시장 안에서 일본이 과거와는 다른 방식으로 자기 역할을 담당해야 한다는 점을 강조한다. 그것은 또한 아시아에서 새롭게 성장하고 있는 개발도상국과의 문화적 관계정립, 그리고 새롭게 재편될 것으로 예상되는 거대한 중화권 대중문화시장으로의 경쟁적 진입이라는 차원에서 접근되어야 할 문제다. 이는 일본의 대중문화가 탈국가화하는 아시아 권역의 문화환경에서 어떤 역할을 할 것인가 하는 문제와도 직결된다. 일본 대중문화의 '서양화' 혹은 '미국화'의 욕망에서 벗어나 아시아 대중문화 안에서 어떻게 자기정체성을 확보할 것인가 하는 것은 일본 대중문화의 '아시아화'의 문제와 또한 직결된다.

가령 한일 문화교류라는 것을 일본 대중문화의 '아시아화'라는 의미로 받아들일 수 있다면, 그것은 과거처럼 국가 대 국가 간의 문화교류가 아니라 개인들의 문화적 취향들의 교환으로 유연화될 수 있는 데다, 그 교류의 의미 자체가 글로벌한 환경에서의 국지적인 문화 혼종화임을 조심스럽게 진단할 수도 있다. 글로컬(glocal)한 문화 잡종교배의 장소, 오키나와 출신인 아무로 나미에의 음악적 스타일은 미국 팝 음악과의 혼종화를 통해 토착화에 성공했고, 이것이 다시 범아시아 내의 국지적 장소로 전파되는 과정을 상상해보면, 그녀의 음악적 교류를 일본 대 한국이라는 도식 하에서 규정한다는 것은 적절해 보이지 않는다.

그러나 이러한 아시아 내 초국가적인 문화교류의 가능성을 발견하기에는 동시대 한일 대중문화교류가 많은 경험을 공유하지 못한 것이 사실이다. 아무로 나미에의 공연 결과만 놓고 봐도 그렇다. 겉으로는 성공적으로 보도되었지만, 사실 공연 비즈니스 자체로는 상당히 많은 문제점을 노출했다.[4] 공연계약, 개런티, 공연진행, 공연 하드웨어 등 모든 부분에서 한국 측의 준비와 노하우는 문화교류라는 의미를 무색하게 할 정도로 미비했다. 문화적 교류가 감정만의 교류가 아니라 산업적인 교류이면서도 시스템의 교류를 필연적으로 수반한다는 점에서 문화적 외교사절 이상의 교류를 이끌어내기 위해서는 그 과정에서 많은 마찰과 충돌이 예상된다. 일반화할 수 있을지는 모르겠지만, 현재 한일 문화교류는 서로 다른 위치 속에서 진행되는 것만은 분명하다. 한류는 선진 문화환경을 겸비한 일본을 통과하면서 글로벌한 수준임을 검증받기를 원하며, 반면 일류는 한국을 통해 이미 완성한 글로벌화를 재확인하기보다는 당장에 역사적으로 소원한 관계를 회복하기 위한 장치로

---

4) 『문화일보』, 2004년 5월 18일자 참고.

활용된다. 배용준 신드롬 역시 일본인들이 한국에 대해 다시 생각할 수 있는 기회를 제공하였지만, 신드롬의 기저에는 배용준을 활용하여 새로운 문화시장을 창출하려는 일본 대중문화 자본의 이해관계가 숨어 있기도 하다.

그렇다면 일본 대중문화의 '아시아화'라는 토픽에 접근하기 위해서는 어떤 문제의식이 필요할까? 적어도 다음과 같은 질문들이 떠오른다. 글로벌한 시대 일본의 대중문화는 어떤 위치에 있는가? 아시아에서 일본 대중문화의 성격을 규정하는 국면들은 무엇인가? 일본의 대중문화교류는 아시아의 글로벌 환경에서 어떤 상호관계를 가져야 하는가? 이 글은 이러한 세 가지 질문들을 이론적으로 검토하면서 현재 일본 대중문화가 아시아 내에서 어떤 성격을 갖고 있는지를 개괄하고자한다.

2. 글로벌 시대 일본 대중문화의 위치

일본 대중문화가 아시아에서 막강한 영향력을 행사하고 있다는 데는 누구도 이의를 제기할 수 없지만, 그 안에는 복잡한 역사적, 경제적, 문화적 맥락들이 존재한다. 일본의 애니메이션과 만화, 그리고 각종 캐릭터 상품들이 1960년대부터 미국에서 인기를 얻기 시작했던 것과는 달리 일본의 대중문화가 아시아 전역에 확산되기 시작한 것은 1990년대 들어서부터다. 1950년대 가장 일본적이면서도 서양적인 감독으로 평가받았던 구로자와 아키라의 영화들이 1950년대에 미국에서 개봉되면서 일반 관객들뿐 아니라 영화감독들에게 상당한 영향을 미쳤고, 이후 혼다 이시로의 「고지라」를 기점으로 이른바 몬스터 영화 20여 편이 상영되면서 일본 대중문화의 미국 진출은 이미 오래전부터 활성화되었다.[5] 당시 일본의 몬스터 영화들은 미국의 베이비 붐 세대가 주말 오후에 즐겨 시청하던 프로그램이었다. 1960년대 이후 「아톰」, 「마린보이」, 「스피드레이서」, 「밀림의 왕자 레오」 등 일본의 애니메이션 영화들이 인기를 얻고 동시에 일본의 캐릭터 인형들이 미국의 인형시장을 독점하면서 일본 대중문화, 특히 극장용 애니메이션과 텔레비전 SF 만화영화는 1980년대에 절정을 이루게 되었다.[6] 「포켓몬스터」, 「세일러문」, 「드래곤볼」뿐 아니라 SF 애니메이션 「아키라」 등 1990년대 들어서도 일본의 애니메이션은 서양에서 여전히 강력한 영향력을 행사했는데, 1996년 일본 애니메이션의 대미 수출은 7,500만 달러를 넘었다.[7] 이 시기에 일본의 게임 산업 역시 미국에 절대적인 지배력을 행사했는데, 이는 닌텐도, 세가, 소니와 같은 3대 게임 업체들이 '포켓 몬스터', '슈퍼 마리오', '소닉'과 같은 게임 프로그램을 제공하는 것뿐 아니라 게임 기계까지 독점 공급했기 때문이다.

그러나 앞에서 언급했듯이 지역적인 근접성에도 불구하고 일본의 대중문화가 아시아에 본격적으로 진출하기 시작한 것은 1990년대부터라고 할 수 있다. 타이완이 일본 대중문화를 공식적으로 개방하기 시작한 것이 1990년대 초반이고, 한국의 경우 1990년대 후반에 들어서야 일본 대중문화가 단계적으로 개방되기 시작했으며, 중국의 경우도 지

---

5) David Desser, "Consuming Asia: Chinese and Japanese Popular Culture and the American Imaginary", *Multiple Modernities: Cinema and Popular Media in Transcultural East Asia*, ed. by Jenny Kwok Wah Lau, Temple University Press, 2003, p. 182.
6) 같은 책, 184쪽
7) 『산케이 신문』, 1996년 12월 14일자. 이와부치 고이치, 앞의 책, 46쪽에서 재인용.

1980년대에 절정을 이룬 일본 애니메이션의 인기는 90년대까지 계속됐다. 「드래곤볼」(좌)과 「세일러 문」(우)

역마다 상이한 차이가 있는 것은 사실이지만, 아직까지도 체제의 논리와 역사적 감정 탓에 일본의 대중문화가 원활하게 소개되고 있지는 않아 보인다.

물론 공식적인 대중 문화개방과는 무관하게 일본의 만화, 애니매이션, 영화, 캐릭터, 패션 등이 아시아 각국에 오래전부터 스며들어 아시아 대중의 일상 속에 내면화된 면도 없지 않다. 합법적인 개방 이전에도 특히 일본의 텔레비전 만화와 애니메이션은 오래전부터 아시아 국가들에 수입되었고, 패션과 라이프스타일을 모방하려는 현상 역시 일상화되었던 터라 합법적인 개방과는 무관하게 일본의 대중문화는 이미 아시아에 내면화되었다고 볼 수 있다. 다른 한편으로 일본 대중문화의 내면화는 역사적 시기별로 서로 다른 성격[8]을 가지고 있긴 하지만,

일본 식민지 시대로 거슬러올라가게 되면 거의 한 세기에 거친 내면화라고도 할 수 있다.

그럼에도 일본 대중문화가 아시아 시장에 본격적으로 진출하여 대중문화를 소비하는 아시아 대중들에게 하나의 '문화적 우세종'(cultural dominant)[9]으로 확고한 위치를 자리 잡게 된 시점을 1990년대로 설정하는 데는 몇 가지 논쟁점이 형성될 수 있다고 본다. 먼저 언급할 것은 일본 대중문화의 아시아 진출의 가시화는 아시아 내 일본이 차지하는 독특한 위치에서 비롯된다는 점이다. 주지하듯이 아시아 내에서 일본은 식민지 제국주의 지배자로서 반세기 동안 아시아를 군림하던 지위에 있다. '대동아공영권'으로 대변되는 일본의 아시아주의가 제2차 세

---

8) 아시아에서 일본 대중문화의 내면화가 역사적으로 어떻게 성격 규정될 수 있는지에 대한 연구가 면밀하게 이루어지는 것도 동아시아 문화연구의 중요한 토픽이라 할 수 있다. 다만 여기서 한국의 경우를 견주어 거칠게 개괄하자면 해방 이전 식민지 시기(1910~1945년), 전후 일본의 내적 성장의 시기(1945~1970년), 글로벌한 소비문화의 시기(1980~1996년), 일본 대중문화 개방 시기(1997년~현재)로 구분할 수 있지 않을까 싶다. 식민지 시기 일본의 대중문화는 한편으로는 서양 '신문물'의 간접 경험의 형태로, 다른 한편으로는 언어적·일상적 생활양식의 모방의 형태로 내면화되었다고 한다면, 해방 이후 일본의 고도성장 시기에는 이른바 '왜색문화'로 거부되는, 그렇지만 식민지 모방의 기억들은 여전히 잔존하는 내면화를 겪었다고 볼 수 있다. 흥미로운 것은 일본의 대중문화가 가장 고도로 내적인 축적을 이루던 시기에 문화적 교류가 거의 없었다는 점에서 한국에서의 일본 대중문화의 내면화는 시기적 단절이 뒤따른다는 점이다. 글로벌한 소비문화의 시기에 일본 대중문화는 공식적 개방을 전제하지 않고 주로 만화와 패션을 중심으로 대중들에게 전파되었기 때문에 소위 '일본 없는' 일본 대중문화의 내면화가 형성되었다. 텔레비전과 대중음악, 패션 분야에서 '상습적 표절행위들'이 구조화되면서 일본의 이름을 거세한 일본 문화의 대중화가 이루어진 때가 바로 이 시기다. 마지막으로 일본 대중문화가 개방되는 시점에서의 내면화는 한국 대중문화의 성장과 맞물리면서 '무의식적인 동일시'의 과정이라기보다는 문화적 경쟁과 협력 대상으로, 혹은 차이를 가진 이질적인 문화의 수용과정으로 이해되는 듯하다.
9) 우세종이라는 개념은 미국의 마르크스주의 문화연구자인 프레드릭 제임슨이 포스트모더니즘의 문화 특징들을 개괄하면서 그중에 하나로 거론한 것인데, 특정한 시기의 논리를 대변할 수 있는 지배적인 문화형식을 일컫는다(Fredric Jameson, *Postmodernism, or The Cultural Logic of Late Capitalism*, Duke University Press, 1991, p.46 참고).

계대전 종식을 기점으로 아시아 각국의 독립과 함께 해체되면서 일본의 군국주의는 아시아 국가에게는 공포의 대상이 되면서도, 아시아 각국의 내셔널리즘(nationalism)[10]의 형성에 있어 대당 개념이 되었다. 전후 일본의 경제성장에 따른 경제 대국의 이미지 역시 아시아 국가들에게는 식민주의의 연장으로 인식되었다. 그러한 맥락에서 일본의 대중문화에 대한 내셔널리즘은 정치적 지배에서 경제적 지배, 다시 문화적 지배라는 등식을 가능케 했다. 일본의 경제적 증강정책에 대해 주변 아시아인들이 갖는 경멸감은 식민주의의 유산과 더불어 현대 일본의 타 아시아인들에 대한 편견에 뿌리를 두고 있다는 지적은 일견 타당하다.[11] 일본 문화개방에 대한 아시아 각국의 경직된 태도에는 정치적, 경제적, 문화적 지배를 동일한 결과로 보고자 하는 내셔널리즘이 자리 잡고 있다.

아시아 각국의 근대 국가 체제를 강화하는 기제로 사용된 이러한 내셔널리즘은 1980년대 말부터 지배적인 지위를 상실하면서 일본 대중문화에 대한 새로운 인식의 변화가 생겨났다. 일본 대중문화가 아시아에 공식적인 영향력을 행사하게 된 것은 일본 대중문화의 생산 시스템에 근본적인 변화가 일어났기 때문이 아니라 일본의 대중문화를 수용하는 아시아 국가들의 변화에 기인한다고 볼 수 있다. 이와부치가 지적하듯이 이러한 변화는 글로벌 문화가 도래하는 조건으로 설명할 수 있지 않을까 싶다. 이와부치는 글로벌화가 아시아를 초국가화하는 권

---

10) 내셔널리즘이라는 용어가 각국의 상황에 따라 국가주의, 민족주의, 국민주의로 번역될 수 있다는 점에서 특정한 의미로 한정하지 않기 위해 원어대로 표기하였다.

11) Leo Ching, "Imaginings in the Empire of the Sun: Japanese Mass Culture in Asia", *Boundary 2*, Vol. 21, No. 1, 1994, p. 206.

역주의(regionalism)를 낳게 함으로써, 국가 간 내셔널리즘의 약화와 함께 일본의 대중문화가 아시아에서 새로운 관점으로 보이기 시작했다고 보고 있다. 글로벌화의 과정에서 일본은 서양의 문화를 수용하여 자국의 대중문화를 새롭게 재편성하면서 다른 아시아 지역에 국경을 뛰어넘는 침투력을 갖게 되었다. 이와부치는 세계화의 과정에서 미국의 문화제국주의의 중심적인 역할이 분해되고 있음을 지적하면서, 초국가적인 문화교류가 문화적 세력 관계를 탈중심화시킨다고 말한다.

> 서구 중심 근대 자본주의의 전지구적 확산은 많은 비서구 지역이 제국주의와 식민주의라는 폭력 속에서, 그리고 구조적으로 극히 불균형한 문화 왕래 속에서 근대 경험을 하게 했다. 그러나 비서구에서 강제된 근대 경험이야말로 지역이라는 장에서 다양한 형태의 토착화된 근대를 낳고, 문화의 다양화와 새로운 차이를 만들고 있다.[12]

이와부치는 이러한 변화를 전지구화의 뚜렷한 현상으로 보고 있으며, 동시에 이것이 일본 대중문화가 아시아에 뿌리내릴 수 있는 조건으로 본다. 이른바 그가 말하는 "토착적 근대성"이라는 것이 그것인데, 일본의 문화수출 증대가 글로벌화를 분석하는 데 새로운 시점을 제시하는 것이 있다면 바로 서양의 시선이 탈중심화된 글로벌리티의 시선으로 전환하면서 다양한 형태의 토착적 근대성이 생성되고 있다는 점이다. 이와부치는 전지구적으로 전개되는 일본 문화의 힘이 가시화된 것은

---

12) 이와부치 고이치, 앞의 책, 55쪽.

상징적인 문화권력이 더는 특정 문화의 중심에 속하지 않고 국제화 과정에 깊숙이 흡수된 것과 관련이 있음을 강조한다.[13]

이와부치의 이러한 주장은 비서양적인 문화세력권이 점차로 약화되고, 전지구화로 인한 권역주의가 아시아에서 뿌리내리면서 일본 특유의 '토착화 능력'이 아시아 문화교류의 구심점이 되고 있음을 지적하는 것인데, 문제는 이러한 논지가 일본의 식민 지배의 역사적 유산으로 인해 뒤늦게 공식화된 아시아 내 일본 대중문화의 역할을 적절하게 설명하고 있는가 하는 것이다. 리오 칭 역시 일본 문화가 범아시아적으로 유행하고 있는 현상에 대해 '문화의 권역화'로 설명하고자 한다. 그는 문화적 권역화에 대한 신호들은 문화교류를 통한 문화적 통합과정을 시사한다고 보며, 이 통합과정은 국민적 경계를 넘어서는 것이지만, 동아시아라는 특정 권역에 국한되어 있다고 말한다.[14]

그러나 글로벌화에 따른 문화적 권역화 현상이 일본의 대중문화를 바라보는 아시아 대중들의 관점을 상이하게 만든 것은 사실이다. 이와 마찬가지로 '아시아 문화'에서 지배적인 지위를 차지하고 있는 일본 대중문화의 성격이 어떠한가를 따져보는 시각도 상이하게 나타날 수 있다. 이는 이른바 대중문화의 영역에서 아시아 내부의 '일본화'를 어떻게 볼 것인가 하는 것과 같다. 대중문화에서의 일본화를 경제적 지배의 연장으로 볼 것인지, 아니면 전지구화된 자본주의 체제 안에서 '일본화'를 상품화하는 아시아 각국의 경제적 이해관계의 반영으로 볼 것인지, 아니면 '일본화'라는 것이 서양의 문화와는 다르게 아시아라는 문

---

13) 같은 책, 59쪽
14) 리오 칭, 앞의 책, 200쪽.

화적 근접성 속에서 쉽게 수용이 가능한 정서적 조건 속에서 나오는 것
인지, 아니면 문화의 권역화에서 발생할 수 있는 초국가적인 현상으로,
아시아 각국에서 일종의 문화교류와 문화적 순환의 형식으로 볼 것인
지와 같은 여러 가지 설명들 중에서 어느 하나를 선택하는 것이 쉽지
않다.

　리오 칭은 타이완에 대한 일본의 문화지배에 대해 두 가지 상이한
시각이 존재한다고 말한다. 하나는 일본의 대중문화 진출이 경제적 지
배의 직접적인 반응으로 나타난다는 시각이고, 다른 하나는 일본의 일
방적인 지배론과는 다르게 타이완의 문화생산자들의 이윤 창출을 위한
수단으로 사용된다는 시각이다. 그는 일본 문화상품의 유입을 일본 경
제의 직접적인 파생물로 보는 것은, 타이완의 문화생산자들의 이윤을
노린 조작을 간과한다고 지적한다.[15] 이와부치도 일본화가 글로벌주의
라는 개념을 바탕으로 시장전략에 관한 것이며, 통일된 상품이나 이미
지를 강요하기보다는 현재 시장의 수요에 맞게 제공하는 것이라는 지
적[16]은 일본의 국가주의적 담론과 공모할 가능성이 있다고 비판한다.

　분명한 것은 아시아 권역 내에서의 일본 대중문화의 지배적인 위
치가 문화적 교류를 통한 경제적 지배라는 낡은 방식의 문화제국주의
론으로는 충분히 설명될 수 없다는 점이다. 역으로 그것은 초국적, 후
식민적 글로벌 시대의 보편적인 현상이자 수평적인 차원에서의 문화횡
단의 현상도 아니라는 점이다. 결국 문화제국주의의 연장으로서 일본

---

15) 같은 책, 209쪽.
16) Mike Featherstone, *Undoing Culture: Globalization, Postmodernism, and Identity*,
　　Sage, 1995. 이와부치 고이치, 앞의 책, 60쪽에서 재인용.

대중문화를 바라보는 관점과 초국가적 문화횡단으로서 바라보는 관점 모두 적절하지 않다고 볼 수 있는데, 이것이 일본 대중문화가 아시아에서 처한 모호한 위치인 것이다.

일본 대중문화의 이러한 이중적인 위치는 일본의 지리적 위치에서 결정되는 것이 아니라 다른 아시아 국가가 변화되는 관계 속에서 결정된다. 이는 또한 식민지와 후식민지의 관계이기도 하다. 흥미로운 것은 아시아에서 일본 문화의 위치가 내부적인 동시에 외부적인 성격을 갖고 있는 것과 마찬가지로 일본 지식인 내에서 이 문제를 바라보는 접근 방식과 일본 밖에서 이 문제를 바라보는 접근 방식이 다르다는 점이다. 이와부치는 이를 '일본화'라는 관점으로 파악하며, 재미 타이완학자인 리오 칭은 '아시아주의'라는 관점으로 파악한다. 이와부치 고이치는 탈제국주의화하고 초국가적인 상황에서 아시아 내에서의 일본화는 미디어 소프트웨어의 세계적 보급을 통한 국익을 우선시하는 '연성국가주의'의 성향이 있음을 파악한다. 일본의 기술국가주의가 기술 오리엔탈리즘을 야기시키고, 기술국가주의와 기술 오리엔탈리즘은 아시아에 대해 자기오리엔탈화하는 속성을 지닌다. 이에 비해 리오 칭은 국가에서 지역으로 초점이 전환되는 '아시아주의'라는 알레고리는 아시아에 대한 일본의 욕망 속에 각인되어 있다고 말한다. 그는 본격 제국주의 시대에 아시아주의가 국민국가의 형식 내부에서 자국화된다고 한다면, 대중문화 시대의 아시아주의는 국민국가 구성체의 외부에서 발생한다고 본다.[17]

---

17) Leo Ching, "Globalizing the Regional, Regionalizing the Global: Mass Culture and Asianism in the Age of Late Capita", *Public Culture*, Vol. 12, No. 1, 2000.

아시아 지역을 넘어 존재하는 「오싱」과 「도라에몽」의 인기에도 불구하고 아시아를 일본화할 뿐 아니라, 일본을 아시아화하려는 욕망이 지속적으로 존재하고 있다는 점은 주목할 만하다. 이 욕망은 일본의 아시아의 재현으로 보면서 동시에 일본의 과거에 대한 반영으로 아시아를 구성하려는 의도를 드러낸다. 요컨대 그것은 아시아 국가를 공간적인 연속체로 위치짓지만, 이와 동시에 동시대성을 부정하려는 욕망이다.[18]

리오 칭은 일본의 문화적 아시아주의가 자본의 전지구화라는 과정과 국가형식의 침식에 대한 불안을 매개한다는 거시적인 문제를 제기한다. 이러한 거시적인 문제를 제기하기 이전에 일본의 문화적 아시아주의가 어떤 형식적인 틀을 가지고 아시아와 관계 맺는지를 분석하는 것이 필요하다.

3. 일본 대중문화 성격―혼종성의 양식

일본의 대중문화는 너무나 풍부하고 다양해서 한 권의 책으로는 정의내릴 수 없을 정도로 혼종적이지만, 대부분의 서양인들이 일본 사회가 대단히 위계질서적이며 동질적인 사회라는 이미지를 피상적으로 가지고 있다는 지적[19]은 일견 타당하다. 일본은 남성중심적인 사회이며, 사무라이의 현대판 같은 거대기업들이 활동하고, 순종적인 여성과 하루

---

18) 같은 책, 253쪽.
19) Dolores P. Martinez, *The World of Japanese Popular Culture*, Cambridge University Press, 1998, p. 1.

종일 공부에 시달리는 아이들이 사는 공간으로 표상되면서 이방인들에게는 이해하기가 어려운 모순들을 안고 있는 이미지로 그려진다. 다종다양한 일본의 대중문화만큼이나 복잡한 삶의 코드를 가지고 있는 일본에 대해 서양인들이 가지는 이미지는 한편으로는 아시아를 하나의 문화 코드로 인지하는 문화적 재현들로 재생산되곤 한다.

가령 디즈니의 애니메이션 「뮬란」 초반부에 주인공 뮬란이 매파(중매쟁이)의 소개로 시집을 가게 되는 상황에서 어머니가 그녀를 예쁘게 단장해주는 장면이 등장하는데, 꽃단장을 한 그녀의 이미지는 중국적인 느낌을 주기보다는 일본전통극 '가부키'에 등장하는 기모노 식 의상과 회색 빛의 얼굴 분장으로 재현된다. 디즈니의 이런 이미지 전략이 의도적이었는지는 모르겠으나 화사한 동양 여성의 이미지는 서양인들에게는 대체로 일본의 여성 이미지로 고정된 것은 아닌가 하는 의문을 가질 만하다. 또한 영화 「고지라」 초반부에도 일본의 참치잡이 어선이 난파를 당해 미국 해안가로 잔해들이 떠내려가는 장면에서 주인공(매튜 브로데릭)이 참치 캔을 쥐어드는 장면이 있는데, 이 캔은 다름 아닌 한글이 선명하게 박힌 '사조 참치' 캔이다. 미국의 연출부가 상식적으로 일본어와 한국어를 혼동할 일은 없었겠지만, 서양인들이 무의식적으로 아시아의 문화적, 언어적 이미지는 동일하다고 오인했던 사례이지 않을까 싶다. 이러한 사례 역시 사이드가 말한 오리엔탈리즘의 재현 방식이다.

대중매체에서 발견되는 아시아에 대한 서양의 오인은 아시아 내부의 이질적인 삶의 양식에 대한 충분한 이해의 부족에서 기인한 일종의 '문화적 오리엔탈리즘'을 생산한다고 할 수 있다. 그러한 문화적 오리엔탈리즘의 오인 과정의 중심에 일본이 있다. 대중매체에서 아시아가 일본의 이미지로 표상되거나 일본이 다른 아시아의 기표로 표상되는 것은 따지고 보면 아시아를 일본으로 동일시하려는 동일한 오인 과정에서 비롯된 것이다. 영화 「고지라」에서 발견된 사조 참치 캔은 일본에 대한 무지라기보다는 오히려 한국에 대한 무지에서 야기된 실수인 것이다.

할리우드 영화에서 아시아적 이미지의 오인은 일본을 매개로 한 과정이듯이, 일본이 아시아를 타자화하는 과정도 할리우드로 대변되는 서양의 문화형식을 매개로 진행된다. 일본의 근대화 과정에서 아시아는 "일본과는 단절된 한 이미지로 뭉뚱그려 이해되고 있다"고 볼 수 있다.[20] "서구가 일본이 본받아야 할 근대적인 타자였다면, '아시아' 는 일본이 덮어버려야 할 과거, 일본의 근대화와 문명화의 정도를 알려주는 음화로 인식되어 온 것이다" 라는 지적[21]은 일본이 아시아에 위치한 역사적, 문화적 성격을 단적으로 보여준다. 일본이 아시아에 대한 상상은 항상 서양과의 관계 속에서만 규정될 수 있는 것이라 할 수 있는데, 이 과정에서 탈아시아 이데올로기는 서양의 문명화를 내면화하려는 논리로 사용되었고, 반대로 아시아 연대에 대한 이데올로기는 서양에 대항하려는 지배논리로 사용되었다. 따라서 일본의 대중문화의 성격을 규정하는 데 있어 일본의 '탈아시아화' 와 '아시아화' 라는 이중의 이데올로기를 논의하는 것이 필수적이다. 이는 동시대 일본 대중문화를 규정하는 몇 가지 개념적인 설명 속에서도 여전히 연관될 수 있는 주제다. 예컨대 문화적 혼종화의 논리나 문화적 근접성의 논리도 자기식민화와

---

20) 이와부치 고이치, 앞의 책, 23쪽.
21) 같은 책, 23쪽.

자기 오리엔탈리즘 과정과 무관하지 않기 때문이다.

　　일본 대중문화의 성격을 논의할 때 가장 자주 언급하는 것이 이국의 다양한 문화를 수용하여 자신의 것으로 적절하게 변용하는 능력이 탁월하다는 말이다. 일본의 '이문화 토착화 능력'은 주로 미국의 팝 문화를 모방하여 미국보다 더 미국적인 문화형식들을 자국의 주류문화에 안착시켜 상품화하고 다시 외국에 파는 능력을 말한다. 일본의 이문화 수용은 그런 점에서 문화적 동화나 종속의 성격을 갖기보다는 역으로 일본의 대중문화를 세계화하는 능력이자 산업기제로 사용된다. 일본 내에 존재하고 있는 수많은 서구의 문화 복제물들과 문화공간들은 일본 문화의 서양 종속적인 성격을 확인하는 아이콘들이 아니라 일본의 문화적 정체성을 형성하는 구성요소가 되어버린다.

　　일본의 이러한 능력을 예증할 만한 사례들은 너무나 많다. 1970년대 미국에 홍콩의 쿵푸 영화가 대중적인 인기를 얻었을 때, 일본은 미국에서 대중화된 쿵푸를 모방한 「스트리트 파이터」라는 격투기 영화를 만들었다.[22] 일본의 격투기 영화와 애니메이션 영화가 각광받기 시작한 1970년대 중반은 역설적으로 이소룡 영화의 후퇴를 기점으로 홍콩의 무술영화가 미국의 주류 배급시장에서 외면받기 시작한 시점과 일치한다. 이후 미국에서 격투기와 관련된 극장용 영화, 비디오 영화, 애니매이션, 만화, 게임들은 대체로 일본화된 것들이 지배적이었다.[23]

---

22) 데이비드 데서, 앞의 책, 187쪽.
23) 단적으로 「스트리트 파이터」는 일본의 고유한 문화 컨텐츠로 대변되면서 애니메이션, 게임, 캐릭터로 확장되었는데, 1987년 처음 시판된 게임용 「스트리트 파이터」는 2002년까지 총 25종의 변형판이 출시되면서 인기를 얻고 있고, 1994년과 2000년에는 애니메이션으로 출시되고, 1994년에는 장 클로드 반담 주연의 비디오 영화가 출시되면서 미국식 무술영화의 대중적 확산의 토대를 마련하는 데 기여했다.

프레드릭 뷰엘의 지적대로 일본의 이문화 토착능력은 "일본의 천부적인 모방재능"[24]에 따른 것이다. 복제물이 원본보다 뛰어난 성능을 자랑하는 것은 순전히 문화적 능력에서 비롯된다. 그러나 이러한 이문화 수용능력은 단순히 문화적 특성으로만 축소될 수 없는 "일본 번영의 비결이며 민족적 또는 국가적인 것의 진수"로 여겨진다. 그리고 일본의 이문화 토착능력은 당대 일본 대중문화의 특수한 성격이라기보다는 일본의 근대문명의 형성 과정에서도 발견되는 고유한 능력이기도 하다.

이는 일본의 근대문명이 서양과 다른 아시아 국가와의 이질적인 위치에서 형성된, 그 자체로 이질적인 태생적 토대에서 비롯되었기 때문이다. 이는 또한 일본 혼종성의 성격을 논하는 데 있어서도 적절한 지점이다. 루미 사카모토는 『문명론 개략』의 저자 후쿠자와 유키치의 일본 근대문명론을 비판적으로 언급하면서 일본의 근대문화가 서양과 다른 아시아 국가 사이에서 어떻게 자기전력화하고 있는가를 분석하고 있다. 『문명론 개략』에서 후쿠자와 유키치는 서구의 확장 국면에서 독립을 유지할 문명정신을 서구로부터 수입해야 한다고 주장한다.[25] 서양의 문명화와 일본의 근대가 조우함으로써 일본은 서양과 아시아에 대해서 이중적인 태도를 생산한다. 서양의 야만적 지배로부터의 독립 정신을 서양의 문명화에서 배우고, 이를 적극적으로 실천함으로써 서양으로부터의 독립뿐만이 아니라 아시아를 지배하는 국가성의 감각을 만들어낸다.

---

24) Frederick Buell, *National Culture and the New Global System*, The Johns Hopkins University Press, 1994.
25) Rumi Sakamoto, "Japan, Hybridity and the Creation of Colonialist Discourse", *Theory, Culture & Society*, Vol. 13, No. 3, 1996, p. 116.

서구와 일본의 정체성을 혼종화함으로써 서구의 문명 담론에 저항하는 과정에서 그의 담론은 아시아를 서구화된 일본의 열등한 존재로 재현한다. 그의 담론이 서양과의 관계에서 저항의 담론으로 기능하고 있지만, 이는 아시아와의 관계에서 지배 담론으로 기능한다.[26]

사카모토는 이러한 후쿠자와의 논의가 서양/비서양이라는 이분법을 일본/아시아라는 이분법으로 등치시키는 논리에 불과하며, 이런 구도에서 아시아는 서양화되면서 동시에 혼종화된 일본의 부정적인 타자로 기능한다고 비판한다. 후쿠자와의 논지가 서양/일본의 이분법을 깨고 일본의 위치를 양가적으로 만들었지만, 그 양가성이 야만적인 아시아라는 대당과 다시 대립하면서 여전히 문명/비문명의 고정된 재현 속으로 재봉합된다는 것이 사카모토의 최종적인 지적이다.

사카모토의 이러한 지적은 일본 대중문화의 혼종성이 서양의 지형에서 수용되는 방식과 아시아의 지형에서 수용되는 방식에 서로 차이가 있음을 시사해준다. 일본 대중문화의 혼종적인 성격은 서양의 문화형식들을 흉내내면서 서양과 일본 사이의 경계를 무화시켰다면, 아시아에서는 일본과 아시아라는 이분법을 강화하는 논리로 사용되었다고 말할 수 있다. 일본의 이문화 토착능력은 서양의 것을 흉내내는 과정에서 생성된 것으로서 일본의 차별성을 강화하고, 일본과 아시아를 구별짓는 문화적 배타성을 드러낸다. 말하자면 서양의 문화형식을 토착화시키는 일본의 대중문화는 탈아시아적 형식으로 아시아를 타자화시킨

---

26) 같은 책, 122쪽.

다. 일본의 혼종된 문화형식은 서양의 지형에서 보면 동일시의 효과이지만, 아시아의 지형에서 보면 타자화의 효과이다. 예컨대 일본의 디즈니랜드와 유럽 도시 모형 테마파크는 서양적인 것을 더 서양적이게 흉내내는 일본의 토착적 능력을 극대화한 사례라 한다면, 아시아의 다른 국가의 위치에서 보면 아시아를 타자화하는 흉내내기다.

일본 대중문화의 혼종화 형식을 서양문화에 대한 위협으로 볼 것인가, 아니면 또 다른 지배자의 변형물로 볼 것인가, 아니면 이 의미를 모두 포함하고 있는 것인가에 대한 질문은 아시아와 연관시켰을 때 복잡한 함수관계를 낳는다. 일본 대중문화의 혼종화 성격을 호미 바바의 '흉내내기'(mimicry) 이론이나 '양가성'(ambivalence) 이론으로 적용할 때 갖게 되는 어려움도 바로 이 때문이다.

호미 바바가 말하는 흉내내기는 피식민자가 식민자의 모방을 통한 저항과 위협의 행위를 하는 것을 말한다. 바바는 식민자와 피식민자 사이의 관계는 지배와 종속이 뚜렷하게 구별되는 이항대립적인 관계가 아니라 경계가 대단히 모호하고 양면적인 관계를 가진다고 말한다. 양면성(ambivalence)은 식민지 타자성을 '서양 대 비서양', '선 대 악', '문명 대 야만'이라는 고정된 이분법으로 가두려는 것과 그러한 정형화의 반복 과정에 의해 이분법의 고정성이 불안정해지는 것 사이에 위치한 것이다.[27] 이 경계의 불안정성이 필연적으로 '미미크리'를 낳는데, 미미크리란 "거의 동일하지만 완전히 동일하지는 않는 차이를 가진 주체로서의 타자를 욕망하는" 과정이다.[28] 미미크리는 그럼 점에서 이중

---

27) 호미 바바, 『문화의 위치』, 나병철 옮김, 소명출판, 2002년, 145~147쪽 참고.
28) 같은 책, 178쪽.

적인 분절의 기호인데, 왜냐하면 미미크리는 "개정과 규칙, 규율의 복합적인 전략의 기호이며", "규범화된 지식과 규율에 내재적인 위협이 되는, 차이와 반항의 기호[29]"이기도 하다.

일본 대중문화의 서양 복제가 서양을 흉내내고 서양을 넘어서려는 행위에서 비롯되었다고 한다면, 그것은 서양에 대한 저항의 의미를 가지고 있다고 해야 할 것이다. 미미크리의 위협행위에서 발생되는 양가성은 식민자들의 불안정한 위치를 보여주는 것이기도 하다. 사실 애니메이션, 게임과 특정한 대중문화 분야에서는 일본의 이문화 토착화가 미국에게 위협의 존재가 되는 것은 사실이다. 일본의 애니메이션은 미국에서 위협의 존재가 될 뿐만 아니라, 식민-피식민의 위치를 역전시켰다고도 말할 수 있기 때문이다. 그러나 일본 대중문화의 혼종화는 미국이라는 원본문화에 고정되지 않은 타자로 자리매김되기에는 지배자의 정서를 교란하는 역동적인 행위가 부족하며, 때로는 스스로 지배자의 역할을 담당할 정도로 위치가 전이된다. 더욱이 일본의 혼종된 문화형식이 아시아의 위치에서는 친근한 문화적 교류의 형식으로 보일 수도 있겠지만, 궁극적으로는 지배자의 위치로 설정된다. 철저한 복제과정을 통해 완성된 '일본다움'의 형식은 서양에 대한 조롱과 저항의 형식이기보다는 서양 문화의 시스템과 일정한 거래 관계로 안착하는 중화의 형식으로 보인다. 일본의 '이문화 토착성'은 위치에 따라 다중적인 성격을 부여받긴 하지만, 아시아에서는 최종적으로 서양 문화의 대당 개념으로 활용된다. 예컨대 호미 바바가 서구 대 비서구와는 또 다른

---

29) 같은 책, 179쪽.

이항대립의 창조를 무시하고 있다고 한다면, 서구와 아시아의 견지에서 일본인 정체성의 이중적인 형성은 혼종화 이론의 함정을 보여주고 있다는 지적[30]은 일본 대중문화의 혼종화의 위치와 호미 바바의 미미크리 이론이 적합하지 않다는 것을 강조한 것이라 하겠다.

4. 일본 대중문화의 세 가지 국면

일본의 탈아시아적 문화형식들이 아시아인들을 타자화시키면서 동시에 동경하게 만드는, 이중적 성격을 갖게 되는 데는 일본의 대중문화가 형성되는 세 가지 국면들이 연관되어 있다고 볼 수 있다. 첫째는 일본의 대중문화를 수용하는 아시아 국가들의 태도가 이중적이라는 데 있다. 주지하듯이 한국이나 타이완, 중국을 포함해 아시아 국가들은 일본의 식민지 지배의 경험을 가지고 있다. 전후 아시아 국가의 독립이 진행되면서 일본은 '대동아공영권' 속의 일본이 아니라 일본 열도 안의 일본으로 축소되었다. 1970년대 일본은 경제 고도성장을 발판으로 내적 성장을 이루면서 아시아 국가들과의 관계가 복원되기 시작했는데, 외교적, 정치·경제적 교류와는 달리 공식적인 차원에서 문화적 교류는 뒤늦게 이루어졌다. 여기서 '공식적'이라는 말이 의미심장하다 할 수 있는데, 왜냐하면 전후 냉전체제가 지속된 시기에도 식민지 시절 일본의 문화적 유산들은 '기억과 향수'라는 코드로 아시아 대중들의 신체와 정서에 영항을 미쳐왔기 때문이다. 그럼에도 문화적 교류는 아시아 모

---

30) 루미 사카모토, 앞의 책, 114쪽.

든 국가에서 1990년대 들어서야 공식적으로 개방되게 되었다.

식민지 시대 이래 문화를 매개로 한 아시아 국가들의 '일본화'는 제도적 과정을 넘어 신체에 각인된 일상적, 문화적 내면화이다. 일본의 대중문화가 아시아에 공식 개방된 이후 이러한 내면화는 일본에 대한 거부의 태도와 욕망의 태도를 동시적으로 갖게 한다. 한국에서는 일본의 대중문화가 이른바 '왜색'이라는 말로 거부되면서도, 애니메이션, 만화, 패션과 같은 동시대 일본의 문화 생산물들은 선호되기도 한다. '거부'와 '선호'라는 이중적인 태도 안에는 식민지 시대를 겪었던 세대와 그렇지 않은 세대 간의 극명한 차이로만 한정할 수 없는 다른 요인들이 존재한다. 식민지 시대에 일본 문화의 내면화는 그 시대를 살았던 식민 주체들에게 정서적 거부감과 함께 문화적 향수를 불러일으키듯이, 식민지 경험이 부재한 동시대를 살아가는 주체들에게도 일본의 대중문화는 동경의 대상만이 아니라 반감의 대상이기도 하다. 이른바 일본 문화 마니아들의 라이프스타일 안에도 여전히 민족적, 역사적 앙금이 도사리고 있어 일본의 대중문화는 역사적 내셔널리즘의 복원에 따라 심리적 저항을 받기도 한다. '거부와 선호', '동경과 반감'의 이중성은 세대 차이만이 아니라 문화적 취향의 차이, 역사적 태도와 문화적 태도 사이의 차이, 문화적 생산과 소비 사이의 차이에서 비롯된다고 할 수 있다.

한국과 달리 타이완의 경우는 일본 대중문화에 대한 이중적 태도가 내적으로 일치되는 맥락을 가지고 있다. 리오 칭은 1990년대 타이완에서 불고 있는 일본에 대한 욕망에는 동시대적인 것과 식민지 시대의 것이 동시에 포착된다고 말한다. 동시대적인 욕망은 일본 대중문화의 상품·이미지·사운드에 대한 욕망이고 식민지 시대의 욕망은 일본 식민주의에 대한 욕망[31]인데, 타이완의 역사적 상황에서 이 욕망은 서로 대척되는 것이 아니라 상호보완적이라 할 수 있다. 반세기 가까이 식민 지배와 경제 지배를 받은 타이완은 '일본화'에 대한 동일시 욕망이 대부분 중국 본토와의 관계 속에서 형성된 탓에 '전략적 선택'이라는 특수한 맥락을 가진다. 거시적인 관점으로 보았을 때 타이완의 일본화는 식민지와 후식민지 시대에 걸쳐 일관된 맥락을 가진다고 볼 수 있다. 그럼에도 불구하고 리오 칭은 동시대 타이완에서 일본에 대한 욕망을 단순히 일본의 식민지적 실천의 연장으로 성격규정하는 것은 일면적이고 부정확하다고 말한다. 문화적 욕망이 식민지 욕망으로 곧바로 동일시될 수 없는 것은 바로 타이완 사회의 다중적 발전과 변형 때문인데, 그럼에도 리오 칭은 타이완에서 일본에 대한 문화적 동일시는 식민지 욕망과 완전히 단절된 것은 아니라고 말한다. 이는 앞서 설명했듯이 중국과 일본 사이에 걸쳐 있는 타이완의 과거와 현실 사이의 긴장과 모순에서 비롯된 것이다.

두번째 국면은 일본의 기술국가주의 지배에 대한 이중적 반응이다. 전후 고도성장 시기에 국가의 원동력이 된 내셔널리즘은 이른바 '기술국가주의'와 '기술 오리엔탈리즘'의 특성을 가지면서 아시아 국가들의 문화적 인프라를 선점했다. 이러한 일본의 기술주의는 전후 일본의 국익과 연계되면서 또 다른 지배논리로 작용한다. 사실 '기술국가주의'나 '기술 오리엔탈리즘'은 전후 일본이 서양과 대면할 때 내세우는 전략이기도 하면서, 동시에 서양이 일본에 대한 경계와 두려움을 표

---

31) Leo Ching, "Give me Japan and Nothing Else! : Postcoloniality, Identity, and the Traces of Colonialism", *The South Atlantic Quarterly*, Vol. 99, No. 4, 2000, p.764.

명하는 담론이다. 요시미 순야가 지적하듯이 1980년대 이후 '기술 내
셔널리즘'은 일본이 서양을 뛰어넘으려는 이데올로기이지만, 서양 지
식인들은 오히려 일본의 정체성을 평가절하하는 기제로 이용한다고 분
석한다.[32] 가령 데이비드 몰리와 케빈 로빈슨은 일본의 '기술 내셔널리
즘'을 '테크노 오리엔탈리즘'으로 정의한다. 이 논지 안에는 일본인을
기계를 가장 사랑하는 국민으로 폄하하는 감정이 숨어 있다. 일본 기술
중심주의에 대한 비판은 일본 특유의 '오타쿠 문화' 성향에 대한 비판
으로 이어진다. 가령 "일본 기술문화는 타자와 물리적이고 개인적으로
접촉하지 않고 가상현실에서 사는 기계 같은 오타쿠를 만들었고, 일본
은 자본주의 발전이 가져온 디스토피아로 상징된다."[33] 첨단기술과 대
중문화의 접속은 이러한 일본의 기술적 이미지를 강조하지만, 역으로
"기술에 의해 통제되는 '로봇으로서의 일본'과 서양 사회의 인간적 성
격"이 대비된다.[34]

　　일본인들에게 기술국가주의는 서양의 비판과는 다르게 '서양을 배
워, 서양을 뛰어넘는' 대안으로 차용된 것이다. 당초 기술 오리엔탈리
즘은 '자기 오리엔탈리즘'으로서의 일본을 경계하는 서양의 담론이지
만, 그것이 아시아 속에 위치되어 있을 때는 일본의 담론으로 치환된
다. 이른바 '연성국가주의'(soft nationalism)가 그것이다. 일본의 연성
국가주의는 서양과 맺는 관계에서 모방자의 위치, 피지배자의 위치에

---

32) Yoshimi Shunya, "'Made in Japan': the Cultural Politics of 'home electrification' in
　　Postwar Japan", *Media, Culture & Society*, Vol. 21, No. 2, 1999.
33) David Morley & Kevin Robins, *Spaces of Identity: Global Media, Electronic
　　Landscape and Cultural Boundaries*, Routledge, 1995, p. 169. 이와부치 고이치, 앞
　　의 책, 103쪽에서 재인용.
34) 요시미 순야, 앞의 책, 152쪽.

서 해석될 수 있는 것과는 다르다. 그것은 오히려 아시아에 대한 지배자의 위치에서 해석된다. 이와부치가 일본의 자기 오리엔탈리즘은 "일본의 미국 놀이가 아니라 미국의 일본 놀이"라고 말한 것은 어디까지나 서양과의 관계 속에서만 타당한 지적이다. 아시아에서 일본의 자기 오리엔탈리즘은 기술 지배를 통해 스스로 호명한 것이기 때문이다.

물론 일본의 자기 오리엔탈리즘이 아시아에서 관철되는 방식은 문화적 하드웨어에 대한 단순 기술 지배로 대입되지는 않는다. 자기 오리엔탈리즘은 항상 문화적 소프트웨어를 동반하고 있다. 흥미로운 것은 일본의 기술국가주의가 국민-국가의 문화적 본질성 없이 무국가적인 '문화적 소프트웨어'와 연계되어 있다는 점이다. 일본의 문화적 소프트웨어는 자연스럽게 아시아 대중들의 문화적 정서를 파고들어 기술 지배를 내면화한다. 물론 이와부치도 지적하듯이 일본의 문화적 소프트웨어가 아시아인들에게 곧바로 수용되는 것은 아니다. 과거 일본이 아시아를 지배했던 탓에 동시대 아시아인들의 반일 감정이 여전히 잔존하고 있는 바 일본의 문화적 소프트웨어는 초기에는 경제적 이익보다는 "일본의 이미지를 향상시켜 과거 일제 침략에 대한 후유증을 희석시키기" 위한 전략으로 제공되었다.[35] 한 예로 NHK에서 제작한 드라마 「오싱」은 1984년 싱가포르에서 방영된 이후 50개국에 선보였는데, 대부분이 국제 문화교류 프로그램의 일환으로 무상으로 공급된 것이다. 중요한 것은 이러한 연성국가주의의 전략이 식민지 지배의 반성적 성찰에서 나왔다기보다는 동시대의 기술 지배를 정당화하는 논리로 작용

---

35) 이와부치 고이치, 앞의 책, 121쪽.

된다는 점일 것이다. 사실 일본의 문화적 소프트웨어의 지배는 기술 지배에서 문화적 지배로 유연하게 이동되었다는 예증이 아니라 기술 지배를 강화하는 논리가 아닐까?

만일 이러한 의문이 설득력이 있다면, 예컨대 이와부치가 비판하는 연성국가주의의 관점은 한계를 가지고 있다고 볼 수 있다. 이와부치는 연성국가주의에 대한 폭로를 일본 내부로부터 찾기보다는 서양과 일본과의 관계 속에서 찾고자 한다. 가령 그는 아시아의 대중들이 일본의 대중문화를 열심히 수용하고 모방하다 보면, 일본의 문화는 모두 미국에서 모방한 것이라는 사실을 인식하여 마침내 연성국가주의의 실체에 접근할 것이라고 보는데, 과연 그런지가 의문이다. 왜냐하면 일본 대중문화에 대한 아시아 대중들의 관심은 문화외교적인 책략에서 비롯된 것이 아니고 말 그대로 자발적인 동의에 의해서 이루어지기 때문이다. 아시아 대중들은 일본의 문화형식이 미국의 것을 얼마나 모방했는가와 상관없이 '일본의 미국 놀이'를 소비한다. 일본 대중문화를 소비하는 아시아인들, 특히 'J-pop'과 '저패니매이션'을 소비하는 마니아들은 혼종화되고 토착화된 일본의 문화형식을 소비하면서 오히려 미국적 위협을 거세한다. 그런 점에서 "문화혼종화는 일본 특유의 것이 아니라 불균형적인 문화의 만남에서 '흔하게' 사용되는 약자의 전략"이라는 이와부치의 지적[36]은 아시아의 지형에서는 정당하지 않으며 오히려 연성국가주의의 실체를 합리화하는 논거로 사용될 위험성이 많다. 중요한 것은 일본의 '문화혼종화' 전략이 서양이 아닌 아시아에서는 어

---

36) 같은 책, 129쪽.

느덧 전략이 아니라 실체가 되어버렸다는 점이고 그 실체의 배후에 기술국가주의가 있다는 것을 인식하는 것이다.

세번째로 언급할 것이 '문화적 근접성'(cultural proximity)의 이중적 성격이다. 문화적 근접성은 미디어 이론에서 나온 개념인데, 미국 중심의 미디어 독점으로부터 지역문화를 보호하기 위한 개념으로 사용된다. "문화적 근접성 연구는 다양한 지리언어적 또는 지리문화적 지역 내 수용자들의 문화에 대한 수요와 능동적 선택을 강조하면서, 미국의 문화생산물보다는 자신들의 문화적 경험에 비추어 훨씬 더 친숙하고 유사한 문화물들을 선호한다"[37]는 지적처럼 전지구화 과정에서 지역의 문화정체성을 지키는 방어적 방법론으로 사용되었다. 문화적 근접성은 특히 텔레비전 프로그램의 지역 선호도를 측정하는 지표로 지역의 문화적, 정서적 공통요소들을 발견하려는 목적을 가진다. 그러다 보니 같은 지역 안에 있더라도, 서로 이질적인 문화적 성격을 가진 국가들이 공통의 문화적 요소 안에 묶여 마치 서로 본질적으로 유사성을 갖는 것처럼 오인될 수 있다.

문화적 근접성이란 이렇듯 지역의 문화권으로 동질화할 수 없는 것들을 동질화함으로써, 지역 내 문화적 공급자를 중심으로 총체화하는 논리로 작용한다. 이 때문에 문화적 근접성 이론은 아시아 지역 내 대중문화의 교류를 적절하게 설명해 줄 수 있는 개념으로 보기 어렵다. 가령 문화적 근접성은 미국의 미디어 독점에 대항해야 하는 남미의 지역문화환경에서는 적절한 대응방법으로 사용될 수 있을지는 모르겠지

---

37) 양은경, 「동아시아의 트렌디 드라마 유통에 대한 문화적 근접성 연구」, 『방송연구』 여름호, 2003년, 203쪽.

만, 일본의 미디어가 아시아 시장에 강력한 영향력을 행사하는 상황에서 일본, 한국, 타이완, 중국 사이의 문화적 근접성을 논의하는 것은 무리가 뒤따른다. 사실 드라마와 같은 미디어 상품에서 문화적 근접성을 논의한다는 것은 아시아 대중들의 경험의 이질성을 가상의 지역 공동체(가령 '유교문화권') 안으로 흡수하는 논리이고, 이것이 선호된 미디어 컨텐츠를 공급하는 주체의 지배이데올로기로 작용할 수 있다. 이와부치의 지적대로 일본과 다른 아시아 나라들 사이의 문화적 공통성은 일본의 국가주의자가 일본의 문화적 우위성을 직접 주장하는 것을 위장하기 위해서 역사적 상황에 따라 다르게 언급되었다.[38]

물론 이러한 비판이 실제로 일본의 드라마를 시청하는 타이완의 시청자들이나, 한국의 드라마를 시청하는 중국의 시청자들에게 얼마나 적용될 수 있을지는 의문이다. 어떻게 보면 타이완 시청자들이 일본 드라마에 열광하는 것도 드라마의 서사 안에 문화적으로 친근한 감정이 들어가 있기 때문일 수도 있다. 가령 타이완에서 일본 드라마 열풍이 한풀 꺾이고 난 후 1990년대 후반부터 한국 드라마가 인기를 얻게 되었는데, 이 때 한국 드라마에 대한 40~50대 타이완 가정주부들의 정서적 공감대는 인기의 중요한 요인 가운데 하나였다.[39] 그러나 타이완 시청

---

38) 이와부치 고이치, 앞의 책, 182쪽.
39) "왜 타이완 사람들이 한국 대중문화를 좋아하는가를 아는 것이 한 가지 설명인 것 같은데요. 제 생각에는 여기에는 뭔가 친밀감, 혹은 정서적 일치감 같은 것이 연관되어 있다고 봅니다. 예를 들어서 대략 50대에 해당되는 타이완의 많은 가정주부들은 한국의 연속극(soap opera)을 정말로 좋아하는데, 그 이유는 한국의 연속극 자체를 좋아하기 때문이기도 하겠지만, 기실은 그 연속극의 삶이 자신들의 삶과 너무나 똑같다고 생각하기 때문입니다. 그것은 마치 '거울 이미지'와도 같은 거겠죠. 이건 하나의 가정이긴 합니다"(천꽝싱, 「한류문화의 현황과 반성」, 『문화연대』 11월호, 2001년 참고).

자들의 정서적 공감대는 가령 가족주의라는 유교문화권의 이데올로기로 통합되지 않고 다양하게 접속할 수 있는 지점들을 남겨 놓고 있다. 그것은 타이완 시청자들의 문화적 취향의 변화와 연관되어 있는 것이다. 문제는 그러한 문화적 경험의 유사성, 친근감의 다양한 사례들에 있는 것이 아니라 그것들을 일반화, 보편화하여 문화지역주의를 하나의 고유한 문화공동체로 만드는 데 있다. 문화적 근접성의 논리는 공통의 합의를 전제로 한 방어적, 대항적 개념으로 해석하기보다는 서로 이질적인 무리들이 횡단할 수 있는 소통의 개념으로 이해하는 것이 바람직하다.

지금까지 일본 대중문화의 이중적인 성격으로 설명한 '문화수용의 이중성', '기술국가주의의 이중성', 그리고 '문화적 근접성의 이중성'은 현재 일본 대중문화가 아시아에서 처한 딜레마이기도 하다. 아시아 인들이 일본 대중문화를 수용하는 조건이나 환경은 시간이 지날수록 탈식민화하여 일본 대중문화에 대한 반감이 줄어들고 있다고 말할 수 있지만, 다른 한편으로는 이미 아시아에서 대중문화를 소비하고 있는 사람들은 자신들의 취향을 차별화하고 있다. 과거 일본 대중문화에서 수용했던 라이프스타일을 한국의 드라마, 영화, 온라인 게임에서 찾고자 하고, 자국의 스타들에 더 열광하는 문화적 자생성이 아시아 국가들 내부에 생겨나기 시작했다. 일본의 대중문화는 식민 역사의 부채를 더는 만큼, 아시아 대중문화 시장에서 경쟁해야 하는 부담을 안게 되었다. 문화적 근접성은 일본이 아시아 문화 시장으로 진출하기 위한 장점으로 작용하면서도 경쟁과 공존이라는 게임에서 자신의 해법을 찾아야 하는 논리를 제시한다. 문화의 영역에서 기술국가주의로서의 과거의 명성을 독보적으로 주장할 만큼 문화 컨텐츠가 기술적 우위에 있는 것도 아니다. 이는 결국 일본 대중문화의 '아시아화'가 앞으로 어떤 전망을 가질 수 있는지에 대한 고민에서 나오는 딜레마이다.

5. 일본 대중문화의 '아시아화'의 전망

일본 몬스터 영화나 SF 애니메이션 영화에는 '재앙'이라는 사태가 자주 등장한다. 재앙의 사태에서 '고지라'와 같은 괴물들은 일본을 파괴하다가도 일본을 구원하는 캐릭터로 등장한다.[40] 또한 일본의 SF 애니메이션은 일본 현대성의 어두운 측면을 강조하는 것으로 일본의 첨단 테크놀로지의 위용이 드러나지만 그것을 찬양하기보다는 묵시론적인 디스토피아로 그려낸다.[41] 이러한 이중적인 형상화는 일본의 존재론적 위치와 무관하지 않다. 제2차 세계대전 후 일본이 미국과 맺은 관계는 자신의 우상을 파괴할 명분과 타자의 위치에서 우상화할 명분을 찾는 관계이지 않았나 싶다. 요시미 순야의 지적대로 "미국은 일본의 구준제국적 권력에서 자신의 종속적인 거울이 될 만한 조건을 발견했고", 그 사이에 "일본은 '아메리카'의 우월한 거울 속을 보면서 자신의 정체성을 재구성했다."[42] 아메리카의 우월한 거울을 깨고 싶으면서도, 그 거울을 다시 타자를 향해 반사하는 이중적 태도는 단지 전후 일본의 생존의 욕망의 의미를 넘어서 식민지 근대부터 가지고 있던 '자기식민화'의

---

40) 데이비드 데서, 앞의 책, 183쪽.

41) Susan Napier, "Panic Sites: The Japanese Imagination of Disaster from Godzilla to Akira", *Journal of Japanese Studies*, Vol. 19, No. 2, 1993, p. 329.

42) Yoshimi Shunya, "'America' as Desire and Violence: Americanization in Postwar Japan and Asia during the Cold War", *Inter-Asia Cultural Studies*, Vol. 4, No. 3, 2003, p. 444.

논리가 아닌가 싶다. 일본의 식민지적 무의식은 자신의 생존을 위한 의식의 은폐 과정과 일치한다. 서구열강에 의해 식민지화될지도 모른다는 위기 상황에서 역으로 '문명개화' 하는 자발적인 의지를 내걸고 서양을 모방하는 행위는 자기식민화를 은폐하는 논리로 작용함으로써 식민지적 무의식으로 구조화된다.[43)]

개인적인 소견이지만, 아시아에 위치한 일본의 대중문화 안에는 이러한 재앙과 공포를 외상으로 하는 자기식민화의 무의식이 잔존하고 있다고 본다. 자기식민화가 식민지 근대 일본의 논리로 작용한 것이긴 하지만 서양과 아시아의 두 공간에 걸쳐 있는 일본 대중문화의 성격은 여전히 자기식민화의 명분을 아시아 문화교류의 과정에서 관철시킬 여지가 많다. 그것이 혼종화의 형식으로 설명되든, 연성국가주의의 형식으로 설명되든, 문화적 근접성의 형식으로 설명되든, 일본의 대중문화는 서양과의 관계를 우회하여 아시아에서 안착하면서 새로운 지배적 양식을 생산하고 있어 보인다.

일본의 대중문화가 아시아에서 흉내내기의 대상이 되고 있다는 점을 강조하는 것은 아시아에 대한 일본의 문화적 지배의 한 측면을 상기하는 것이라 할 수 있다. 그러나 이러한 주장은 과거처럼 일방적으로 규정할 수 있는 것은 아니다. 일본의 대중문화의 영향력이 일방적인 지배를 행사하는 시대는 이미 지났기 때문이다. 일본이 아시아의 대중문화의 지형에 안착하는 사례 못지않게 아시아 각국의 대중문화가 일본의 대중들에게 안착하는 사례들도 많이 발견된다. 1990년대 초반 홍콩

---

43) 이와부치 고이치, 앞의 책, 32쪽.

의 스타 TV를 비롯해서 아시아권에 불기 시작한 초국가적인 위성방송 시스템은 일본에 상당한 충격과 영향을 주었다.[44] 1990년대 중반부터 홍콩의 스타들이 집중조명받았고, 최근에는 드라마와 영화에서 소개된 한국의 스타들에 대한 일본 대중들의 관심이 각별하다.

이러한 상호영향의 방식이 일본이 서양을 모방하는 방식과 동일한 메커니즘을 가지고 있는지에 대해서는 면밀한 검토가 필요하다. 다만 일본의 대중문화가 아시아 안에서 교류되는 환경에서 '아시아'라는 권역성이 재고될 필요가 있다는 점은 분명한 것 같다. 일본 대중문화의 '아시아화'와 권역의 문화는 어떤 연관관계가 있을까? 그것은 일본 대중문화의 미국화와 아시아 대중문화의 일본화에 대한 비판적 인식에 있어 중요한 문화적 토픽이라 생각한다. '일본 대중문화의 아시아화'는 사실 '일본 대중문화의 미국화'와 '아시아 대중문화의 일본화'와 무관하지 않다. 일본 대중문화의 아시아화라는 슬로건은 일본 대중문화의 '미국화'를 기반으로 가능한 것이며, 아시아 대중문화의 '일본화'를 전제로 한 것이기 때문이다. 따라서 아시아화, 미국화, 일본화라는 것은 거의 유사한 문화적 자원을 공유한다. 다만 미국화, 일본화라는 토픽 안에는 문화적 식민주의, 글로벌 문화지배, 문화민족주의적인 정서와 공포가 도사리고 있다. '문화 아시아화' 역시 고정된 실체가 있는 것은 아니지만, 미국화와 일본화의 우려를 해소하는 인식론적 태도라 할 수 있다. 일본 대중문화의 문화 아시아화는 그런 점에서 '문화적 권역주의'(cultural regionalism)와 같은 의미로 해석해야 하지 않을까 싶다.

---

44) 島田厚, 柏木博, 吉見俊哉 編, 『情報社會の文化 3 デザイン·テクノロジー·市場』, 東京 大學校 出版會, 1998 참고.

아시아 권역성에 대한 현재적 시각에는 '반성과 관계'라는 문제의
식이 중요한 토픽으로 자리 잡고 있다. 물론 반성과 관계라는 것이 단
절적인 것은 아니며, 전자가 후자의 조건이 되는 것도 아니다. 이는 아
시아라는 권역을 일본의 위치에서 재사고하자는 의미다. 예컨대 동아
시아를 역사적 시공간의 관계망으로, 자기굴욕에의 반성을 기초로 한
타자에 대한 확고한 이해의 토대로, 통치(regime)로서의 경계가 아닌
상생으로서의 경계로 인식하는[45] 새로운 관계 정립이 필요하다. 이러한
인식을 바탕으로 하는 지역 교류의 실천은 소위 민족-국가의 경계를
넘어서는 개인들 간의 다양하고 자발적인 문화 네트워크를 통해 가능
할 것이다. "일본의 문화적 아시아주의가 자본의 글로벌화와 국가형식
의 침식에 대한 불안을 매개하고 있다"는 리오 칭의 앞선 지적은 일본
대중문화의 아시아화가 국가와 자본을 넘어서는 개인들의 자유로운 문
화횡단과 문화 네트워크의 구축에 있음을 상기시켜준다.

---

45) 丸川哲史, 『リジアナリスム』, 岩波書店, 2003 참고.

Ⅲ. 글로벌 아시아 문화지형

: 시장, 도시, 대중

10장 _ 대중문화 속의 아시아주의 :
한류와 아시아 팬덤의 새로운 지형

1. K-pop과 새로운 팬덤 현상

2005년 10월 홍콩에서 벌어진 비의 아시아 투어 공연 "It's Rainy Day"에 모여든 2만여 명의 관객들은 비단 홍콩 팬들만은 아니었다. 홍콩 컨벤션 센터를 가득 메운 비의 팬들은 "Rain in Hong Kong", "Rain in Taiwan", "Rain in Thailand", "Rain in Japan", "Rain in China", 그리고 "Rain in Korea" 등 저마다 자신들의 국적이 적힌 팻말을 들고 비의 공연에 열정적으로 참여했다. 홍콩 투어는 아시아 전체 투어의 일정 중의 하나였음에도 불구하고 이미 공연을 마친 국가뿐 아니라 앞으로 공연할 국가의 팬들도 비의 공연을 보기 위해 홍콩에 집결했다는 점에서 비의 범아시아적 인기를 실감케 하는 것이었다.

과거 미국의 유명 팝스타들이 아시아 투어를 할 때 일본 팬들이 아시아 각국을 돌아다닌 사례들이 간혹 있긴 했다. 그러나 아시아의 특정한 뮤지션이 범아시아적인 인기를 끌면서, 국가의 경계와는 상관없이 팬들이 자신이 좋아하는 뮤지션을 따라 월경하는 현상은 이전에는 거의 존재하지 않았던 현상들이다. 1980년대 일본 J-pop의 신화적인 존재였던 '라우드니스'(Laudness)라는 메탈그룹이 아시아에서 일정한 인기를 얻었지만, 소수의 록 마니아들에게 인기를 끌었을 뿐이고, 1990년대 아시아적 열풍을 이끌었던 'X-Japan'이나 J-pop의 여왕 아무로 나미에 역시 특정한 아시아 팬들이 집단적으로 공연 투어의 동반자 역할을 한 적은 없었다. 1980년대 후반부터 인기를 끌었던 홍콩의 이른바 '4대 천왕'들의 활약은 대부분 중국 본토를 비롯해 타이완, 홍콩 등 중화권 국가에서 이루어졌고 일본이나 한국에서의 인기는 적어도 국경을 넘어서는 형태의 신드롬은 아니었다고 볼 수 있다. 1990년대 들어 문화권역의 한계를 뛰어넘어 아시아 전역에 걸쳐 열풍을 일으킨 사례들은 대부분 서양의 유명 팝 뮤지션들이었다. 서양의 유명 팝 아티스트가 아시아 투어를 할 때 아시아 팬들은 간혹 다른 지역의 공연에도 참가하여 그 열정을 과시하기도 했다. 한편으로 일본의 팝스타가 아시아 투어를 할 때 일본의 팬들이 그 투어에 동참하는 사례가 있긴 했지만, 이것 역시 자국의 팝스타에 대한 충성심의 반영이었지 다양한 아시아 팬들 간의 탈국적화한 범아시아적 현상으로 보기는 어렵다.

그런 점에서 비의 아시아 투어에 참여한 아시아 각국 팬들의 다국적화, 혼종화 현상들은 아시아 팬덤 현상의 새로운 단계를 보여주고 있다. '비'의 사례를 통해서 아시아 팬덤의 문화현상들을 설명해본다면, 대략 세 가지 특성을 말할 수 있겠다. 첫째 아시아 대중문화의 소비 시장에서 범아시아적인 공감대를 형성할 수 있는 아시아 팝스타가 탄생함으로써 범아시아적인 대중문화의 공급과 소비의 과정에서 내적인 자기 충족성이 생기게 되었다는 점이다. 과거와는 달리 이제 아시아 팬들은 더는 서양의 팝스타에만 매혹되지 않고 아시아 안에서 자신들의 스타를 찾기 시작했다. 아시아 대중문화 시장 안에서 아시아 스타들이 국경과 문화 권역을 넘어 공통의 관심을 받은 것은 아시아 대중문화 안에 공통의 감각이 존재한다는 것을 입증시켜 준다. 가령 비에게 많은 매력을 느끼는 아시아 팬들은 그가 대단히 서양화된 라이프스타일을 보여주고 서양 팝스타에게서 느낄 수 없는 동양적인 감수성과 문화 정서를 발산한다고 말한다. 이는 아시아 팬들의 문화소비 안에는 서양화되었지만, 완전히 동일하지 않은 새로운 욕구가 생성되었음을 보여준다.

둘째, 아시아 팬들의 탈국가적 공동체 현상은 특정한 스타의 위력으로만 볼 수 없는 아시아 권역을 관통하는 새로운 미디어 환경과 일상 환경의 변화에 기인한 바가 크다. 과거와는 달리 이제 아시아인들은 미디어와 여행, 인터넷을 통해서 다양한 정보를 공유하고 있다. 국가 간 여행이 자유로워지고, 대중문화의 개방이 가속화되며, 온라인 공간을 통해 수많은 문화정보들이 교환되는 상황에서 범아시아적인 스타가 탄생할 수 있는 문화적 조건은 과거보다 훨씬 더 유리해졌다. 비의 홍콩 공연에 10여 개가 넘는 국가의 팬들이 올 수 있었던 것도 아시아 권역에서 자유롭게 왕래할 수 있는 조건이 형성되었고 비의 팬 사이트를 통해 온라인 홍보를 적극적으로 했기 때문이다. 아시아 팬덤은 문화 컨텐츠를 공급하는 환경의 변화만을 지시하는 것이 아니라 그러한 문화 컨텐츠를 다양한 방식으로 수용하는 환경의 변화를 지시해주기도 한다. 이는 아시아 소비문화 시장의 급속한 성장과 긴밀하게 연관되어 있다. 1990년대 들어 엔터테인먼트 위성 채널의 증가와 아시아 권역에서 영화산업의 비약적인 성장, 중국의 개혁개방에 따른 자본주의 소비문화의 유입, 동아시아 방송연예산업의 동반 성장과 같은 요인들은 아시아 안에서 문화 컨텐츠가 공동으로 소비될 수 있는 조건들을 만들어주었다. 정치적, 경제적 문제로 그동안 단절되어 있던 아시아 내 대중문화의 소통이 원활하게 이루어지면서 아시아에서 활동하고 있는 스타들이 영화, 드라마, 대중음악의 장에서 다국적 매체를 활용하는 사례들이 늘어나기 시작한 것이다.

셋째, 범아시아적 팬덤 현상을 주도하고 있는 주체가 이른바 한류 스타들이라는 점을 주목할 필요가 있겠다. 앞서 말한 아시아 소비문화 시장의 변화에 따라 새로운 스타들을 갈망하는 아시아인들에게 한류 스타들은 적절한 대상이 되었다. 1990년대 중반까지 아시아 대중문화 시장의 변방에 불과했던 한국의 대중문화는 지극히 일국적인 스타들의 출현이 지배적이었던 과거와는 달리 글로벌한 이미지와 탤런트를 가진 연예인들을 양산하기 시작했다. 과거 범아시아적 스타는 대부분 홍콩 출신이거나 일본 출신이 지배적이었고, 한국의 팬들은 이들을 선택적으로 수용하였다. 그러나 이제 한국 스타들은 일본뿐 아니라 타이완, 홍콩 등 아시아 각국에서 강력한 지명도를 갖고 있다. 1980년대는 J-pop 스타들이 주도하였고, 1980년대 말에는 홍콩 스타들이 주도하였던 아시아 팬덤 문화를 이제는 '한류'라는 이름으로 한국의 스타들이 주도하고 있는 것이다. 이는 아시아 내 특정 지역의 문화적 글로벌화를 보여주는 현상으로 아시아 대중문화 소비의 다양한 교차양식과 '글로컬'한 문화순환 현상을 보여준다. 한류의 등장으로 아시아 대중문화는 자기 충족적인 순환 과정을 겸비하게 된 것이다.

주지하듯이 비단 '비'의 경우만이 아니라 한류의 아시아화를 주도하고 있는 한국의 스타들은 드라마, 영화뿐 아니라 '온라인 게임', '비보이'(B-boy) 등 하위 장르 영역에서도 범아시아적인 인기를 끌고 있다. '욘사마'라는 극존칭의 칭호를 받은 배용준은 「겨울연가」 이후에도 일본 중년 여성들에게 지속적인 숭배 대상이 되고 있다. 배용준뿐 아니라 이병헌, 장동건, 원빈, 권상우, 류시원 등 한국의 배우들은 일본에 탄탄한 고정 팬들을 확보하고 있다. 보아는 일본의 대표적인 팝스타일 뿐 아니라 아시아에서 가장 영향력 있는 여성 뮤지션 중 하나가 됐고, 배우 전지현은 중화권에서 가장 매력적인 한국 여배우로 인정받고 있으며, 이영애는 「대장금」 이후 아시아에서 가장 인기 있는 스타가 됐다.

아시아 대중문화 시장에서 한국의 스타들이 이토록 아시아 팬들에게 인기를 얻는 이유는 무엇일까? 아시아에서의 공통된 인기 속에 서로 차별화된 스타덤은 어떤 특이한 팬덤을 발생시키는가? 한류 스타들의 범아시아적인 인기를 통해 우리는 아시아에서 새롭게 형성되고 있는 팬덤 문화를 어떻게 해석해야 하는가? 범아시아적인 팬덤 문화 현상은 아시아의 문화적 번역과 교환 과정에 새로운 가능성을 보여주는 것일까? 이제 이 질문들에 대해 하나씩 답변을 해보자.

2. 한류 팬덤과 그 조건들—스타와 팬덤 현상

한국의 연예정보 프로그램이나 시사 프로그램이 아시아에서 주목받고 있는 한국 연예인들에 대한 현지 반응을 취재하는 내용만 놓고 보면 한류 스타들은 분명 아시아 연예 시장의 주류로 등장하고 있는 것은 분명한 듯하다. 아시아 각국의 팬들이 보여주는 한류 스타들에 대한 기이한 반응들은 세계적인 팝스타들이 아시아를 방문했을 때의 반응보다 훨씬 뜨겁다. 「겨울연가」의 주인공 배용준을 대하는 일본 여성들의 광적인 반응들은 일본에서의 '베컴 효과' 나 '톰 크루즈 효과' 보다 훨씬 강력하고 지속적이다. 나리타 공항과 하네다 공항을 모두 마비시킨 배용준의 힘은 현재 일본의 가정을 지탱하고 있는 중년 여성들에게 집단적인 성찰의 기회를 갖게 만들었고, 이들의 집단적인 패닉 상태는 일본의 과거를 되돌아보게 하는 거울 역할을 하게 했다. 또 배용준을 추종하는 다수 일본 중년 여성들의 막강한 구매력은 배용준을 상품으로 재생산되도록 했고, 이른바 갖가지 제품으로 제조된 '배용준 상품'은 일본의 대중문화 시장에 적지 않은 영향을 주었다. 일본의 배용준 팬 사이트는 가입자만 10만 명에 이르고 이들은 배용준과 관련된 영화나 드라마, 광고, 문화 이벤트가 있을 때마다 집단적인 구매력을 행사한다.

일본 여성들의 한류 스타에 대한 애정은 비단 배용준에게만 해당되는 것은 아니다. 영화배우 이병헌은 20~30대 여성으로부터 배용준 못지않은 인기를 누리고 있고 이병헌의 일본 팬 사이트도 막강한 활동력을 보이고 있다. 원빈, 장동건, 권상우, 류시원 등 드라마나 영화를 통해서 일본에 알려진 한국 배우들은 그 수에 차이는 있을지언정 일본 여성 팬들로부터 일관된 사랑을 받고 있다. 이 밖에 「겨울연가」를 통해 인지도를 높였던 최지우나 박용하 역시 아직도 일본 팬들에게 강력한 지지를 받고 있다.

한류 스타들에 대한 일본 팬덤은 스타들의 선호도에 따라 완전히 일반화할 수는 없지만, 아시아 팬덤의 국지적 특수성에 있어 독특한 지위를 가진다. 무엇보다도 대중문화의 수준이 한국보다 높은 일본에서 왜 한국의 스타들에 열광하는가 하는 점이 가장 특이할 만한 사안이지 않을까 싶다. 사실 1990년대 초반까지만 해도 일본 대중들의 문화적 대리만족은 서양의 팝스타를 매개로 한 것이었다. 물론 1980년대 말 홍콩의 스타들이 일본에서 많은 인기를 끌었던 것은 사실이지만 일본인들의 탈아시아적인 팬덤 효과를 거스를 수는 없었다. 일본 대중들에게 할리우드 팝스타들과 미국 팝스타들은 일본인들 스스로 극복할 수 없는 '백색우상'의 상징적 도상들이었고 이들에 대한 절대적인 열광과 복제, 혹은 일본화 경향들은 일본 팬들 스스로의 간절한 욕구에서 비롯된 것이라 할 수 있다. 일본이 서양적이게 되는 것, 혹은 일본인이 서양인이 된 것은 서양 식민화의 지표가 아니라 일본의 자기 정체성 찾기의 한 과정이었다.

주지하듯이 서양문화 복제에 대한 강력한 욕망은 1984년 도쿄 디즈니랜드 개장을 통해 정점에 이르렀고, 수많은 서양문명에 대한 복제 욕망은 일본인들로 하여금 스스로 아시아 영토에서 살고 있음을 지워버리게 하는 행위였다고 할 수 있다. 그러던 일본인들이 아시아 대중문화의 변방에 불과했던 한국 연예인들에게 예상하지 않은 절대적인 관심을 보이게 된 것은 일본인들의 정서에 변화가 있음을 감지하게 한다. 일본의 한류 팬덤은 한국 연예산업의 변화와 연예인들의 글로벌화의 영향에 기인한 바가 크지만, 일본 내부의 자기 감수성의 변화도 중요한 요인으로 작용한다.

배용준, 이병헌, 그리고 원빈에 대한 일본 팬덤 신드롬을 통해 적어도 일본 대중들의 문화적 감수성에 있어 두 가지 역설적인 변화를 읽을 수 있다. 먼저 배용준을 통해 일본 여성들은 자신들을 성찰하는 기회를 가졌고 이것은 일본 내에서 중년 여성들의 자기 위치에 대한 환기효과로 이어졌다. 일본의 문화연구자인 이와부치 고이치의 지적에 따르면 일본 여성들이 배용준에 열광하는 결정적인 이유는 배용준에게 있다기보다는 일본인들 스스로에게 있다고 말한다. 배용준의 감성적인 연기와 「겨울연가」의 시대적 배경을 통해 일본 여성들은 과거의 자신과 현재의 자신을 비교할 수 있는 기회를 얻었고 배용준을 초월적 연인으로 대입하여 과거와 현재를 보상받고 싶어 한다. 따라서 일본에서 배용준 신드롬은 단순한 스타에 대한 소비가 아니라 스타를 통한 과거의 몰입과 현재의 대리만족이라는 구체성을 가진다.

일본 여성들에게 배용준은 과거로의 시간여행의 동반자인 「겨울연가」 속의 배용준과 일본 남성들에게서는 느끼지 못하는 멋있고 신사다운 남자인 현재 속의 배용준으로 이원화된다. 이러한 이원화는 서로 모순되는 것이 아니라 상호보완적이다. 배용준은 일본 여성들에게 과거와 현재의 연인으로 동시에 불리면서 일본에서는 아주 독특한 존재로 명명된다. 배용준의 동시대적인 매력은 과거의 향수를 기반으로 한다는 점에서 다른 배우들과는 다른 맥락을 가진다.

배용준이 일본에 절대적으로 강한 국지적 스타성을 갖고 있다면 비는 범아시아적인 팬덤 효과를 생산한다. 비가 범아시아적인 인기를 얻은 것은 두 가지 이유 때문이다. 첫째는 그의 스타일이 아시아의 경제적, 지리적, 문화적 차이와 상관없이 누구나 좋아할 수 있는 글로벌한 성향을 갖고 있기 때문이다. 그의 음악 스타일은 미국의 소울이나 힙합을 근간으로 듣는 사람들에게 편하고 익숙한 노래를 부른다는 점이 강점이다. 또한 그의 신체적인 조건이나 춤 스타일이 서양 팝스타의 스타일을 닮았기 때문에 글로벌 코드로서의 이미지를 겸비하고 있다. 두번째는 비를 매니지먼트하는 방식이 특정한 국가나 지역에 집중되지 않고 아시아 전역을 상대하고 있다는 점이다. 특히 일본과 중화권, 동남아시아권으로 구분해서 매니지먼트 방식을 달리함으로써, 지역별로 특성화된 마케팅 전략을 수행할 수 있었다. 특히 비의 매니지먼트 사는 각 지역의 전문 현지 매니지먼트 사와 전략적인 제휴를 맺고 프로모션을 했기 때문에 지역에서의 효율적인 홍보가 가능했다. 물론 이외에 비가 가수뿐 아니라 연기자로도 활동할 수 있다는 점이 범아시아적인 인기를 얻을 수 있었던 프리미엄이라 할 수 있다.

배용준과 비가 아시아 팬들에게 가장 인기 있는 한국의 남자 연예인이라면, 여자 연예인으로는 전지현과 이영애가 단연 으뜸이다. 전지현과 이영애는 그동안 남자 중심의 한류 스타일의 관행과는 다르게 여성 연예인으로서의 팬 신드롬을 낳은 당사자들이다. 전지현이 주로 영화를 통해 젊은 아시아 팬들, 특히 젊은 중화권 팬들의 인기를 얻었다면, 이영애는 드라마 「대장금」으로 연령과 성별에 상관없이 모든 연령층의 팬들을 확보하고 있다.

전지현이 중화권 팬들에게 인기를 얻게 된 것은 그녀의 첫번째 영화였던 「엽기적인 그녀」가 홍콩에서 큰 성공을 거둔 것이 계기가 되었다. 영화 「엽기적인 그녀」는 2002년 2월 홍콩에서 개봉되어 그 주 할리우드 영화들을 제치고 박스 오피스 1위를 차지했고, 3주 연속 박스 오피스 1위를 차지하는 기염을 토했다. 총 영화 관람객이 백만 명을 넘으며 그해 박스 오피스 '톱 5'에 들 정도로 최고의 인기를 구가했는데 규모가 크지 않은 홍콩 영화시장에 비해 상당한 인지도를 올린 셈이다. 더욱이 「엽기적인 그녀」는 홍콩과 타이완에서의 대성공을 계기로 영화관이 턱없이 부족한 중국에서는 불법 DVD로 소개되었는데 대략 1억 명이 넘는 중국인들이 이 영화를 본 것으로 예상하고 있다. 전지현 팬덤은 영화 속의 캐릭터에 대한 강렬한 관심 때문만이 아니라 전적으로 영화와 DVD를 통해 그녀가 대단히 일상적이고 친근하게 소개되었다는 데 그 특성이 있다. 전지현을 좋아하는 중화권 팬들은 대부분 젊은 세대들이 많고, 이들은 전지현이 영화 속에서 보여준 이른바 '엽기적 캐릭터'에서 강한 인상을 받았다. 이는 전지현이라는 이국적인 스타를

가장 편하고 친밀하게 수용할 수 있는 적절한 조건으로 작용하면서, 기
존의 한국의 다른 연예 스타들과는 다르게 동시대적 친근감이 가장 강
한 스타로 아시아 팬들에게 각인되었다.

　이영애 역시 드라마 「대장금」의 폭발적인 인기를 통해서 단숨에
중화권 팬들에게 최고의 한국 여배우로 인식되었다는 점에서 전지현과
비슷한 동기를 가지고 있다. 드라마 「대장금」은 홍콩에서 2005년 1월
말부터 5월 초까지 매주 월요일에서 금요일까지 방영되었는데, 평균 시
청률 40퍼센트, 마지막 회 시청률 50퍼센트를 기록하면서 공전의 히트
를 기록했다. 타이완에서 「대장금」의 인기 역시 대단해서 그해 최고의
시청률을 기록한 드라마가 되었다. 적어도 홍콩과 타이완에서 「대장금」
열풍은 단순히 드라마에 대한 반응이라기보다는 문화적 신드롬을 낳았
다. 타이완에서는 「대장금」의 정직함과 소신을 특성화해서 총선에 출마
한 한 후보가 「대장금」을 유세 컨셉으로 사용하는가 하면, 각종 음식점
과 상표에 「대장금」을 활용하기도 했다. 홍콩에서는 이영애의 팬 미팅
행사에 2만 명의 팬들이 참석해 행사장 일대를 마비시키기도 했고, 한
국의 전통문화를 체험하기 위해 한국으로 여행 오는 중화권 관광객들
이 급증하기도 했다. 이들은 친지들에게 전달할 선물로 「대장금」에서
많이 보았던 한복을 꼭 사간다고 한다. 이영애에 대한 중화권 팬들의
반응은 전지현과는 다른 맥락을 가지고 있다. 전지현의 팬들이 주로 젊
은 세대들을 중심으로 팬층을 형성하면서 그녀의 천진난만한 매력에
호감을 갖는 반면, 이영애의 팬들은 세대와 연령을 떠나 광범위한 팬층
을 형성하고 있고, 특히 유교적 문화에 대한 친밀감과 단아하고 전통스
러운 감성에 호감을 많이 가진다. 전지현이 현대적인 팬덤을 생산한다
면 이영애는 고풍스러운 팬덤을 생산한다.

3. 한류 컨텐츠의 문화적 맥락과 팬덤의 상이한 번역들—「대장금」 팬포럼 사례

이렇게 놓고 보면 전지현과 이영애 팬덤은 모두 영화나 드라마 속 이미지에 강한 영향을 받고 있음을 알 수 있다. 그러나 한 가지 흥미로운 것은 이 두 한류 스타들에 대해 팬들이 새롭고 특이한 반응들을 보인다는 점이다. 이 반응들 모두 중화권의 문화적인 특성과 연관되어 있으며, 특정한 스타와 그 스타가 출연한 작품에 대한 팬들의 자발적이고 자생적인 것들이다. 가령 전지현과 관련되어 중화권 팬들이 가장 흥미있어 하는 것은 그녀의 원래 성이 왕씨라는 점이다. 중국, 타이완, 홍콩 팬들이 그녀의 본성이 왕씨이므로 혹시 화교가 아닌가 하는 의문을 제기했고, 이는 당사자에 대한 확인 절차 없이 연예 저널리즘에 의해 마치 그녀가 화교인 것처럼 소문이 확산됐다. 중요한 것은 이러한 루머가 중화권 팬들에게 친밀감을 확산시키면서 진지현의 중화권 인기에 긍정적인 요인으로 작용했다는 점이다. 중화권 팬들은 자신들이 처한 문화적 맥락과 환경을 염두에 두면서 스타의 신변 정보들을 새롭게 해석하고 새로운 반응을 만든다.

이러한 현상은 「대장금」을 바라보는 팬들에게도 이어졌다. 홍콩의 「대장금」 팬들은 「대장금」이 폭발적인 시청률을 기록하자 별도의 팬 사이트를 개설해서 다양한 의견들을 개진했는데, 게시판의 글 대부분은 이영애의 연기력과 외모, 그리고 드라마 시나리오 대한 반응들이 대부분이었지만, 그 외에 「대장금」에서 재현되고 있는 조선의 역사, 궁중 생활들이 그 당시의 중국문화와 어떤 연관성을 갖고 있는지에 대한 반응들도 상당히 많이 나타났다. 「대장금」에 나오는 궁중 음식들이 중국의 영향을 많이 받은 것이라는 의견에서부터 중국 사신을 맞이하는 장금이의 행동 등을 평가하면서 조선이 과거 중국의 조공국임을 설명하는 게시글도 등장한다. 즉 「대장금」 팬들은 중국과 한국의 근대사를 놓고 우리가 상상하지 않은 문제들을 놓고 논쟁을 벌이는데, 이는 「대장금」 을 친근하게 만들기도 하면서 배타적으로 만들기도 한다.

「대장금」을 수입한 홍콩의 TVB는 「대장금」에 대한 다양한 반응을 유도하기 위해 자체 웹 사이트를 만들어 여러 가지 토론 방을 구성했 다. 예를 들어 「대장금」의 배경과 역사, 「대장금」 용어, 「대장금」 관련 뉴스 등으로 사이트를 꾸며 시청자들의 다양한 반응을 이끌어냈다. 홍 콩 중문대학교의 에인절 린 교수는 TVB 홈페이지의 「대장금」 팬 포럼 에 게시된 글을 분석하면서 「대장금」을 매개로 중화권 팬들이 어떤 담 론적인 논쟁을 형성하는지를 분석하고 있다. 그녀는 이 팬 포럼의 메시 지와 반응들을 분석하면서 세 가지 질문을 던진다. 첫째 팬 포럼 그룹 회원들이 '자아'와 '타자'라는 이분법을 담론적으로 설정하는 과정을 통해서 어떻게 각기 다른 등장인물들의 정체성과 주체의 위치를 구성 하는가, 둘째 이들에 의해 구성된 스토리 라인은 무엇이며, 그 함의들 은 무엇인가, 셋째 이들이 문화적 동일화와 경계 구분을 하는 과정에서 도출해내려 했던 이데올로기 자원들은 어떤 종류의 것인가 하는 것들 이다.[1]

---

1) Angel Lin, "Constructing Cultural Self and Other in the Internet Discussion of a Korean Historical TV Drama : A Discourse Analysis of Weblog Messages of Hong Kong Viewers of 'Dae Jang Geum'"(성공회대학교 동아시아연구소 2005년 가을 콜로키엄, "동·동남아시아 대중문화에서 대중적 민족주의와 그 불만들" 자료집) 참고. 「대장금」 팬포럼 에 대한 중화권 시청자들의 반응들에 대한 분석들은 이 글의 내용을 중심으로 설명하고자 한다.

먼저 앞서 언급하기는 했지만, 드라마 「대장금」에서 보여주고 있는 중종 시기 조선을 둘러싼 중국 명조시대와 일본 도쿠가와 막부 시대 간의 세력 관계들은 「대장금」을 시청하는 아시아 팬들에게는 흥미로운 배경이 아닐 수 없다. 명나라의 사신이 조선에 들어와 음식을 대접받는 과정에서 장금이와 갈등을 일으키다 결국 장금이가 헌신적인 음식 치료로 사신을 낫게 하는 장면을 보면서 중화권 팬들은 다음과 같은 반응을 보였다. "한국은 중국 문화에 크게 영향을 받았지. 한국인들은 항상 한국을 작은 중국으로 생각하는 것 같아. 한국인들은 중국 역사에 매우 친근감을 갖고 있고 그래서 드라마에 중국의 문학적 암시들이 많이 나오는 거야"

에인절 린 교수는 홍콩을 포함한 중화권 한류 팬들이 한국의 드라마와 영화에 심취해 있으면서도, 이른바 '위대한 문화중국'이라는 지배적 이미지에 여전히 경도되어 중국과 그렇지 않은 아시아 국가들을 자아와 타자로 구분하는 경향을 보이고 있음을 비판적으로 지적한다. 이러한 팬들의 반응들에서 인자하고 자비로운 아버지와 어린 아들이라는 은유를 발견할 수 있고, 이 은유는 문화정체성의 근원에 있어 큰 중국(중국 본토)과 작은 중국(조선)이라는 이분법을 상상하게 만든다.

그런데 정작 흥미로운 지점은 조선, 중국, 일본의 삼자 갈등을 다루는 드라마의 내용에 대해 팬들이 어떻게 반응하는가 하는 점이다. 에인절 린 교수에 의하면 「대장금」에 드러나는 세 국가의 이미지에 대해 'TVB 팬포럼' 회원들은 "위대한 중국", "나쁜 일본", "힘없는 한국"으로 정형화한다. 이러한 반응은 「대장금」이 재현하는 실제 드라마 속의 내용에 대한 중화권 팬들의 반응의 결과이면서 동시에 「대장금」이 방영된 2005년 5월 시점에서 불거진 일본의 역사 교과서 왜곡 국면에 대한 반응의 결과이기도 하다. 결국 'TVB 팬포럼' 회원들은 「대장금」을 순수한 드라마 텍스트로 보지 않고 역사적 텍스트이자 동시대적 텍스트로 간주하면서 자신들의 주체를 위치짓는 담론을 생산하는 것이다.

또 한 가지 흥미로운 것은 「대장금」을 시청하는 중화권 시청자들 사이에서도 자신들의 정체성과 종족성에 대해 분화된 인식이 드러난다는 점이다. 에인절 린 교수는 "모든 중국인들이 「대장금」을 좋아한다고 믿고 싶지 않다"는 중국 본토인으로 추정되는 회원의 글에 대답한 홍콩 팬의 반응을 지적하면서 홍콩 팬들 역시 중국 본토인들과 구별짓기를 하고 있음을 지적한다. "고등교육을 받은 광동 지식인으로서"라는 홍콩 팬의 자기 소개 자체에서 중국 본토 시청자들과의 구별짓기 행위를 확연히 느낄 수 있고, "드라마 「대장금」은 훌륭하다"는 답변에서도 드라마를 보는 수준이 다르다는 것을 드러내는 다른 취향을 느낄 수 있다.

이러한 유형의 메시지들은 강한 홍콩 중심주의를 보여주는 것이고, 때로는 명시적으로 중국 본토 참여자들이 포럼에서 '나가주기'를 요구하는 것이다. 이들의 담론 행위들은 여기서는 모순적인 듯한데, 왜냐하면 이전의 많은 메시지들 중에서 본토 중국은 좋고 정직하다고 말한 사람들이 심각한 비판의 대상이 되고, 심지어는 인식 공격과 모욕을 당하는 꼴이 되기 때문이다. 가령 팬들이 「대장금」이 방영되는 적당한 시간대에 대해서 토론할 때, 몇몇 홍콩 팬들은 본토 중국인들의 메시지들을 논의에서 배제시켰다. 비록 이 메시지가 "「대장금」은 너무 지루하게도 교육적이고 도덕적이어서 사람들은 결코 시청하지 않을 것이다"라고 말하는 바람에 약간은 도발적이었긴 했지만 말이다. 팬 그룹 포럼에 등장하는 안티 팬들의 담론은 강한 비판을 야기시키지만, 이러한 안티 팬들의 메시지에 대해 저항하는 팬들의 방식 역시 구체적인 이데올로기적인 원천이나 이항대립적인 위계적 주체 위치(우월한 홍콩인들 대 열등한 본토인들)를 무겁게 사용하고 있다. 아래의 메시지는 「대장금」의 시청률은 나쁘고 매니지먼트 수준도 혼란스럽고 히스테리컬하다"는 토픽에 대해 우호적이지 않은 내용을 담고 있다. "본토 녀석들은 무시해버려! 자기네들 채널에서나 시청하라고 그러지."(Eric) "홍콩의 상황을 정말 알고나 있나? 항상 이런 멍청한 토픽만 생각하니 네가 누구고 뭐하는 놈인지 걱정된다. 도대체 뭘 원하냐? 무뇌아 녀석 아니야?" (stupid ocation)

TVB 팬 포럼의 반응을 통해서 우리가 알 수 있는 점은 드라마 「대장금」과 등장 배우들에 대한 사적인 관심과는 별도로 드라마의 역사적 배경, 전개 과정, 현재 사건, 시청 행위에 따라 동일한 드라마를 바라보는 팬들의 입장이 다르게 나타난다는 점이다. 드라마에 대한 상이한 반응은 민족적, 종족적, 성차적, 계층적인 차이에 따라 다르게 나타나며, 특정한 토픽과 상황에 따라서도 각기 연대하고 배제하는 방식들이 다르게 나타난다. 가령 드라마에서 그려지는 일본 관련 내용들에 대해서 중화권 팬들과 한국 팬들이 동일한 연대감을 드러내고, 한국의 중국 영향론에 대해서는 홍콩, 타이완, 본토 중국인 팬들이 동일한 태도를 보인다. 반면에 「대장금」의 선호도와 시청 태도에 대해서는 홍콩 팬들과 본토 팬들이 대립할 수 있다. 장금이의 역할과 활약상에 대한 남성과 여성 시청자들 간의 정서도 다르게 나타난다. 이렇듯 특정한 드라마에 대한 시청자들의 반응은 우리가 통상적으로 동일하다고 생각하는 한류 팬덤 안에 상이한 가치 판단과 발화위치가 있음을 드러낸다.

4. 한류 팬덤의 특이성과 우울함

주지하듯이 팬덤은 특정한 스타를 열성적으로 좋아한다는 의미의 '파나틱'(fanatic)과 집단의 세력을 의미하는 '덤'(dom)이 합쳐진 용어다. 팬덤은 특정한 스타만을 좋아하는 수준을 넘어 스타와 관련된 문화취향(cultural taste)과 문화상품을 선호하는 소비행위로 이어지는 문화현상이다. 팬덤은 스타덤과는 다르게 스타를 매개하고 있지만, 스타에 의해서 지배되거나 주도되는 것이 아닌 팬들 스스로 만들어내는 자생적인 현상이다. 물론 팬덤을 스타 마케팅에 상업적으로 이용하기 위해 매니지먼트 사가 통제하고 관리하는 부분도 없지 않지만, 스타와 관련된 갖가지 사건들이 상식적이고 규범적인 기준으로 설명되지 않는 것은 바로 팬들 스스로의 예상할 수 없는 자생적인 참여 에너지 때문이다.

배용준을 좋아하는 일본의 중년 극성 팬들이 배용준과 관련된 모든 프로모션 상품을 구입하고 아직도 「겨울연가」의 촬영 장소를 찾아가며, 그에게서 일종의 신적인 경외감을 느낀다고 말하는 것도 팬들의 극단적인 자발성 때문이다. 한류 스타의 방문에 공항이 마비되고 쇼케이스, 팬 사인회가 열리는 곳 주변이 통제되고 숙소로 가는 길을 수백 명이 따라다니는 기이한 현상들은 일반인들의 관점에서 보면 이해할 수 없는 일들이지만, 팬들의 입장에서는 지극히 당연하고 자연스럽다.

신기한 점은 그러한 아시아 팬덤의 불가해한 현상들의 주인공이 바로 한국의 스타들이라는 점이다. 엔터테인먼트와 스타 산업에 관한 한 항상 국제 시장에서 주변부에 불과했던 한국이 2000년 들어 아시아 팬들로부터 가장 사랑받는 스타들을 대량 생산하고 있는 상황은 분명 한국 엔터테인먼트 환경의 새로운 단계임에 틀림없다. 아시아 팬들 덕분에 한국 엔터테인먼트 산업이 영화산업을 제외하고는 내수 시장이 극심한 불황에 직면해서도 버틸 수 있는 물적 토대가 형성되기도 하고, 한국인들에 대한 아시아인들의 선입관도 상당 부분 해소되었을 뿐 아니라 한국의 문화와 역사에 대해 알고 싶어 하는 아시아인들이 늘어났다는 점은 긍정적인 효과를 낳고 있는 것이 사실이다. 배용준이나 이영애가 일본이나 중화권에서 활동하고 있는 어느 외교 관료보다도 국위 선양을 하고 있다는 말도 액면 그대로 틀린 말이 아니다.

그러나 아시아 각국 팬들의 반응들이 지극히 자연스럽고 다양하며, 신기하게 느껴지는 반면 정작 한국인의 입장에서 한류 팬덤을 객관적으로 평가한다면 어떤 말들을 할 수 있을까? 한류 팬덤에 대한 그동안의 많은 찬사와 긍정적인 평가들이 아닌 냉정하고 비판적인 시각에서 한류 팬덤을 평가한다면 어떤 말들을 할 수 있을까? 다음과 같은 문제의식들이 떠오른다.

먼저 한류 팬덤을 바라보는 자국민의 반응 안에 지나치게 국가주의적인 선입관이 들어가 있는 것은 아닌가 하는 것에 대한 반성적 성찰이 필요하다. 한류 팬덤이 냉전 시대 이데올로기와 정치적 이해관계 때문에 서로 반목하고 갈등했던 국가주의를 극복하고 아시아 시민들의 자유로운 소통과 감정의 교환들을 실현시키는 데 중요한 매개 역할을 담당했다는 긍정적인 평가들이 전혀 근거 없는 것은 아니다. 한국의 문화 컨텐츠와 스타들에 대해 호감을 줌으로써 냉전 이데올로기의 갈등 장소로만 알려진 한국에 대해 새로운 인상을 줄 수 있다는 장점을 무시할 수 없다. 또한 일본에서의 한류 신드롬 덕분에 재일한국인들의 사회적 입지가 나아지고, 동남아시아에서 한국의 이미지가 글로벌해진 점을 완전히 부인할 수 없다.

　　그럼에도 한류 스타들이 아시아 전역에서 인기를 얻고 있는 현상에 대해 한국 미디어와 한국인들은 지나친 자부심을 갖고 있는 것처럼 보인다. 국내 연예정보 프로그램의 단골 섹션으로 등장하는 '한국 스타들의 아시아 국가 방문 소식'의 시나리오를 보면 대개 각국 팬들의 과잉된 열기들과 관심사들을 선정적으로 보도하는 경우가 대부분이다. 카메라와 리포터의 위치와 태도는 차분하고 분석적이기보다는 주변에서 일어나는 기이한 현상들을 포착하여 그것이 마치 일반적인 현상인 것처럼 보도하는 방식들이 주를 이룬다. 그래서 대개 한류 스타들의 아시아 국가 방문에 대한 보도들은 일반적인 공식에 따른 것들이 많다. '공항 스케치-팬들의 광적인 반응-차량 이동 반응-현지 매스컴 인터뷰 스케치-거리 스케치-팬들의 인터뷰' 등 대체로 틀에 박힌 시나리오가 등장한다. 이러한 소식을 접하는 시청자들이나 독자들 역시 이미 들뜬 분위기에서 찍은 동영상을 보면서 한국인으로서 뭔가 특별한 감정을 느끼게 된다. 한국적 위대함, 한국 연예인에 대한 무한한 자부심, 아시아 개발도상국에 대한 배타 심리, 일본에 대한 문화적 우월감 등 한류 스타의 활약에 대한 과잉된 보도는 곧 '한국은 위대하다'는 자명한 의식들을 무의식적으로 생산한다.

　　두번째, 한류 팬덤이 갖는 우울함은 그것이 원하든 원치 않든 정치 이데올로기적 효과를 만들어낸다는 점이다. 2년 전 NHK의 경영 도덕성 문제가 불거졌을 때 NHK의 명예를 회복하고자 에비사와 가츠지 사장은 NHK 최고의 연말 프로그램인 「홍백가합전」에 배용준을 출연시키겠다고 선언한 적이 있었다. 결과적으로 배용준은 불참했고 대신 이병헌이 참석하긴 했지만, 한류 팬덤은 팬들의 순수한 의사와 열정과는 무관하게 정치적으로 활용당할 소지가 많다. 고이즈미 총리가 노무현

대통령과의 정상 회담에 가수 보아와 「겨울연가」의 여주인공 최지우를
대동한 것도 한류 팬덤의 '정치적 스캔들'이라 할 만하다. 한국 정치인
들이 외국 방문을 할 때 유명 한류 스타들과의 친분설을 거론하며 자신
의 권위를 내세우려는 행태들도 심심치 않게 들려온다. 한류의 정치 이
데올로기적 효과는 팬덤이 갖는 막강한 여론몰이와 포퓰리즘에서 나오
는데, 이것이 아시아 권역 내에서 글로벌한 현상으로 확산되면서 동북
아 정치 이데올로기의 정세와 맞물려 들어가는 경우도 발견된다.

　여기서 우리가 주목할 사실은 한류 팬덤은 결코 팬들 자신들의 순
수한 열정으로만 일치될 수 없다는 점이다. 팬들의 순수한 열정을 정치
적으로 이용하는 것 못지않게 경제적으로 이용하는 문화자본의 논리가
개입되는 것도 어찌 보면 당연한 일인 듯하다. 앞서 설명했듯이 팬덤
문화는 팬들의 다양한 취향을 통해 확대 재생산되고 이 과정에서 스타
와 관련된 각종 엔터테인먼트 상품들이 소비된다. 그런 점에서 적어도
대중문화의 장에서 팬덤 문화는 팬덤 문화자본의 논리를 피해갈 수 없
다. 배용준과 이영애와의 지속적인 교류의 끈을 놓지 않기 위해서는 끊
임없이 스타와 관련된 각종 상품들을 소비해야 한다. 한류 스타들이 아
시아 투어를 하는 것도 순수하게 팬들을 만나러 가는 것이라기보다는
자신의 상징적 자산을 지속시키거나 자신의 상품에 대한 구매를 이끌
어내기 위해 가는 것이다. 이른바 현지에서 요청한 '프로모션 쇼케이
스'는 그 자체로 막대한 개런티를 지불해야 하는 이벤트다. 이 이벤트
에 초대된 팬들은 눈앞에서야 특별히 돈을 지불하지는 않겠지만, 결과
적으로는 이 이벤트와 연관된 제품들을 소비하거나 잠재적 구매자로서
참여해야 한다.

　마지막으로 한류 팬덤의 반작용인 반한류적 정서들은 한류 문화의

소실에 대한 공포감만큼이나 우리를 우울하게 한다. 타이완의 드라마 제작조합들이나 홍콩의 파파라치 그룹들, 일본의 우익 사회단체들은 한류의 확산에 대한 우려를 드러내며, 자국의 팬덤 문화에 대해 불쾌감을 드러낸다. 일본의 우익 남성집단들은 배용준이나 이병헌에 빠져 있는 중년 여성들을 "할 일 없는 아주머니들"로 매도한다. 일본 우익 남성집단들의 불쾌감은 사실 일본 중년 여성들에게 있는 것이 아니라 한류 스타들의 문화적 파급력에 초점이 맞추어져 있다. 한국 스타들에 대한 일방적인 우호적 태도를 기대하는 것이 애초부터 무리인 이상, 지나친 문화자본의 논리를 내세우거나 하위 문화제국주의적 태도를 보이는 것은 정치적 반작용의 표적이 될 수 있으며, 한류 현지 팬덤의 자생적인 진정성마저도 무너뜨릴 수 있다.

한류 팬덤은 팬들이나 스타의 의도와는 상관없이 결코 순수하거나 자명할 수 없다. 한류 팬덤은 국지적인 문화적 맥락에 의해 재번역되고 여기에는 정치적·경제적 이해관계가 개입하게 마련이다. 이데올로기적 국경의 벽을 허물어야 하는 탈국적화하는 아시아 문화환경이 좀더 개방적이고 민주적이 되기 위해서는 한류 팬덤에 대한 진지한 성찰이 필요하다.

11장 _ 아시아 팝 문화의 지각변동과 '비'의 전성시대

1. It's Rainy Day in Asia!?

지금 아시아 전역에 걸쳐 가장 괄목할 만한 인기를 얻고 있는 팝스타를 꼽으라면 아마 '비'이지 않을까 싶다. 2005년 7월 도쿄 국제 포럼에서의 공연을 시작으로 10월 8~9일 홍콩 투어, 24일 베이징 공연, 12월의 타이완 공연, 그리고 2006년 2월 방콕 공연에 이르기까지 비는 모든 공연을 매진시키며 아시아 각국을 가로지르는 최고의 팝스타로 부상했다. 2005년에 'MTV 아시아 에이드' 최고 인기가수상, 'MTV 뮤직 어워드 저팬 2005' 아시아 한국가수상, '만다린 뮤직 어워드' 최우수 한국가수상 등을 휩쓸면서 한국을 대표하는 아시아 팝스타로 성장했다.

아시아에서의 성공을 발판으로 비는 미국 시장 진출에 대한 항간의 우려를 불식시키며, 2005년 2월 뉴욕에서 열린 역사적인 공연을 성공리에 마쳤다. 비록 공연장에 찾아온 관객들은 아시아권 팬들이 주를 이루었지만, 아시아 남자가수로서 세계 팝 음악의 중심지인 미국 뉴욕에서 완결된 공연을 펼친 것은 의미 있는 사건이라 할 수 있다. 비의 음악적 스타일이 미국 팝스타인 '어셔'(Ursher)나 '저스틴 팀버레이크'(Justin Timberlake)와 유사하며 자기만의 독창성이 결여되었다는 미디어의 평가에도 불구하고, 비는 이제 아시아권을 넘어 미국 팝 시장으로의 진출을 시도하는 몇 안 되는 아시아 팝스타인 것만큼은 부인할 수 없는 사실이다. 한국의 언론과 방송도 2005년 7월부터 시작된 아시아 투어와 올 2월 뉴욕 공연을 대서 특필하며 비의 성공 신화를 집중적으로 조명하기도 했다. KBS의 대표적인 다큐멘터리 프로그램인 「KBS 일요스페셜」은 '비'가 글로벌 팝스타로서 성장하는 과정을 집중 조명하기도 했다. 불과 1~2년 만에 아시아 전역에서 팬들을 몰고다니고, 아시아를 대표하는 글로벌한 남성 팝 가수로 성장한 비의 성공 비결은 과연 무엇일까? 글로벌 팝스타로서 비는 자신만의 독특한 음악적 스타일과 카리스마를 가지고 있는가? 아시아 팬들이 '비'에 열광하는 이유는 무엇일까?

2005년 10월 홍콩에서의 공연은 이러한 질문에 답할 수 있는 적절한 단서를 제공해준다. 주지하다시피 홍콩은 중화권 엔터테인먼트의 생산과 소비에 있어 터미널 역할을 하는 곳으로 이곳을 통해서 수많은 중화권 스타들이 만들어지고 다른 아시아 국가나 세계로 전달된다. 홍콩은 스타와 관련된 다양한 컨텐츠를 만들어내는 곳이면서도, 대중음악, 영화 등의 대중문화 상품들을 다른 아시아 국가로 송출하는 가장 중요한 미디어 전략지로서의 역할을 한다. 홍콩은 아시아와 미국, 유럽을 잇는 다국적 엔터테인먼트 미디어들이 경쟁을 벌이고 있는 곳이기 때문에 홍콩에서 스타로 명성을 얻는 것은 그만큼 범아시아적인 스타가 될 수 있는 가능성을 갖고 있다.

그런 점에서 비의 홍콩 공연은 공연 자체의 의미도 있지만, 아시아

미디어 스타로 입지를 굳힌다는 의미를 가지고 있다. 비의 홍콩 공연을 취재하러 온 미디어 관계자만 3백 명이 넘었다는 것도 이를 입증한다. 결과적으로 비의 홍콩 공연은 예매 시작 반나절 만에 공연표 2만 장이 매진되었고, '도쿄 국제 포럼' 공연과 '베이징 노동자체육관 공연', 타이완 '타이페이' 공연, 그리고 2006년 초 방콕 공연까지 대략 14만여 명의 관객이 비의 아시아 투어에 참여한 셈이다. 단순 기록만 놓고 보더라도 비의 공연은 한국에서의 라이브 공연뿐 아니라 최근 아시아 가수들의 라이브 투어 중에서 압도적인 규모를 자랑했다.

공연의 규모와 성과만을 놓고 보았을 때, 비는 최근 한국가수뿐 아니라 아시아 팝 가수들을 망라해서 아시아에서 가장 다국적인 인기를 얻고 있는 팝스타임에는 분명하다. 홍콩 공연은 홍콩 현지 팬뿐 아니라 일본, 중국, 타이완, 태국, 말레이시아, 인도네시아, 필리핀, 한국 등 거의 모든 동(남)아시아 국가들의 팬들로 채워졌다. 공연에 참여한 관객들의 연령층도 다양해서 10대부터 60대가 넘은 노년층까지 비의 공연을 보기 위해 공연장을 찾았다.

2. 한류의 피드백 효과

비의 홍콩 공연에 참여한 범아시아적인 관객들의 반응과 공연 매니지먼트를 담당한 현지 연예기획사 관계자들의 평가를 보면서 그가 아시아 팝스타로서 성공할 수 있는 몇 가지 조건들을 확인할 수 있었다. 대체로 세 가지로 요약할 수 있는데, 첫째가 한류의 파급효과이고, 둘째가 글로벌한 아시아 연예제작 시스템의 형성이고, 셋째가 팝스타로서 '비'의 역동성이다.

현재 아시아에서 가장 괄목할 만한 인기를 얻고 있는 '비'의 콘서트 무대(2005년 10월 홍콩 컨벤션 센터)

비의 첫번째 홍콩 공연이 끝난 다음 날, 홍콩 미디어들과 한국 공연 참석자들 간의 간단한 간담회가 있었다. 개인적으로 비가 홍콩을 포함해 중화권에서 급속한 인기를 얻게 된 이유를 홍콩 현지의 홍보 관계자들에게 물어보았다. 홍콩 유니버설 뮤직의 매니지먼트 담당자인 헝틱(Hung Tik)은 드라마 「풀하우스」가 비의 성공에 결정적인 역할을 했다고 말했다.

사실 비가 중화권 국가에 알려지게 된 것은 음악을 통해서가 아니라 드라마를 통해서였다. KBS의 「상두야 학교 가자」와 「풀하우스」가 타이완과 홍콩에서 방영되면서 비가 아시아 국가들에 처음 알려졌고, 곧이어 음반 발매와 현지 쇼케이스 행사가 진행되면서 폭발적인 시너지 효과를 만들어냈다. 비의 홍콩 공연표 예매가 시작되기 직전 「풀하우스」는 50퍼센트대의 경이적인 시청률을 올려서 홍콩 TV 역사상 최고의 흥행을 기록했다.

따라서 비의 성공에는 한류, 특히 한류 드라마의 아시아 공략에 힘입은 바가 크다. 「겨울연가」가 일본에서 '배용준 신드롬'을 일으켰다면, 「풀하우스」는 중화권과 동남아시아에서 '비'의 신드롬을 일으켰다. 실제로 비의 매니지먼트 실무 책임을 맡고 있는 'JYP 엔터테인먼트'의 정욱 팀장은 비의 성공에는 드라마 「풀하우스」 출연이 결정적인 역할을 했다고 말한다. 가수와 탤런트의 분업 방식보다는 겸업 방식을 선호하는 중화권 엔터테인먼트 산업의 일반적인 특성에 맞게 비는 한류 드라마의 프리미엄을 업고 아시아 시장에 성공적으로 안착하게 된 것이다. 더우이 가수와 탤런트를 겸할 수 있는 능력은 한류 스타로 성장하는 데 있어 가장 유효한 자질로 인정받을 수 있다. 예컨대 가수 보아가 가수로서의 탁월한 능력을 인정받으면서도 일본을 제외한 아시아 엔터테인먼트 시장에서 '비'만큼 효력을 발휘하지 못하는 것은 한류 드라마의 시너지 효과를 충분히 활용하지 못하기 때문이다.

한류 컨텐츠와 한류 스타들의 공생은 한류 재생산의 밑거름이 된다. 한류 드라마를 통해서 주연 배우들이 인지도를 높이고, 그 인지도를 바탕으로 다양한 스타 마케팅을 시도하며, 높아진 스타성은 드라마 배급과 시청률에 결정적인 역할을 한다. '컨텐츠 1—스타성—컨텐츠 2'의 재생산 구조는 아시아에서 인지도를 높이는 한류 스타들의 성공 방정식이 되고 있다. 말하자면 비의 성공은 '드라마—스타성—대중음악'이 서로 유기적인 영향을 주면서 가능했던 것이다. 드라마를 통해 스타성을 현지 시청자들에게 각인시키고, 다시 그 스타성을 매개로 음반 발매와 쇼케이스를 거쳐 더 강력한 스타성을 재각인시키는 매니지먼트 전략이 성공을 거둔 것이다.

3. 연예제작 시스템의 글로벌화― 'JYP'와 'YG'를 비교하기

비의 성공은 다른 한편으로는 아시아 연예산업 관계자들 간의 효율적인 역할 분담에서 비롯된 것이라 할 수 있다. 현재 한국 연예산업의 시장은 갈수록 위축되고 있지만, 스타를 발굴해서 제작하는 능력은 아시아 안에서 좋은 경쟁력을 갖추고 있다. 그러나 좋은 컨텐츠, 좋은 스타들을 많이 보유하고 있는 반면, 이들을 다양한 경로를 통해서 유통하고 배급하는 노하우는 제대로 갖추지 못했다. 비가 아시아 지역으로 진출하는 과정에서도 도쿄, 홍콩, 태국이라는 권역적인 거점을 통해서 배급되었다는 점이 주목할 만하다. 즉 유통, 배급 시스템을 관리하는 데 있어 현지 매니지먼트 사나 음반사와의 적극적인 제휴를 통해 배급함으로써 시행착오를 최소화한 것이다.

가령 비의 매니지먼트 사인 JYP 엔터테인먼트는 비의 아시아권 음반 발매를 할 때, 일본에서는 현지 매니지먼트 사와 로열티 계약을 했고, 중국에서는 홍콩의 매니지먼트 사와 판권 계약을 했으며, 태국에서는 다국적 음반회사인 '타이 워너브라더스'와 라이센스 계약을 하는 등서로 차별화된 배급 시스템을 가동했다. 일본의 경우에는 음반에 대한 투명한 거래를 할 수 있기 때문에 음반 판매량대로 수익을 배분받는 로열티 계약을 한 것이며, 중국의 경우에는 저작권 침해가 워낙 강하기 때문에 판권을 아예 넘기는 방식으로 계약을 했고, 태국의 경우에는 동남아시아의 배급을 책임질 수 있도록 라이센스 계약을 한 것이다. 결론적으로 비는 아시아 각국의 특성에 맞는 유통과 배급 시스템을 적용해서 매니지먼트와 수익성을 극대화할 수 있는 전략을 선택한 것이다.

이러한 프로모션과 배급의 다각화를 꾀할 수 있었던 것은 '비'의 제작자인 박진영의 기획력과 마케팅 전략이 있었기 때문이다. 과거 한국의 음반과 엔터테인먼트 제작은 주로 개인의 친분관계에 의해 좌우되는 경우가 많았다. 한국의 연예기획사들은 주로 지상파 방송사 예능국과의 사적인 공생관계를 통해서 성장하는 경우가 많았다. 그러나 1990년대 말부터 젊은 연예기획자들은 개인적인 친분관계보다는 시스템에 의해서 음반활동이나 연예인들을 기획하는 것을 선호하기 시작했는데 대표적인 인물이 JYP를 이끌고 있는 박진영과 YG를 이끌고 있는 양현석이다. 박진영은 자신의 음악활동을 포함해서 소속 뮤지션들의 탈한국화, 탈아시아화 전략을 오래전부터 기획하였다. 그는 뮤지션이면서 작곡가이고 인무가인 데디 음반 매니지먼트를 자생저으로 실현할 수 있는 능력을 겸비한 한국의 몇 안 되는 글로벌 엔터테이너다. 작곡과 작사 능력을 겸비한 아티스트 겸 음반을 제작하는 기획자인 데다 그의 음악을 비즈니스할 수 있는 종합적인 능력이 아시아에서 연예제작 시스템이 탈국적화하는 새로운 환경과 맞물리면서 다른 연예기획사와는 차별화할 수 있는 조건들을 갖추고 있다.

1990년대 말부터 한국의 연예기획자들은 아시아 시장에 진출하기 위한 다양한 전략을 내세우기 시작했다. SM 엔터테인먼트는 한국에서 탈국적화된 엔터테인먼트 비즈니스를 최초로 시작했던 장본인이다. SM 엔터테인먼트의 아이돌 스타시스템은 일본과 중국을 공략하기 위한 전략이었고, 이후 한국의 연예기획자들은 이것을 탈국적화하는 사업을 수행하였다. 그러나 이수만의 'SM 엔터테인먼트'와 박진영의 'JYP 엔터테인먼트'는 뮤지션들의 프로모션에서 다른 방식을 추구한다. SM 엔터테인먼트가 가수 보아를 일본에 런칭할 때는 일본이라는 국지적 시장을 공략하기 위해 제한된 방식을 추구한 반면, JYP 엔터테

인먼트는 아시아 전체에 대한 프로모팅을 구상했다. SM이 매니지먼트
와 프로모션의 근거지를 일본으로 이동한 반면, 기획, 제작, 프로모션
을 동시에 할 수 있는 JYP의 경우는 프로모션의 근거지를 국내에 둔 채
로 아시아-각국의 매니지먼트 사와 전략적인 제휴를 하는 방법을 선택
하였다. SM의 '보아'가 아직 범아시아적인 인지도를 '비'만큼 얻지 못
한 것은 아시아 프로모션의 선택권을 일본의 매니지먼트 사에게 일임
했기 때문이다. 물론 SM의 연예제작 방식은 대체로 아이돌 스타들을
발굴하는 데 있고, 아시아 각국의 특성에 맞는 아이돌 스타를 개발하는
데 있어 SM의 마케팅은 범아시아적이라기보다는 국가 대 국가의 선택
적 프로모션의 방식을 취하고 있다.

　　SM과의 비교 못지않게 JYP와 같은 시기에 출발한 YG 패밀리와의
제작방식 비교도 중요하다. 너무 자의적인지는 모르겠지만, 비와 세븐
뒤에 있는 JYP와 YG의 스타 생산방식은 겉으로는 비슷해 보이지만,
컨텐츠가 표현되는 방식은 서로 다르며, 재생산되는 문화자본도 다르
다. JYP와 YG는 음악과 스타를 디지털 컨텐츠로 인식하기 시작한 최
초의 기획형 제작 시스템을 가동시킨 사단이다. 물론 이전에 한국 음반
기획사의 양대 산맥인 SM 엔터테인먼트와 DSP(대성기획)도 소속 가수
들을 다목적 컨텐츠로 인식하는 마케팅 전략을 내세우긴 했지만, 이들
과 다른 점은 온라인 마인드가 강하다는 점이다. 이는 스타를 다루는
방식의 차이이기도 하다. SM과 DSP를 포함해 오프라인적 마인드에 기
반한 기획사들이 소속 가수들에게 혹독한 '몸 때우기'를 강요하는 반
면, JYP와 YG는 스타의 컨텐츠를 온라인으로 가공하는 기획력이 뛰어
나다.

　　이러한 온라인 컨텐츠 마인드를 먼저 가동시킨 것은 JYP 엔터테인

비의 공연 리플릿들

먼트다. 이들은 젊은 소비계층에게 부합할 수 있는 스타 1~2명을 발굴하면 무한한 컨텐츠를 재생할 수 있다는 신념을 가지고 있었다. 박진영 본인은 물론이고 JYP 소속 스타들 대부분은 춤과 노래 실력이 뛰어난 영재개발 프로젝트에서 선택된 자들이다. 영재개발의 가장 중요한 비전은 고급스러우면서도 친근감 있는 성적 코드를 가진 스타를 발굴하는 것이고 비의 탄생은 그렇게 시작되었다. 현재 비는 SK 텔레콤, 포털 사이트인 '네이버-한게임'과 전략적인 제휴를 맺어 디지털 이미지를 강화시키고, 자신의 음반에 디지털 컨텐츠를 구매할 수 있는 상품을 제공하기도 한다.

온라인 컨텐츠 전략이 뛰어난 JYP와는 다르게 YG는 흑인 래퍼들의 커뮤니티에서 강하게 나타나는 동료의식, 이른바 패밀리 정신이 돋보인다. JYP의 음악적 성향을 다소는 백인화된 펑키한 사운드에서 찾을 수 있다면, YG의 그것은 한계는 분명하지만 흑인 고유의 커뮤니티를 강조하는 힙합과 리듬앤블루스에서 찾을 수 있다. YG에게 할렘 문화나 게토 문화는 이들의 음악적 커뮤니티를 구성하는 원류다. 원타임, 지누션과 같은 원년 멤버에서 빅마마, 휘성, 거미, 렉시, 그리고 세븐에 이르기까지 YG 사단은 가장 강한 음악적 동질감으로 묶여 있다. JYP가 주로 작곡, 작사, 프로듀서 등 박진영 중심의 '원맨프로젝트'(one-man project) 성격이 강한 반면 YG는 팀워크를 강조한다.

뮤지션들의 면면이나 음악적인 역량으로 볼 때, YG 패밀리 사단은 JYP 엔터테인먼트보다 다양하고 우수하다고 판단된다. YG는 빅마마, 세븐, 휘성, 거미, 원타임 등 많은 소속 뮤지션들을 크게 성공시켰지만, JYP가 독자적이고 대중적으로 성공시킨 뮤지션은 '비' 밖에 없다. 그러나 결과적으로 보면 아시아 글로벌 팝 시장에서 경쟁력 있는 대형 스타를 탄생시킨 것은 JYP 엔터테인먼트다. YG 역시 빅마마와 세븐 등 소속 뮤지션들을 아시아 시장에 진출시키기 위해 많은 노력을 기울였고, 특히 세븐은 태국과 타이완에서 적지 않은 인기를 얻은 것도 사실이다. 그러나 지금의 시점으로 보았을 때 아시아 팝 음악 시장에서 가장 성공한 뮤지션이 '비'라는 사실은 부인할 수 없다.

물론 이러한 결과는 비의 엔터테인먼트적인 역량이 뛰어난 탓이기도 하지만 연예제작 시스템의 차이에서 비롯된 것일 수도 있다. YG의 경우는 음악활동 중심으로 소속 뮤지션들을 매니지먼트하고 음악적 스타일도 흑인 소울이나 힙합에 집중한다. YG는 앞서 설명했던 대로 패밀리 커뮤니티가 강해 특정한 개인 뮤지션에 편중된 매니지먼트를 수행하기가 쉽지 않다. 음악적인 스타일이나 연예제작 방식에서 YG는 아시아 팝 음악 시장에서 두루 인기를 얻을 수 있는 보편적인 코드를 중시하지 않았다. 반면 JYP는 음악 활동과 엔터테인먼트 활동을 분리하지 않고 통합해서 운영하는 원칙을 가지고 있고, 특히 아시아 시장에서 대중적인 인지도를 얻기 위해서는 가수와 연기자를 동시에 병행해야 한다는 것을 알고 있었다. 더욱이 비의 제작자인 박진영의 경우 글로벌 네트워크를 구축할 수 있는 음악 내외적인 조건을 갖추고 있었기 때문에 비를 범아시아 시장에 런칭할 수 있었다. 글로벌한 아시아 팝스타로서 비의 성공은 국제적인 매니지먼트 기술과 전문적인 마케팅 역량이 투입되었기 때문에 가능한 것이었다.

4. 이중적 스타일의 융합—섹슈얼리티와 센티멘털리티

물론 비의 성공은 연예제작 시스템에 힘입은 것만은 아니다. 비가 범아시아적인 팬덤을 형성하고 있는 데는 그만의 성공 요인이 있다. 아시아 팬들은 왜 비에 열광하며 비의 팬덤이 범아시아적인 이유는 무엇일까? 개인적으로는 비의 엔터테인먼트적인 특이성은 스타일의 이질성에 있다고 보고 싶다. 연예인으로서 비의 능력은 아시아권 팬들이 열광할 수 있는 좋은 조건을 갖추고 있다. 특히 비의 신체적 특이성은 기존의 다른 남성 스타들과는 다른 의미를 가진다. 홍콩 연예산업 관계자들의 말에 의하면 비는 순수하고 순진무구한 얼굴을 가지고 있으면서도 동시에 건장하고, 강력한 파워를 겸비한 몸을 가지고 있어 이중적인 이미지로 다가온다고 한다. 기존의 장궈룽(張國榮), 류더화(劉德華), 리밍(黎明) 등 유명 홍콩 스타들의 이미지가 차분하고 정적인 분위기를 보여준 것과는 다르게 비는 그러한 순수한 이미지를 안고 있으면서 동시에 홍콩 스타들에게는 발견되지 않는 강력한 남성적인 매력을 가지고 있다.

'얼굴은 미소년, 몸은 근육질의 남성'이라는 이중적인 신체의 특이성이
아시아 국가의 여성 팬들을 강력하게 흡인하는 요인이 된다.

도쿄, 홍콩, 베이징, 타이페이, 방콕 공연은 모두 이러한 비의 매력
을 극대화하는 잘 짜인 뮤직쇼를 연출했다. 홍콩 공연 내내 비는 의상
을 찢고 벗는 동작을 반복했고, 힘 있고 현란한 춤 실력과 함께 온몸으
로 비를 맞는 장면, 공중에서 활강하는 역동적인 장면을 연출했다. 이
와 동시에 하얀 풍선을 날린다든지, 여성 관객을 무대로 초대한다든지,
자신의 가족에 대한 내용을 연출한다든지 하는 낭만적인 감성을 자극
하는 순수한 모습도 동시에 보였다. 비의 신체적인 장점은 통상 아시아
인들이 모방할 수 없는 서양 팝 가수들의 신체적 골격과 역동적인 춤을
선보이면서 이들이 표현할 수 없는 동양적인 감수성을 가지고 있다는
것이다.

'섹슈얼리티'와 '센티멘털리티'라는 이중적인 스타일은 서양적이
면서도 동양적인 이미지를 아시아 팬들에게 각인시켜주는데, 이것이
그의 노래 제목대로 "나쁜 남자" 비의 비밀이다. 이러한 이중적인 스타
일은 메트로섹슈얼한 글로벌 남성성의 이미지를 표상한다. 여기서 잠
깐 메트로섹슈얼의 이중적인 스타일이 어떻게 대비되는지를 알아보자.
메트로섹슈얼적인 남성성은 전통적인 가부장적인 이미지와는 다르게
남성으로서의 성적 매력을 우아하고 세련되게 보여준다. 한편으로는
강한 남성성을 가지면서도 다른 한편으로는 여성적인 감수성을 가진
다. 섹시함과 귀여움이라는 코드는 메트로섹슈얼한 남성적인 이미지를
가장 일상적으로 표현할 수 있는 언어다.

이러한 메트로섹슈얼한 스타일의 이중성을 가장 잘 비교할 수 있
도록 해주는 가수가 바로 비와 세븐이다. 비의 쿨한 성적 코드와 세븐

의 보헤미안적 '쇼타' (예쁜 얼굴의 미소년을 말하는 용어로 20대 여성들이 좋아하는 남성상을 통칭한다) 코드는 여성 소비자들에게 가장 강력한 상품 코드로 다가온다. 비와 세븐은 2000년대 들어 가장 주목받는 글로벌 남성 뮤지션이다. 이 둘은 2002년과 2003년 가요시상식에서 신인상을 독식했고, JYP와 YG라는 든든한 우산을 쓰고 있으며, 기업에서 가장 선호하는 대중음악계의 CF 모델이다. 비는 데뷔앨범이자 타이틀 곡인 「나쁜 남자」로 2003년 일약 스타덤에 오르며 각종 CF 모델과 모 방송사 미니시리즈 주연으로 발탁되었고, 2004년 '2집 괴담'의 징크스를 깨고 「태양을 피하는 방법」으로 최고의 상한가를 올렸다. 반면 세븐은 YG 패밀리의 샛별로 2003년 데뷔하여 「와 줘」와 「한번 단 한번」을 잇달아 성공시키면서 10여 개가 넘는 CF 대박을 터뜨렸다. 그의 데뷔앨범이 태국에서 20만 장이 판매됐고, 2004년에 중국 활동을 본격적으로 개시하면서 차세대 한류 스타로 주목받기에 이르렀다.

사실 비와 세븐은 서로 비교하기에는 공통점이 많다. 둘은 안양예고 선후배 관계이고 탁월한 춤 실력과 빼어난 가창력이 돋보인다. 앞서 언급했듯이 음반업계의 새로운 주류로 떠오르는 JYP와 YG의 야심작이라는 것도 공통점이다. 그러나 이 두 신예 스타를 바라보는 스타일은 서로 다르다. 나는 그 다름이 바로 여성들에게 각인되는 남성성의 두 가지 문화 코드에서 비롯된다고 생각한다.

섹시한 '비'와 귀여운 '세븐'. 이 두 스타에게 가장 일반적으로 잘 어울리는 표현일 것이다. 둘 다 꽃미남 계열에 속하지만 비는 여성들의 성적 상상력을 가장 잘 자극하는 골격과 미소를 가지고 있다. 역삼각형의 골격에 작은 얼굴, 관능적이고 역동적인 춤, 그리고 저음의 깊은 목소리는 농경사회 남성성의 대명사인 '변강쇠' 몸의 계보로는 결코 다가

비는 남성적인 몸에 미소년의 미소로 메트로섹슈얼한 남성성을 보여준다.

갈 수 없는 감각적이고 쿨한 성적 개성을 보여준다. 비의 섹슈얼한 몸은 생물학적인 실체라기보다는 상상된 이미지와도 같은 것이어서 여성들의 성적 상상력을 강력하게 자극한다.

반면 세븐의 남성성은 이중적인데, 연장자인 여성들에게는 강력한 모성 본능을 자극하고 동년배 여성들에게는 함께 동거하고 싶다는 감정을 불러일으키는 댄디한 보헤미안 스타일이다. 데뷔곡 「와 줘」를 부를 때 신고 있던 '힐리스'(뒤에 바퀴가 달린 신발)와 쓰고 있던 '선캡'은 메트로폴리탄에서 살고 있는 청년 도시 부족들의 댄디한 보헤미안 스타일을 표방하고 있다. 또한 미소년 같은 그의 얼굴은 소위 '쇼타'라는 코드에 가장 적절한 이미지를 가지고 있다. 비가 '몸짱'의 이미지이자 쿨한 거리의 파이터의 이미지라면 세븐은 '쇼타'의 이미지이자 거리의 보보스족의 이미지다.

음악적, 엔터테인먼트적인 자질을 떠나 결과적으로 탈국적화하는 범아시아 팝 문화 시장에서 아시아 팬들은 비처럼 탈아시아적인 남성적 스타일을 겸비하고 다양한 연예 능력을 가진 팝스타를 선호한다. 성적 매력이 강한 남성과 귀여운 미소년의 이미지를 가진 남성 중에서 아시아 팬들은, 전자와 후자를 구별하길 원하면서도 후자를 겸비한 전자의 남성을 원한다. 격정적인 춤을 추고, 성적인 호감도가 강한 근육질의 몸매를 가진 반면, 미소년의 미소에 동안의 얼굴을 가진 비의 스타일은 서구 팝스타의 스타일에서 느끼지 못하는 동양적인 이미지를 발산한다. 성적 카리스마를 가지면서도 미소년적인 순수함의 이중적 이미지를 발산하는 비의 스타일은 남성에 대한 여성의 이중적인 판타지를 충족시키는 데 적합하다. 미소년적인 메트로섹슈얼리티가 필요조건이라면 남성적인 성적 매력은 충분조건에 해당된다. 그런 점에서 비의 이중적 스타일은 서양의 팝 문화와 팝 음악에 익숙해 있으면서, 동시에 동양적인 팝스타를 찾고자 하는 아시아 팬들에게는 가장 적합한 조건을 갖추었다고 볼 수 있다.

5. K-pop의 혼종적인 위치와 '비'의 미래

사실 한국의 남자 뮤지션 중에서 '비'만큼 범아시아적으로 동시대적인 인기를 얻었던 경우는 없을 것이다. 비의 범아시아적인 인기는 음악성보다는 팝스타로서의 다재다능한 능력에 따른 것인 바, 음악성이 비를 평가하는 유일한 기준이 될 수는 없다. 그러나 글로벌 팝스타인 비의 성장 가능성을 타진해보는 자리에서 음악적인 평가는 전부는 아닐지라도 중요한 부분이 될 수밖에 없음을 부인할 수 없다. 또한 팝스타로서 비의 음악적인 평가는 탈국가화하는 K-pop의 최근 성격과 무관하지 않다.

2005년을 기점으로 비의 음반은 아시아 전역에서 대략 50만 장이 판매되었다. 아직 정식 음반을 발매하지 않은 일본과 중국을 제외한 수치이기 때문에 앞으로의 성장 잠재력은 크다고 할 수 있다. 일본, 홍콩, 중국에 걸친 이번 아시아 투어 공연은 비의 음반에 대한 마케팅 효과도 함께 가져와 아시아 팝스타로서의 성장 가능성이 배가되었을 것으로 예상할 수 있다. 현재 국내 방송사에서 방영된 「이 죽일 놈의 사랑」이 내년 아시아 각국에서 방영되는 시점이 되면, 비가 향후 아시아에서 가장 대표적인 팝스타이자 연예인으로 인정받을 수 있을지의 여부가 판가름 날 것이다. 범아시아적인 글로벌한 팝스타로 비를 명명하는 것은 K-pop의 아시아 내 위치를 재평가하는 것과 연관되는데, 비의 음악적인 성격이나 비의 음악과 스타일이 범아시아적으로 소비되는 방식은 K-pop의 현재 위치와 연관하여 상호 규명되어야 할 것이 많다.

K-pop에 대한 정의 자체가 논란의 여지는 있지만, K-pop은 한국 대중음악의 국제화, 혹은 아시아화를 명명하는 문화적 아이콘이 되었다. K-pop은 분류의 용어이면서 통합의 용어이기도 하다. K-pop은 아시아 내 존재하는 일본의 J-pop, 홍콩의 칸토팝(Canto pop), 그리고 중국의 만다린 팝(Mandarin pop)과 구분되는 새로운 분류종이면서 동시에 '팝'이라는 가족적 유사성을 가지고 있는 동족종의 의미를 가지고

있기도 한다. 말하자면 K-pop은 한국 대중음악의 독자성을 지시하면
서도 글로벌한 팝 음악 지형의 보편적인 지위를 획득하는 통합성을 동
시에 지닌다. K-pop은 그런 점에서 일정한 산업적 자생성과 문화적 파
급효과를 전제로 한 것이다. 신현준의 지적대로 K-pop은 "한국의 음
악산업을 통해 생산되고 일본을 비롯한 동아시아 권역에서 소비되는
대중음악 및 그와 연관된 문화를 포괄적으로 지칭하는 국제적 고유명
사"[1]로 불릴 법하다.

한국 대중음악이 'K-pop'이라는 국제적 기호로 번역되는 데는
1990년대 말 아시아에서 불기 시작한 이른바 한류 붐이 큰 몫을 차지한
다. '클론', 'HOT', '안재욱', '베이비복스' 등이 중화권 국가들에서
인기를 얻고, 이어 보아가 일본에 성공적으로 진출하면서 K-pop은 한
류의 전위대로 한류의 중요한 구성요인으로 일컬어졌다. K-pop은 그
것이 소비되는 지역적인 특성상 혼종화된 성격을 가질 수밖에 없다.

K-pop의 혼종화는 소비 과정만이 아니라 이미 제작 과정에서 드
러나는 문제다. 음악적인 스타일이나 멜로디의 구사방식, 가사의 내용
등을 따져보면 한국적인 팝 음악은 미국의 팝 음악이나 일본의 팝 음악
에서 많은 영향을 받았다. 한류의 구성요소로서 K-pop의 혼종화는 그
생산과 소비의 원천에 '일본화'와 '미국화'의 원리를 내장하고 있는 것
이다. K-pop이 과연 자생적인 정체성을 갖고 있는가 하는 의문 속에는
'일본화'된 K-pop과 '미국화'된 K-pop에 대한 회의감이 자리 잡고
있다.

---

1) 신현준, 「K-pop의 문화정치학 : 가요 민족주의로부터 팝 아시아주의 속으로」, 『아시아 대
　중문화연구 국제 세미나 서울 2005』 세미나 자료집, 2005년, 1쪽.

그런데 K-pop을 제작하는 한국의 기획자들은 K-pop이 일본 팝 음악과 미국 팝 음악의 아류라는 지적에 동의하지 않는 경우가 많다. 그들은 대체로 한국적 팝 음악이 독자적인 제작 시스템과 매니지먼트 시스템에 의해서 작동되고 있고, 일본 팝 음악과 미국 팝 음악을 적절하게 차용해서 독자적인 음악적인 스타일을 창조해냈다는 주장을 펼친다. 이들에게 K-pop은 아시아에서 일본의 J-pop과 차별화되고, 1980년대 J-pop의 전성기를 대체하는 자생성이 있음을 강조한다. 한국적 팝 음악이 가진 힘과 강한 멜로디, 그리고 춤 추기 좋은 리듬이 다른 음악과 한국적 팝 음악을 차별화시키는 원리라고 말하기도 한다. K-pop의 구별짓기의 논리는 K-pop이 아시아 국가 내의 다른 팝 음악과 공생하기보다는 경쟁하고 협상하는 일종의 '문화적 우세종' 임을 선언하는 것이다.

> K-pop은 '지역화된 지구문화' 라는 일반적 성격을 넘어 아시아 역내 문화교통의 주요 구성요소로 편성되고 있는 것이다. 그렇다면 역내 문화교통의 부지(site)에서 대화와 경쟁과 협상을 통해 한국인의 정체성의 변형, 혹은 재작동이 현 단계에서 K-pop의 문화정치의 핵심일 것이다.[2]

최근 보아와 비의 성공은 이러한 '문화적 우세종' 으로서 K-pop을 선전하는 데 가장 효과적인 예증이 되었다. 보아와 비의 성공은 음악적인

---

2) 같은 글, 9쪽.

자생성이나 영향관계에 대한 성찰 없이 한국적 팝의 기획과 제작수준, 뮤지션의 역량, 문화자본의 위력으로 이행하면서 오히려 국가 간의 구별짓기를 더욱 명확하게 한다. K-pop의 아시아 붐을 낳은 당사자로서 비는 '음악적 스타일의 탈국가적 혼종화'와 '국가 정체성의 구별짓기'라는 배치된 주체성을 가진다.

그렇다면 탈국가적 혼종화로서 비의 음악 스타일은 어떻게 말할 수 있을까? 비의 음악 스타일은 제작자인 박진영의 영향이 절대적이다. 박진영의 음악은 기본적으로 흑인음악의 리듬과 스타일을 기본으로 한다. 박진영은 미국에서 프로듀서로 인지도를 높인 후에 한국의 라디오 방송과 가진 인터뷰에서 자신의 음악의 뿌리는 1950년대 말에 시작한 '모타운 레코드'(Motown Record)에서 비롯되었다고 언급했다. 알다시피 '모타운 레코드 사'는 소울과 블루스 사운드를 바탕으로 흑인음악의 대중화를 이끈 가장 막강한 음악 레이블 회사다. 마빈 게이, 스티비 원더, 다이애너 로스, 마이클 잭슨, 라이오닐 리치와 같은 시대를 풍미한 흑인음악가들은 대부분 모타운 레코드 사 소속이었다. 비의 음악을 작곡, 작사, 제작하는 박진영의 음악적 스타일이 비의 음악에 가미되는 것은 어쩌면 당연한 것일 수 있는데, 박진영은 자신의 펑키한 음악적 사운드와는 다르게 비의 경우에는 모타운 소속 뮤지션들의 음악적 원류인 소울리듬에 힙합적인 비트를 부여한다.

비의 음악, 가령 그의 히트곡인 「나쁜 남자」, 「태양을 피하는 방법」, 「I DO」와 같은 곡들은 기본적으로 소울 리듬을 바탕으로 블루스와 힙합적인 요소들을 가미하고 있다. 모듈레이션이 강한 리듬앤블루스와 댄서블한 힙합이 대세를 이루고 있는 한국적 팝의 주류 형식에서 벗어나 비의 음악적인 원천은 흑인 소울 음악에 토대를 두고 있다. 따라서 K-pop의 유행형식으로서 비의 음악은 흑인 소울 음악의 한국적인 변형, 특히 그루브한 비트가 가미된 힙합적인 사운드를 접목하면서 한국적인 팝 음악으로 변형한 사례다. 비의 음악은 J-pop에 많은 영향을 받은 보아와는 다르게 일본화된 팝 음악의 영향을 받지 않고, 곧바로 미국의 주류 팝을 한국적으로 변형했다. 아시아 음악 팬들이 비의 음악을 낯설어하지 않고, 동시에 미국 팝의 전형으로 동일시하지 않는 이유는 비의 음악이 바로 미국의 주류 팝 형식을 차용해서 한국적인 음악으로 번역해냈기 때문이다.

K-pop의 성격은 바로 글로벌한 음악을 국지적으로 변형하는 데 있고 아시아 음악 팬들은 국지화된 글로벌 음악을 새로운 문화 컨텐츠로 소비하는 것이다. 비를 포함해 K-pop의 음악적 생산과 소비는 다른 맥락을 가지고 있다. 음악과 연예 컨텐츠의 생산이 '글로벌한 국지화'를 지향한다면, 그것의 소비는 '국지적인 글로벌화'를 형성한다. 그렇다면 K-pop의 혼종화의 흐름에서 비는 어떤 미래를 갖고 있을까?

비의 음악적, 문화적 정체성을 한마디로 언급한다면 범아시아적인 글로벌한 팝스타이다. 범아시아적이라는 말과 글로벌이라는 말은 어찌 보면 모순적인 것 같지만, 아시아의 문화지형 자체가 글로벌한 소비문화에 편입되고 있고, 비의 음악 스타일이 아시아적인 정서를 강력하게 표현하는 것이 아니기 때문에 그 맥락을 따져보면 모순적이지 않다. JYP 엔터테인먼트는 현재 2~3년 사이에 비를 아시아 팝스타에서 글로벌 팝스타로 키우려는 야심찬 기획을 준비하고 있다. 비가 아시아를 넘어 글로벌 팝스타로 성장하기 위해서는 아직 넘어야 할 산이 많다. 무엇보다도 비가 미국 팝 시장에 진출하는 것은 음악적인 영역에서나 가능하기 때문에 언어적인 장벽을 넘어야 하고, 보컬 능력이나 동시대 흑인음악의 트렌드를 무리 없이 소화할 수 있는 감성적인 동화가 이루어져야 한다. 아직까지 솔로 남자가수가 미국 팝 시장에서 성공한 사례가 없기 때문에 본받아야 할 전례도 없는 상황인 데다, 전세계 대중음악의 트렌드가 경합을 벌이고 있는 미국 음악시장에서 한국적인 월드뮤직이 아닌 동시대 미국 팝 음악을 무기로 성공할 수 있는 여지는 많아 보이지 않는다. 지난번 뉴욕 공연 역시 글로벌한 뮤지션으로 미국 팝 음악 시장에 진출하는 데 있어 가능성도 보였지만, 아직 해결해야 할 음악적, 문화적 난제들이 고스란히 드러났다.

일각에서는 비의 성공이 아시아 권역 내에서는 가능할지는 몰라도 미국이나 유럽의 팝 음악 시장에서는 불가능할 것이라는 진단을 내리고 있는데, 이것이 전혀 근거 없는 주장은 아니다. 비의 스타일이 아시아 권역에서는 매력적일지는 몰라도 서양 연예시장에서는 매력적이지 않을 수 있기 때문이다. 또한 중국과 동남아시아의 성장으로 아시아 연예산업 시장이 그 자체로 거대한 문화자본을 형성하게 되면, 굳이 미국의 팝 음악 시장에 전력할 필요성을 느끼지 않을 수도 있다.

물론 비의 제작자인 박진영이 현재 미국의 유명 뮤지션들과 음반 작업을 하고 있는 상황이 비의 탈아시아적인 성공을 가능케 할 수 있는 좋은 조건이기는 하다. 박진영이 지난 3~4년간 미국 주류 팝 음악 시장에서 쌓아올린 신뢰를 바탕으로 적극적으로 프로모션을 할 경우 다른 아시아 뮤지션들이 접근하기 어려운 네트워크와 노하우를 지원받아 아시아 팬들을 위한 시장 공략의 첨병 역할을 할 수도 있다. 또한 1990년대 중반 미국 팝 음악 시장이 불황일 때, 라틴아메리카 뮤지션들을 적극적으로 발굴해서 미국 내 혹은 전세계 라틴계 소비자들을 움직이게 했듯이, 미국의 아시아인들과 중화권 소비자를 위해 비를 미국 팝 시장에서 마케팅할 수 있는 여지도 많이 남겨두고 있다.

음악적인 역량과 소통가능성에 대한 검증 이전에 '비'의 문화적, 마케팅적인 배경은 한국의 어느 뮤지션보다도 유리한 것이 사실이다. 비가 한국 뮤지션이라는 것에 무게를 크게 두지 않는다면, 그는 탈아시아화하는 동시대 남성 뮤지션들 중에서 가장 강력한 경쟁력을 갖추고 있다. 다만 그의 성공 전략에서 필요조건이 아닌 충분조건을 찾으려면 음악적인 역량과 언어적인 역량을 쌓는 것이 관건이다. K-pop의 탈국가적, 탈아시아적 전망도 사실 이 조건이 절대적이다. 또한 K-pop이 성공하기 위해서는 기획 마인드의 수준을 넘어서 음악의 유통과 배급, 제작의 인프라 구조가 튼튼하게 뒷받침돼야 한다. 비는 이러한 K-pop 의 미래를 가늠하는 중요한 문화적 아이콘이다.

12장 _ 월경(越境)하는 아시아 도시 공간과 동요하는 문화지리

1. 아시아 거대도시의 이중성― '개념도시'와 '보행도시'

중국 상하이 하얏트 호텔 88층 스카이라운지에서 초고층 빌딩이 즐비하게 솟아 있는 도심의 야경을 보면, 상하이는 영락없이 초국적 자본주의의 메카로 군림하는 듯하다. 푸동 강(浦東江) 주변에 밀집한 다국적 기업들의 글로벌 브랜드가 발산하는 전자 스펙터클은 이곳이 과연 사회주의 국가의 심장부인지를 의심케 한다. 아시아 도시 경관의 급격한 변화와 반전은 비단 상하이만 해당되는 것은 아닐 터이다. 홍콩 빅토리아 섬에서 목격할 수 있는 초고층 빌딩 숲의 네온사인은 미래도시를 연상케 하고, 싱가포르 도심에 밀집한 다국적 쇼핑몰의 위용도 국적과 종족을 월경하는 아시아 도시인들의 혼종된 라이프스타일을 보여준다.

초고층 빌딩에서 바라보는 도심의 전경은 하나의 거대한 스펙터클로 개념화된다. 도시가 하나의 스펙터클한 이미지로 다가올 때 그것은 하나의 개념도시가 된다. 프랑스의 문화연구자 미셸 드 세르토는 현대도시의 형상을 개념도시와 보행도시로 구분한다. 개념도시는 멀리서

푸둥 하얏트 호텔 스카이라운지에서 보이는 상하이 야경

도시를 파노라마적으로 훔쳐보는 자들의 것이며 도시계획자들이 기획하고 관리하는 원형감옥적인 공간을 의미한다.[1] 말하자면 최첨단 고층 빌딩에서 도시 전체를 내려다볼 때, 하나의 추상적이고 단일한 형상으로 각인된 도시를 말한다.

반면 위에서 아래로 내려다보는 도시의 상이 아니라 도시의 곳곳을 걸어다니며 초고층 빌딩에서는 발견할 수 없는 도시의 생생한 실재성이 감지되는 것은 '보행도시'라 할 수 있다. 소쉬르의 언어학의 공식대로 개념도시가 랑그(langue)라고 한다면, 보행도시는 파롤(parole)이라 할 수 있다. 보행도시는 조망하는 자의 것이 아니라 걷는 자의 것

---

1) Michel De Certeau, *The Practice of Everyday Life,* University of California Press, 1984, p. 96.

이다. 걷는 자는 도시라는 개념적 텍스트를 읽을 수는 없지만, 그들 자신이 도시를 쓰는 행위에 참가한다. "높은 곳에서 내려다보았을 때, 눈에 의해 생기는 상상적 전체화를 피할 때, 일상성의 기묘한 무엇이 감지된다."[2] 가령 베이징이나 상하이의 초현대적 빌딩 숲 이면에 숨겨진 허름한 골목과 페인트가 벗겨진 건물들, 그 공간에서 일상적으로 생활하는 많은 대중들은 도시를 개념이나 스펙터클로 보지 않고, 생생한 삶의 텍스트로 전유한다.

걷고 스며들면서 체감할 수 있는 보행도시로서 아시아의 도시공간은 자본과 금융의 원활한 거래지인 개념도시의 공간과 충돌하고 협상한다. 이는 아시아의 거대도시화가 상업적, 금융적 명성을 얻기 위한 경쟁을 표상하지만, 그러한 도시들 틈을 걷고 교통하는 아시아인들의 횡단은 거대 도식들의 '수직적 요새화'에 균열을 일으키는 행동을 보인다. 이제 아시아의 거대도시들은 아시아인들의 자유로운 소통을 통해서 보행도시의 잠재성을 표출한다.

1980년대까지 아시아 도시들은 냉전의 벽과 현격한 경제 격차로 동시대적인 감수성을 공유하기가 어려웠다. 도쿄와 베이징, 베이징과 서울, 자카르타와 상하이, 도쿄와 콸라룸푸르 사이의 자연스러운 교통과 그로 인한 일상적인 삶의 공유체계는 그다지 많이 발견되지 않았다. 한국의 지리적 상상계에서 베이징은 사회주의 국가를 대표하는 냉전도시일 뿐이고, 도쿄는 한일 간 식민지 앙금으로 가깝고도 먼 도시였으며, 콸라룸푸르나 자카르타는 건설업자들이나 왕래하는 일종의 산업

---

2) 같은 책, 97쪽.

플랜트 도시였고, 방콕과 마닐라는 몇몇 가부장 남성들의 보신관광지로 인식되고, 홍콩과 싱가포르는 무역을 위한 비즈니스맨들의 거래처로 여겨지는 것이 일반적이었다. 한국에서 해외 여행자유화가 완전하게 이루어진 것도 1988년 서울 올림픽이 끝난 이듬해인 1989년이다. 냉전 체제가 지속되고, 문화권역의 블록화가 잔존하며, 도시 간 경제적 격차가 확연했던 1990년대 이전까지 아시아 대도시에 살고 있는 사람들은 각자의 필요에 의해 제한적으로 교통했을 뿐, 일상적인 소통을 하지는 못했다.

그러나 아시아 도시들은 점차로 아시아인들의 왕래를 통해 냉전의 그림자를 걷고 문화적으로 권역화한다. 많은 아시아 대중들이 아시아 도시들을 여행, 비즈니스, 유학, 연구와 같은 목적으로 다양하게 왕래하면서 아시아 내 도시 문화들의 특이성을 공유하기 시작했다. 2004년 일본 국토교통성 종합정책국의 자료에 의하면 2002년을 기준으로 일본으로 여행하는 관광객 중 아시아 국가 인구는 전체 관광객의 65.2퍼센트인 340만 명이나 되며[3], 2002년 기준으로 중국으로 여행을 가는 한국인과 일본인들은 각각 220만 명과 270만 명이나 된다. 중국인 해외여행자는 2002년 기준으로 1,600만 명이나 되며, 이 중 70퍼센트 이상이 아시아 국가로 여행을 한다.[4] 아시아 도시들은 유럽연합의 도시들

---

3) 방일 외국인 여행자 비율(2002년)을 순위대로 정리하면 다음과 같다.
  ① 아시아 65.2퍼센트(3,417,774명) : 한국 24.3퍼센트, 타이완 16.8퍼센트, 중국 8.6퍼센트, 홍콩 5.5퍼센트 등.
  ② 북아메리카 17.1퍼센트(893,971명) : 미국 14퍼센트, 캐나다 2.5퍼센트 등.
  ③ 유럽 12.8퍼센트(671,495명) : 영국 4.2퍼센트, 독일 1.8퍼센트, 프랑스 1.7퍼센트 등.
  ④ 오세아니아 3.8퍼센트(200,789명).
  ⑤ 기타 10.0퍼센트(255,186명).
4) http://cafe.naver.com/huangshan/94에서 참고.

처럼 여행비자 없이 완전히 자유로운 왕래를 할 수 없지만, 여행과 비즈니스의 빈도수 면에서는 유럽의 도시들에 버금가는 친밀성을 보이고 있다. 아시아 국가 인구들의 빈번하고 자유로운 이동은 아시아 도시들을 하나의 권역으로 연계할 수 있는 가능성을 열어주었고, 도시 간 역사적 차이는 존재하지만, 동시대적인 격차를 해소하게 만들었다.

글로벌한 아시아 거대도시들은 그 유례가 없을 정도로 상호 교통하고 있다. 그러나 그러한 아시아 대중들의 교통 속에서도 도시는 완전히 문화적 횡단을 허용하지 않는다. '개념도시'로서 아시아 글로벌 도시들은 하나같이 초현대적 위용을 표상하지만, 그러한 스펙터클적 시가성이 밟 딛고 있는 도시이 영土는 서로 다른 역사적, 문화적 맥락들을 의미화한다. 상하이와 홍콩, 싱가포르의 스펙터클한 도시의 이미지는 유사하지만, 각각의 도시 공간의 맥락들은 다른 정체성과 타자성을 가진다. 이 글은 내가 2003년부터 2006년 초까지 아시아 주요 도시들을 현장 관찰기록하면서 받은 인상들을 몇 가지 주제별로 정리한 것이다. 가장 글로벌한 도시 지수를 보여주는 아시아 거대도시들 속에서 아시아의 권역문화는 어떻게 서로 교통하며 자신들을 위치시키는가 하는 주제는 아시아 문화연구의 가장 중요한 연구 주제들 중 하나다.

2. 아시아의 이중도시화, 혹은 중세도시적 요새화

1980년대 이후 아시아 거대도시들은 유럽이나 북미의 도시들보다 더 글로벌하게 변모하고 있다. 특히 고층 빌딩, 대형 쇼핑센터, 초현대적 주거공간의 조성에서 아시아 개발도상국의 기획들은 현실의 조건들을 단숨에 극복하려는 글로벌화를 꿈꾼다. 세계에서 가장 높은 빌딩들은 이제 더는 미국에 존재하지 않는다. 세계 최고층 빌딩은 말레이시아 콸라룸푸르에 있고, 세계 10대 고층 빌딩 중 8개가 아시아에 몰려 있다.[5] 흥미롭게도 1990년대 이후 세계의 초고층 빌딩 중 대부분이 아시아에서 건설되고 있다. 국지적인 장소의 한계를 넘어서려는 도시 프로젝트들은 해당 국가의 선진화의 운명을 짊어지고 있을 정도로 국가의 초일류화를 표상하는 중요한 사업으로 인지된다.

아시아 도시들의 급속한 변용을 가능케 한 가장 큰 요인은 아시아 권역의 탈냉전의 기류와 그 기류에 편승한 세계 자본주의로의 편입이다. 1990년대 초 사회주의 체제가 위기를 맞고, 개혁 개방의 바람이 불면서 중국, 베트남, 몽골과 같은 사회주의 국가들은 냉전의 도시를 비즈니스의 도시로 전환하려고 안간힘을 쓰고 있고, 세계 경제의 변방에 불과했던 아시아 주변부 국가들은 경제부흥의 기치를 내걸면서 이른바 '글로벌 도시'로의 위용을 갖추려는 메트로폴리탄 플랜을 내세우기도 했다. 1990년 초부터 베이징과 상하이의 도심에는 하루가 다르게 대형 고층 빌딩들이 건설되고 있고, 콸라룸푸르나 자카르타와 도심에도 초

---

5) 세계에서 가장 높은 10대 빌딩은 다음과 같다.

빌딩명	도시	높이와 층수	완공연도
타이페이 101	타이페이	508m 101층	2006
페트로나스 타워 I, II	콸라룸푸르	452m 88층	1998
시어스 타워	시카고	442m 108층	1974
진마오 타워	상하이	421m 88층	1998
투 인터내셔널 파이낸스 센터	홍콩	412m 88층	2003
시틱 플라자	광저우	391m 80층	1997
션힝 스퀘어	선전	384m 69층	1996
엠파이어스테이트 빌딩	뉴욕	381m 102층	1931
센트럴 플라자	홍콩	374m 78층	1992
뱅크 오브 차이나 타워	홍콩	367m 72층	1990

고층 빌딩들이 들어서며 제3세계 아시아 저개발 국가라는 오랜 이미지를 벗어버리고자 애쓰고 있다. 동서양 국제 비즈니스의 연계 지점인 홍콩과 싱가포르는 말할 것도 없고 서울과 타이페이도 글로벌 이미지를 강화하는 첨단 글로벌 도시로의 비상을 꿈꾼다. 아시아에서 글로벌 도시는 이제 도쿄로 대변되지 않고 국지적인 도시들로 분화되고 있는 것 같아 보인다.

그러나 아시아 거대도시들은 세계화의 도전에 직면하여 자신의 형상을 너무 급속하게 변형시킨 나머지 도시가 이중화하는 결과를 야기했다. 도시 형상의 안과 밖이 크게 다르지 않은 유럽의 도시들과는 다르게 아시아의 도시들은 근대와 탈근대, 자연과 테크놀로지의 시간적 주름이 충분치 않은 바, 도시의 안과 밖에서 '시간의 차이'가 아닌 '공간의 차별'이라는 억압 구조를 낳는다. 끝없이 솟아 오른 빌딩이 배치된 도심의 순환에서 조금만 벗어나면 아시아의 거대도시들은 끔찍한 슬럼과 불평등한 거주 양식들을 자명하게 드러낸다. 초현대적인 '개념도시'와 불균등한 '보행도시'의 간극은 아시아 거대도시들이 개발 중심의 글로벌 도시로 급성장하면서 나타난 비극이다. '개념도시'와 '보행도시'의 간극은 초고층 빌딩과 재래식 슬럼 골목의 역사를 무화시키고, 도시의 불평등한 실체를 내면화한다. 기든스의 지적대로 불평등의 새로운 역학이 가장 잘 드러나는 곳은 바로 글로벌 도시다. 글로벌 도시의 중앙 상업지구(Central Business District)와 피폐한 도시 내부 지역 간의 관계는 상호 연결된 현상인 것이다.[6]

---

6) 앤서니 기든스, 『현대사회학』, 김미숙 외 옮김, 을유문화사, 2003년 참고.

미국의 마르크스주의 문화이론가 마이크 데이비스 역시 미국 서부의 개발주의에서 보이는 이러한 도시의 이중화 현상을 지적하면서 이를 불평등을 심화하는 도시 요새화로 언급한 바 있다. 도시 속에 또 다른 도시가 존재하면서 도시의 안과 밖, 고급과 저급, 착취 공간과 피착취 공간의 경계가 지금보다 더 분명해지는 비대치성의 성격을 '공간의 이중도시화'로 규정할 수 있다. 마이크 데이비스는 1970년대 로스앤젤레스 도시 재개발의 역사가 지역 간 성장 불균형의 완화라는 도시 재개발의 본래적 함의들을 폐기하고, 어떻게 도심 지역의 이권 세력들의 투자 장소가 되었고, 국제적 금융 투기의 현장이 되었는지를 지적한다. LA 관청가 근처인 '벙커 힐'에 대규모 공공주택 건설이 예정되었지만, 도심 이권자들에 의해 무산되었고, 로스앤젤레스 다저스 구단의 경기장은 유명한 '샤베즈 레인'이라는 빈민촌 자리에 세워졌다. 데이비스는 LA의 퇴락 지구를 부동산 과열 지역과 환태평양 경제의 중요한 금융지역으로 탈바꿈시킨 일련의 변화들은 여전히 제3세계 이민의 급증과 맞물리면서 도시형 착취의 가장 원시적인 형태들을 드러냈다고 말한다. 이는 도시의 발전에는 일정 공간 내에 존재하는 불평등을 더욱 심화시킬 수 있는 조건들이 항상 존재한다는 것을 말해준다.[7]

아시아 거대도시의 이중도시화를 가장 적나라하게 드러내는 곳이 바로 베이징이다. 내가 본 베이징이란 일상공간은 시간의 켜가 서너 겹 포개진 채 공간의 주름들이 서로 뒤엉킨 곳이다. 베이징은 적어도 '일환'(一煥 : 베이징시의 가장 중심 지역을 일컫는 말로, 베이징의 지역은 중

---

7) Mike Davis, "Fortress Los Angeles: The Militarization of Urban Space", ed. Michael Sorkin, *Variations on a Theme Park*, The Noonday Press, 1992. pp. 154~180.

심을 기점으로 해서 1환에서 4환으로 구획되어 있다고 한다) 지역만 놓고 보면 21세기 하이브리드 메트로폴리탄을 꿈꾸는 초현대식 고층 빌딩의 장막이 드리워져 있으면서도, 그 장막을 거둬보면 곧 허름한 회색빛 골목과 키치적인 간판들, 쓰러질 것 같은 집들이 그리 멀지 않은 곳에 붙어 있다. 베이징의 중심가를 돌아보면 일본 도쿄와 뉴욕의 월스트리트를 잠깐 상상하다가도, 잠깐 그 원환에서 벗어나면 1960~70년대 서울 구로동과 가리봉동 공단 지역의 회색빛 초상화가 상상되기도 한다. 거리를 돌아다니는 대부분의 중국 인민들은 포스트모던한 거대자본의 공간들과는 서로 다른 시간 속에 존재하는 사람들처럼 투사되었다가 다시 차와 사선거가 뒤엉키고, 배캐한 새벽의 석던 냄새기 고 끝에 묻어 나오는 뒷길로 접어들면, 그제서야 시간의 제몫을 찾는 이들 같았다. 시공간의 가장 농밀한 압축을 경험하는 베이징은 마치 '매트릭스'의 공간처럼 사람들을 과거와 현재, 미래의 공간을 넘나들게 하고, 현실 공간과 가상 공간을 오버랩시키는 마술과도 같은 곳처럼 보였다.

그래서 베이징의 공간은 중국 인민들의 라이프스타일의 구별짓기가 과연 어떻게 투사되는지를 가늠하기 어렵게 만든다. 거리에서 마주치는 인민들의 라이프스타일은 우리의 경험대로라면 1970년대 이전의 모습을 가지고 있다. 적어도 나에게 인민들은 대부분 머리카락이 떡진 채로(미안하지만 나에게 이른바 저들의 '떡진머리'는 중국의 일상적 라이프스타일을 읽는 도상적인 기호가 되어 버렸다)이발소나 미장원에서 머리를 손질하지 않은 듯한 이른바 '영구머리'로 활보하고, 때가 묻은 누빈 회색 점퍼와 꺼칠꺼칠한 피부에 터덜터덜 걸음을 걷는 사람들로 각인되었다. 그리고 오후 4시쯤이면 유치원이나 초등학교에 다니는 아이들을 데리러 온 부모들로 학교 앞이 북적거리고, 사회주의식 노동의 편

베이징 시내 왕푸징 쇼핑 거리

안함과 무료함, 혹은 나태함이 함께 스며든 이른 저녁의 시간에는 한국 드라마인 「보고 또 보고」 따위를 본 뒤 일찍 잠자리에 드는 사람들이다. 시간을 자본으로 분절하는 데 익숙하지 않은 몸짓들, 작은 사건이라도 흥미롭게 지켜보는 게으른 만보객 같은 표정들, 도시적 라이프스타일과는 거리가 먼 것 같은 목가적 분위기는 어찌 보면 초월적인 중국적 '만만디'의 미학처럼 보인다. 만보객으로서 중국의 인민들은 초현대식 도시공간으로 변모하는 베이징의 공간에 저항하는 태도를 갖기보다는 그 공간에서 이탈하거나 배제된 사람들이다. 그래서 그들은 보들레르의 시에 등장하는 우수에 차고, 미학적인 사람들이 아니다. 거리의 인민들은 적어도 포스트모던한 베이징의 초현대적 공간의 주인공과는 거리가 먼 사람들이다. 그들은 거리에서 3원(한국 돈으로는 450원)짜리 지하철 요금이 비싸, 1원짜리 버스를 타기 위해 무리를 짓는 사람들이거나 그 돈마저 없어 자전거에 몸을 실은 이들이고, 외국 관광객들을 상대로 바가지 요금을 씌우는 장사꾼이나 택시로 10분 거리에 있는 장소를 40분 동안 돌아가는 택시기사처럼 이제 막 자본의 꿀맛을 제 식대로 접수하는 윤리로 얄궂게 살아가는 사람들이다.

그렇다면 베이징의 화려한 대형 백화점에서 일상적으로 쇼핑을 하고, 초고층 빌딩에 근무하고 있는 사람들은 누구일까? 그것이 궁금했다. 베이징의 쇼핑 중심가 '왕푸징'에 모여 있는 초대형 쇼핑몰들은 그 폭과 넓이에서 세계적인 위용을 자랑하고, 거대한 쇼핑 타운을 형성한다. 세계 유명 패션 제품들이 즐비한 수십 개의 거대 쇼핑몰에 몰려온 수만 명의 사람들은 서양식 라이프스타일을 즐기는 듯했다. 과연 이 거대한 쇼핑몰에서 일상적으로 글로벌한 라이프스타일을 즐기는 중국인들은 누구일까? 그곳에도 대부분 중국인들이 살고 있고, 근무하고 있을 텐데, 거리에 만나는 '떡진 머리'와 허름한 회색 점퍼를 입은 인민들과 초고층 아파트에서 살고 있는 중국 화이트칼라와의 라이프스타일의 구별짓기가 어떻게 이루어지는지 모르겠다. 중국에는 이른바 중간지대가 없는 걸까? 1퍼센트의 신상류층과 99퍼센트의 인민들만 존재하는 것일까?

베이징의 공간은 하루가 다르게 변한다. 토지 자체가 국가의 소유인 만큼 베이징 중심가에는 일 년도 안 되어 왕복 8차선 도로가 어렵지 않게 생겨나고, 50층 이상의 고층 건물들 수백 채가 건설되고 있다. 2008년 베이징 올림픽을 위해 베이징 시는 도로, 교통, 주거 환경을 새롭게 바꾸고 있는 중이다. 한 달 전 베이징 시 지도는 베이징의 도심을 읽는 데 더는 도움이 안 될 정도다. 베이징은 기하급수적으로 늘어나는 자동차의 행렬로 낮이건 밤이건 심각한 교통체증에 시달리고 있다. 폭스바겐과 벤츠, 닛산과 도요타, 그리고 가끔씩 현대자동차가 베이징대로를 메우고 있다. 베이징은 지금 세계 자동차 기업의 최대 시장이자, 최고의 격전장이 되었다.

그래서 인민들이 살아가는 일상공간이 베이징의 거대한 공간자본화의 흐름을 따라잡을 수 없는 것은 어찌 보면 당연한 것이다. 일상공간과 그 공간에서 사는 사람들의 라이프스타일은 건물 올라가듯이 그렇게 쉽게 변하지 않기 때문이기도 하다. 일상의 라이프스타일은 시간의 켜를 두고 서서히 변해 간다. 자본주의적 일상의 공간을 일정한 시간의 켜를 두고 수용할 수 없고, 사회주의적 '계획'과 '통계'에 의해 급격하게 일신하고 있는 베이징의 공간에서 일상의 라이프스타일은 항상 사회주의 시절의 잔여적인 유산을 안고 가게 마련이다. '따오반'(불법 음반)의 천국, 자본주의적 교태를 모방하는 어설픈 유흥가, 70년대 '효자동 이발소'를 연상시키는 동네 미용원, 그리고 거리를 뒤덮고 있는 자전거의 물결, 천안문 주변 어느 시장의 뒷골목에서 본 구멍가게 앞에 놓은 공중전화기는 왜 라이프스타일은 주도면밀한 '개방개혁'으로도 일순간에 변화시킬 수 없는 것인지를 보여준다.

2003년 12월 28일 '허우하이'라는 신생 카페촌을 가다 알게 된 손문의 아내 송경령의 집(지금은 기념관으로 변해 일반인들에게 개방하고 있다) 근처 어느 허름한 동네 골목길의 석탄냄새 속에 배어 있을 법한 베이징 인민들의 라이프스타일과 이제 막 자본주의 세계로 달려가고 있는 중국의 포스트모던한 공간변화가 어떻게 공존가능한지에 대해 시간을 두고 좀더 고민하기로 했다. 그러나 한 가지 확실한 것은 베이징은 이제 "세계인민대단결만세"의 붉은 글씨와 모택동의 사진이 걸려 있는 천안문 광장과 자금성으로 대변될 수 없다는 것이다. 베이징은 밤마다 화려한 조명으로 치장하는 현대식 건축물의 위용이 서서히 인민들의 일상의 라이프스타일을 변화시키고 있다. '허우하이' 까페 촌에서 노래를 부르는 무명 가수들은 중국식 만다린 음악을 노래하는 것보다는 외국 팝 음악을 일상적으로 노래한다. 그들이 부르는 만다린 음악도 중국적인 음악이라기보다는 타이완과 홍콩에서 수입된 서양식 칸토팝이 주를 이룬다. 베이징의 외각에 위치한 신생 클럽 거리에는 외국 비즈니스맨들의 문화적 향수를 달래주는 재즈클럽들이 많은데, 최근에는 오히려 중국 인민들을 위한 사교공간이 되었다.

베이징 도시의 라이프스타일은 전근대와 근대, 탈근대의 이미지들이 한데 뒤섞여 있고, 최고급 라이프스타일을 소비하는 중국식 부르주아들과 한 달 급여가 8만 원도 채 안 되는 민공(民工)들의 비참한 삶이 교차되는 혼란스러운 장면들을 연출하지만, 아시아 중심 도시의 건설을 위해 급격하게 글로벌화하고 있다. 아마도 2008년 베이징 올림픽이 글로벌 베이징의 마스터플랜을 세계에 알리는 선언식이 될 것이다. 하루가 다르게 변신하는 베이징의 도심가를 보면, '대중국'이라는 새로운 권역주의를 체감하게 만든다. '중화주의'라는 동아시아의 새로운 권역주의를 만들기 위해 앞을 향해 달려가는 중국의 개혁개방 정책들은 내적으로는 많은 사회경제적인 문제들을 야기시키고 있지만, 멈출 수 없는 대세로 다가오고, 그 전조를 바로 중국식 글로벌 프로젝트의 중심인 베이징의 도심에서 느낄 수 있다.

물론 베이징의 도시는 도쿄와 다르고 서울과 다르며, 뉴욕이나 파리와도 다르다. 전력이 안정적이지 않은 상황임에도 베이징의 도심은 현대식 고층 빌딩들이 뿜어대는 네온사인으로 화려한 야경을 연출한다. 베이징 도심의 네온사인은 중국의 건축양식을 가미한 초현대식 건물들의 이미지와 함께 중국식 글로벌 문화형식들을 감지하게 한다. 베이징이 사회주의 도시인가, 아니면 자본주의 도시인가 하는 질문은 이제 베이징은 중국식 글로벌 도시인가, 서양식 글로벌 도시인가로 바뀌어야 할 상황이다. 베이징은 여전히 완전한 자본주의적 시스템을 갖춘 도시는 아니다. 극심한 교통체증, 심각한 공해, 극심한 경제격차, 개발과 미개발 공간의 현격한 간극 등은 베이징을 선진화된 도시로 정의하기 어렵게 한다. 그러나 끝없이 올라가는 고층건물들의 위용은 어느 순간엔가 오랫동안 유지되었던 전근대적 삶, 비자본주의적 삶을 순식간에 지워버릴 최면효과를 발산하는 듯하다. 베이징의 유토피아와 디스토피아는 마치 마셜 버먼이 근대성의 충격을 두고 말한 "단단한 모든 것은 공기 속으로 사라지는" 딜레마를 안고 있어 보인다. 베이징은 아직도 무엇이 유토피아이고 무엇이 디스토피아인지를 혼란스럽게 하지만, 한 가지 분명한 것은 베이징은 지금 세계에서 가장 빠르게 글로벌화를 위해 달려가고 있다는 점이다.

베이징의 이중도시화는 결국 부르주아 관료 대 민공, 상류층과 노동자 계급, 테크노크라트와 반숙련 노동자들의 공간을 구별지으면서 도시를 중세적으로 요새화한다. 신자유주의 시대 거대도시의 가장 큰 특성 중의 하나가 도심의 양극화 현상이고 이로 인한 '중세도시화' 이다. 말하자면 소득의 극심한 불균등으로 거주지역들이 양극화되면서 전지구는 생존 가능한 공간만 살아남고 나머지는 황폐해버리는 '중세식 요새'로 변형될 것이라는 전망이 지배적이다. 마치 「토탈리콜」, 「저지 드래드」, 「로보캅」과 같은 SF 영화에서 볼 수 있듯이 최첨단의 테크놀로지 도시공간과 지하의 어둡고, 습하고, 쓰레기 더미의 황폐한 공간으로 양극화되는 것이 도시의 중세적 요새화 현상이라고 할 수 있다.

글로벌 시대 도시는 이렇듯 중세 시대와 유사한 속성들을 공유하는 측면이 많다. 중복되는 관할 영역을 지배하는 기구들(국가, 체제, 초국가적 네트워크 등) 간의 경쟁이 심화되고, 영토적인 경계가 유동적이게 되며, 커뮤니케이션 정보, 기술 자원의 핵을 보유한 글로벌 도시와 천대받는 배후지 간의 소외와 갈등이 증폭되는 현상들이 중세도시의 상과 유사하다.[8] 베이징의 사례들은 그러한 글로벌 도시들의 양극화 현상, 이중도시화 현상들의 불길한 징후들을 강하게 감지하게 한다.

3. 동요하는 글로벌 도시의 정체성― '자본'의 영토와 '민속'의 영토

21세기 아시아 거대도시들의 변용 중에서 우리가 또 한 가지 눈여겨 볼 점은 탈냉전 시대 아시아 도시들이 어떤 정체성의 동요를 겪고 있는가 하는 점이다. 탈냉전 기류가 가시화되면서 이른바 아시아 내 사회주의 국가들의 도시들은 개혁개방을 서둘렀고, 이로 인해 사회주의 도시는 자본에 의한 난개발과 체제에 의한 통제라는 정체성 동요를 겪고 있다. 탈냉전의 여파로 아시아 국가들에서는 베이징과 하노이가 가장 극심한 정체성의 동요를 겪고 있었지만, 1997년 홍콩이 중국에 반환된 이후 홍콩이라는 영토만큼 자본과 민족 사이의 정체성의 동요가 심하게 일어난 곳도 없을 것이다. 홍콩은 아시아에서 가장 글로벌한 자본주의적 영토성을 갖고 있는 바, 홍콩의 자본의 특성이 중국으로의 반환이 갖는

---

8) 강홍렬, 『메가트렌드 코리아―21세기 우리 앞의 20가지 메가트렌드와 79가지 미래 변화』, 한길사, 2006 참고.

탈식민적 의의를 압도하기에 충분했기 때문이다. 홍콩 시민들은 글로벌한 홍콩의 과거와 탈식민적인 홍콩의 현재 사이에서 심한 정체성의 동요를 겪는다. 많은 홍콩 시민들이 차라리 영국의 조차지로 유지되기를 바란 것도 바로 글로벌 자본이 민족의 정체성을 압도한 데 따른 결과라 할 수 있다. 홍콩의 정체성의 동요를 어떻게 보아야 할까?

2005년 10월 6일 밤 '비'의 홍콩 공연을 현장 관찰하기 위해 홍콩 첵랍콕 국제공항에서 내려 지하철로 홍콩역에 도착한 후 다시 택시로 숙소인 '르네상스 하버 뷰 호텔'로 가는 내내 심한 굴곡과 하늘을 향해 뻗어 있던 스카이웨이 도로들은 내 앞에 펼쳐진 초현대식 고층 건물 숲들과 고도차가 현저한 홍콩의 지형적 특성과 어우러지면서 스펙터클한 롤러코스터를 연상케 했다. 도심의 굴곡진 스카이웨이를 시속 1백 킬로미터로 질주하는 택시 기사의 거친 운전 속에서 라디오에서 들려오는 낯익은 광동어 뉘앙스를 들으며 이곳이 바로 열혈남아들이 활개를 쳤던 「영웅본색」과 「첩혈쌍웅」의 고향임을 실감한다.

택시를 타고 몇 분이 흐르자 홍콩 섬이 시야에 들어오고 거대한 초고층 빌딩이 내뿜는 형형색색의 네온사인은 글로벌한 홍콩의 위용을 그대로 발산한다. 홍콩의 고층 빌딩 숲의 야경은 서양보다 더 서양적인 글로벌한 동양의 결절점(nodal point)으로 투사된다. 유럽과 동아시아의 글로벌 전경(landscape)의 결절점인 홍콩 섬 빌딩 숲의 밤은 1950년대 금사향의 「홍콩의 아가씨」에서 느껴지는 낭만적 정취가 느껴지기보다는 동서양을 넘나드는 글로벌 자본의 위대한 각축장처럼 보인다. 세계의 모든 초국적 금융자본, IT 자본, 자동차·전자 자본, 그리고 미디어 자본이 몰려 있는 홍콩은 160여 년 전 아름다운 동양의 '향항'(香港)에서 초국적 자본이 향하는 '향항'(向港)으로 변모되었다.

심야에 구룡만 '홍콩문화센터' 앞 '연인의 거리'에서 홍콩 섬을 바라보는 야경은 세계에서 가장 아름다우면서도 가장 인공적인 글로벌 도시의 자화상을 뿜어낸다. 홍콩은 일본의 하코다테, 이탈리아의 나폴리와 함께 가장 아름다운 야경을 가진 3대 도시 중 하나다. BBC는 2005년에 세계에서 가장 아름다운 5대 도시로 뉴욕, 베네치아, 시드니, 라스베가스와 함께 홍콩을 선정하기도 했다. 홍콩의 야경은 빌딩의 조명과 네온사인, 그리고 기하학적인 빌딩의 고밀도로 마치 스펙터클한 SF 영화의 거대한 세트장처럼 보인다. 홍콩 섬의 빌딩들을 아무 생각 없이 보고 있으면 어느 순간 이 야경이 한눈에 들어오면서 망막에 찍힌 영화 세트의 스틸 사진처럼 변한다. 홍콩의 랜드마크를 자처하는 '뱅크 오브 차이나 타워', 'HSBC 빌딩', '중국 상하이뱅크'와 같은 초현대식 금융 빌딩들의 위용과 소니, 파나소닉, 삼성, LG와 같은 글로벌 아시아 기업들의 거대광고판을 보고 있으면, 세계의 경제가 다시 아시아로 귀환하고 있음을 감지하기도 한다.

홍콩의 야경에 대해 보는 사람마다 다르게 반응할 수 있겠지만, 홍콩만큼 이렇듯 스펙터클한 경관을 집약적으로 보여주는 도시는 많지 않다. 더욱이 홍콩 섬의 글로벌 경관은 아시아의 대표적인 글로벌 도시인 도쿄, 상하이, 서울, 그리고 싱가포르보다 훨씬 초국적이다. 그러나 이러한 초국적인 경관은 '계획된' 인공적인 미와 그 대가로 희생시킨 '도시생태' 위기를 고스란히 안고 있다. 홍콩의 야경은 사실 홍콩의 문화관광정책의 일환에서 비롯되었다. 홍콩 자치주는 홍콩 섬의 빌딩들이 밤에 네온사인을 켜놓으면 오히려 전기세를 할인해주고, 각종 부과 혜택을 부여한다. 그리고 주변 빌딩들 간에 동일한 색깔의 네온사인을 하지 못하도록 강제하기도 한다. 대부분 빛에 반사가 잘 되는 유리창을 사용하는 홍콩 섬의 빌딩들은 초국적 비즈니스의 전투장이면서도 다국적 관광객을 위한 훌륭한 '문화유산'으로 활용된다.

낮에는 비즈니스 효과, 밤에는 관광 효과를 만들어내는 홍콩 섬의 경관은 말 그대로 '화상'(華商)의 위력을 보여주지만, 불행하게도 유럽의 건축물에서 느낄 수 있는 시각적 생태감을 상실해버렸다. 인공적인 도시 경관은 테마파크와 같은 화려함을 전달해주지만, 쉽게 시각적인 피로감을 갖게 한다. 그리고 밀집한 초고층 빌딩 숲으로 자연스런 공기의 흐름이 차단되고, 도심 내 매연을 빨아들이는 통로들이 차단되면서 심각한 공기오염을 가져온다. 홍콩 섬 도심을 한 시간 이상 걸어다니면 숨이 답답해지는데 이것은 아마도 확 트인 시야를 확보할 수 없는 시각적인 답답함만이 아니라 밀집한 고층 빌딩으로 자연스러운 공기소통이 차단되고 자동차 매연이 심해서인 것 같다. 신기하게도 홍콩 섬 빅토리아 시 도심에는 나쁜 공기를 정화시켜줄 수 있는 가로수를 거의 찾아볼 수 없다.

너무 비약된 상상일지 모르겠지만, 홍콩의 화려한 외관과 답답한 내관의 이중성은 오늘의 홍콩이란 공간의 이중적인 딜레마를 보는 것 같다. 1997년 홍콩이 중국에 반환됨으로써 가시화된 홍콩의 정체성 혼란은 서양적인 삶의 양식과 동양적인 유산의 혼란, 자본주의적 삶에서 사회주의 체제로의 이행의 혼란을 안고 있다. 홍콩의 지역성, 국지성은 어디에서 확보되는 것일까? 대영제국의 조차지의 식민지성을 걸어내고 '대중화'(Great China)의 민족성을 회복하는 것을 통해? 아니면 홍콩의 경제적 실익 확보를 통해? 아니면 영국적이지도 중국적이지도 않은 홍콩만의 민주주의 구축을 통해?

이러한 질문에 답하기 위해 나는 홍콩의 정치적, 문화적 '자기 글

'쓰기'를 통한 정체성의 탐구를 시작하겠다. 주지하다시피 홍콩은 영국의 조차지가 되기 전까지는 청나라의 이름 없는 변방에 불과했다. 1843년 6월 26일에 영국은 홍콩 섬을 중국으로부터 할양받았고, 1860년에는 주룽(九龍) 반도, 1898년에는 신제(新界) 지역을 할양받으면서 1997년까지 지배했다. 홍콩은 제2차 세계대전 이후 유럽과 아시아를 잇는 무역과 금융의 거점으로 성장하면서 아시아에서 제일 먼저 글로벌한 지위를 누렸다. 1945년에 65만 명에 불과하던 인구는 1960년에는 3백만 명으로 늘어났고, 1960년대 말 중국 본토에서 문화혁명이 일어났을 때 홍콩으로 넘어온 중국본토인들로 인해 1970년대 초에는 인구가 급증하기도 했다.[9]

홍콩은 영국의 조차지였지만 애초부터 중국 본토의 정치적, 경제

---

9) 제2차 세계대전 이후 홍콩의 정체성의 변화과정을 정리해보면 다음과 같다.

단계	시기	성격	특성
제1단계	1949~1967	두 개의 중국으로 분열	1949년 국가주의자와 공산주의자의 분열이 홍콩의 국가정체성의 전쟁터가 되는 데 전환점이 됨. 1966~67년 문화혁명기에 절정. 자유무역시장, 계급-기반사회, 대중문화의 등장.
제2단계	1967~1984	자율적인 홍콩 정체성의 도래	문화혁명의 영향. 물질적 발전으로 방향전환. 정치적 무관심으로 인해 국가적 정서가 쇠퇴. 거대자본주의가 투자하는 미디어 중심의 대중문화가 융성.
제3단계	1984~현재	홍콩의 중국반환 결정	1984년에 1997년 홍콩 반환 발표. 문화적 위기를 촉진. 홍콩인들은 공유된 가정이나 가치를 지닌 사람으로서 정체성을 가지지 않는다.

Allen Chun, "Discourses of Identity in the Changing Spaces of Public Culture in Taiwan, Hongkong and Singapore", *Theory, Culture & Society*, Vol. 13, No. 1, 1996, 참고.

적 변화에 민감하게 대응할 수밖에 없는 중화문화권 영토에 속한다. 자유로운 자본주의 무역 거래가 일상적으로 이루어지고, 전세계에서 몰려든 초국적 금융자본이 각축을 벌이는 홍콩이지만, 사실 무역의 3분의 1을 중국과 거래하고 인구의 99퍼센트가 화교로 구성된 '중화 정체성'을 분명히 갖고 있다. 1997년 홍콩의 중국 반환은 홍콩의 영토가 중국의 것임을 최종적으로 확증한 예식이었다. 그것은 또한 중화주의, 혹은 '대중국'의 마스터플랜의 첫번째 예식이기도 했다.

그러나 홍콩의 정체성은 이렇게 중화적 정체성으로 단정하기에는 많은 기회의 변수와 의미의 공백이 있다. 홍콩의 정체성은 영국적인가, 아니면 중국적인가, 아니면 홍콩 그 자체인가 하는 질문은 쉽게 답을 내리기 어렵다. 오히려 홍콩의 정체성은 홍콩이 '중국 홍콩 특별행정구'(Hong Kong Special Administrative Region of China)로 개명하면서 더 혼란스러워진 듯하다. 영토상으로는 중국에 속하지만, 이양된 홍콩은 더 극심한 정체성의 결핍을 경험했다.

홍콩 정체성의 결핍의 근원은 무엇일까? 이를 이해하기 위해서는 중국 반환으로 시작된 홍콩의 탈식민성(postcoloniality)에 대한 탐구가 필요하다. 미국 브라운 대학교의 홍콩계 지식인인 레이 초우 교수는 홍콩의 탈식민성은 모국으로 강제로 반환된 탈식민성으로 정의한다. 그녀는 1997년 이후 홍콩은 중국 토착주의에 복종할 수도 없고, 영국 식민주의에도 복종할 수 없는 이중의 불가능성을 가진다고 말한다. "홍콩의 탈식민지적 현실은 다른 피식민 국가에서는 반식민 저항의 강력한 토대가 되는 토착문화 회복의 가능성이라는 모든 환상을 삭제시킨다"[10] 홍콩 대학교 비교문화학과 교수인 왕샤오잉은 홍콩의 후식민성을 저항 없는 탈식민화로 규정한다. 그는 "홍콩은 사이드가 『문화와 제국주의』

에서 논한 것과 같은 식민지와 저항을 통한 탈식민화의 일반적 상태를 공유하지 않는다. 즉 홍콩의 역사에서 민족 해방을 위한 무장 투쟁이나 국가 정체성의 확증을 위한 투쟁은 거의 찾아보기 힘들다"[11]고 말한다.

저항 없는 탈식민성이라는 홍콩의 정체성은 어떤 결핍을 낳았을까? 이에 대해 레이 초우와 왕샤오잉은 서로 다른 입장을 피력한다. 초우는 홍콩의 중국 반환이 중국의 정체성을 다시 쓰게 하지만, 그것이 홍콩의 자기-쓰기는 아니라고 본다. 중국이 홍콩을 통해 영토적 적실성을 회복했다고 해서, 홍콩 자신의 문화적 추동력을 재소유했다고 볼 수는 없다고 한다. 반면 왕샤오잉은 홍콩 정체성의 결핍은 자본주의적 발전을 위한 영국과의 전략적 동일화에서 비롯되었다고 말한다. "상업적 공동체 망명지"로서의 홍콩의 정체성은 경제적 이해관계로부터 분리될 수 없다는 것이 그가 강조하는 바다.

홍콩의 정체성은 레이 초우가 언급한 대로 "경제주의"와 "민주주의"의 경계에서 여전히 혼란을 거듭하고 있다. 경제적 이익을 우선할 것인가, 민주주의의 자율성을 우선할 것인가 하는 문제는 에르니가 말한 대로 주체적이고 방향을 상실한 홍콩의 "경계에 서 있는 후식민성"(liminal postcoloniality)을 그대로 보여준다.[12] 탈식민화와 재국가화 사이에 놓여 있는 홍콩은 망명적이지만, 제대로 분명하게 도망가 본 적

---

10) Rey Chow, "Between Colonizers: Hong Kong's Postcolonial Self-Writing in the 1990s", *Ethics After Idealism: Theory-Culture-Ethnicity-Reading*, Indiana University Press, 1998, p. 151.
11) Wang Xiaoying, "Hong Kong, China, and the Question of Postcoloniality", *Postmodernism and China*, ed. by Arif Dirlik, Duke University Press, 2000, p. 90.
12) John Nguyet Erni, "Like a Postcolonial Culture: Hong Kong Re-Imagined", *Cultural Studies*, Vol. 15, No. 3, 2001, p. 391.

도 없다.[13] 홍콩의 탈식민적 정체성은 이렇듯 경제주의와 민주주의를 양립하게 만들기보다는 부재하게 만들고, 그래서 압바스의 지적대로 스스로 자신을 사라지게 만든다.[14]

홍콩 정체성의 부재는 완전히 영국적이지도, 완전히 중국적이지도 않은 문화적 정체성의 이중부정과도 연계된다. 이는 특히 홍콩 영화의 현재 상황과도 맞물려 있다. 홍콩의 중국 반환이 가시화되는 시점에 홍콩 영화는 할리우드로의 이동을 재촉하게 된다. 많은 영화감독들과 영화배우들이 할리우드 영화제작자와 손을 잡고 영화를 만들기 시작했다. 홍콩 영화의 할리우드 이동은 홍콩의 중국 반환에 대한 문화적 두려움에 따른 반응이었다. 그러나 할리우드로 이동하는 홍콩 영화 정체성은 자신의 정체성을 이중적으로 부정한다. 홍콩 스타들의 할리우드 이동은 서양 문화제국주의의 진부한 테제를 지시하는 것도 아니고, 자신들이 만들었던 토착주의적인 즐거움을 낭만화하는 것도 아닌 것이다.[15] 가령 성룡과 같은 글로벌한 스타들은 중국 본토의 정체성과는 구별되는 '모방된 중국다움' 만을 전달할 뿐이며, 할리우드의 인종차별적인 응시를 반복하기도 한다. 홍콩의 영화연구자 스티븐 찬은 이러한 홍콩 영화 정체성의 이중적 부재를 "영화적 상상"(filmic imaginary)이란 용어로 설명한다. 그는 홍콩의 무협영화와 쿵푸 영화는 홍콩 사회와 역사의 알레고리로서, 희망의 형상이나 강호의 영화적 상상은 이행기 홍

---

13) 같은 글, 398쪽.
14) Ackbar Abbas, *Hong Kong: Culture and the Politics of Disappearance*, University of Minnesota Press, 1997 참고.
15) 존 응구예 에르니, 앞의 글, 404~405쪽.

콩의 혼동을 환기시킨다고 말한다.[16]

이행의 시기(1984~1997)에 홍콩의 문화정체성은 홍콩의 정치적, 경제적 혼돈과 마찬가지로 많은 혼란을 겪고 있다. 많은 영화들이 홍콩과 중국의 관계를 어떻게 보아야 할지, 홍콩의 정체성은 어떻게 탐색될 수 있을지에 대해 상징적인 차원에서 재현하고자 했다. 이 과정에서 홍콩의 대중문화산업은 창작의 혼란스러움과 함께 경제적 위기를 맞기도 했다. 특히 같은 시기 타이완의 영화배급 시장과 음반유통 시장의 침체는 홍콩 엔터테인먼트 산업에 치명적인 영향을 주었다. 그렇다면 홍콩의 글로벌한 문화의 지위는 이제 종말을 고한 것일까?

홍콩의 글로벌 문화는 이러한 고민에 직면해 있다. 이 고민 중에서 홍콩을 가장 긍정적으로 질문하게 만드는 것은 바로 "무엇이 홍콩을 국지적으로 만드는가"이다. 이에 대해서 홍콩의 문화연구자인 에릭 킷-와이 마는 '위성적인 모더니티'(satellite modernity)로서의 홍콩의 국지적 실천에서 가능성을 발견하고자 한다. 그녀는 많은 홍콩인들이 식민지 모더니티의 역사적 형성을 겪었고, 그 안에서 식민주의와 모더니티는 식민권력과 접합되었다고 말한다. 이들 위성 장소들은 글로벌하고 로컬한 소비문화를 연결시켜주고, 식민화하는 서양의 선진 글로벌 네트워크와 아시아 전체의 발전하는 국지성 사이를 연계시키는 일을 한다.[17]

---

16) Stephen Chan, "Future un-imagined", *Hong Kong Cultural Studies Bulletin*, Vol. 4, No. 4, pp. 20~25.

17) Eric Kit-wai Ma, "Consuming Satellite Modernities", *Cultural Studies*, Vol. 15, No. 3, 2001 참고.

　서양과 동양의 문화를 연계하는 '결절점'으로서 홍콩은 단지 겉으로만 드러나는 초고층 빌딩과 초국가적 인적 네트워크로만 기능해서는 안 되는 문화적 모더니티를 갖고 있다. 그것은 또한 중화주의로 편입되거나 '문화중화'(Cultural China) 프로젝트의 구성적인 요소로 기능해서는 안 되는 범아시아적인 문화교통의 잠재태를 갖고 있음을 의미한다. 그것은 가령 한국의 글로벌 팝스타 '비'를 중화권에 진출시키는 매개체 역할로서의 의미도 있겠고 아시아의 글로벌 미디어의 복합적인 네트워크의 기지로 활용될 수 있다는 의미도 있다. 홍콩의 문화정체성은 얼마나 자신의 국지성을 발휘하는가에 달려 있다. 그러한 국지성이 여전히 문화중국의 범주 안에서 기능하고 있고, 문화자본의 독점적인 이해관계 속에서 거래되고 있지만, 홍콩의 문화지리가 갖는 국지적인 의미작용은 새로운 홍콩의 미래를 보는 문화의 파노라마를 재생하게 할 것이다.

4. 범아시아적 도시 다원주의의 한계들

아시아의 글로벌 도시들이 교통의 기회를 빈번하게 갖게 되면서 도시들은 자연 탈영토화하고 탈경계화한다. 도시들의 문화적 교통들은 과거 냉전 이데올로기와 민족주의에 의해 적대시되었던 아시아 내 문화적 공통 요소들을 회복하는 것이라 할 수 있다. 도시들이 글로벌할수록 거주형식, 라이프스타일, 정보습득 등에서 서로 유사한 면들을 발견하는데, 이를 범아시아적 도시 다원주의의 형성으로 이해할 수 있지 않을까 싶다. 인종이 서로 섞이고, 종족들이 산포되고, 이산이 아닌 정착을 위해 도시들 간 이동의 사례들이 증가하면서 아시아 거대도시들은 서로 다원적인 문화적 속성들을 보유하게 된다.

그러나 아시아 도시들의 문화적 다원주의가 차별을 내재화하거나 가치관의 공유를 유교적 전통에서 찾는 사례들은 아시아 도시들의 다원성과 다성성을 오히려 훼손할 위험성이 있다. 나는 그러한 위험성을 싱가포르에서 찾고자 한다.

2005년 2월 동남아시아 대중문화 현장을 둘러보기 위해 첫 기착지인 싱가포르에 도착하기 전 기내에서 흥미로운 스튜어디스의 안내방송을 듣게 되었다. 승객 중 껌을 소지한 사람들은 공항 안내 데스크에 신고해야 한다는 말이었다. 총기도 아니고 대마도 아니고, 더군다나 술이나 담배두 아닌 껌을 신고하라니……. 잠시 황당한 생각이 들었으나 내가 평소에 알던 싱가포르라면 당연히 내릴 수 있는 조치라는 생각을 다시 하게 됐다. 공항에서 지하철로 이동하는 중에도 소위 '껌' 을 금지하는 이 나라의 독특한 공중 윤리의식을 바로 확인할 수 있었다. 청결을 위해 지하철 내부의 상업 광고 포스터 부착이 허용되지 않고, 지하철에서 휘발성 제품을 소지하거나, 담배를 피우고 침을 뱉는 행위들은 적게는 2백 달러에서 많게는 5백 달러까지 벌금을 물어야 한다.

이러한 엄격한 공중도덕은 싱가포르를 동남아시아에서 최고의 도시국가로 성장하게 만든 강력한 유교주의 국가정책의 단면을 보여준다. 합당한 이유 없이 부모를 부양하지 않을 경우 형사처벌을 받고 동성연애를 법으로 금지하고, 모든 건물의 실내에서는 흡연을 금지하는 싱가포르는 어떤 점에서는 선진화된 국가 중에서 거의 유일한 '야경국가' 처럼 보인다. 얼마 전 마약을 소지하다 발각된 한 호주계 베트남인에게 싱가포르 사법부가 사형을 언도한 것은 일벌백계로 시민을 통치하겠다는 입장을 가장 강력하게 보여준 사건이었다.

그러나 공포스러운 규율과는 다르게 싱가포르의 문화, 인종, 언어, 종교를 자세히 살펴보면, 그 안에 다양한 형태의 삶이 공존하고 있음을 알 수 있다. 싱가포르에서 지하철을 타게 되면 다양한 인종, 혹은 종족들을 만날 수 있다. 화교계 중국인, 말레이인, 타밀계 인도인, 스리랑카인, 그리고 주로 유럽에서 온 서양인들이 서로 얽혀서 세계 인종 전람회의 분위기를 자아낸다. 현재 대략 4백만 명의 싱가포르 인구 중에서 중국계가 75퍼센트, 말레이계가 18퍼센트, 인도계가 7퍼센트를 차지한다. 인구의 절대 다수와 절대 부를 중국계 화교들이 장악하고 있는데, 이러한 이유 때문에 싱가포르가 강력한 국가주의 정책을 펼칠 수 있지 않았을까 싶다.

싱가포르는 다언어, 다인종, 다문화가 공존하는 도시국가다. 싱가포르가 사용하는 공식언어만 해도 영어, 중국어, 말레이어, 세 가지나 된다. 경제활동이나 초등교육에는 대부분 영어를 사용하지만, 시민들이 자기 종족의 언어를 따로 교육받고 있기 때문에 한 사람이 보통 2∼3개의 언어를 사용할 수 있다. 종교만 해도 싱가포르에는 유교, 불교, 힌두교, 이슬람교가 균형 있게 공존하고 있고 이것이 일상적인 라이프스타일이나 도시 공간에 고스란히 흔적으로 남아 있다.

이렇게 보면 싱가포르의 문화는 국가가 주도하는 강력한 '규율문화'와 내구 구성원들의 다양한 '잡종문화'가 서로 공존하는 이중성을 가지고 있다고 말할 수 있다. 어떻게 서로 다른 성격의 문화들이 공존할 수 있을까? 싱가포르 문화의 다문화적이고, 다종족적이고, 다언어적인 특성을 통제하고 있는 국가주도형 문화정책이 존재하는 한, 과연 싱가포르의 문화를 다양하다고 말할 수 있는가? 아니 싱가포르는 자신만의 독특한 문화정체성을 가지고 있는가?

싱가포르의 문화는 한마디로 말해 '글로벌 다문화'(global multi-culture)라고 정의할 수 있다. 싱가포르는 국가 자체가 첨단 테크놀로지로 무장한 도시이고, 초고층 빌딩들이 즐비하고, 외국의 다국적 기업들이 거의 대부분 입주해 있다. 대부분 시민들의 소비생활은 다운타운에 밀집한 다국화된 수십 개의 대형 쇼핑몰에서 이루어지는데, 인구 수에 비해 싱가포르에 쇼핑몰이 대단히 많은 것이 이런 이유 때문이다. 쇼핑몰에는 세계의 모든 유명 브랜드들이 경쟁하고, 푸드코트에는 세계 각국의 음식들이 즐비하다. 자동차 역시 도요타, 닛산, BMW, 벤츠, 현대 등 세계의 모든 자동차 브랜드들이 각축을 벌이고 있다. 또한 '차이나타운 거리'에는 중국 음식점을 비롯해 의류, 잡화 등 중국문화를 체험할 수 있는 다양한 볼거리들이 있고, 인도인들이 주로 모여 사는 '리틀 인디아' 지역에는 힌두문화를 대변하는 각종 공예 장식물들과 식당, 음반·비디오 가게들이 밀집해 있다.

싱가포르의 문화는 다양한 문화 특색들을 발견할 수 있는 데다 그 지형도 대단히 글로벌한 첨단 소비를 지향한다. 그러나 정작 '싱가포르의 문화는 무엇인가' 하고 되물으면 싱가포르만의 문화를 마땅히 발견하는 게 쉽지 않다. 알다시피 싱가포르는 1965년에 말레이시아로부터 분리 독립되었기 때문에 자신들만의 고유한 문화를 축적할 만한 시기가 절대적으로 부족했다. 그렇다고 싱가포르의 문화가 말레이시아 문화와 닮아 있다고 보기도 어렵고, 인구의 절대 다수를 차지하는 중화권 문화와도 차별화된다. 같은 도시국가인 홍콩과 비교해보아도 싱가포르의 문화는 지리적, 기후적인 위치와 종족적인 다원성으로 중화문화로부터 독립해 있다. 싱가포르에 있을 때 콜롬비아 출신의 세계적인 작가인 볼테로(Boltero)의 전시회를 관람하기 위해 '싱가포르 국립현대미

술관' 에 가보았는데, 이곳에서도 싱가포르 작가 출신의 작품은 전시되
어 있지 않고, 대부분 외국 작가들의 작품들이 보관 중이거나 전시되고
있었다. 음반매장에 가도 싱가포르 출신 뮤지션들의 음반보다는 팝 음
악과 일본과 중화권 음악들 중심으로 진열되어 있다. 도시공간과 오래
된 건물에는 과거 식민지 시대의 흔적이 조금 남아 있을 뿐이다.

그렇다면 정말로 다양한 문화가 공존함에도 불구하고 싱가포르의
문화는 부재하는 것일까? 내가 보기에는 그렇다. 가령 중국, 일본, 한국
과 같은 '민족–국가' (nation-state)의 정체성이 분명한 나라가 가지고
있는 전통적인 문화정체성은 싱가포르에는 존재하지 않은 듯하다. 수
많은 라이프스타일이 발견됨에도 불구하고 정확하게 '싱가포르적인 문
화' 라고 말할 수 있는 것들은 거의 없는 것이 사실이다. 물론 문화정체
성의 부재가 아직 국가로서의 역사가 일천하기 때문인 것만은 아니다.
또한 문화정체성이 부재하다고 해서, 싱가포르의 문화가 모두 허구적
이라고 말하는 것도 아니다. 문제는 싱가포르의 지리적, 문화적, 국가
적 특성상 싱가포르의 문화는 언제나 이미 부재한 채로 구성될 수밖에
없다는 것이다. 앞서 말한 모든 글로벌한 문화와 이질적인 종족문화들
이 싱가포르의 문화이면서 동시에 문화가 아닌 양면적인 상태가 바로
싱가포르 문화의 특성인 셈이다.

싱가포르 대중문화의 특성을 이해하기 위해서는 무엇보다도 미디
어의 생산과 소비 과정을 이해해야 한다. 싱가포르의 대표적인 문화연
구자인 추아 벵 후앗 싱가포르 대학교 교수에 따르면, 현재 싱가포르의
텔레비전 프로그램 제작은 국가 소유 기업인 미디어콥(MediaCorp)에
의해 독점적으로 운영되고 있다. 싱가포르 텔레비전은 영어, 중국어(호
키엔어), 말레이어, 힌두어의 네 개의 공식 언어들로 제작되고 있고, 지

상파 채널은 원칙적으로 영어전용 채널로 모든 사람들에게 전달된다. 두 개의 독점 중국 채널은 대중적인 중국어 프로그램을 방영한다. 말레이와 인도 프로그램은 하나의 채널을 공유한다. 또 다른 하나는 예술 채널로 발레, 컨템포러리 댄스, 고전 교향음악과 같은 '고급문화'를 선호하는 식자층을 목표로 한다. 영화의 경우는 대부분의 싱가포르인들이 영어를 사용하기 때문에 할리우드 영화들을 주로 소비하고, 다수의 중화권 인구들에게는 홍콩이나 타이완 영화들이 인기를 얻고 있다. 또 힌디-볼리우드(Hindi-Bollywood : 인도계 영화) 영화들이 상영되기도 하고, 일본과 한국 영화들도 가끔 상영된다.

대중음악의 경우는 미국 중심의 팝 음악이 주로 수비되고 있고, 중화권 음악과 J-pop이 인기를 얻고 있다. 한국의 대중음악의 경우 K-pop으로 불리면서 일본의 J-pop과 함께 같은 범주로 분류되고 있는데, 흥미롭게도 싱가포르에 있을 때 발매된 보아의 베스트 앨범은 일본 매장과 한국 매장에 동시에 진열되어 있었다. 한때 싱가포르의 대중음악으로 불렸던 '진야오'(Xinyao)는 거의 사라졌고, 싱가포르 출신의 뮤지션들은 영어로 노래를 불러 빌보드 차트에 오르거나 아니면, 중국 본토를 노리고 타이완이나 홍콩으로 진출해서 '만다린어'[18]로 부르는 경우가 있다. 싱가포르에는 뮤지션들을 체계적으로 프로모팅하는 매니지먼트 사가 많지 않아서 음반기획은 대부분 타이완이나 홍콩에서 하고, 제작은 기술적으로 뛰어난 싱가포르에서 하는 경우가 많다고 한다.

싱가포르의 텔레비전, 영화, 대중음악과 같은 대중문화시장은 제

---

18) 만다린어는 중국 본토 언어이며, 참고로 홍콩의 광동어, 타이완은 민난어, 싱가포르는 호키엔어를 사용한다.

작이나 생산보다는 소비가 주를 이루고 있어 자신들만의 특별한 문화 정체성을 찾기가 어렵다. 이는 중계무역이 중심인 싱가포르의 경제 시스템과도 유사하다. 싱가포르 관료들과 지식인들은 이러한 문화적 특성이 이른바 아시아의 문화 전체를 결합할 수 있는 팬아시아주의(pan-asianism)를 지향한다는 점을 강조한다. 싱가포르야말로 아시아를 선진화할 수 있고, 서로 다른 인종과 문화 종족이 함께 어울려 지낼 수 있는 팬아시아주의의 실험장소가 될 수 있다는 점을 부각하려는 것이다.

그러나 과연 싱가포르의 문화가 진정한 의미에서 문화적 팬아시아주의를 지향할 수 있을지는 의문이다. 싱가포르의 다문화주의 안에도 문화적, 경제적 불평등과 중화권 문화중심주의가 도사리고 있기 때문이다. 종족과 인종의 다원성은 필연적으로 '계급의 수직성'을 야기하는 것이 싱가포르의 다문화주의의 논리다. 싱가포르의 종족성을 사실상 수직계열화했다고 볼 수 있는, 이 수직계열화의 강력한 이데올로기가 이른바 유교주의적 가치관이다. 발전의 논리 속에 공동체와 가족윤리의 문화를 중시하는 '신유교주의'의 문화가 아시아 대중문화의 대안이 될 수 있다는 것은 아무래도 적절해 보이지는 않는다. 싱가포르의 문화가 앞으로 이러한 다문화주의적이고 팬아시아적인 문화를 지향하기 위해서는 적어도 지배계층의 중화권 유교주의 문화로부터 자유로워지는 것이 바람직하지 않을까?

5. '글로벌하되 로컬한' 도시들의 교통

2006년 3월 초 포르투갈에서 열린 유네스코 예술교육 세계대회에 참가하기 위해 경유지인 파리 드골 공항에서 리스본으로 가는 비행기를 타

려고 탑승구로 이동하면서 유럽 각 도시로 가려는 사람들을 목격하게
되었다. 유럽의 각 도시를 잇는 드골 공항의 '올드윙'(old wing)의 탑
승구 주변은 좁은 통로 때문인지 인산인해를 이루었다. 암스테르담, 프
랑크푸르트, 오슬로, 프라하, 런던, 더블린, 코펜하겐, 취리히, 바르셀로
나 등 유럽 각지로 날아가는 비행기를 기다리는 사람들은 마치 '유럽연
합'이라는 거대 국가의 국내선을 기다리는 내지인처럼 보였다. 서로 다
른 인종과 스타일에도 불구하고 여행객들은 국가의 경계에서 자유로운
하나의 유럽에 살고 있는 국지인들이다. 여행비자가 따로 필요 없고 유
로화라는 하나의 통화를 사용하는 유럽인들은 프랑스에서 포르투갈이
아니라 파리에서 리스본으로, 영국에서 스페인이 아니라 런던에서 바
르셀로나로 이동한다. 이들에게 국가의 정체성은 절대적인 기준이 아
니다. 그들에게는 내가 어느 도시에 살고 있는지, 그리고 어느 도시로
이동하고 있는지가 중요하지 않을까? 이들에게 어디를 가냐고 물어보
면 독일이나 스페인으로 간다고 말하지 않고 프랑크푸르트나 마드리드
로 간다고 말한다. 유럽통합 시대에 유럽인들은 '글로벌하면서 국지적
인' 이른바 글로컬한 삶을 몸소 체험하고 있는 중이다.

　인천공항에 있는 한국인들에게 어디를 가느냐고 물어보면 대부분
일본이나 베트남, 중국을 간다고 말한다. 틀린 말은 아니지만, 그들은
아마도 그 나라의 특정한 도시들에 갈 것이다. 도쿄와 오사카, 상하이
와 천진, 하노이와 호치민 같은 도시들은 서로 다른 문화적 취향과 도
시적 정체성을 갖고 있다. 서로 다른 문화적, 역사적 정체성을 갖고 있
는 도시들을 국가라는 단일한 이름으로 호명하는 것은 아시아 국가들
의 근대성의 특수한 산물에 기인한다. 아시아 국가들은 근대에 이르러
종교적, 정치적, 이데올로기적, 문화적 블록화가 강화되면서 국가주의,

혹은 국가적 내셔널리즘이 강하게 작용했다. 한국인들에게 베이징은 베이징의 역사적 주름을 인식할 틈도 없이 사회주의 국가의 수도로 호명되고, 도쿄는 일본 근대도시의 이행 과정의 맥락 없이 식민지 지배의 중심지로 각인된다. 또한 하노이는 호치민의 사회주의 도시로, 바그다드는 아랍 테러의 도시로, 싱가포르는 유교자본주의의 도시로 호명된다. 이 모든 것은 도시를 국가주의로 동일시하려는 아시아 근대성의 산물이다.

아시아가 유럽처럼 하나로 통합한다는 것은 거의 불가능해 보인다. 아시아 대륙은 유럽처럼 국가의 영토가 엇비슷한 것도 아니고, 경제적인 격차도 많이 나는 데다, 지리적, 종교적 이질감이 두드러지기 때문이다. 특히 세계 열강이 한 곳에 몰려 있는 동아시아의 경우 아시아 연합을 이룬다는 것은 결국 어느 한 나라로의 흡수통합 이외의 것을 상상하기 어렵게 한다. 한국, 일본, 중국, 그리고 타이완과 홍콩, 싱가포르가 하나의 대륙연합이 된다는 것을 상상하기에는 지리적, 이데올로기적 변수들이 너무 많다.

아시아의 도시들은 갈수록 초현대화하고 있다. 이러한 발전을 추동하는 힘의 원천 중의 하나가 새로운 국가주의의 부흥이라는 것을 인식하는 것은 어렵지 않아 보인다. 세계에서 두번째로 높은 빌딩인 콸라룸푸르의 '페트로나스 타워'는 새로운 '마셜 플랜'을 기획하고 있는 말레이시아 국가부흥 정책의 상징적인 사업이었고, 중국 각 도시에서 일고 있는 건설 붐 역시 대중화 프로젝트의 일환이다. 최근 두바이에서 불고 있는 글로벌 건설 프로젝트 역시 아랍 문명의 부흥을 위한 국지적인 실천으로 이해되고 있다.

그렇다면 아시아 도시들의 글로벌 프로젝트에서 국가주의, 새로운

민족주의의 호명이 아닌 다른 가능성을 찾아볼 수는 없을까? 경제적
격차가 줄어들고, 문화적 인지도가 높아지며, 일상적인 아시아 인구들
의 교통이 이루어져 하나의 아시아, 국지적으로 실천하는 도시들의 네
트워크를 이루는 것은 불가능한 일일까? 쉽지 않은 기획이지만, 아시
아 도시들의 외형적인 글로벌화가 아니라 아시아 대륙을 기반으로 한
내실 있는 글로벌화, 즉 글로벌하면서도 국지적인 도시들의 교통을 위
해 많은 연구가 뒤따라야 할 것이다. 그런 점에서 아시아 문화연구자들
간의 아시아 글로벌 도시연구를 공동으로 착수하는 것도 중요한 실천
일 수 있겠다. 서울과 상하이, 도쿄와 서울, 하노이와 싱가포르, 마닐라
와 타이페이라는 국지적인 도시들 간의 연대를 기획하는 문화연구 실
천이야말로, 아시아를 망각하는 글로벌화, 혹은 국가주의로 호명되는
글로벌화에 저항하는 대안일 수 있지 않을까?

13장 _ 한류 문화산업과
　　　　아시아 엔터테인먼트 시장의 재편

1. 2000년 이후 아시아 엔터테인먼트 자본의 문화 동맹들

2005년 10월, '비'의 홍콩 공연에 몰려든 사람들은 비단 비를 좋아하는 열성 팬들만이 아니었다. 비의 공연이 있는 첫날 오전에 열린 기자회견에는 홍콩의 유명한 엔터테인먼트 업계 관계자들이 대거 몰려 성황을 이루었는데, 이들은 다국적 음반 관계자들뿐 아니라 매니지먼트 회사, 영화제작사, 방송국 PD 등 홍콩의 연예산업을 이끌고 있는 사람들이었다. 1997년 홍콩이 중국에 반환된 이래 연예산업이 크게 위축되었는데 새로운 스타들이 발굴되지 않는 상황에서 홍콩 연예산업 관계자들에게 비와 같은 글로벌한 만능 엔터테이너의 등장은 분명 가뭄에 비를 만난 격이었다. 홍콩 연예산업 시장이 홍콩을 비롯해 중국, 타이완, 싱가포르, 말레이시아, 인도네시아 등 동남아시아 매니지먼트 시장의 거점 역할을 하는 만큼 드라마와 노래가 이미 대성공을 거두고 있는 '비'의 매니지먼트는 흥미로운 사업이 아닐 수 없다.

　　'비'를 매니지먼트하는 JYP 엔터테인먼트 역시 '비'를 범아시아적으로 성공시키기 위해서는 홍콩 연예산업 관계자들과의 프로모션 제휴는 필수불가결한 사안이고 이들의 네트워크를 활용해 아시아, 특히 중화권과 동남아시아 화교권 연예업계에 교두보를 튼튼하게 할 파트너가 필요했다. 2005년 '비'의 홍콩 투어의 목적은 단지 공연만을 위한 것이 아니라 홍콩을 거점으로 해서 중화권 국가들을 상대로 매니지먼트의 기본 틀을 짜는 것이었다. 실제로 '비'의 홍콩 공연 후 중화권 연예 제작사들로부터 음반제작이나 영화출연 제의들이 줄을 이었고, 그해 10월 말 베이징 공연과 12월 타이완 공연을 통해 중화권 지역에 '비' 프로모션의 진지를 구축하게 되었다.

한류 연예 컨텐츠를 중심으로 놓고 말한다면 아시아에서 최근 일어나는 이러한 다국적인 매니지먼트 사례들은 드라마와 영화로 급속하게 확대되고 있다. 과거 드라마 합작은 경제적인 목적보다는 문화교류 차원에서 이루어진 경우가 많았다. 그러나 최근 한국 배우들이 일본이나 타이완의 드라마나 영화에 직접 출연하고, 한국 영화시장에 아시아 배우들이 진출하는 상호 소통의 과정들도 늘어나고 있다. 영화산업의 경우 2005년 12월 중국에서 개봉된 첸카이거 감독의 「무극」은 배우 장동건이 출연하고 중국의 제작사 '차이나 필름 그룹'과 한국의 '쇼이스트'가 합작한 영화로 중국 개봉 당일 역대 최다 관객을 동원하였다. 장동건, 장백지, 사나다 히로유키와 같은 한·중·일 초호화 배우를 캐스팅한 「무극」은 4천 2백만 달러의 제작비를 투입하여 한국과 중국, 일본의 영화시장을 동시에 석권하려는 전략을 세웠다.

한중 영화합작은 2002년 이후 봇물이 터지기 시작했다. 한국 영화 제작자들의 입장에서는 중국 영화시장의 잠재력이 워낙 크고, 한류를 통한 한국 스타들의 중국 인지도가 높은 만큼 중국과의 합작은 한국 영화산업의 미래를 위해 중요한 파트너십이다. 또한 사회주의 국가인 중국에 한국 영화가 원활하게 진출하기 위해서는 중국 영화제작 자본과의 협력은 필수적이다. 반면 중국의 경우에는 선진화된 영화제작 기술과 배우들의 인지도를 활용하고 중화권 국가들로 한정했던 사업 파트너의 다각화를 위해 한국 영화산업과의 협력은 긴요하다. 2005년 9월에 「칠검」을 공동 제작했던 한국의 '보람 영화사'는 중국 화이 브러더스, 홍콩 콤스탁, 일본 엔디에프(NDF)와 함께 1천 6백만 달러의 예산을 들인 합작영화 「묵공」을 제작했다. 또 '보람 영화사', '태원 엔터테인먼트', '현진 씨네마'가 각각 「만추」, 「삼국지 : 용의 부활」, 「조폭마누라 3」를 한중 합작영화로 제작했거나 준비하고 있다. 한국과 중국의 제작자가 자본과 인력, 현물을 함께 투자하고 제작한 뒤 이익을 배분하는 이들 합작영화 이외에, '나비 픽처스'가 중국 '베이징 나비 유한공사'와 함께 제작한 「중천」처럼 한국이 출자하고 중국이 유상으로 인력과 현물을 대는 합작영화까지 범위를 넓히면 편수는 지금보다 훨씬 늘어날 전망이다.[1] 한중 영화합작에 비해 그 양이 적긴 하지만, 한일 간 영화합작도 꾸준하게 진행되고 있다. 2000년에는 제작사인 '시네마 서비스'와 배급사인 '쿠엔필름'이 일본 '쇼지쿠(松竹) 영화사'와 합작하여 「순애보」를 제작했고, 2003년에는 '사이더스'가 일본과 합작으로 「밤을 걸고」를 제작하기도 했다.[2] 국내 최대 영화투자 배급사인 'CJ 엔터테인먼트'는 2005년 10월 말 일본 최대의 출판·영상기업인 '가도카와 홀딩스 사'와 영화 「착신아리 파이널」과 「검은 집」 등 2편의 영화를 공

---

1) 『한겨레신문』, 2006년 1월 25일자 참고.
2) 『한국일보』, 2000년 9월 6일자 참고.

동 제작한다고 밝혔다. 이번 공동 제작은 자본 투자는 물론 시나리오 단계부터 제작인력 선정, 배우 캐스팅, 영화관 배급에 이르기까지 영화 제작·배급 전반의 합작을 의미하는 것이어서 종합적인 영화산업의 전략적인 제휴를 기대할 수 있다.[3]

영화산업뿐 아니라 드라마에서도 아시아 국가들 간 합작 사례들이 늘어나고 있다. 한중 드라마합작의 경우, 중국에서 가장 인기 있는 한국 배우인 안재욱이 출연한 「아파트」를 비롯해 「독행시위」의 김민, 「워 아이니」의 이태란, 「굿모닝 상하이」의 장나라, 그리고 최근 결정된 「미로」의 주은에 이르기까지 한국 배우들의 중국 드라마 시장 진출은 황금기를 맞고 있다. 특히 장나라 출연의 「굿모닝 상하이」는 중국 후난 성 위성방송인 후난 방송의 작품으로 한국의 MBC가 공동 참여하고 'E & B 스타스'가 제작하는 작품이며[4] 주은이 참여하는 「미로」는 한국 드라마 수출을 가장 많이 한 '삼화 프로덕션'과 'SMG', '리치 엔터테인먼트'(Reach Entertainment)가 공동으로 제작한다.[5]

한일 드라마합작도 두드러지는데, 2002년 「프렌즈」가 성공한 이후에 2004년 「별의 노래」가 만들어졌다. 2006년 초에는 최지우가 일본 TBS의 드라마 「윤무곡」에 출연하기도 했다. 이 밖에 케이블 TV의 드라마 제작에도 합작 방식이 눈에 띈다. 'CJ 미디어'는 2006년 베트남과의 합작으로 60분짜리 1백 부작 드라마 「무이응오가이」를 자체 제작하는데, 특이한 점은 'CJ 미디어'가 줄거리와 제작 기술 등을 지원하고, 출

---

3) 『문화일보』, 2005년 10월 1일자 참고.
4) 『OSEN』, 2006년 7월 26일자 참고.
5) 『뉴시스』, 2006년 7월 4일자 참고.

연 배우와 촬영 스태프, 장비 등은 베트남에서 담당한다는 점이다.[6]

이렇듯 아시아에서 불고 있는 엔터테인먼트 자본의 문화 동맹 사례들은 기존에는 존재하지 않았던 새로운 현상인데, 이러한 탈국가적인 문화자본의 동맹은 몇 가지 지리문화적인 맥락을 갖고 있다. 첫째는 그동안 세계 주류 문화산업 시장에서 두각을 나타내지 못했던 주변부 국가들이 공동으로 힘을 합쳐 새로운 문화시장 세력권을 만들어낸다는 의미를 가진다. 특히 대규모 제작 자본이 투여되는 영화산업의 경우 한국을 포함해 홍콩, 타이완 등의 아시아 영화제작자들이 할리우드의 대량 문화자본 시장에 맞서 공동 대응할 수 있는 장점을 가지고 있다. 성룡과 김희선이 주연한 영화 「신화」의 홍콩 출신 감독인 당계례가 2005년 '부산국제영화제'에 참석해 할리우드 문화자본에 맞서 아시아 영화제작자들이 협력하자고 발언한 것도 이런 맥락에서 나온 말이다. 2005년 부산국제영화제 기간에 아시아 영상산업의 발전을 도모할 구심점으로 한국의 영화진흥위원회를 비롯하여 유니재팬(일본), 타이 국립영화연합회(타이), 베트남 미디어(베트남) 등이 '아시아 영화산업 네트워크'(Asian Film Industry Network)를 결성하였다. '아시아 영화산업 네트워크'는 "회원 국가의 영화산업 정보의 공유", "국제영화제 등에서 공동 프로모션 활동 추진", "각종 교류협력 프로그램 추진", "적극적 활동을 위한 재원 마련" 등의 아시아 영화산업의 현황에 공동 노력하기로 합의[7]하였는데, 이러한 사례도 미국 중심의 할리우드 시스템에 대응하는 아시아 권역 내 새로운 문화자본의 동맹으로 볼 수 있다.

---

6) 『세계일보』, 2006년 1월 18일자.
7) 『연합뉴스』, 2005년 10월 11일자 참고.

둘째 문화산업 분야의 공동 합작은 문화산업의 발전 속도가 서로 다르고 문화산업 시장의 수준과 규모가 서로 불균등한 아시아 시장이 상호보완 관계를 유지할 수 있다는 장점을 갖고 있다. 가령 문화 컨텐츠 분야에서 강세를 보이는 한국 시장과 막대한 잠재적 시장을 갖고 있긴 하되 여전히 컨텐츠가 부족한 중국 본토, 그리고 중화권과 동남아시아권의 배급과 유통망을 장악하고 있는 타이완과 홍콩 시장이 서로 유기적인 협력을 통해 시너지 효과를 내게 되면 아시아 문화산업 시장이 각 나라별로 효율적인 역할 분담을 할 수 있다. 사실 아시아 국가에서 문화 컨텐츠와 제작, 배급, 유통의 순환체계를 글로벌하고 완결적이게 관리할 수 있는 나라는 일본밖에 없다. 그 밖의 아시아 국가 문화산업 종사자들은 자국에서 부족한 부분들을 다른 국가들의 문화산업 종사자들과의 보조를 통해 보완할 수밖에 없다. 특히 문화자본의 규모가 비대해지고, 제작 기술과 컨텐츠의 순환 주기가 빨라지는 문화산업의 환경에서 국가의 경계를 넘어서 서로의 이해관계에 따라 아시아 엔터테인먼트 자본가들이 동맹 관계를 유지하는 것은 어찌 보면 자연스러운 현상이라 할 수 있다.

마지막으로 아시아 내 문화산업의 확장은 탈냉전 시대와 글로벌 시대에 접어들면서 아시아 시장은 하나라는 공감대 형성의 결과로 볼 수 있다. 1990년대 초반까지만 해도 한국과 일본, 한국과 중국, 중국과 일본의 문화적 관계는 적대적인 면이 많았다. 1996년에 들어서야 일본 대중문화가 제한적으로 한국에 개방되기 시작했고, 중국의 경우에는 상하이 지역을 제외하고는 일본의 대중문화가 중국에 접근하는 것이 불가능했다. 한국과 중국의 경우에도 한중 수교가 1992년에 이루어졌지만, 문화적인 교류가 이루어지기 시작한 것은 1990년대 중후반부터다. 태국과 베트남 등 동남아시아와 문화산업 간 제휴와 협력을 맺는다는 것도 1990년대 초반까지는 요원한 일이었다. 그러나 1990년대 말부터 아시아 지역이 냉전 이데올로기로부터 자유로워지고, 개발도상국에 있던 아시아 각국이 경제발전을 이루어내면서 소비 문화시장의 규모가 비약적으로 늘어남에 따라 아시아 문화산업 시장이 공동의 문화적 컨텐츠를 공유할 수 있는 환경이 마련되었다. 중국과 베트남의 개혁·개방과 한국 문화산업 시장의 경쟁력 강화, 타이완과 홍콩의 새로운 문화산업 컨텐츠의 부재, 일본 대중문화의 아시아 시장 개방 등과 같은 조건들이 맞물리면서 아시아 문화산업은 불균등하기는 하지만 어느 한 국가가 일방적으로 지배하지 않으면서 서로 공동의 노력을 통해 하나의 시장을 형성할 수 있는 시기가 도래한 것이다.

이러한 아시아 문화산업 시장 환경의 변화에서 한국의 문화산업은 어떤 지위를 갖고 있는가? 한국의 연예산업과 매니지먼트 산업은 어떤 성격을 가지는가? 정부는 한국의 문화산업의 아시아 시장 진출을 위해 어떤 정책을 개발하고 있는가? 아시아 문화산업 시장은 미국 중심의 세계문화산업 시장에 맞서 자생력을 갖출 수 있을까? 이제 이 문제들에 대해 논의해보자.

2. 한국의 문화 컨텐츠 산업의 현황

한류 문화산업과 엔터테인먼트 문화산업의 현황을 논의하기에 앞서 먼저 한국의 문화산업의 현황에 대해 검토해보자. 한국의 문화산업이 정부 문화정책의 중요한 이슈로 떠오르기 시작한 것은 '국민의 정부'에 들어오면서부터다. 국민의 정부는 문화 컨텐츠 산업을 차세대 성장 동

력산업으로 판단하고 대대적인 투자를 했다. 가장 대표적인 사업으로
는 기존의 관변적인 성격이 강했던 '영화진흥공사'를 합의제 행정기구
인 '한국영화진흥위원회'로 전환하였고, 문화 컨텐츠 산업을 집중 육성
하기 위해 '문화산업진흥기본법'을 제정하고 '문화산업진흥기금'을 신
설했으며, 문화산업을 체계적으로 지원하는 기구로 '한국문화컨텐츠
진흥원'[8]을 설립하였다. 한국문화컨텐츠진흥원의 설립으로 애니메이
션, 음악, 캐릭터 분야의 집중적인 육성정책이 수립되었다.[9] 특히 문화

---

8) 한국문화컨텐츠진흥원의 설립 목적을 보면, "국제적 경쟁력을 가진 고품질의 문화 컨텐츠
   를 제작·공급할 수 있는 핵심 성장 기반을 조성, 문화 컨텐츠 산업을 총괄지원하는 통합기
   관의 설립, 운영을 통해 취약한 컨텐츠 제작, 유통의 지원을 통한 투자 지원 및 시너지 효
   과를 통한 산업육성 도모, 우리 문화의 원형과 창의성에 기초한 컨텐츠가 세계 시장에서
   높은 경쟁력을 가질 수 있는 산업지원 시스템 구축"으로 되어 있다.
9) 한국문화컨텐츠진흥원에서 구체적으로 실시해왔던 애니메이션과 음악 캐릭터 분야의 사
   업 내용을 정리하면 다음과 같다.

분야	육성 전략	사업 내용
애니메이션	우수 컨텐츠 지원 투자설명회/해외투자 로드쇼 홍보 수출 마케팅/창작역량강화 경영 및 자금 지원/인프라 구축 체계적 지원	정보자료실 구축/투자조합 결성/전문인력 양성/해외견본시 참가/해외이동로드쇼 개최/대학창작 애니메이션 제작 지원
음 악	음악산업 정보분석 및 자료 지원/해외제휴 음반 제작지원/한국가요 해외홍보 고정 프로그램 확보/국제음반견본시 참가 지원/우수 문화 컨텐츠 사전제작 지원/우수 음악 컨텐츠 조기발굴 지원	국내외 DB 구축/외국 방송사에 한국가요 고정 소개 프로그램 확보/프로그램 제작 지원/방송시간 확보 지원/MIDEM, POPKOMM 등 참가 지원
캐릭터	신규 캐릭터 촉진 창작 사전 지원/상품화를 위한 마케팅 지원/정보 자료구축/우수작품 해외전시 해외진출 지원/캐릭터 산업 전문인력 양성	우수문화 컨텐츠 사전제작 캐릭터 부분 자금 지원/캐릭터 비지니스룸 설치/캐릭터 산업계 데이터베이스 구축/캐릭터 라이센스쇼 개최/NYU LIMA SHOW 참가 지원

세계 주요 국가의 문화산업 현황[10]

국가	시장 규모	주요 내용
미국	7,912억 달러(GDP 7.75퍼센트), 고용 8백만 명(5.9퍼센트)	엔터테인먼트 산업(문화산업)이 핵심산업으로 발전, 전체 수출액 중 1위(880억 달러, 2005년 세계 70퍼센트 점유 예상)
영국	1,334억 달러(GDP 8.1퍼센트), 연간 16퍼센트 고성장 지속, 수출규모 175억 달러, 고용인력 195만 명(전체 7퍼센트, 2001)	문화산업을 창조산업(Creative Industries)으로 규정, 국가전략산업으로 집중 육성
일본	시장규모 1,000억 달러(GDP 2.1퍼센트), 고용인력(120만 명)	지적재산전략본부 신설(총리실 산하, 2003), 문화산업 집중육성, 세계 애니메이션 시장 65퍼센트 점유(닌텐도의 포켓몬 43억 달러, 2002)

2003년 우리나라 문화산업 총 매출 규모[11]

(단위 : 백만 원)

산업 구분	총 매출 규모
출판	15,521,150
(만화)	(759,100)
음악	1,793,500
게임	3,938,700
영화	2,344,418
애니메이션	269,980
방송	7,136,569
광고	7,063,954
캐릭터	4,808,519
인터넷 및 모바일 컨텐츠 외 기타	1,318,788
합계	44,195,578

산업 관련 예산이 문민정부 때보다 월등히 높아진 것을 보면, 문화산업 정책의 비중을 실감할 수 있다.[12]

　국민의 정부의 문화산업 집중 육성정책으로 2000년 이후 한국의 문화산업은 비약적인 성장을 하기 시작했다. 세계 문화산업 시장은 2002년을 기준으로 1조 4천억 달러로 추산된다. 전세계 문화산업 시장은 연평균 5.2퍼센트씩 성장하고 있는데, 이는 다른 분야의 산업의 연간 성장률이 3.2퍼센트인 것에 비하면 월등히 높은 수치다. 주요 문화산업 국가들이라 할 수 있는 미국, 영국, 일본의 현황들을 정리하면 앞의 표와 같다.

세계 문화산업 시장의 규모에 비해 한국 문화산업 시장이 현저하게 작은 편이지만, 2000년 이후에는 이전 시기보다 훨씬 높은 성장세를 보이고 있다. 『2004 문화산업통계』 조사에 따르면 2003년 말 기준 우리나라 출판, 만화, 음악, 게임, 영화, 애니메이션, 방송, 광고, 캐릭터, 인터넷 및 모바일 컨텐츠 외 기타 등 10개 문화산업 부문의 총 매출 규모는 44조 1,955억 원으로 추정되고 있다. 분야별로 살펴보면 출판산

---

10) 문화관광부 문화산업정책과, 「한류 열풍을 동북아 문화공동체 형성으로」, 2004년 4월 12일자 참고.
11) 문화관광부, 『2004년 문화산업 백서』, 2005년 참고.
12) 연도별 문화산업 부문 예산 현황을 정리하면 다음과 같다.

(단위 : 억 원, 출처 : 문화관광부)

연도	정부 예산 총액	문화관광부 예산		문화산업국 예산	
		예산 총액	정부 예산 대비 점유비율(%)	예산 총액	문광부 예산 대비 점유비율(%)
1994	476,262	3,012	0.63	87	2.9
1995	567,173	3,838	0.68	153	4.0
1996	629,626	4,591	0.73	196	4.3
1997	714,006	6,531	0.91	132	2.0
1998	807,629	7,574	0.94	168	2.2
1999	884,850	8,563	0.97	1,000	11.7
2000	949,199	11,707	1.23	1,787	15.3
2001	1,002,246	12,431	1.24	1,474	11.9

업(만화 포함)이 15조 5,211억 원, 방송산업이 7조 1,365억 원, 광고산업이 7조 639억 원, 캐릭터 산업이 4조 8,085억원, 게임 산업이 3조 9,387억 원, 영화산업이 2조 3,444억 원, 음악산업이 1조 7,935억 원, 인터넷 및 모바일 컨텐츠 외 기타산업이 1조 3,187억 원, 만화산업이 7,591억 원, 애니메이션 산업이 2,699억 원으로 집계되고 있다.

문화산업의 수출입 규모도 과거에 비해 상당 부분 증가했다. 2003년을 기준으로 문화산업 수출액은 총 6억 3,065만 달러로 조사되었고, 이 중 게임 산업의 수출액이 1억 8,154만 달러로 가장 많은 것으로 나타났다. 출판 산업의 경우 1억 4,964만 달러, 캐릭터 산업이 1억 1,631만 달러, 애니메이션 산업이 애니메이션 방송 수출액 45만 달러를 포함한 7,617만 달러, 영화산업이 3,097만 달러, 방송산업이 4,213만 달러, 인터넷 및 모바일 컨텐츠 외 기타 산업이 1,689만 달러, 음악산업이 1,331만 달러, 만화산업이 429만 달러 순으로 나타났다. 반면에 2003년 문화산업 수입액은 총 6억 50만 달러로 조사되었으며, 이 중 출판산업이 2억 1,469만 달러, 게임 산업이 1억 6,645만 달러, 캐릭터 산업이 9,938만 달러, 영화산업이 6,045만 달러, 방송산업이 2,806만 달러, 음악산업이 1,603만 달러 인터넷 및 모바일 컨텐츠 외 기타 산업이 827만 달러, 만화산업이 516만 달러, 애니메이션 산업이 애니메이션 방송 수입액 314만 달러를 포함하여 512만 달러 순으로 나타났다. 결과적으로 2003년을 기준으로 했을 때, 대략 1조 5천억 원 규모의 거래가 이루어지고 있음을 알 수 있다.

'2002 한일 월드컵'이 성공적으로 개최되고 아시아 국가에서 한류가 지속적으로 인기를 얻으면서 문화관광부는 2004년 12월에 세계 5대 문화산업 강국 실현을 위한 문화산업진흥정책안을 마련하였다. 이

2003년 문화산업 수출입 규모[13]

(단위 : 천 달러)

산업 구분		수출	수입
출 판		149,644	214,697
만화	라이센스	4,113	5,167
	라이센스 외	(186)	(0)
음 악		13,312	16,035
게 임		181,543	166,454
영 화		30,979	60,452
애니메이션	방송사 수출입액 제외	75,721	1,987
	방송사 수출입액	(451)	(3,142)
방 송		42,135	28,062
광 고		—	—
캐릭터		116,313	99,381
인터넷 및 모바일 컨텐츠 외 기타		16,899	8,270
합 계		630,659	600,505

정책안은 한국의 문화산업의 현재와 미래 발전을 위한 구체적인 정책 목표와 다각적인 정책 과제들을 제시하였다. 이 보고서에 따르면, 2003년 240억 달러에 달하는 국내 시장을 2008년에는 690억 달러로 높이고, 세계 시장 점유율도 1.5퍼센트에서 4퍼센트로 높이려는 계획을 갖고 있다. 해외 수출 규모도 5억 5천만 달러에서 100억 달러로 대폭 늘리고, GDP 대비 5퍼센트에 불과한 문화산업 시장 비율을 10퍼센트 내외로 상향 조정하고, 고용 수준도 46만 명에서 1백만 명으로 늘리려는 목표를 갖고 있다.

---

13) 같은 책 참고.

문화관광부는 이러한 목표를 실현하기 위해서 6가지 중점 추진과
제들을 제시했는데, 창조적 전문인력 양성 및 기술개발을 보면, 전문인
력 양성을 위해 문화산업대학원대학교를 설립 추진하고, 기술 인력을
포함한 우수인력의 해외 유학 지원을 확대하며 현장 문화산업 인력의
재교육을 위해 게임, 문화 컨텐츠 분야 사이버 대학을 확대 운영하고,
게임 방송영상, 컨텐츠 등 분야별 공공 아카데미를 운영 개선하도록 계
획을 세웠다. 또 문화산업 고용활성화를 위해 온라인 상시 채용 시스템
가동, 문화산업 자격증 제도 확대 추진, 문화산업 프로젝트 참여형 인
턴십 시행 추진을 계획하고 있다. 이 밖에 지역별 문화산업 특화 대학
운영, 문화산업기술(CT) 개발 및 육성 등의 사업들을 구상하고 있다.

두번째로, 컨텐츠의 창작 기반을 확대하는 사업을 중점 추진과제
로 제시하였다. 창작 소재 다양화 및 사전제작 지원강화를 위해 우리
문화원형의 디지털화 확대, 사전제작센터(pre-production research
center) 설립, 한국문화 컨텐츠 진흥원, 대학, 기업의 다양한 인적 구성
을 통해 사전제작 지원 강화 등의 구체적인 사업을 추진, 구상하고 있
다. 또한 순수예술과의 연계를 강화해 예술과 문화산업 연계 공동 연구
사업 개발, 상암동 DMC 컨텐츠 콤플렉스 내 문화예술 분야와의 연계
를 위한 '예술·산업 공동 프로젝트 센터' 운영, 문화예술단체, 문화산
업 관련 협회 협력 네트워크 구축을 제시했다. 이 밖에 기획창작 환경
조성 사업을 통해 문화예술 창작·교류·연구·교육 기능 강화, 한국 애
니메이션 제작센터 설립·운영, 지원기관·지방문화산업지원 센터 공동
제작 시설 확충, 지역별 영상 미디어센터 설립을 추진하고자 한다.

세번째로 투자 확대 및 유통환경 개선을 들 수 있다. 투자 활성화
및 지원제도 개선을 위한 안정적 제작기반 및 민간투자 활성화, 문화산

업진흥기금 융자제도 개선 추진, 문화산업 투자금융 서비스센터 구축을 세부 추진과제로 설정하였다. 유통환경 개선을 위해서는 저작권법 등 관계법의 지속적인 개선 및 불법 문화상품의 수입·유통 방지를 통한 권리 보호 강화, 온라인 음악시장 양성화 등 음악저작권 집중관리 방안 개선, 국산 애니메이션 방송비율 확대 추진을 계획하였다. 이 밖에 유통현대화 시스템 및 물류센터 구축을 통해 문화 컨텐츠 리소스 센터(KCRC : Korea Content Resource Center) 구축, 영화 입장권 전산망 구축, 만화, DVD 등의 유통관리 시스템 구축, 파주출판단지, 광명음반 물류단지 등 물류구조 개선을 주요 해결 과제로 제시하였다.

네번째로 지역문화산업 기반을 조성하는 사업을 중점 과제로 제시했는데, 권역별 거점 지역에 국가균형발전 및 지방경제 활성화와 기업, 대학, 연구소 등을 집적시켜 시너지 창출을 높이기 위해 장르별로 특화된 클러스터(10개 지역)를 조성하려는 계획을 세웠다. 지역문화산업의 기반 조성 및 역량강화, 지역대학 중심의 산학협력 강화 및 지역발전 도모, 권역별 문화산업 '창의도시'(Creative City) 육성 등의 세부적인 과제를 제시했다. 특히 문화산업 도시를 지역별로 특성화해서 육성·발전시키려는 계획도 포함돼 있는데 이를 정리하면 다음과 같다.

다섯번째로, 해외 진출 및 국제협력 확대를 들 수 있다. 특히 한국의 문화 컨텐츠의 해외 진출은 한류의 지속적인 확산과 긴밀하게 연관되어 있다. 한류 지속화를 통한 아시아 문화산업 선도를 위해 아시아 문화 컨텐츠 교류를 확대하고, 중국, 타이완, 베트남 등 한류 중심지역에 현지 진출 기반을 구축하며, 아시아 문화산업 협력환경을 조성하는 계획을 세웠다. 특히 자국 컨텐츠와 동일한 대우, 세제 및 금융지원 등을 위한 공동제작협정 체결 및 '아시아 문화 컨텐츠 펀드' 조성 추진,

지역문화산업 클러스터의 대표적인 사례들

산업 구분	주요 목표	사업 내용
광주	아시아 문화 중심 도시로 육성	· 아시아문화전당 건립, 문화관광축제의 세계화(광주 비엔날레 등), 컴퓨터 가공영상 중심의 첨단 문화산업 육성 · 일자리 창출(62,000여 명), 문화예술인 유입(2,900여 명), 관광수입증가(1,925억 원)
부산	아시아 영화산업 중심도시로 육성	· '부산국제영화제'를 세계 5대 국제영화제로 육성, 영화 종합후반작업 등을 위한 '시네포트' 조성(2004~2006) · 부산국제영화제 : 생산유발효과(144억 8천만 원), 고용유발효과(1,533명), 부가가치유발효과(81억 9천만 원)
대구	패션/모바일산업 중심도시로 육성	· 대구국제컬렉션(세계 패션디자인 콘테스트, 전통의상 쇼 등) 개최 및 모바일·게임 클러스터 조성(2003~2008)

한·중 영화, 방송 프로그램 공동제작 협정 체결 추진, 공동제작, 기술협력, 지적재산권 보호를 위한 공동 노력 강화, 한중일 문화 컨텐츠 산업 포럼 활성화 등의 구체적인 계획을 추진하고자 한다. 이 밖에 해외 마케팅 강화를 위해 문화산업 유통 신디케이트 설립 추진, 해외마케팅 전문인력 양성 등의 계획을 세우고, 국가 브랜드('Creative Korea') 이미지 제고를 위해 '아리랑 TV' 기능 강화, 문화 컨텐츠 전시관('Content House') 설치, 한국의 대표 문화상품 개발 연구 등의 구체적인 사업을 추진하고자 한다.

마지막으로 문화산업의 육성을 위해 법, 제도적인 지원체계를 마련하는 것이다. 문화산업의 지원체계를 강화하기 위해 대통령직속 '문화산업 비전 TF' 구성·운영 추진, '문화산업국가전략위원회' 구성, 지원 기관 역할·기능의 효율적인 개편을 추진했다. 또한 산업 환경 변화에 대응하는 법·제도를 정비하기 위해 디지털 환경에 맞는 '문화산업진흥기본법'의 대폭 개정, 문화산업 관련법 중 규제 관련 법규 정비, 장르별 특성을 반영한 부문별 진흥법 제정 추진을 계획하였고, 이 밖에 세제 지원이나 재원 확충을 위한 관계 부처들의 협조 요청과 문화산업진흥기금의 확대, 정보화촉진기금, 방송발전기금의 문화산업 분야 지원을 요청하였다.

이상과 같은 문화산업을 지원하기 위한 정책들은 문화산업을 체계화할 수 있는 본격적인 사업들을 담고 있지만, 모두 실현 가능한 사업이라고 보기는 어렵다. 또한 아시아에서 문화산업 강국이 되겠다는 계획을 너무 무리하게 추진할 경우 경제적 이해관계에 얽매여 아시아 문화산업 시장에서 고립될 위험이 있고, 국내에서도 균형 있는 발전을 도모할 수가 없다. 문화산업 육성 정책을 통해서 세부 분야의 전문 인력을 양성하고, 창작 기반을 발전시키고, 제작과 투자환경을 개선한다고 하지만, 아직도 한국의 문화산업 환경은 전문 인력과 제작투자 환경이 열악하다. 가령 해외 시장에 진출할 때 각 국가의 시장 현황들에 대해서 충분히 정보를 제공해주는 가이드북조차 없고, 장르별, 지역별로 매니지먼트를 전문적으로 수행할 수 있는 전문가들도 대단히 부족하다. 특히 저작권을 포함해 문화 컨텐츠를 아시아 국가에 유통·배급하는 협상력과 전문성을 갖춘 전문 인력들의 양성은 시급한 과제이다.

한국의 문화산업은 갈수록 규모도 커지고 있고, 한류로 인해 아시아에서 주목받는 시장이긴 하지만, 장기적으로 발전할 수 있는 국내 인프라 구축에 여전히 한계를 드러내고 있다. 이런 문제의식을 갖고 이제 한류 문화산업의 현황과 문제점들을 검토해보자.

3. 한류 문화산업의 도전과 위협

한류 문화산업을 정의할 때 과연 무엇을 한류 문화산업으로 규정할 수 있을까 하는 의문이 먼저 제기될 수 있겠다. 한국이 제작한 문화 컨텐츠, 즉 대중음악, 드라마, 영화, 게임 등의 문화 컨텐츠가 아시아에 진출해서 만든 시장 혹은 자본의 일체를 통상적으로 한류 문화산업으로 규정할 수 있지만, 이 규정을 확대해보면 한류 문화산업을 쉽게 정의내릴 수 없다는 것을 알게 된다. 왜냐하면 국내에서 제작한 문화 컨텐츠 외에 해외에서 공동으로 제작한 문화 컨텐츠도 있고, 가수나 영화배우 등 한류 스타들이 완성된 제작물이 아닌 공연이나 쇼케이스, 방송출연 등으로 형성한 시장도 존재하기 때문이다. 즉 한류 문화산업 안에, 이른바 연예활동을 통해 만들어진 엔터테인먼트 자본을 포함시킬 것인가 하는 문제도 제기될 법하다.

결론적으로 한류 문화산업은 앞서 언급한 내용 모두를 포함해서 정의하는 것이 적절하다. 이는 국내에서 제작한 것뿐 아니라 해외 국가에서 유통·배급되는 시장, 그리고 연예활동을 통한 시장 창출 전체를 한류 문화산업으로 정의할 수 있음을 의미한다. 물론 '한류'로 명명했을 때, 그 용어가 갖는 의미들이 이데올로기적인 측면이 많아 우리가 통상적으로 정의하는 문화산업 분야 이외에 IT 분야나 서비스업 분야 전체를 포괄하는 것으로 볼 수 있지만, 이는 문화산업의 영역에 대한 분명한 논의들을 흐리게 할 소지가 많다. 반대로 '한류'가 주로 드라마와 영화, 음악에서의 범아시아적인 현상인 만큼 이 분야만으로 한정하는 것도 적절하지가 않아 보인다.

그렇다면 현재 하나의 문화현상이나 문화담론이 아닌 문화산업의 시장에서 벌어지고 있는 한류는 어떤 상황에 있는 것일까? 영역별로, 국가별로 구분해서 현재의 상황을 설명할 수 있겠지만, 먼저 장르별 현황을 살펴보도록 하겠다.

먼저 대중음악 분야를 논의해 보면, 1998년 'HOT'의 음반 『행복』이후 수백 종의 음반이 중국을 포함해 아시아 국가에서 발매되었다. 중국만을 놓고 보았을 때, 현재까지 한국 가수들의 음반이 대략 5백만 장 정도 판매된 것으로 추산된다. 주지하듯이 중국은 불법 음반이 상용화되어 음반을 통한 수입을 올리기가 대단히 어렵다. 한편으로 2001년 이후 일본에 진출하여 두드러진 활동을 하고 있는 '보아'의 경우 정규 앨범과 싱글 앨범을 합해 총 650만여 장의 판매고(정규 앨범 : 4,596,803장, 싱글 앨범 : 1,879,068장)를 올렸다. 물론 보아의 음반 판매 규모가 보아가 올린 모든 수익은 아니다. 음반 판매 이외에 공연, CF, 각종 프로모션 등의 수익을 합치면 음반 판매보다 앞서는 매출액을 기록하고 있는데, 지금까지 보아가 일본에서 창출한 총 시장의 규모는 대략 3천억 원 정도로 추산하고 있다. 보아 못지않게 '비'도 아시아 전역에서 많은 음반 판매고를 올리고 있는데, 정식 음반 발매가 되지 않은 일본을 제외하고 중국, 타이완, 홍콩, 태국, 말레이시아 등 아시아 국가에서 총 70만 장의 앨범이 판매되었다. 비 역시 보아처럼 음반 판매 이외에 공연과 프로모션 등으로 올리는 수익이 많은데, 참고로 2005년 아시아 투어에서 비가 올린 매출액은 총 2백억 원이었다.

다음으로 드라마 부분을 살펴보면, 2003년에 한국 드라마의 총 수출은 4천 2백만 달러로 전년 대비 46퍼센트가 증가했다. 「겨울연가」(192만 달러), 「인어아가씨」(182만 달러), 「올인」(109만 달러) 등을 중국, 타이완, 일본, 홍콩 등에 수출하는 등 한국 드라마는 편수뿐 아니라 편당 제작·수출 단가도 늘어났다. 알겠지만, 「겨울연가」는 일본 NHK 방송에서 9.4퍼센트의 평균 시청률을 기록해 같은 시간대 시청률의 2배나 되기도 했다. 현재 한국 드라마는 여러 가지 어려운 조건에도 불구하고 1억 달러를 넘긴 상태이다. 중국과 일본을 포함해 아시아의 다른 국가와의 합작과 공동투자 사례들이 늘어나고 중국 시장의 지속적인 요청으로 인한 꾸준한 공급이 이루어지고 있는 상황이다. 다만 한국 드라마의 지나친 성공으로 인해 중국 정부가 방송 시간대를 제한할 뿐 아니라 수입 자체에 대한 엄격한 규제를 하고 있고, 타이완도 자국 드라마 제작 시장을 보호하기 위한 규제 장치 마련을 촉구하고 있는 상황이어서 이에 대한 대비책이 필요하다.

영화산업의 경우 2003년 3천 1백만 달러 수출로 전년 대비 107퍼센트 증가했고, 2005년에는 7천 5백만 달러를 넘겼지만, 2006년 상반기에는 상당히 하락하였다. 영화진흥위원회가 2006년 8월에 발표한 '2006년 상반기 한국 영화 수출현황' 에 따르면 한국 영화의 해외 수출이 올 상반기에는 전년 대비 절반 이상 감소했다. 2006년 상반기 한국 영화의 수출은 47개국 128편에 계약금액 1천 741만 달러로 전년도의 4천 180만 달러 대비 58.3퍼센트가 감소한 것으로 나타났다.[14] 이는 한국의 영화산업이 국내 시장에서는 호황을 보이고 있지만, 해외시장 진출에서는 여전히 어려운 장벽에 부딪히고 있음을 보여준다. 특히 한미

---

14) 『필름 2.0』, 2006년 8월 1일자 참고. 한국영화의 편당 수출액도 지난 해 27만 3천 달러 대비 50.2퍼센트가 감소한 13만 6천 달러로 집계됐다. 2005년 전체 수출 비중의 80퍼센트를 차지하던 아시아 지역의 수출이 전년 대비 63.5퍼센트대로 떨어진 것과 더불어 북미, 유럽 지역의 수출도 30~40퍼센트 정도 감소한 것으로 나타냈다. 최근 한류 바람이 감지되는 남미 지역이 유일하게 전년 대비 75.9퍼센트(총 수출액 29만 3천 달러)의 성장세를 보였다.

FTA로 인한 스크린쿼터 축소가 단행되었고, 한국형 블록버스터 영화들이 배급력을 앞세워 스크린을 독점하는 사례들이 빈번해지면서 다양한 한국 영화들이 국내외에 소개될 수 있는 환경이 붕괴될 위험이 도사리고 있다.

게임 산업의 경우 한국이 아시아에서 온라인 게임의 최강국으로 부상하면서 무한한 성장 잠재력을 갖고 있다. 국산 온라인 게임이 중국, 타이완 시장의 60퍼센트 내외를 점유하고 있는 실정이고, 중국에 50여 편, 일본에 40여 편, 타이완에 25편, 동남아에 5편이 진출해서 온라인 게임 시장을 장악하고 있다. 현재 일본, 타이완, 동남아에서 '라그나로그', 중국에서 '미르의 전설'이 온라인 게임 1위를 유지하고 있으며, 동시 접속 최대 20~30만 명을 돌파하는 기록을 세웠다. 2004년을 기준으로 한국의 온라인 게임 산업의 수출액은 3억 8천만 달러로 같은 해 한국 영화 수출액의 5배를 뛰어넘었다.[15] 넥슨, 웹젠, 네오위즈, 한빛소프트, 엔씨소프트 등 국내 게임업체들은 아시아뿐 아니라 미국과 유럽에 온라인 게임을 수출하여 상당히 선전하고 있다. 넥슨의 경우는 2005년도 매출액 2,117억 중에서 30퍼센트 이상이 해외에서 벌어들인 수입이고, '네오위즈'는 자회사 '네오위즈 저팬'을 통해 일본 게임포털 '게임츄'를 오픈하고 본격적으로 일본 게임 시장에 뛰어들었다. '한빛소프트'는 일본과 중국, 타이완으로의 성공적인 진출을 바탕으로 태국, 인도네시아 등 동남아시아뿐 아니라 미국, 멕시코 등 미주와 오세아니아 지역으로의 진출을 시도하기도 했다. 이렇듯 한국의 문화 컨텐츠 산

---

15) 『머니투데이』, 2006년 6월 21일자 참고.

주요 국가별 한류 실태[16]

구분	주요 내용
중국	· 드라마 : 「세 친구」, 「가을동화」 등 26편 수출(2002) · 영화 : 「서편제」, 「무사」 등 상영 · 가요 : HOT, 유승준 등 50여 종 음반 출시 · 게임 : 47개 업체 영업 중(온라인 게임 시장 70퍼센트 점유) · 기타 : 한국 가요 소개 정규방송 운영, 한류 스타(안재욱, 김희선) 등의 중국 영화 드라마, 출연
타이완	· 드라마 : 유선 TV 7개, 공중파 3개 채널에서 주 28편 상영(「올인」, 「대장금」 등) · 영화 : 「편지」, 「연풍연가」, 「찜」 등 상영 · 가요 : MTV FM 등에서 하루 5~6곡 방송 · 게임 : '리니지', '포트리스' 등 17종(게임 순위 1~5위 차지) · 기타 : 캐릭터 상품으로 마시마로, 둘리, 뿌까 수출
홍콩	· 드라마 : 「별은 내 가슴에」, 「호텔리어」, 「대장금」 등 방영 · 영화 : 「친구」, 「두사부일체」, 「비천무」, 「엽기적인 그녀」 등 20여 편 상영 · 가요 : 공중파 ATV(Pops in Seoul)에서 고정 방송 · 기타 : 한국 문학동호회 '한찾사' 결성, 한국 패션을 소개하는 잡지인 『Ecole』 창간
일본	· 드라마 : 「이브의 모든 것」, 「겨울연가」, 「천국의 계단」 등 80여 편 상영 · 영화 : 「쉬리」, 「JSA」, 「스캔들」, 「내 여자친구를 소개합니다」 등 20여 편 상영 · 가요 : 엄정화, 보아, 신화, 비 등 활동(보아는 오리콘 차트 1위) · 게임 : '리니지', '바람의 나라' 등 17종 · 기타 : 시부야에 한류의류 전문판매상가 형성
베트남	· 드라마 : 「의가형제」, 「유리구두」, 「가을동화」 등 40편 · 영화 : 「편지」, 「오! 해피데이」, 「시월애」 등 상영. 호치민, 하노이 시 등에 한국 영화 전용관 개설 · 기타 : 호치민 시에 한국상품전문관(다이아몬드 플라자) 개관
태국	· 드라마 : 「옥탑방 고양이」 등 매주 토·일 고정 방영 · 영화 : UBC(지상파)에서 월 8편 방영 · 게임 : '라그나로크' 등 인기

---

16) 국가정보원, 「한류의 경제적 활용실태 및 보완방안」, 2004년 5월 자료 참고.

업은 아시아와 아시아를 넘어서 제3세계 국가 중에서는 가장 활발하게 해외 진출을 모색하고 있다. 장르별 문화 컨텐츠 산업이 비교적 균형 있게 성장하고 있는 것과 마찬가지로 아시아 각국에서 한류산업이 지역의 특성에 맞게 현지화하고 있는 것을 알 수 있다.

한류 문화산업도 국가별로 선호도가 높은 드라마, 영화, 게임, 스타들을 자체적으로 판단해서 현지 특성에 맞게 프로모션하는 틀이 만들어진 듯하다. 가령 중국의 경우는 음반이나 영화보다는 드라마 중심으로 진출하고 있고, 대신 일본의 경우에는 드라마뿐 아니라 영화, 음악이 균형 있게 진출하는 것을 알 수 있다. 베트남이나 태국과 같은 동남아시아의 경우에는 주로 드라마를 위주로 스타 마케팅을 적절하게 활용하는 경우를 많이 선택한다. 아시아 각국별로 문화시장의 규모나 수준이 판이하게 다르기 때문에 그에 걸맞는 시장 진출이 이루어지고 있는데, 현재로는 특성화된 마케팅을 위한 환경을 조성하는 단계에 이르고 있다.

4. 한류 문화산업의 미래

이제 마지막으로 한류 문화산업이 아시아 문화시장에서 어떤 지도 그리기를 할 수 있을지, 건강한 문화산업의 토대를 만들기 위해서는 어떤 문제들이 해결되어야 하는지에 대해 논의하도록 하겠다. 먼저 아시아 문화산업 시장은 여러 가지 정치적, 이데올로기적 제약에도 불구하고 서로 공존하고 협력하는 환경들이 지금보다 훨씬 개선될 것이다. 이는 앞서 잠깐 언급했던 대로 아시아 국가들의 문화산업의 성장 속도가 다름에 따라 각 국가별로 필요로 하는 것들을 서로 공급하고 수용하는 시장의 논리가 자연스럽게 형성될 수 있다고 본다. 물론 자국의 문화산업 시장을 보호하기 위한 조치들이 강력하게 제기되거나 동북아시아의 정치적 지형의 변화에 따라 문화산업 시장이 동시에 타격을 받을 가능성도 배제할 수 없지만, 전반적으로 보았을 때 상호 협력과 공존을 위한 역할 분담이 잘 이루어질 것으로 보인다.

이러한 전망 속에서 한류 문화산업은 어떻게 자신의 위치를 정립해야 할까? 다행스럽게도 한류 문화산업은 일본 문화시장의 그늘 아래 있으면서도 아시아 다른 국가들과의 관계에 있어서는 상대적으로 자율적이고, 심지어는 개별 분야에 있어서는 주도권을 갖고 있는 면도 있어 일본의 영향권에서 벗어나 독자적인 영역을 구축할 수 있는 토대는 만들어져 있다. 이는 일본이라는 이미 선진화된 문화산업 시장과 이제 막 시작하려는 거대한 중국 문화산업 시장에서 한류 문화산업이 완충 역할을 해줄 수 있다는 강점을 가지고 있다. 또한 동남아시아 제3세계 국가들의 문화수용의 경우 일본에 대한 역사적 반감을 갖고 있는 데다, 고가의 일본 문화상품을 소비하기에는 시장의 조건이 갖추어지지 않은 상황에서 한국의 문화 컨텐츠는 동남아시아 국가들의 문화산업 종사자들에게는 여러 모로 매력적이고 경쟁력이 있다. 또한 영화산업을 포함해 대중음악, 드라마, 게임 등 한류 문화 컨텐츠가 짧은 시간에 완성도 높은 상품들을 대량으로 만들어냄으로써 한국의 문화산업이 아시아 문화시장의 양극을 적절하게 봉합하는 역할을 하게 된 셈이다.

그러나 한국의 문화산업이 현재와 마찬가지로 장기적인 성장과 균형자 역할을 담당하기 위해서는 적어도 두 가지 현안이 해결되어야 한다. 먼저 한류 문화 컨텐츠를 아시아 문화시장에 진출시킬 때 반드시 안정적으로 협력할 수 있는 파트너를 만드는 것이 중요하다. 이러한 파트너십을 바탕으로 문화산업이 발전되지 않은 국가들에게는 필요한 문화시장의 환경을 조성하고 협력하는 보상이 뒤따라야 한다. 만일 영화나 드라마 사업가들이 현재의 상업적 이익에만 눈이 멀어 배타적인 거래만을 고수한다면 시장의 상호발전과 아시아 문화산업 시장의 잠재적 확대에는 부정적인 영향을 끼칠 수 있을 것이다. 한류 문화산업 시장이 근본적으로는 문화자본의 논리에 의해 움직이는 것이긴 하지만, 이 시장이 유기적이고 민주적으로 형성되기 위해서는 한류의 공생적 현지화가 필요하고, 이를 추진시키기 위한 아시아의 동반 파트너가 필요한 상황이다.

다음으로 한국의 국내 문화산업 시장은 투명하고 체계적으로 체질개선을 해야 한다. 물론 한국의 문화산업이 아시아에서 나름의 경쟁력을 갖게 된 데는 정부의 지속적인 지원정책과 문화산업계 내부의 자구노력이 있었기 때문에 가능했던 것은 사실이다. 그러나 한국의 문화산업과 연예시장이 아시아에서 두각을 나타낼 정도로 국내 시장의 토대가 견실했는지 되돌아보면, 꼭 그렇지만은 않다는 것을 알 수 있다. 여전히 한국의 문화산업 시장은 투명성이 부족하고 인프라와 저변이 두텁지 않으며 문화 컨텐츠가 다원화되어 있지 못하다. 한국의 문화산업이 아시아 문화시장에서 지속적인 경쟁력을 갖기 위해서는 무엇보다도 이러한 문제들이 해결되어야 할 것이다. 아시아 전역에서 불고 있는 한류문화가 지속적으로 활성화되기 위해서는 정부 차원에서의 정책적, 제도적 지원 못지않게 민간 분야에서 활발한 교류와 문화산업 당사자들의 전문적이고 체계적인 자기 발전이 이루어져야 한다. 한국 문화산업의 미래는 이러한 문제들이 어떻게 해결되는가에 달려 있지 않을까?

참고문헌

:: **국내 문헌**

강명관(2003), 『조선의 뒷골목 풍경』, 푸른역사.

강상구(2000), 『신자유주의의 역사와 진실』, 문화과학사.

강태영(2002), 「국제 방송 프로그램의 유통구조와 한국방송 프로그램의 수출전략」, 『방송연구』 55호, 방송위원회.

고모리 요이치(2002), 『포스트콜로니얼』, 송태욱 옮김, 삼인.

국가정보원(2004), 『한류의 경제적 활용실태 및 보완방안』.

김민정(2004), 「필리핀의 국가형성과 토착민」, 『동남아시아 지역주의와 종족갈등』, 오명석 편, 오름.

김성준(1997), 『WTO법의 형성과 전망』, 삼성출판사.

김창남(2003), 「한국대중문화의 정체성과 미국문화─대중음악을 중심으로」, 『우리 학문 속의 미국』, 학술단체협의회 편, 한울아카데미.

김학주(1994), 『중국 고대의 가무희』, 민음사.

김학현 편(1991), 『能(노)─노의 古典 "風姿花傳"』, 열화당.

______(1995), 『文樂(분라쿠)─三味線과 창이 어우러진 인형극』, 열화당.

______(1996), 『狂言(교겐)─웃음과 和樂의 연극』, 열화당.

______(1997), 『歌舞技(가부키)─분방하고 화려한 서민의 연희』, 열화당.

김현미(2003), 「대만 속의 한국 대중문화」, 『'한류'와 아시아의 대중문화』, 연세대학교출판부.

______(2005), 『글로벌 시대의 문화번역』, 또하나의문화.

네스토르 가르시아 캉클리니(2004), 「세계화와 정체성 논의에 대한 또 다른 시각」, 『세계화 시대의 문화논리』, 김창민 외 편역, 한울.

동아시아의 비판적 지성 기획위원(2003), 「비판적 지성이 만드는 동아시아」, 『여럿이며 하나인 아시아』, 야마무로 신이치, 임성모 옮김, 창비.

리하르트 뮌히(2004), 「긍정과 전복 사이에서—세계화 시스템 속에서의 대중문화」, 『세계화 시대의 문화논리』, 김창민 외 편역, 한울.

문화관광부(2003), 『세계 5대 문화산업 강국 실현을 위한 참여정부의 문화산업 정책 비전』, 문화관광부.

_____(2004), 『2003년 문화산업 백서』, 문화관광부.

_____(2005), 『2004년 문화산업 백서』, 문화관광부.

박자영(2005), 「1990년대 중국에서 (반)미국화의 맥락」, 아시아대중문화연구 국제 세미나 서울 2005 자료집.

백영서(2004), 「주변에서 동아시아를 본다는 것」, 『주변에서 본 동아시아』, 정문길 외 엮음, 문학과지성사.

백원담(2003), 「和 와 동아시아」, 『동아시아 문화공동체 포럼』(중국 북경) 자료집.

백지운(2005), 「인터넷 민족주의와 문화의 통합/분열」, 동아시아 대중문화와 (탈)민족주의 토론회 자료집.

사카이 나오키(2001), 「서문」, 『흔적』 창간호, 문화과학사.

세계문화기구를 위한 연대회의(2005), 「유네스코 문화다양성 협약 채택 환영성명서」.

신현준(2005), 「한류(K-culture)를 넘어, ‘민족문화’ 와 ‘문화전쟁’ 을 넘어」, 아시아 대중문화연구 국제 세미나 서울 2005 자료집.

_____(2005), 「K-pop의 문화정치(학)—가요 민족주의로부터 팝 아시아주의 속으로」, 아시아대중문화연구 국제 세미나 서울 2005 세미나 자료집.

심광현(2005), 『흥한민국』, 현실문화연구.

쑨꺼(2004), 「아시아 담론과 ‘우리들’ 의 딜레마」, 『주변에서 본 동아시아』, 정문길 외 엮음, 문학과지성사.

아르준 아파두라이(2004), 「전지구적 문화경제에서의 탈구와 차이」, 『고삐 풀린 현대성』, 차원현 외 옮김, 현실문화연구.

아르투로 폰테인 탈라베라(2005), 「칠레의 세계화 동향」, 『진화하는 세계화—현대

세계의 문화적 다양성』, 피터 버거 외 편, 김한영 옮김, 아이필드.

아리프 딜릭(2000), 「역사와 대립되는 문화인가」, 『발견으로서의 동아시아』, 정문 길 외, 문학과지성사.

양은경(2003), 「동아시아의 트렌디 드라마 유통에 대한 문화근접성 연구」, 『방송연 구』 56호, 방송위원회.

월터 레이피버(2001), 『마이클 조던, 나이키, 지구자본주의』, 이정엽 옮김, 문학과 지성사.

유봉학(2005), 『한국문화와 역사의식』, 신구문화사.

이동연(2002), 『대중문화연구와 문화비평』, 문화과학사.

______(2004), 「스타 시스템의 두 얼굴」, 『문화일보』.

______(2005), 『문화부족의 사회 ─ 히피에서 폐인까지』, 책세상.

이와부치 고이치(2001), 『아시아를 잇는 대중문화』, 히라타 유키에·전오경 옮김, 또하나의문화.

______(2004), 「한류가 재일 한국인과 만났을 때 ─ 초국가적 미디어 교류와 로컬 다 문화 정치의 교착」, 『프로그램/텍스트』 11호.

이해영(2006), 『낯선 식민지, 한미 FTA』, 메이데이.

임재해(1998), 『한국의 민속예술』, 문학과지성사.

전경욱(2004), 『한국의 전통연희』, 학고재.

조만호(1995), 『전통희곡의 제식적 미학』, 태학사.

조혜정(2002), 「6일간의 시간여행, 아시아, 글로벌, 그리고…」, 『당대비평』 19호.

존 톰린슨(1994), 『문화제국주의』, 강대인 옮김, 나남.

______(2004), 『세계화와 문화』, 김승현·정영희 옮김, 나남.

주강현(1997), 『우리문화의 수수께끼 1』, 한겨레신문사.

______(1997), 『우리문화의 수수께끼 2』, 한겨레신문사.

차미경(2005), 『상징의 미학, 경극』, 신서원.

천꽝싱(2001), 「한류문화의 현황과 반성」, 『문화연대』, 2001년 11월호 인터뷰.

______(2003), 「탈식민과 문화연구」, 『제국의 눈』, 백지운 엮음, 창비.

최인학(1995), 『민속학의 이해』, 밀알.

프란츠 파농(1978), 『자기의 땅에서 유배당한 자들』, 김남주 옮김, 청하.

프랑수아 드 베르나르(2005), 「'문화다양성' 의 재정립을 위하여」, 『세계화 시대의 문화논리』, 김창민 외 편역, 한울.

프랑수아 셰네(2003), 『자본의 세계화』, 서익진 옮김, 한울.

피에르 부르디외(1995), 『구별짓기』, 최종철 옮김, 새물결.

피터 버거(2005), 「서문—세계화의 문화적 원동력」, 『진화하는 세계화』, 피터 버거 외 편, 김한영 옮김, 아이필드.

한국문화관광정책연구원(2003), 『동북아 문화교류 활성화를 위한 문화정책 방안 연구』.

한국역사연구회(1996), 『조선시대 사람들은 어떻게 살았을까』, 청년사.

호미 바바(2002), 『문화의 위치』, 나병철 옮김, 소명출판.

:: **해외 문헌**

姜尙中 編(2001), 『ポストコロニアリズム』, 作品社.

島田厚, 柏木博, 吉見俊哉 編(1998), 『情報社會の文化 3, デザイン・テクノロジー・市場』, 東京大學校出版會.

毛利嘉孝 編(2004), 『日式韓流—〈冬のソナタ〉と日韓大衆文化の現在』, せりか書房.

丸川哲史(2003), 『リジアナリスム』, 岩波書店.

厚東洋輔(1998), 「ポストモダンとハイブリドモダン」, 『社會學評論』192호.

戴锦华(1999), 『隐形书写—国文化研究』, 江苏人民出版私.

Ackbar Abbas(1997), *Hong Kong : Culture and the Politics of Disappearance*, University of Minnesota Press.

Alice M. Nah(2003), "Negotiating Indigenous Identity in Postcolonial Malaysia : Beyond Being 'Not quite/Not Malay'", *Social Identities*, Vol. 9, No.4.

Allen Chun(1996), "Fuck Chineseness : On the Ambiguities of Ethnicity as Culture as Identity", *Boundary 2*, Vol. 23, No. 2.

______(1996), "Discourses of Identity in the Changing Spaces of Public Culture in Taiwan, Hongkong and Singapore", *Theory, Culture & Society*, Vol. 13, No. 1.

Andrew A. Painter(1993), "Japanese Daytime Television, Popular Culture, and Ideology", *Journal of Japanese Studies*, Vol. 19, No. 2.

Angel Lin(2005), "Constructing Cultural Self and Other in the Internet Discussion of a Korean Historical TV Drama: A Discourse Analysis of Weblog Messages of Hong Kong Viewers of 'Dae Jang Geum'." (성공회대학교 동아시아연구소 2005년 가을 콜로키엄, "동·동남아시아 대중문화에서 대중적 민족주의와 그 불만들" 자료집.)

Annette Hamilton(1994), "Cinema and Nation: Dilemmas of Representation in Thailand", *Colonialism and Nationalism in Asian Cinema*, ed. by Wimal Dissanayake, Indiana University Press.

Arif Dirlik(1996), "The Global in the Local", *Global Local : Cultural Production and the Transnational Imaginary*, eds. by Rob Wilson and Wimal Dissanayake, Duke University Press.

Arjun Appadurai(1996), "Disjuncture and Difference in the Global Cultural Economy", *Modernity at Large*, University of Minnesota Press.

Ben Xu(1998), "From Modernity to Chineseness: the Rise of Nativist Culture Theory in Post-1989 China", *Positions; East Asian Cultural Critique*, Vol.6.

Bill Ashcroft(2000), "Globalization", *Postcolonial Studies: The Key Concepts*, eds. by B. Ashcroft et al., Routlege.

Carolyn Steedman(1992), "Culture, Cultural Studies, and the Historians", *Cultural Studies*, eds. by Cary Nelson, Paula A. Treichler, and Lawrence Grossberg, Routledge.

Choi, Jung-Bong(2003), "Mapping Japanese Imperialism onto Postcolonial Criticism", *Social Identities*, Vol. 9, No. 3.

Collin Spark(1996), "The Evolution of Cultural Studies", *What is Cultural Studies: A Reader*, ed. by John Storey, Arnold.

David Desser(2003), "Consuming Asia: Chinese and Japanese Popular Culture and the American Imaginary", *Multiple Modernities: Cinema and Popular Media in Transcultural East Asia*, ed. by Jenny Kwok Wah Lau, Temple University Press,

David. K. Fieldhouse(1991), *The Colonial Empire: A Comparative Survey from the Eighteenth Century*, Macmillan.

David Morley & Kevin Robins(1995), *Spaces of Identity: Global Media, Electronic Landscape and Cultural Boundaries*, Routledge.

Diana Crane(2002), "Culture and Globalization", *Global Culture: Media, Arts, Policy, and Globalization*, Routledge.

Dolores P. Martinez(1998), *The World of Japanese Popular Culture*, Cambridge University Press.

Donna Haraway(1992), "The Promises of Monster: A Regenerative Politics for Inappropriate", *Cultural Studies*, eds. by Lawrence Grossberg, Cary Nelson, and Paula A. Treichler, Routlege.

Edward Said(1993), *Culture and Imperialism*, Alfred a. Knoff.

Edward X. Gu(1999), "Cultural Intellectuals and the Politics of the Cultural Public Space in Communist China(1979~1989): A Case Study of Three Intellectual Groups", *Journal of Asian Studies*, Vol. 58, No. 2.

Eric Kit-wai Ma(2001), "Cosuming Satellite Modernities", *Cultural Studies*, Vol. 15, No.3.

Frederick Buell(1994), *National Culture and the New Global System*, The Johns Hopkins University Press.

Fredric Jameson(1991), *Postmodernism, Or, The Cultural Logic of Late Capitalism*, Duke University Press.

_____(1998), "Notes on Globalization as a Philosophical Issue", *The Cultures of Globalization*, eds. by Fredric Jameson and Masao Miyoshi, Duke University Press.

George Soros(2002), *On Globalization*, Public Affairs.

Harry Harootunian & Naoki Sakai(1999), "Japanese Studies and Cultural Studies", *Positions*, Vol. 7, No. 2.

Jan Nederveen Pieterse(1995), "Globalization as Hybridization", *Global Modernity*, eds. by Mike Featherstone et al., Sage Publications.

Janet Wolff(1992), "Excess and Inhibition: Interdisciplinarity in The Study of Art", *Cultural Studies*, eds. by Lawrence Grossberg et al., Routledge.

John Nguyet Erni(2001), "Like a Postcolonial Culture: Hong Kong Re-Imagined", *Cultural Studies*, Vol. 15, No. 3.

John Whittier(1993), "Yoshimoto Banana Writes Hoem : Shojo Culture and the Nostalgic Subject", *Journal of Japanese Studies*, Vol. 19, No. 2.

Kang, Sangjung(2001), "Post-colonialism and Diasporic Space in Japan", *Inter-Asia Cultural Studies*, Vol. 2, No. 1.

Karatani Kojin(1991), "The Discursive Space of Modern Japan", *Boundary 2*, Vol. 18, No. 3.

Leo Ching(1994), "Imaginings in the Empires of the Sun : Japanese Mass Culture in Asia", *Boundary 2*, Vol. 21, No. 1.

______(2000), "Give me Japan and Nothing Else! : Postcoloniality, Identity, and the Traces of Colonialism", *The South Atlantic Quarterly*, Vol. 99, No. 4.

______(2000), "Globalizing the Regional, Regionalizing the Global : Mass Culture and Asianism in the Age of Late Capital", *Public Culture*, Vol. 12, No. 1.

Marlene Cuthbert & Elizabeth Buck(1991), *Music at the Margins : Popular Music and Global Cultural Diversity*, Sage Publications.

Masao Miyoshi(1993), "A Borderless World? : From Colonialism to Transnationalism and the Decline of the Nation-State", *Critical Inquiry*, Vol. 19, No. 4.

Meaghan Morris(1992), "On the Beach", *Cultural Studies*, Routlege.

Meaghan Morris and John Frow(1993), *Australian Cultural Studies : A Reader*, University of Illinois Press.

Mike Featherstone(1995), *Undoing Culture: Globalization, Postmodernism, and Identity*, Sage.

______(1996), "Localism, Globalism, and Cultural Identity", *Global Local*, Duke University Press.

Rey Chow(1998), "Between Colonizers: Hong Kong's Postcolonial Self-Writing in the 1990s", *Ethics After Idealism: Theory-Culture-Ethnicity-Reading*, Indiana University Press.

______(1998), "King Kong in Hong Kong Watching the 'Handover' from the USA", *Social Text*, Vol. 16, No. 2.

Richard Johnson(1997), "What is cultural studies anyway?", *What is Cultural*

Studies? A Reader, Arnold.

Roland Robertson(1995), "Globalization : Time-Space and Homogeneity-Heterogeneity", *Global Modernity*, eds. by Mike Featherstone et al., Sage Publications.

______(1995), *Globalization : Social Theory and Global Culture*, Sage Publications.

Rumi Sakamoto(1996), "Japan, Hybridity and the Creation of Colonialist Discourse", *Theory, Culture & Society*, Vol. 13, No. 3.

Stuart Hall(1994), "Cultural Identity and Diaspora", *Colonial Discourse and Postcolonial Theory*, eds. by Patrick Williams and Laura Chrisman, Columbia University Press.

Susan Napier(1993), "Panic Sites : The Japanese Imagination of Disaster from Godzilla to Akira", *Journal of Japanese Studies*, Vol. 19, No. 2.

Timothy J. Craig(2000), *Japan Pop! : Inside the World of Japanese Popular Culture*, An East Gate Book.

Tony Bennett et al.(1999), *Accounting for Tastes : Australian Everyday Cultures*, Cambridge University Press.

Wang Ning(2002), "Globalization and Culture : the Chinese Cultural and Intellectual Strategy", *Neohelicon*, Vol. 29, No. 2.

Wang Xiaoying(2000), "Hong Kong, China, and the Question of Postcoloniality", *Postmodernism and China*, ed. Arif Dirlik, Duke University Press.

Xudong Zhang(1994), "On Some Motif in the Chinese 'Cultural Fever' of the Late 1980s", *Social Text*, No. 39.

Yoshimi Shunya(1999), "'Made in Japan' : the Cultural Politics of 'home electrification' in Postwar Japan", *Media, Culture & Society*, Vol. 21, No. 2.

______(2000), "A Roadmap to Millennial Japan", *The South Atlantic Quarterly*, Vol. 99, No. 4.

______(2003), "'America' as Desire and Violence : Americanization in Postwar Japan and Asia during the Cold War", *Inter-Asia Cultural Studies*, Vol. 4, No. 3.

찾아보기